Schriftenreihe des Zentrums für Militärgeschichte und Sozialwissenschaften der Bundeswehr

Band 17

Weitere Bände in der Reihe http://www.springer.com/series/11757

Markus Steinbrecher · Heiko Biehl
Evelyn Bytzek · Ulrich Rosar
(Hrsg.)

Freiheit oder Sicherheit?

Ein Spannungsverhältnis aus Sicht
der Bürgerinnen und Bürger

Hrsg.
Markus Steinbrecher
Zentrum für Militärgeschichte und
Sozialwissenschaften der Bundeswehr
(ZMSBw)
Potsdam, Deutschland

Heiko Biehl
Zentrum für Militärgeschichte und
Sozialwissenschaften der Bundeswehr
(ZMSBw)
Potsdam, Deutschland

Evelyn Bytzek
Universität Koblenz-Landau
Landau, Deutschland

Ulrich Rosar
Heinrich-Heine-Universität Düsseldorf
Düsseldorf, Deutschland

ISSN 2625-1345 ISSN 2625-1353 (electronic)
Schriftenreihe des Zentrums für Militärgeschichte und Sozialwissenschaften der Bundeswehr
ISBN 978-3-658-23610-6 ISBN 978-3-658-23611-3 (eBook)
https://doi.org/10.1007/978-3-658-23611-3

Die Deutsche Nationalbibliothek verzeichnet diese Publikation in der Deutschen National-bibliografie; detaillierte bibliografische Daten sind im Internet über http://dnb.d-nb.de abrufbar.

Springer VS
© Springer Fachmedien Wiesbaden GmbH, ein Teil von Springer Nature 2018
Das Werk einschließlich aller seiner Teile ist urheberrechtlich geschützt. Jede Verwertung, die nicht ausdrücklich vom Urheberrechtsgesetz zugelassen ist, bedarf der vorherigen Zustimmung des Verlags. Das gilt insbesondere für Vervielfältigungen, Bearbeitungen, Übersetzungen, Mikroverfilmungen und die Einspeicherung und Verarbeitung in elektronischen Systemen.
Die Wiedergabe von Gebrauchsnamen, Handelsnamen, Warenbezeichnungen usw. in diesem Werk berechtigt auch ohne besondere Kennzeichnung nicht zu der Annahme, dass solche Namen im Sinne der Warenzeichen- und Markenschutz-Gesetzgebung als frei zu betrachten wären und daher von jedermann benutzt werden dürften.
Der Verlag, die Autoren und die Herausgeber gehen davon aus, dass die Angaben und Informa-tionen in diesem Werk zum Zeitpunkt der Veröffentlichung vollständig und korrekt sind. Weder der Verlag noch die Autoren oder die Herausgeber übernehmen, ausdrücklich oder implizit, Gewähr für den Inhalt des Werkes, etwaige Fehler oder Äußerungen. Der Verlag bleibt im Hinblick auf geografische Zuordnungen und Gebietsbezeichnungen in veröffentlichten Karten und Institutionsadressen neutral.

Springer VS ist ein Imprint der eingetragenen Gesellschaft Springer Fachmedien Wiesbaden GmbH und ist ein Teil von Springer Nature
Die Anschrift der Gesellschaft ist: Abraham-Lincoln-Str. 46, 65189 Wiesbaden, Germany

Inhalt

Vorwort VII

Einleitung: Freiheit oder Sicherheit? Ein Spannungsverhältnis
aus Sicht der Bürgerinnen und Bürger
Markus Steinbrecher, Heiko Biehl, Evelyn Bytzek und Ulrich Rosar 1

Herr Kagame träumt von Singapur. Eine globale quantitative Analyse
zum Verhältnis von Freiheit, Sicherheit und Staatlichkeit
Julius Heß 11

Security matters. Sicherheitsbezogene Wertorientierungen der
deutschen Bevölkerung im Nachgang von 9/11
Markus Klein 51

Sicherheit aus Vertrauen? Der Einfluss politischen und sozialen
Vertrauens auf Präferenzen für staatliche Antiterrormaßnahmen
Eva-Maria Trüdinger 77

Die Bundeswehr als Sicherheitsgarant? Sicherheitsbewertungen
und Bedrohungswahrnehmungen der deutschen Bevölkerung
Heiko Biehl und Chariklia Rothbart 101

Dein Schützer, Freund und Helfer? Einstellungen der deutschen
Bevölkerung zum Einsatz der Bundeswehr im Inneren
Markus Steinbrecher und Meike Wanner 141

Wachsamkeit als Preis von Sicherheit und Freiheit? Einstellungen
der deutschen Bevölkerung zur Bündnisverteidigung
Markus Steinbrecher, Heiko Biehl und Chariklia Rothbart 177

Einigkeit macht stark! Erklärung von Einstellungen zur
Gemeinsamen Sicherheits- und Verteidigungspolitik der EU
Markus Steinbrecher 217

Autorenverzeichnis 253

Vorwort

Die Abwägung zwischen dem Erhalt von Freiheits- und Bürgerrechten und der Gewährleistung eines möglichst hohen Sicherheitsniveaus ist ein grundlegendes Problem demokratischer Staaten. Die andauernden politischen und wissenschaftlichen Diskussionen in Deutschland und in anderen westlichen Demokratien um Themen wie Datenschutz, Abwehr- und Präventivmaßnahmen gegen terroristische Anschläge oder Eingriffs- und Überwachungsmöglichkeiten von Polizei und Justiz belegen dies eindrucksvoll. Auch für die Bundeswehr als Armee in der Demokratie sind Fragen im Spannungsfeld zwischen Freiheit und Sicherheit hochgradig relevant. Denn zum einen sind die Streitkräfte ein zentraler Akteur bei der Gewährleistung von Sicherheit und Freiheit. Zum anderen sind sie in ihrem Handeln auf die Unterstützung der Bürgerinnen und Bürger wie der politischen Entscheidungsträger angewiesen.

Die Bundeswehr ist durch das Prinzip der Inneren Führung dazu aufgerufen, sich aktiv um die Einbindung in die Gesellschaft zu bemühen. In der entsprechenden Dienstvorschrift wird explizit das Ziel genannt, „die Einbindung der Bundeswehr in Staat und Gesellschaft zu erhalten und zu fördern, Verständnis für den Auftrag der Bundeswehr im Rahmen der deutschen Sicherheits- und Verteidigungspolitik bei den Bürgerinnen und Bürgern zu gewinnen sowie die Soldatinnen und Soldaten aktiv in die durch ständigen Wandel geprägten Streitkräfte einzubeziehen". Das Weißbuch 2016 zur Sicherheitspolitik und zur Zukunft der Bundeswehr benennt eine Reihe von Aufgaben für die Bundeswehr im Ausland wie im Inland. Dazu zählen unter anderem die Landes- und Bündnisverteidigung, die Verteidigung gegen terroristische und hybride Bedrohungen, das internationale Krisenmanagement, der Heimatschutz und subsidiäre Unterstützungsleistungen in Deutschland (z.B. die Überwachung des deutschen Luft- und Seeraums, Hilfeleistungen im Fall von Naturkatastrophen oder schweren Unglücksfällen und Beiträge zur Terrorabwehr) sowie Evakuierungen aus dem oder Geiselbefreiungen im Ausland. Die Beiträge dieses Bandes betrachten einige dieser Aufgaben oder Themen, die mit diesen eng verbunden sind. Dabei beschreiben sie unter anderem das Ausmaß an Unterstützung oder Ablehnung bei den Bürgerinnen und Bürgern und analysieren deren jeweilige Erklärungsfaktoren.

Dieser Band ist das Ergebnis einer Kooperation des Arbeitskreises „Wahlen und politische Einstellungen" der Deutschen Vereinigung für Politikwissenschaft (DVPW; bis Ende 2016 Deutsche Vereinigung für Politische Wissenschaft) mit dem Forschungsbereich Militärsoziologie am Zentrum für Militärgeschichte und Sozialwissenschaften der Bundeswehr (ZMSBw) in Potsdam. Damit ist dieses Buch nach dem ersten gemeinsamen Werk „Sicherheitspolitik und Streitkräfte im Urteil der Bürger. Theorien, Methoden, Befunde", das 2015 durch Dr. Heiko Biehl und Prof. Dr. Harald Schoen (Universität Mannheim) herausgegeben wurde, ein erneuter Beleg für die Verzahnung der Sozialwissenschaftler am ZMSBw mit der universitären Forschung und den wissenschaftlichen Vereinigungen in Deutschland. Die militärsoziologische Forschung des Hauses engagiert sich mit diesem Band noch stärker als bislang in sozialwissenschaftlichen Debatten und kann die Breite ihrer Forschungsthemen eindrucksvoll belegen. Zugleich steht der Forschungsbereich Militärsoziologie mit seiner Expertise der Bundeswehr als Ansprechpartner zur Verfügung und bringt sich unverändert in den öffentlichen Diskurs über die Streitkräfte ein.

Der Herausgeberschaft dieses Sammelbands, Dr. Heiko Biehl, Dr. Evelyn Bytzek, Prof. Dr. Ulrich Rosar und Dr. Markus Steinbrecher, gilt mein Dank für die Zusammenstellung eines facettenreichen Produkts. Besonders hervorheben möchte ich Herrn Dr. Markus Steinbrecher, der am ZMSBw die Vorbereitung, Durchführung, Auswertung und Berichterstattung der jährlichen Bevölkerungsbefragungen verantwortet und für die erforderliche Qualität und Kontinuität der Erhebungen sowie die Erweiterung des Fragenprogramms um zahlreiche für den wissenschaftlichen Diskurs relevante Konstrukte und Variablen gesorgt hat. Die erfolgreiche Federführung dieses Publikationsprojekts lag in seiner Hand. Die Daten der Bevölkerungsbefragungen des ZMSBw bilden eine der Hauptquellen für die vorliegenden Analysen. Danken möchte ich zudem den Autorinnen und Autoren aus dem ZMSBw wie aus den externen Forschungseinrichtungen, die ihre wissenschaftliche Kompetenz und Expertise eingebracht haben. Zuletzt gebührt mein Dank den Angehörigen des Fachbereichs Publikationen am ZMSBw, namentlich unserem ehemaligen Lektor Dipl.-Hist. Edgar Naumann, der für sprachliche Richtigkeit und inhaltliche Konsistenz verantwortlich war, sowie Frau Carola Klinke, die sich um Formatierung und Design von Text, Tabellen und Abbildungen gekümmert hat.

Der vorliegende Sammelband vereint sieben Beiträge, die mit unterschiedlichen Datenquellen und empirischen Methoden eine Vielzahl interessanter und relevanter Fragestellungen untersuchen. Ich bin mir sicher, dass die Ergebnisse und Schlussfolgerungen weitere Forschung zu den sicherheitspolitischen Einstellungen und Präferenzen der Bürgerinnen und Bürger anstoßen, wichtige Argumente für den wissenschaftlichen Diskurs zu Fragen im Spannungsfeld zwischen Freiheitsrechten und Sicherheitsbedürfnissen liefern und gleichzeitig die öffentliche und politische Debatte um staatliche Sicherheitsmaßnahmen, Bündnisverteidigung, europäische Integration oder den Einsatz der Bundeswehr im Inneren beeinflussen können.

Dr. Jörg Hillmann
Kapitän zur See und Kommandeur des
Zentrums für Militärgeschichte und
Sozialwissenschaften der Bundeswehr

Einleitung: Freiheit oder Sicherheit? Ein Spannungsverhältnis aus Sicht der Bürgerinnen und Bürger

Markus Steinbrecher, Heiko Biehl, Evelyn Bytzek und Ulrich Rosar

Das Spannungsfeld zwischen Freiheit und Sicherheit stellt eine altbekannte Thematik der praktischen Politik wie der normativen politischen Theorie dar. Zahlreiche Philosophen und Vertragstheoretiker haben sich damit auseinandergesetzt, wie beide Prinzipien am besten gegeneinander abgewogen und ausbalanciert werden können. Eine der Grundpositionen hat Hobbes in seinem „Leviathan" entwickelt, in dem er den starken Staat propagiert und der Sicherheit eindeutig den Vorzug gibt. Erklärte Absicht ist, die menschlichen Leidenschaften und den seiner Ansicht nach unvermeidlichen Krieg aller gegen alle einzuhegen (Hobbes 2011; vgl. den Beitrag von Heß in diesem Band). Eine entgegengesetzte Schwerpunktsetzung zugunsten der Freiheit zeigt sich bei Benjamin Franklin. Dieser lehnt mit seinem Ausspruch „those who can give up essential liberty to obtain a little temporary safety, deserve neither liberty nor safety" (zitiert bei Schaar 2016: 29) den Verzicht auf Freiheitsrechte zugunsten von mehr Sicherheit ab. Anderen Theoretikern des Gesellschaftsvertrags wie politischen Denkern geht es ebenso um die Abgrenzung der Rechte, Pflichten und Freiheiten der Staatsbürger gegenüber den Rechten, Pflichten und Schutzaufgaben des Staates. Anders als bei Hobbes steht bei ihnen aber „die Frage nach der Einhegung staatlicher Macht, nach Sicherheit vor Übergriffen des Staates in die Sphäre der zivilen Gesellschaft und das Privatleben der Bürger" (Glaeßner 2002: 8) im Mittelpunkt. Dieser Abwägungsprozess ist umso bedeutsamer, weil empirisch die Sicherheit der Freiheit vorausgeht. Dies spiegelt sich in den sozialwissenschaftlichen Ansätzen menschlicher Werteprioritäten wider, die Basis aller gängigen Modelle zur Beschreibung und Erklärung von Wertorientierungen sind: Erst wenn Sicherheit gewährleistet ist bzw. Sicherheitsbedürfnisse befriedigt sind, streben Menschen nach Freiheit bzw. kümmern sich um die Erfüllung von

Selbstentfaltungsbedürfnissen (z.B. Inglehart 1971, 1977; Maslow 1954; vgl. den Beitrag von Heß in diesem Band).

In autokratischen Staaten ist Sicherheit sogar ohne weitergehende Freiheitsrechte denkbar. Für liberale Demokratien gibt es diese Option nicht. Hier müssen beide Prinzipien ständig gegeneinander abgewogen und in einer tragfähigen Balance gehalten werden. Spätestens durch die Terroranschläge des 11. September 2001 (9/11) in den USA und die Verbreitung des islamistischen Terrorismus stehen demokratische Staaten hierbei vor neuen Herausforderungen. Mit jedem erfolgreichen Terroranschlag kehrt die grundlegende Frage der Abwägung zwischen den beiden Prinzipien zurück auf die Agenda (Schaar 2016). Das Verhältnis zwischen Freiheit und Sicherheit ist somit nicht mehr nur ein Thema für Verfassungsrechtler und politische Denker. Sie durchdringt die tagespolitischen Diskussionen in verschiedenen Politikfeldern. Die zentrale Frage dabei ist, wie die erkämpften und eingeräumten Freiheitsrechte im Verhältnis zur Sicherheit (in erster Linie vor terroristischen Anschlägen) abgewogen und verteidigt werden können. Vor diesem Hintergrund finden sich in der Literatur zahlreiche Diskussionen und Kontroversen, die zumeist von einer Überbetonung der Sicherheit zulasten der Freiheit ausgehen und die Aufgabe und Einschränkung von Freiheitsrechten zur Gewährleistung und Bereitstellung größerer Sicherheit kritisieren. Dies wird am Diskurs über den Begriff „Versicherheitlichung" (Buzan et al. 1997), an der Charakterisierung der Sicherheit als „Supergrundrecht" durch den damaligen Bundesinnenminister Friedrich (zitiert bei Bartl 2016: 245) sowie an der Autoritätskraft der Formulierung „aus Sicherheitsgründen" deutlich, die jede Diskussion abwürge und Maßnahmen durchzusetzen erlaube, die sonst nicht akzeptiert würden (Agamben 2014). Allerdings gibt es Gegenbeispiele, die verdeutlichen, dass Freiheit und Sicherheit nicht zwangsläufig gegeneinander ausgespielt werden müssen, sondern komplementär zueinander zu sehen sind (Pavone et al. 2016). Am deutlichsten wird das am Anspruch der Europäischen Union, durch Integration, Kooperation und Ausgleich gleichermaßen einen Raum der Freiheit, der Sicherheit und des Rechts zu schaffen (Abels 2016).

Das Neue an der Debatte zum Verhältnis zwischen Freiheit und Sicherheit nach 9/11 ist, dass der Staat nicht mehr nur als Widerpart der Bürgerinnen und Bürger erscheint. Vermehrt rückt ins öffentliche Bewusstsein, dass er als Wächter die zahlreichen Gefahren abzuwehren hat, die dem Gemeinwesen von privaten Akteuren wie Terrorgruppen, einzelnen Terroristen oder Hackern drohen (Isensee 1983). Wegen der internationalen Dimension vieler Gefahren ist der Staat allzu häufig nicht alleine in der Lage, Sicherheit in ausreichendem Maß zu gewährleisten und so auf die Kooperation mit anderen Akteuren angewiesen. Eine wichtige Folge ist die Infragestellung der Differenz zwischen innerer und äußerer Sicherheit, die für die föderalistische und kleinteilige, historisch gewachsene Sicherheitsarchitektur Deutschlands eine besondere Herausforderung darstellt (Glaeßner 2002).

Die latente Gefahr terroristischer Anschläge in Deutschland und in anderen europäischen Staaten, die öffentlichen Debatten um zusätzliche und verschärfte Sicherheitsmaßnahmen sowie der Skandal um Abhörmaßnahmen der Geheimdienste befreundeter Länder haben Fragen der Abwägung von Freiheit und Sicherheit in Politik, Medien und Öffentlichkeit zu einem wiederkehrenden und intensiv diskutierten Thema gemacht. Diese Entwicklungen sollten nicht ohne Wirkung auf die Aufmerksamkeit, die Meinungen und die Einstellungen der Bürgerinnen und Bürger im Kontext von Bürgerrechten und innerer wie äußerer Sicherheit sein. Dieser Band setzt sich mit diesem Aspekt der Debatte aus verschiedenen Perspektiven auseinander. Unter Verwendung eines engen Sicherheitsbegriffs – wirtschaftliche und soziale Sicherheit werden weitgehend ausgeklammert, der Schwerpunkt liegt eindeutig bei Fragen der inneren wie der äußeren Sicherheit (Abels 2016; Glaeßner 2002) – werden die Bedrohungswahrnehmungen, das Sicherheitsempfinden, die Wertorientierungen sowie die Einstellungen der Bürgerinnen und Bürger zu politischen Maßnahmen im Sicherheitsbereich betrachtet. Diese Aspekte sind relevant, weil politische Entscheidungen in Demokratien von der Unterstützung der Bürger abhängen und dauerhaft keine Politik gegen die Mehrheit der Bevölkerung durchzusetzen ist. Darin liegt zugleich die Gefahr einer stärkeren Anfälligkeit demokratischer Staaten für Überreaktionen, um den weitverbreiteten Sicherheitserwartungen der Bürger zu entsprechen (Schaar 2016). Ein gutes Beispiel ist der Ausbau der Sicherheitsmaßnahmen im Luftverkehr im Zeitverlauf ungeachtet des Rückgangs terroristischer Angriffe in diesem Bereich und der Abnahme der Zahl der durch terroristische Anschläge getöteten Personen (Bonß/Wagner 2012).

Der Band ist das Ergebnis einer Kooperation des Arbeitskreises „Wahlen und politische Einstellungen" der Deutschen Vereinigung für Politikwissenschaft (DVPW; bis Ende 2016 Deutsche Vereinigung für Politische Wissenschaft) mit dem Forschungsbereich Militärsoziologie am Zentrum für Militärgeschichte und Sozialwissenschaften der Bundeswehr (ZMSBw).

Die Beiträge von Eva-Maria Trüdinger und Markus Klein basieren auf Vorträgen, die im Rahmen von zwei durch den Arbeitskreis organisierten Panels beim 26. Wissenschaftlichen Kongress der DVPW zum Thema „Vorsicht Sicherheit! Legitimationsprobleme der Ordnung von Freiheit" in Duisburg im September 2015 gehalten worden sind. Zu diesem Kongress ist in der Zwischenzeit ein Sammelband erschienen, der einige zentrale und ausgewählte Vorträge bzw. Beiträge zusammenfasst (Abels 2016). Die Aufsätze, an denen Heiko Biehl, Julius Heß, Chariklia Rothbart, Markus Steinbrecher und Meike Wanner mitgearbeitet haben, sind im Rahmen der Forschungsarbeit des ZMSBw entstanden. Sechs der sieben Beiträge setzen sich mit Hilfe von Umfragedaten aus Bevölkerungsbefragungen unter verschiedenen Perspektiven mit Fragestellungen im Spannungsfeld zwischen Freiheit und Sicherheit auseinander. Der Beitrag von Heß bietet mit der Verwendung von Aggregatdaten auf der Staatenebene einen wertvollen Wechsel der analytischen Perspektive und des methodischen Zugriffs.

Dabei wählt *Julius Heß* eine globale Perspektive und setzt sich in seinem Beitrag mit dem Wechselverhältnis von Freiheit und Sicherheit vor dem Hintergrund der oben diskutierten Annahmen aus der politischen Philosophie auseinander. Mit Hilfe eines umfangreichen Datensatzes auf Staatenebene untersucht er für den Zeitraum zwischen 1981 und 2011, ob mehr Freiheitsrechte zu größerer Sicherheit – gemessen anhand der jährlichen Mordrate im jeweiligen Land – führen oder im Gegenteil mehr Freiheit die Sicherheitslage verschlechtert. Zentrales und robustes Ergebnis der empirischen Analysen ist, dass ein funktionierendes Staatswesen die Grundvoraussetzung sowohl für Freiheit als auch für Sicherheit ist. Auf der Basis einer bestehenden Staatlichkeit führen mehr Freiheitsrechte allerdings zu geringerer Sicherheit. Insofern entsprechen die Befunde von Heß eher den Annahmen von Hobbes und machen deutlich, dass es einer beständigen Abwägung bedarf, welchem der beiden Prinzipien der Vorzug gegeben werden soll.

Markus Klein untersucht in seinem Beitrag die Wertorientierungen der deutschen Bevölkerung nach den Anschlägen des 11. September 2001 in den USA. Er verwendet die Werteitems von Inglehart und analysiert mit Hilfe von Daten der Allgemeinen Bevölkerungsumfrage der Sozialwissenschaften (Allbus), ob die Bürgerinnen und Bürger in Deutschland nach 9/11 auf die durch die Terroranschläge verursachten Verunsicherungen und Ängste mit einem verstärkten Bedürfnis nach Sicherheit reagiert und in der Folgezeit sicherheitsbezogene Wertorientierungen an Bedeutung in den individuellen

Wertesystemen gewonnen haben. Dabei unterscheidet er zwischen Perioden-, Struktur- und Kohorteneffekten und untersucht diese empirisch mit einem APK-Modell (Alter, Periode und Kohorte). Die Ergebnisse der Analysen zeigen, dass 9/11 sehr wohl einen Einfluss auf die Wertorientierungen der Deutschen gehabt hat, vor allem in Form eines Kohorteneffekts. Das heißt, die Generation 9/11 neigt mit einer höheren Wahrscheinlichkeit sicherheitsbezogenen Wertorientierungen zu als andere Generationen.

Eva-Maria Trüdinger konzentriert sich in ihrem Beitrag auf die Rolle von sozialem und politischem Vertrauen für Präferenzen zu Antiterrormaßnahmen in Deutschland. Mit Hilfe von Daten aus einer telefonischen Befragung aus dem Jahr 2016 stellt sie fest, dass ein Großteil der abgefragten (verdachts- und öffentlichkeitsbezogenen) Maßnahmen durch eine Mehrheit der Bürgerinnen und Bürger unterstützt wird. Personenbezogene Maßnahmen, die gegen Grundrechte und die Menschenwürde verstoßen würden, werden hingegen mehrheitlich abgelehnt. Während höheres politisches Vertrauen in multivariaten Modellen unter Kontrolle anderer relevanter politischer Einstellungen zu einer geringeren Unterstützung der drei Maßnahmenarten führt, hat soziales Vertrauen lediglich einen negativen Einfluss auf die Unterstützung verdachts- und personenbezogener Antiterrormaßnahmen. Insgesamt ist festzuhalten, dass Vertrauen keine Ressource ist, welche den Handlungsspielraum für Politik und Justiz in Deutschland bei der Bekämpfung des Terrorismus erhöhen kann. Ganz im Gegenteil ist die stärkere Unterstützung solcher Maßnahmen eher der Ausfluss einer Kultur des politischen und sozialen Misstrauens.

Mit den Bedrohungswahrnehmungen und dem Sicherheitsempfinden der Deutschen setzen sich *Heiko Biehl* und *Chariklia Rothbart* in ihrem Beitrag aus verschiedenen Perspektiven auseinander. Zunächst betrachten sie die Struktur der Bedrohungswahrnehmungen in Deutschland im Jahr 2016 und zeigen, dass sich diese auf drei Dimensionen, Bedrohungen der inneren und äußeren Sicherheit, ökologische sowie sozio-ökonomische Bedrohungen zurückführen lassen. Des Weiteren legen sie eine ausführliche Analyse der Determinanten des individuellen Sicherheitsempfindens vor und können zeigen, dass selbst unter Kontrolle einer Vielzahl von Prädiktoren stärkere Bedrohungswahrnehmungen insbesondere der inneren und äußeren Sicherheit zu einer größeren wahrgenommenen Unsicherheit führen. Zuletzt betrachten sie die Konsequenzen von Bedrohungswahrnehmungen und Sicherheitsempfinden auf die Präferenzen der Bevölkerung hinsichtlich politischer Maßnahmen in der Außen- und Sicherheitspolitik sowie der Einsätze der

Bundeswehr. Die festgestellten Einflüsse sind nicht kohärent, deuten aber darauf hin, dass verstärktes außen- und sicherheitspolitisches Engagement und die Auslandseinsätze der Streitkräfte von den Bürgerinnen und Bürgern in Deutschland nicht als Instrument gesehen werden, um die Sicherheitslage zu verbessern und wahrgenommene Bedrohungen einzudämmen.

Markus Steinbrecher und *Meike Wanner* untersuchen ein seit Jahren intensiv diskutiertes Thema, den möglichen Einsatz der Bundeswehr innerhalb Deutschlands und die Einstellungen der Bevölkerung zu dieser verfassungsrechtlich und politisch heiklen Frage. Sie können zeigen, dass die Bürgerinnen und Bürger verschiedenste Formen vom Einsatz der Bundeswehr zur Grenzsicherung gegen illegale Einwanderer, über den Objektschutz bis zur Katastrophenhilfe im gesamten Zeitraum zwischen 2005 und 2016 mit großer Mehrheit unterstützen. Das Unterstützungsniveau ist im Zeitverlauf relativ stabil und folglich wenig von Ereignissen wie Terroranschlägen oder Katastrophen beeinflusst. Die mehrheitliche Skepsis und verbreitete Zurückhaltung im politischen Diskurs zum Einsatz der Bundeswehr innerhalb Deutschlands spiegelt sich in den Positionen der Bürgerinnen und Bürger nicht wider. Unter den Determinanten der untersuchten Präferenzen stechen die generelle Einstellung zur Bundeswehr, die Bewertung der Leistungen der Streitkräfte, die Nähe zu einem Bundeswehrstandort, normative Überlegungen und Bedrohungswahrnehmungen heraus.

Mit der Bündnisverteidigung innerhalb der NATO setzt sich der Beitrag von *Markus Steinbrecher*, *Heiko Biehl* und *Chariklia Rothbart* auseinander. Die Autoren betrachten Einstellungen der Bürgerinnen und Bürger zu dieser etablierten Aufgabe der Bundeswehr und zeigen, dass abstrakte, allgemeine Prinzipien der Solidarität mit Deutschlands Verbündeten von weiten Teilen der Bevölkerung unterstützt werden, das Meinungsbild im Hinblick auf konkrete und bereits laufende Maßnahmen der Bündnisverteidigung aber geteilt bzw. tendenziell eher skeptisch ist. Die Analysen belegen zudem, dass sich die Zustimmung zur Bündnisverteidigung sowie die Einstellung zu den beiden laufenden Einsätzen der Bundeswehr im Baltikum in weiten Teilen aus einer grundlegend wohlwollenden Sicht auf die deutschen Streitkräfte und die Zusammenarbeit in der NATO ergeben. Für die Haltung zur militärischen Präsenz der NATO in Osteuropa sowie die potenzielle Unterstützung der baltischen Staaten, damit diese sich gegen Russland wehren können, ist die Sicht auf das russische Agieren entscheidend. Wer Russland kritisch beurteilt, heißt die ergriffenen Maßnahmen der Bündnisverteidigung gut.

Eine internationale Perspektive auf das Wechselspiel zwischen Freiheit und Sicherheit nimmt *Markus Steinbrecher* im letzten Beitrag des Bandes ein, der sich mit Einstellungen der Bürgerinnen und Bürger in verschiedenen europäischen Ländern zur Gemeinsamen Sicherheits- und Verteidigungspolitik (GSVP) der EU und zur europäischen Armee befasst. Es wird deutlich, dass die GSVP in fast allen Ländern mit sehr großer Mehrheit unterstützt wird, während die Schaffung gemeinsamer Streitkräfte auf größere Skepsis stößt und in einigen Ländern abgelehnt wird. Mit Hilfe zweier Datenquellen aus den Jahren 2010 und 2015 kann der Beitrag verschiedene Erklärungsansätze aus der Forschung zu europaspezifischen sowie außen- und sicherheitspolitischen Einstellungen zusammenführen und zeigen, dass utilitaristische, performanzbasierte und identitätsbezogene Determinanten sowie außen- und sicherheitspolitische Grundorientierungen gleichermaßen eine wichtige Rolle für die Erklärung der Zustimmung zu den beiden Vorhaben spielen. Sicherheitsempfinden und Bedrohungswahrnehmungen sind hingegen, zumindest mit Blick auf den für die Analyse herangezogenen internationalen Datensatz aus dem Jahr 2010, fast bedeutungslos.

Setzt man die einzelnen Beiträge zueinander in Beziehung, zeigen sich eine Vielzahl von Gemeinsamkeiten, Überlappungen, aber auch Ergänzungen und Abgrenzungen. Dies gilt zunächst in analytischer Hinsicht, wobei sich die meisten Beiträge des Bandes auf die Lage in Deutschland konzentrieren. Allerdings findet die international vergleichende Perspektive im Beitrag von Markus Steinbrecher zur GSVP und von Julius Heß Beachtung. Markus Klein und Julius Heß untersuchen im Gegensatz zu den anderen Beiträgen, die für ihre Analysen Daten verwenden, die zu einem oder zwei Zeitpunkten erhoben wurden, eine längsschnittliche Fragestellung. Als expliziter Referenzpunkt für die Analysen spielt der 11. September 2001 nur für den Beitrag von Klein eine Rolle. Implizit stellen fast alle Beiträge einen Bezug zu 9/11 her. Ein weiterer Punkt, an dem sich fast alle Aufsätze treffen, ist die Betrachtung der Bedeutung von Bedrohungswahrnehmungen und Sicherheitsempfinden. Sind sie bei Heiko Biehl und Chariklia Rothbart zentral für den Beitrag, kommen sie in den anderen Aufsätzen als Erklärungsfaktoren zum Tragen oder setzen den theoretischen Rahmen für die Analyse.

Für die weiter oben angesprochene Debatte spielt nicht nur das Verhältnis zwischen Freiheit und Sicherheit eine Rolle, sondern im deutschen Fall auch die Abgrenzung zwischen innerer und äußerer Sicherheit. Während sich die Beiträge von Klein und Trüdinger eindeutig mit der Sicherheit innerhalb

Deutschlands befassen und Heß die innerstaatliche Sicherheit in den Blick nimmt, betrachten die Aufsätze von Steinbrecher sowie von Steinbrecher, Biehl und Rothbart lediglich die äußere Sicherheit, der erstgenannte Aufsatz sogar aus einer komparativen Perspektive. Die Überlegungen und Ergebnisse von Biehl und Rothbart sowie von Steinbrecher und Wanner bewegen sich genau an der Grenze bzw. der Überlappung von innerer und äußerer Sicherheit.

Mit Blick auf die zutage tretenden Befunde zeigen sich ebenfalls Gemeinsamkeiten und einander ergänzende Ergebnisse. So sind die sicherheitspolitischen Präferenzen der Bürgerinnen und Bürger, wie die Analysen von Biehl und Rothbart sowie von Steinbrecher belegen, nicht vorrangig durch deren Bedrohungswahrnehmungen bestimmt. Vielmehr beeinflussen grundlegende Orientierungen und Werte, auf die sich Klein konzentriert, die Haltungen zu sicherheitspolitischen Maßnahmen. Folglich ist bei einer Beruhigung der nationalen und internationalen Gefährdungslage und einer sinkenden Bedrohungswahrnehmung der Bevölkerung nicht von einer kurzfristigen Änderung der sicherheitspolitischen Präferenzen auszugehen. Dessen ungeachtet stehen die Bürgerinnen und Bürger Sicherheitsmaßnahmen in Deutschland wie außerhalb des Landes (Bündnisverteidigung) grundsätzlich aufgeschlossen gegenüber. Selbst politisch und medial äußerst kontrovers diskutierte Eingriffe in Freiheitsrechte oder der Einsatz der Streitkräfte im Inneren werden, wie die Auswertungen von Trüdinger sowie von Steinbrecher und Wanner zeigen, vom Großteil der Befragten gutgeheißen. Diese Befunde bestätigen sowohl die Auffassung des Historikers Eckart Conze (2009), der seiner Geschichte der Bundesrepublik den programmatischen Titel „Die Suche nach Sicherheit. Eine Geschichte der Bundesrepublik Deutschland von 1949 bis in die Gegenwart" gegeben hat als auch die Ergebnisse der Analysen von Heß. Die Bürgerinnen und Bürger differenzieren jedoch deutlich zwischen Maßnahmen der inneren Sicherheit im nationalen Rahmen einerseits und internationalen militärischen Missionen andererseits. Während erstere eine hohe Zustimmung erfahren und als geeignet zur Reduzierung von Risiken und Gefahren gelten, begegnet die Bevölkerung letzteren mit Skepsis. Dies bestätigen die Analysen zur Bündnisverteidigung von Steinbrecher, Biehl und Rothbart. Ein Grund dafür ist, dass internationalen Einsätzen keine förderliche Wirkung für die Sicherheitslage in Deutschland zugeschrieben wird, wie der Beitrag von Biehl und Rothbart belegt. Der Bezug zur eigenen Lebenswelt und -wirklichkeit, nicht zuletzt in geografischer Hinsicht, ist mithin für die

Haltungen der Bevölkerung zu Mitteln der inneren und äußeren Sicherheit zentral.

Insgesamt kann dieser Sammelband aus verschiedenen Perspektiven Informationen und Einsichten bereitstellen, wie Freiheit und Sicherheit von den Bürgerinnen und Bürgern angesichts der Herausforderungen durch den (islamistischen) Terrorismus, der Verschlechterungen der Sicherheitslage in Europa und der wachsenden Unsicherheiten gegeneinander abgewogen werden. Er zeigt, inwiefern sie sich für verschärfte Sicherheitsmaßnahmen oder Änderungen an der Architektur der inneren und äußeren Sicherheit aussprechen, sich Werteprioritäten verschieben oder sie den Rückbau bzw. die Einschränkung von Freiheitsrechten unterstützen. Zudem kann eindrucksvoll belegt werden, dass das Ausmaß von Freiheitsrechten tatsächlich mit der Sicherheitslage zusammenhängt. Damit leistet der Band nicht nur einen Beitrag zu den wissenschaftlichen Diskursen der letzten Jahre, sondern bietet auch relevante Informationen zur sicherheitspolitischen öffentlichen Meinung sowie ihrer Determinanten und zu den Konsequenzen für Politik, Medien und die interessierte demokratische Öffentlichkeit.

Literatur

Abels, Gabriele (Hrsg.) (2016): Vorsicht Sicherheit! Legitimationsprobleme der Ordnung von Freiheit. Baden-Baden: Nomos.

Agamben, Giorgio (2014): Die Geburt des Sicherheitsstaats. In: Le Monde Diplomatique, 14.3.2014.

Bartl, Gabriel (2016): Die subjektive Wahrnehmung und Bewertung von Sicherheitsmaßnahmen an Flughäfen als soziale Reflexion des Verhältnisses zwischen Freiheit und Sicherheit? In: Zeitschrift für Außen- und Sicherheitspolitik 9, 243–262.

Bonß, Wolfgang/Wagner, Katrin (2012): Risiken und symbolische Politik: Anmerkungen zu einem Konzept und seiner Bedeutung für die Luftsicherheit. In: Gerhold/Schiller (Hrsg.) 2012: 41–53.

Buzan, Barry/Wæver, Ole/de Wilde, Jaap (1997): Security: A new framework for analysis. Boulder: Lynne Rienner.

Conze, Eckart (2009): Die Suche nach Sicherheit. Eine Geschichte der Bundesrepublik Deutschland von 1949 bis in die Gegenwart. München: Siedler.

Gerhold, Lars/Schiller, Jochen (Hrsg.) (2012): Perspektiven der Sicherheitsforschung. Beiträge aus dem Forschungsforum Öffentliche Sicherheit. Frankfurt am Main: Peter Lang.

Glaeßner, Gert-Joachim (2002): Sicherheit und Freiheit. In: Aus Politik und Zeitgeschichte 52, Heft 10–11, 3–13.

Hobbes, Thomas (2011 [1651]): Leviathan oder Stoff, Form und Gewalt eines kirchlichen und bürgerlichen Staates. Teil I und II, Rückblick und Schluß. Berlin: Suhrkamp.

Inglehart, Ronald (1971): The Silent Revolution in Europe: Intergenerational Change in Post-Industrial Societies. In: American Political Science Review 65, 991–1017.

Inglehart, Ronald (1977): The Silent Revolution. Changing Values and Political Styles Among Western Publics. Princeton, NJ: Princeton University Press.

Isensee, Josef (1983): Das Grundrecht auf Sicherheit. Zu den Schutzpflichten des freiheitlichen Verfassungsstaates. Berlin/New York: De Gruyter.

Maslow, Abraham H. (1954): Motivation and Personality. New York: Harper.

Pavone, Vincenzo/Santiago Gomes, Elvira/Jaquet-Chifelle, David-Olivier (2016): A Systemic Approach to Security: Beyond the Tradeoff between Security and Liberty. In: Democracy and Security 12, 225–246.

Schaar, Peter (2016): Freiheit und Sicherheit – das verlorene Gleichgewicht. In: Abels (Hrsg.) 2016: 27–43.

Herr Kagame träumt von Singapur.
Eine globale quantitative Analyse zum Verhältnis von Freiheit, Sicherheit und Staatlichkeit

Julius Heß

> There ain't no such thing as a free lunch.
> *Amerikanisches Sprichwort*

1 Einleitung

Als Woodrow Wilson, Präsident der Vereinigten Staaten von Amerika, im April 1917 vor den Kongress trat, um für den Eintritt der bedeutendsten liberalen Demokratie der Welt in den Ersten Weltkrieg zu werben, da wählte er seine Worte mit Bedacht. Es ging um die Frage, ob Freiheit, Demokratie und darauf aufbauende Ordnungsvorstellungen – notwendigerweise gewaltsam – verteidigt und in die Welt getragen werden sollten. Und es ging um das Selbstbewusstsein und den zukünftigen Stellenwert der Demokratie in der Welt. „The world", sprach Wilson, „must be made safe for democracy. Its peace must be planted upon the tested foundations of political liberty" (Wilson 1917). Selten wurde das Selbstbild der liberalen Demokratie klarer zum Ausdruck gebracht: Freiheit, Friedensliebe und Sicherheit fallen in der Demokratie zusammen. Demokratisierung mache die Welt sicherer.

Es gehört zum Kern westlichen politischen Denkens, dass die liberale, freiheitliche Demokratie eine friedliche Regierungsform ist. Politische Freiheiten und Rechte tragen demnach zu innerstaatlichem Frieden bei, indem sie die Artikulation von Missständen, Ansprüchen und Bedürfnissen ermöglichen, den Interessenausgleich zwischen Gruppen vereinfachen und institutionalisierte, geordnete Wege der Konfliktlösung bereitstellen. Unter dieser Perspektive gehen Freiheit und Sicherheit Hand in Hand. Die freiheitliche Demokratie sei friedlicher als andere Regierungsformen. Das Ausmaß politischer Freiheiten korreliere negativ mit dem Ausmaß innerstaatlicher Gewalt.

Nichtsdestotrotz hat die liberale Demokratie in der vergangenen Dekade der „demokratischen Rezession" (Diamond 2015: 144) an Attraktivität eingebüßt. Mit neuem Selbstbewusstsein wird ein robuster Autoritarismus von seinen Befürwortern als die der vermeintlich schwachen Demokratie überlegene Regierungsform dargestellt. Dies gelte vor allem auch für die Fähigkeit, die Sicherheit der Bürgerinnen und Bürger zu garantieren (Lin 2007: 468). Diese Skepsis ist nicht neu. Nach dem Staatstheoretiker Thomas Hobbes und jenen, die seiner Denkschule folgen, stellt sich das Verhältnis von Freiheit zu Sicherheit radikal anders dar als von den Verfechtern der liberalen Demokratie angenommen. Demnach ist es einzig die uneingeschränkte Macht einer absolutistischen Zentralgewalt, die inneren Frieden ermöglicht. Jede Schwächung, Aufweichung und Infragestellung der Macht der Zentralgewalt durch demokratische Teilhabe und die Gewährung politischer Freiheiten und Rechte eröffne Machtkämpfe zwischen konkurrierenden sub-staatlichen Gruppen und zwinge Individuen und Gruppen dazu, für ihre eigene Sicherheit zu sorgen. Unter dieser Perspektive sollte die freiheitliche Demokratie höhere Niveaus innerstaatlicher Gewalt zeigen als andere Regierungsformen. Das Ausmaß politischer Freiheiten korreliert hiernach positiv mit dem Ausmaß innerstaatlicher Gewalt.

In diesem Beitrag wird das Verhältnis von Freiheit zu Sicherheit in einer international vergleichenden Perspektive, also anhand empirischer Daten zu den Ländern der Erde bestimmt. Untersuchungseinheiten sind die souveränen Staaten des internationalen Systems. Welcher der beiden widerstreitenden Ansätze lässt sich empirisch bestätigen? Gehen Freiheit und Sicherheit Hand in Hand? Weisen also Staaten mit vielen Freiheitsrechten auch eine hohe Sicherheit auf? Oder schließen sich Freiheit und Sicherheit aus? Leiden freie Staatswesen unter geringerer Sicherheit? Welche Regierungsform – autoritäre Herrschaft oder liberale Demokratie – ist also besser geeignet, die Sicherheit der Bürger zu garantieren?

Das folgende Kapitel liefert den theoretischen Rahmen für die empirischen Analysen. Abschnitt 2.1 führt in die international vergleichende Perspektive ein, während Abschnitt 2.2 deutlich macht, worin sich die Staaten der gegenwärtigen Welt grundlegend unterscheiden. Die Abschnitte 2.3 und 2.4 kontrastieren die beiden widerstreitenden Ansichten zum Verhältnis von Freiheit und Sicherheit. Das 3. Kapitel grenzt die zentralen Begriffe der Sicherheit (Abschnitt 3.1), Freiheit (Abschnitt 3.2) und Staatlichkeit (Abschnitt 3.3) voneinander ab und überführt die theoretischen Konstrukte in quantitative Indikatoren. In Abschnitt 3.4 werden die verwendeten Kontrollvariablen erläutert, während Abschnitt 3.5 die Analysemethode diskutiert und das zu testende Modell vorstellt. Kapitel 4 enthält die grundlegenden bivariaten und multivariaten Ergebnisse sowie deren Überprüfung auf Robustheit. Kapitel 5 schließt den Beitrag mit einer kritischen Diskussion der Reichweite, Validität und Aussagekraft der Ergebnisse ab.

2 Theoretischer Rahmen und Hintergrund

2.1 Eine globale Perspektive

Eine Betrachtung von Freiheit und Sicherheit im globalen Maßstab weicht erheblich von einer Untersuchung ab, die sich auf demokratische Industrienationen beschränkt. In einer international vergleichenden Perspektive verlaufen Trennlinien nicht zwischen angelsächsisch-liberalen und kontinentaleuropäisch-etatistischen Gesellschaftsordnungen und nicht zwischen Staaten, die robust oder zurückhaltend auf gegenwärtige Bedrohungen reagieren. Exemplarisch gesprochen verläuft die entscheidende Trennlinie nicht zwischen den USA und Schweden; sie verläuft zwischen Staaten wie Schweden und Somalia oder zwischen der Schweiz und der Zentralafrikanischen Republik. Globale empirische Vergleiche zwischen Staatswesen bilden in erster Linie diese extremen Unterschiede ab. Feine Distinktionen zwischen hoch entwickelten, industrialisierten Staaten stehen bei einer solchen Betrachtung zurück.

Im Kontext der Fragestellung dieses Bandes sind vor allem Unterschiede in der „empirischen Staatlichkeit" (Jackson 1990: 21) von formal souveränen Staaten relevant. Empirische Staatlichkeit – oder kurz Staatlichkeit – bezieht sich auf die Frage, ob staatliche Herrschaft über ein Territorium lediglich formal durch die internationale Gemeinschaft legitimiert ist – oder ob staatliche Institutionen tatsächlich dieses Territorium kontrollieren und über die Fähigkeit verfügen, Entscheidungen durchzusetzen (Herbst 2000: 98). In ersterem Fall handelt es sich um Gebilde, die als schwache, „hohle" (Centeno 1997: 1592), „künstliche" (Holsti 1996: 61) oder „Quasi-Staaten" (Jackson 1990) bezeichnet werden. Der Machtbereich dieser Staaten umfasst zuweilen nicht mehr als die Hauptstadt und gelegentlich – wie im Fall der sprichwörtlichen Villa Somalia – lediglich einzelne Gebäude des Regierungsviertels (Herbst 2000: 126, 2004: 302; Straßner 2011: 458). Im zweiten Fall handelt es sich um moderne, starke Staaten, wie sie idealtypisch von Max Weber (1972: 821 f.) definiert worden sind.

Staatlichkeit ist für Freiheit und Sicherheit sowohl in empirischer als auch in normativer Hinsicht relevant. *Empirisch* ist der Staat in der heutigen Welt nach wie vor das bedeutendste sozio-territoriale Organisationsprinzip (Lektzian/Prins 2008: 614). Ökonomisches Wachstum, Ressourcenverteilung, Wohlfahrt sowie das Gesundheits- und Bildungswesen hängen sämtlich von staatlichen Institutionen ab (Acemoglu/Robinson 2012; Hanson/Sigman 2013: 1). Vor allem aber werden innere Sicherheit und Gewalt von staatlicher Ordnung geprägt. Langfristig nimmt zwischenmenschliche Gewalt mit der Entstehung zentralistischer Staaten ab – das zeigt die archäologische, ethnologische, historische und sozialwissenschaftliche Forschung (Diamond 2012: 139; Eisner 2014: 125 f.; Morris 2014; Pinker 2011: 680). Moderne Staaten sind die mächtigsten jemals von Menschen geschaffenen Herrschaftsgebilde (Giddens 1985: 120) und fast immer verwenden Staaten ihre immensen Ressourcen zur internen Gewaltkontrolle – nicht aus Nächstenliebe, sondern aus Eigennutz: Tote zahlen keine Steuern und weitverbreitete Unsicherheit führt selten zum allgemeinen Wohlstand (Bates 2001; Morris 2014: 80; Olson 2000: 6–11). Also wird Gewalt, wie Sigmund Freud (1924: 8) es ausdrückt, monopolisiert, ganz unprätentiös, wie „Salz und Tabak".

Aber nicht nur die innere Sicherheit, auch politische Freiheitsrechte sind mit Staatlichkeit verknüpft, da sie sich auf das Verhältnis von Bürger und Staat beziehen. Ohne einen Staat greifen Rechtsansprüche ins Leere, da sie sich nur an andere Mitglieder der Gesellschaft richten können (Tönnies 2002: 147 f.). Rechtsstaatlichkeit und Legalität setzen die Existenz eines Staates voraus (Reinhard 1999: 116).

Auch aus *normativen* Überlegungen heraus kommt eine Analyse von Freiheit und Sicherheit nicht ohne den Staat aus. Da der Staat wie kein anderer Akteur in der Lage ist, Sicherheit, Rechte und Freiheiten als öffentliche Güter bereitzustellen, ist er der natürliche Adressat entsprechender Ansprüche und Forderungen. Seit der Aufklärung ist die Annahme, der Staat müsse für das Wohlergehen seiner Bürger sorgen, im westlichen politischen Denken verankert (Reinhard 1999: 21). Im Besonderen wächst dem Staat die Pflicht zu, die Sicherheit seiner Bürger zu garantieren (Lektzian/Prins 2008: 614; Rotberg 2004: 2 f.). Die Bindung der Legitimität von Herrschaft an die Fähigkeit und den Willen von Staaten, ihre Bürger zu beschützen, ist eine Konstante in der westlichen Staatsphilosophie – von ihren Anfängen bei Thomas Hobbes (Fukuyama 1992: 154; Hobbes 1984: 255; Reemtsma 2009: 57; Tönnies 2002: 75) bis zur zeitgenössischen *Responsibility to Protect* (ICISS 2001).

2.2 Starke Staaten, schwache Staaten

Eine Analyse von Freiheit und Sicherheit kann also nicht auf Staatlichkeit als intervenierende Variable verzichten. Was aber trennt Staaten wie die Schweiz und Schweden auf der einen Seite von Staaten wie Somalia und der Zentralafrikanischen Republik auf der anderen Seite? Alle souveränen Staaten teilen die Anerkennung durch ihre Peers, also die internationale Staatengemeinschaft. Hier enden die Gemeinsamkeiten allerdings bereits.

Heutige starke Staaten sind in den meisten Fällen aus militärischen Ausscheidungskämpfen hervorgegangen (Gibler/Miller 2014: 636; Thies 2005: 451; Tilly 1982). Dies bezieht sich sowohl auf die westeuropäische Staatsbildung der Frühen Neuzeit als auch auf Staatsbildungsprozesse in anderen Weltgegenden und Epochen (Carneiro 1970: 734; Diamond 2012: 17; Fukuyama 2014: 537; Morris 2014). Staatliches Überleben hing an der Fähigkeit, immense finanzielle, materielle und Humanressourcen aufzubringen. Alleine funktionierende Bürokratien waren in der Lage, diese Mittel zu akquirieren (Herbst 2000: 113 f.; Reinhard 1999: 343). Das Resultat ist die typische hohe Durchdringung moderner Gesellschaften durch leistungsfähige staatliche Institutionen (Giddens 1985: 309). Da Herrscher auf die Kooperation steuerzahlender Bürgerinnen und Bürger und einflussreicher sozialer Gruppen angewiesen waren, trug der militärische Ausscheidungskampf zudem letztlich zur Ausweitung von demokratischer Mitbestimmung und Freiheitsrechten bei (Bates 2001: 82 f.; Morris 2014: 206).

Heutige schwache Staaten haben derartige Staatsbildungsprozesse meist nie durchlaufen. In vielen Fällen haben ungünstige geografische Gegebenheiten eine autochthone Staatsbildung verhindert (Carneiro 1970: 734 f.; Fukuyama 2012: 89−92; Herbst 2000: 14, 22; Morris 2014: 80). Folglich konnten viele Herrschaftsgebilde kolonialer Expansion wenig entgegensetzen. Aber auch die Kolonialherrschaft hat lokale Staatsbildung selten befördert. Im Zuge der anschließenden Dekolonisierung übernahmen post-koloniale Eliten die kolonialen Gebilde meist ohne tiefgreifende territoriale oder institutionelle Veränderungen (Fukuyama 2014: 311; Herbst 2000: 101; Reinhard 1999: 197). Die internationale Staatengemeinschaft trug zu dieser post-kolonialen Kontinuität bei, indem sie die „europäisch-definierten territorialen Fiktionen" (Holsti 1996: 75) durch die Anerkennung der Souveränität als unabhängige Staaten legitimierte (Clapham 2004: 77, 79; Herbst 2004: 302, 307).

Im Verlauf der zweiten Hälfte des 20. Jahrhunderts blieben weitere Anreize für die Staatsbildung aus. Militärische Konflikte zwischen schwachen Staaten waren die Ausnahme, der zentrale Staatsbildungsmechanismus kam nicht in Bewegung (Ayoob 2007: 100). Einkommensquellen wie Militärhilfe und Entwicklungshilfe vernichten bis heute Anreize für den Aufbau extraktiver Institutionen und funktionstüchtiger Bürokratien (Herbst 1990: 123 f.; Kalyvas/Balcells 2010: 418). Moderne, demokratische Industrienationen sind erwachsen aus Gewalt und Zwang. Dieser Weg ist heutigen schwachen Staaten – nicht zuletzt durch internationale Normen der Gewaltlosigkeit – verbaut (Ayoob 2007: 98). Es ist somit anzunehmen, dass schwache Staaten in ihrer „verkrüppelten Form" (Herbst 1990: 137) in der absehbaren Zukunft bestehen bleiben.

Eine Analyse, die heutige schwache und starke Staaten gegenüberstellt, muss dort ansetzen, wo sich die Entwicklungspfade endgültig trennten, d.h. in der Frühen Neuzeit, als der moderne europäische Staat entstand, der weite Teile der Welt unterwerfen sollte. Es ist kein Zufall, dass die wichtigsten Theoretiker des Verhältnisses von Staat, Freiheit und Sicherheit aus dieser Epoche und dieser Region stammen. Thomas Hobbes veröffentlichte sein Hauptwerk ‚Leviathan' im Jahr 1651, John Locke folgte mit der ‚Zweiten Abhandlung über die Regierung' im Jahr 1689. Abbildung 1 verdeutlicht die zu untersuchenden Wirkungspfade im Verhältnis von Freiheit, Sicherheit und Staatlichkeit. Im Folgenden werden die beiden Denkschulen, die bis in die Gegenwart die Debatte strukturieren, vorgestellt und gegensätzliche, empirisch überprüfbare Hypothesen entwickelt.

Abbildung 1: Wirkungsbeziehungen zwischen Freiheit, Sicherheit und Staatlichkeit

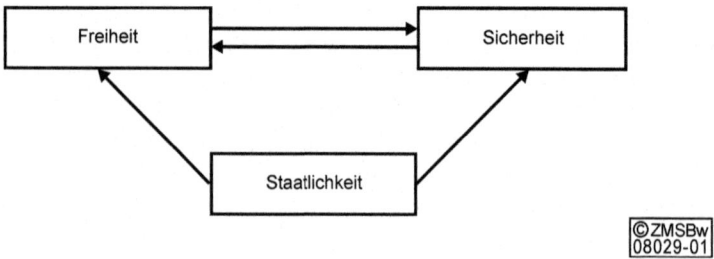

2.3 Hobbes' Leviathan und die Sicherheitsgarantie des Absolutismus

Nach Hobbes ist die Logik menschlichen Zusammenlebens tragisch im ursprünglichen Wortsinn: Das legitime Streben der Menschen nach einem Leben in Sicherheit führe zur Erosion der Sicherheit aller und zum Kampf eines jeden gegen jeden (Hobbes 1984: 96). Das Sicherheitsdilemma (Snyder/ Jervis 1999) im Kern Hobbes'schen Denkens beruhe auf der fundamentalen Gleichheit aller Menschen in Fähigkeiten und Leidenschaften. Die Gleichheit führe zur Konkurrenz um Güter, die nicht gemeinschaftlich konsumiert werden können (Fukuyama 2012: 430 f.; Hobbes 1984: 94 f.). Macht dient demzufolge der Erlangung dieser Güter, und das Machtstreben endet nie, da zu jedem Zeitpunkt mehr Macht benötigt wird, um die gegenwärtige Macht für die Zukunft zu sichern. Mit Versuchen der gegenseitigen Unterwerfung ist zu rechnen. Unter diesen Umständen sei es für den Einzelnen rational, nachvollziehbar und moralisch legitim, der Unterwerfung durch andere zuvorzukommen (Hobbes 1984: 75–77). Wenn sich Stämme, Familien, Clans, Dorfgemeinschaften und ethnische Gruppen gegenseitig belauern – unentrinnbar verbunden in der Unsicherheit über die Absichten des jeweils anderen – dann herrscht der Hobbes'sche Naturzustand (Hobbes 2014: 194). Ohne staatliche Ordnung bestehe also Unsicherheit und die Freiheit sei wenig wert (Tönnies 2009: 31).

Den Ausgang aus dem Naturzustand bietet Hobbes zufolge eine gegenseitige Übereinkunft aller Menschen, auf die Ausübung des Rechts auf Selbstverteidigung zu verzichten und es stattdessen auf eine Zentralgewalt zu übertragen, die jeden bestraft, der der Übereinkunft zuwiderhandelt (Hobbes 1984: 102). Für den Einzelnen sei dieses Arrangement günstig: Er muss sich nun nicht mehr persönlich um seine Sicherheit kümmern – Sicherheit wird staatlicherseits als öffentliches Gut bereitgestellt. Der Preis für ein Leben in Sicherheit und Wohlstand sei der Gehorsam gegenüber den Entscheidungen der Zentralgewalt, deren Existenz man Sicherheit und Wohlstand verdanke:

„Aus dem Staatszweck Sicherheit ergibt sich die unumschränkte Stellung des Souveräns. Er kann seine Gewalt nicht verwirken und nicht ausgewechselt werden; Widerstand kommt nicht in Frage. Er steht über dem Gesetz, kann kein Unrecht tun und nicht bestraft werden. [...] Gut und Böse, Recht und Unrecht, Mein und Dein beruhen ausschließlich auf seiner Setzung." (Reinhard 1999: 116)

Auch in der neueren Forschung zum Zusammenhang von Freiheit und Sicherheit werden Annahmen diskutiert, die in der Hobbes'schen Tradition stehen. Die Gewährung von bürgerlichen Rechten und Freiheiten schränkt demnach die Macht der Zentralgewalt ein, Staatsschwäche sei das prägende Merkmal der liberalen Demokratie (Cooney 1997: 319; Fukuyama 1992: 15; Mueller 2003: 513). Zudem perpetuiere die liberale Demokratie den politischen Wettbewerb und beschere ungefestigten Staaten permanente, oft blutige interne Machtkämpfe (Collier 2009; The World Bank 2011: 5, 54). Staatsschwäche und permanenter Machtkampf schaffen Anreize zur Mobilisierung von sub-staatlichen Gruppen – sowohl von räuberischen Gruppen, die jegliche Freiräume zur gewaltsamen Ausbeutung anderer nutzen, als auch von Verteidigungsgemeinschaften und ethnischen Gruppen, die um ihre Sicherheit besorgt sind und sich gegen Angriffe und Ausbeutung schützen wollen. Die durch die liberale Demokratie freigesetzten Kräfte sind demnach nicht notwendigerweise Kräfte der Harmonie und des Friedens (Ayoob 2007: 101; Bates 2008: 11; Kalyvas 2015: 1524 f.; Karstedt/Lafree 2006: 8, 16; Lin 2007: 468; Zakaria 1999: 35 f.). Vielmehr birgt eine Schwächung der Zentralgewalt das Risiko des Zerfalls der staatlichen Ordnung. Sicherheit wird privatisiert, der Hobbes'sche Kampf aller gegen alle ist eröffnet.

Die Hobbes'sche Lösung des Gewaltproblems ist also nicht die liberale Demokratie, sondern die Einsetzung eines „aufgeklärten Diktators" (Bueno de Mesquita et al. 2003: 461). Nur wenn die Handlungen des Autokraten den Sicherheitsinteressen der Bürger zuwiderlaufen, erlöscht die Pflicht zum Gehorsam (Hobbes 1984: 107, 171; Münkler 1991: 220). Ansonsten findet Mitbestimmung nicht statt. Sicherheit ist nur um den Preis der Einschränkung der Freiheit zu haben: *There ain't no such thing as a free lunch.*

Hypothese 1: Die *Hobbes'sche Hypothese* besagt, dass mehr Freiheit zu weniger Sicherheit führt, unter Konstanthaltung von Staatlichkeit.

2.4 *Locke und die Vorzüge der liberalen Demokratie*

Locke vollzieht in seinem Hauptwerk, der ‚Zweiten Abhandlung über die Regierung' (1966) die Abkehr von Hobbes' Staatsphilosophie. Zwar sei eine ordnende Zentralgewalt notwendig, deren Macht soll aber gerade nicht absolut sein, sondern in den Rechten, Freiheiten und der Mitbestimmung der Bürger ihre Begrenzung erfahren (Paris 2006: 427). Madisons zeitlose Formulierung bringt das Dilemma auf den Punkt: „In framing a government which is to be administered by men over men, the great difficulty lies in this: you must first enable the government to control the governed; and in the next place oblige it to control itself." (Madison 1788) Bei Hobbes verwirkt die Zentralgewalt ihre Legitimität ausschließlich dann, wenn sie nicht mehr willens oder in der Lage ist, die Bürger zu beschützen. Bei Locke wird eine Regierung hingegen vergleichsweise schnell illegitim: Nicht nur, wenn das Leben in Gefahr ist, sondern auch wenn Freiheit und Eigentum eingeschränkt zu werden drohen (Locke 1966: 100), wenn sich die Bürger also „ungerechter und ungesetzlicher Gewalt" (Locke 1966: 160) ausgesetzt sehen, ist gewalttätiger Widerstand erlaubt.

> „Wer immer in Ausübung von Amtsgewalt die ihm durch das Gesetz verliehene Macht überschreitet [...], um den Untertanen etwas aufzuzwingen, was das Gesetz nicht erlaubt, hört damit auf, Obrigkeit zu sein. Er handelt ohne Autorität, und man darf sich ihm widersetzen wie jedem anderen Menschen, der gewaltsam in die Rechte anderer eingreift." (Locke 1966: 159)

Die Regierung ist somit an die Zustimmung durch die Regierten gebunden. Eine Regierung, die durch ihre Bürgerinnen und Bürger zur Rechenschaft gezogen werden kann, ist jedoch ein radikal anderes Gebilde als die Hobbes'sche Zentralgewalt (van Creveld 1999: 181). Statt eines Hobbes'schen Tausches von Freiheit gegen Sicherheit sollen Staaten nach diesem Entwurf sowohl Freiheit als auch Sicherheit ermöglichen.

In zwingender Weise hat Durkheim (1957: 111–113, 116 f.) diese Doppelfunktion des Staates beschrieben: Einerseits befreie der moderne Staat das Individuum aus den Zwängen des Kollektivs und der Verpflichtung, im Gruppeninteresse zu handeln und wenn nötig zu kämpfen. Andererseits sei es gerade diese Befreiung des Individuums, die innerstaatliche Gewalt erheblich reduziert. Es werde nämlich die Gewalt zwischen Kollektiven reduziert, denen das Individuum nichts zählt und kollektiv geteilte Ehre, religiöse oder politische Überzeugungen alles. Lösen sich Gruppenbindungen, steige der Wert des Individuums und es sinke die Bereitschaft, für Kollektive zu töten und zu sterben.

Staatliche Macht, die sowohl Freiheit ermöglicht als auch die Sicherheit aller garantiert, ohne dass das eine der Preis des anderen ist? Die Lockesche Idee ist attraktiv und hat sich zu einem festen Bestandteil des demokratischen

Selbstverständnisses entwickelt. Die liberale Demokratie gilt im westlichen politischen Denken als friedliche Regierungsform. Demokratie und demokratische Werte stehen demnach Gewalt diametral entgegen (Nivette 2011: 111; Paris 2006: 425), die liberale Demokratie als solche sei eine „Methode der Gewaltlosigkeit" (Rummel 2009: 26). Paul Collier schreibt: „The peace-promoting benefits of democracy have become one of the fundamental certainties of the policy world, indeed perhaps one of the few unifying beliefs across the political spectrum." (Collier 2009: 19)

Politische Freiheiten und Rechte erlauben demnach die Artikulation von Missständen, Ansprüchen und Bedürfnissen und erleichtern den Interessenausgleich zwischen Gruppen (Fjelde/de Soysa 2009: 6). Zugleich fördern institutionalisierte, geordnete Wege der Konfliktlösung und der Zugang zu als gerecht empfundenen Rechtssystemen den innerstaatlichen Frieden (Cooney 1997: 318). Der Gesamtkomplex von Freiheiten, Rechten und Mitbestimmung dürfte auch zu einer höheren Legitimität der Herrschaft führen (Younker et al. 2013: 13). Legitimität ist wiederum eng mit der Akzeptanz des staatlichen Gewaltmonopols und somit dem Ausmaß innerstaatlicher Gewalt verknüpft (Collier 2009: 18 f.; Nivette/Eisner 2013). In deutlicher Abgrenzung zu Hobbes schreibt Fukuyama (1992: 170): „The good political order needs to be something more than a mutual non-aggression pact [...]. It must also satisfy man's just desire for recognition of his dignity and worth." Die Fähigkeit hierzu verortet Fukuyama ausschließlich in der freiheitlichen Demokratie (Fukuyama 1992: 21).

Hypothese 2: Die *Demokratische Hypothese* besagt somit, dass mehr Freiheit zu mehr Sicherheit führt, unter Konstanthaltung von Staatlichkeit.[1]

3   Freiheit, Sicherheit, Staatlichkeit: Definitionen und Daten

Zusammenhangsanalysen setzen eine saubere Trennung der theoretischen Konstrukte voraus, wenn Ergebnisse mehr sein sollen als Tautologien. Dies ist für das Themenfeld dieses Beitrags besonders wichtig, da Aussagen über

---

1   Die zwei kontrastierenden Hypothesen beziehen sich ausschließlich auf die Wirkungsrichtung von Freiheit auf Sicherheit. Die umgekehrte Wirkungsrichtung von Sicherheit auf Freiheit wird im Ergebnisteil knapp besprochen.

Freiheit, Sicherheit und Staatlichkeit über Tautologien oft nicht hinauskommen. So wird Sicherheit zuweilen als Freiheit von Unsicherheit begriffen – eine unsinnige Prämisse für Zusammenhangsanalysen von Freiheit und Sicherheit.[2] Ein staatliches Gewaltmonopol wird hingegen häufig als Voraussetzung für Staatlichkeit angesehen (Weber 1972: 821 f.). Ein hohes Ausmaß innerstaatlicher Gewalt wäre somit ein Zeichen für schwache, unvollendete oder gescheiterte Staatlichkeit. Zusammenhangsanalysen von Staatlichkeit und Sicherheit sind unter dieser Prämisse tautologisch (Kocher 2010: 139; Rotberg 2004: 11, 25). Den nachstehenden Analysen liegen, um die aufgezeigten Defizite zu vermeiden, folgende Definitionen zugrunde (s. auch die Liste verwendeter Variablen im Anhang).

3.1 Sicherheit

Sicherheit wird ausschließlich über das Ausmaß direkter, physischer, innerstaatlicher Gewalt in einer Gesellschaft definiert. Gewalt ist das mutwillige, auf Seiten des Opfers ungewollte Zufügen von körperlichem Leid, das Menschen anderen Menschen antun (Eisner 2009: 42). Die Analyse fokussiert auf tödliche Gewalt, da diese zum einen für menschliche Gemeinschaften – und somit für das Konstrukt der Sicherheit – von höchster Bedeutung ist. Töten ist im Gegensatz zum Verletzen irreversibel, unkompensierbar und final (Pinker 2011: 47). Zum anderen kommt für empirische Analysen zum Tragen, dass tödliche Gewalt ungleich einfacher mess- und quantifizierbar ist als andere Formen von Gewalt. Zudem widmen die allermeisten Gesellschaften der Aufdeckung und Aufklärung von Akten tödlicher Gewalt substanzielle Ressourcen (Lafree 1999: 126; Nivette 2011: 106). Sozialwissenschaftliche Daten zu tödlicher Gewalt sind daher von höherer Verlässlichkeit und Eindeutigkeit als Daten zu anderen Formen von Gewalt.

Direkte, physische und tödliche innerstaatliche Gewalt umfasst Phänomene wie Terrorismus, Morde, Gewaltunternehmertum und Bürgerkriege, Fehden, Rachemorde und gewalttätige Auseinandersetzungen zwischen Familien, Clans und ethnischen Gruppen, Massaker und Genozide, gewalttätige Repression und gewaltsame Aufstände.[3] Der allergrößte Anteil dieser tödlichen innerstaat-

---

2 Im Human Security-Diskurs wird menschliche Sicherheit beispielsweise als Freiheit von der Angst um Leib und Leben definiert (Paris 2001).
3 Ausgeschlossen aus der Definition ist die legale Vollstreckung der Todesstrafe, der im Vergleich zu Morden und Bürgerkriegen in der heutigen Welt kaum empirische

lichen Gewalt geht in der heutigen Welt von Gangs, Gewaltunternehmern, kriminellen Organisationen, Drogenkartellen, aber auch von rivalisierenden Familien, Clans und ethnischen Gemeinschaften aus. Es handelt sich dabei um unpolitische Gewalt, um Morde (Eisner 2012: 11; Geneva Declaration on Armed Violence and Development 2011: 28; Human Security Report Project 2013; The World Bank 2011). Mordraten übersteigen die Todesraten von (politisch motivierten) Bürgerkriegen – dem zweitschwersten Phänomen innerstaatlicher Gewalt – um ein vielfaches, nach manchen Berechnungen um das 7- bis 13-fache (Human Security Report Project 2013: 58; OECD 2009: 21). Gegenüber Morden und Bürgerkriegen – den beiden gravierendsten Phänomenen innerstaatlicher Gewalt – tragen Genozide und gewalttätige Repression von Staaten gegen die eigene Bevölkerung kaum zur Gesamtheit tödlicher Gewalt in der heutigen Welt bei (Lacina 2006: 276). Zwischenstaatlicher Krieg ist nahezu verschwunden (Mack 2007; Mueller 2003). Die folgende Analyse konzentriert sich daher auf Mordraten. Todesraten durch Bürgerkriege werden für zusätzliche Tests auf Robustheit der Ergebnisse einbezogen.

Daten zu weltweiten Mordraten – d.h. Morden pro 100 000 Einwohner in einem Staat in einem Jahr – werden von drei Quellen bezogen, den Statistiken des United Nations Office on Drugs and Crime (UNODC) zu 195 Staaten in den Jahren von 2003 bis 2015 (UNODC 2017), Daten der Weltbank zu 192 Staaten von 1995 bis 2015 (The World Bank 2017) sowie Daten des Utrecht Centre for Global Economic History (Baten et al. 2014) zu 162 Staaten in den Jahren von 1946 bis 2010.[4] Morde umfassen alle Akte vorsätzlicher Tötung

---

    Bedeutung zukommt (vgl. Amnesty International/The Guardian 2013). Ferner sind indirekte Folgen von Gewalt wie Flucht und Vertreibung, die Ausbreitung von Krankheiten, Hunger, Armut und zerstörte Infrastruktur ausgeschlossen (Geneva Declaration on Armed Violence and Development 2008: 31–48), sowie strukturelle, psychologische oder symbolische Gewalt, Gewalt gegen ungeborenes Leben, Tiere und Dinge, herbeigewünschte Gewalt, suizidale Gewalt oder bloße Versuche der Gewaltanwendung (Eisner 2009: 42; Imbusch 2003: 23–26). Dieser Zuschnitt des Phänomenbereichs entspricht üblichen Definitionen (Geneva Declaration on Armed Violence and Development 2008: 68).

4 Internationale Daten zu Mordraten werden an verschiedenen Stellen diskutiert (Marshall/Block 2004; Marshall et al. 2009). Systematischer Bias durch etwa den Entwicklungsstand eines Landes oder die Regierungsform sind in der Forschung nicht bekannt. Daten zu Mordraten aus unterschiedlichen Quellen – den Strafverfolgungsbehörden, dem Gesundheitssystem oder Umfragen – korrelieren hoch. Dementsprechend beeinflusst die Wahl der Datenquelle nicht die Ergebnisse international vergleichender Forschung zu Mordraten (Gurr 1989: 23). Auch die Transparenz

außerhalb von bewaffneten Konflikten. Dies schließt terroristische Attacken ein.[5] Für jeden Staat in jedem Jahr wurde das arithmetische Mittel aller drei Datenreihen berechnet.[6] Daten zu Opferzahlen von Bürgerkriegen werden vom Uppsala Conflict Data Programm (UCDP) und dem Peace Research Institute Oslo (PRIO) veröffentlicht.[7] Es werden hier das UCDP/PRIO Armed Conflict Dataset v.4-2015 (1946–2014) (Gleditsch et al. 2002; Pettersson/Wallensteen 2015), das UCDP Battle-Related Deaths Dataset v.5-2015 (conflict-year) (1989–2014) (Uppsala Conflict Data Program 2015) und das PRIO Battle Deaths Dataset version 3.0 (1946–2008) (Lacina/Gleditsch 2005) genutzt.[8] Hieraus wurden Todesraten durch Bürgerkriege – also Bürgerkriegstote pro 100 000 Einwohner in einem Staat in einem Jahr – berechnet. Innerstaatliche sowie internationalisierte innerstaatliche bewaffnete Konflikte werden hier

---

und Qualität, mit der Staaten nationale Statistiken veröffentlichen, ist nicht mit der Höhe von Mordraten verknüpft (McDonald 1976: 172 f., 295). Dasselbe gilt für die Regierungsform: Die höhere Transparenz des Regierungshandelns in Demokratien führt nicht zu gegenüber Autokratien höheren Mordraten (Lin 2007: 472).

5   Dies ist die UNODC-Definition von Morden. Die Datensätze von Weltbank und Utrecht beziehen sich auf UNODC-Daten, wodurch dessen Definition als maßgeblich gelten kann. Totschlag sowie der Tod als Folge der rechtmäßigen Gewaltanwendung durch Staatsorgane sind ausgeschlossen.

6   Diese Prozedur wird üblicherweise angewendet, um die Reichweite der notorisch lückenhaften Daten zu internationalen Mordraten zu erhöhen (Eisner 2014: 89; Marshall/Block 2004: 292 f.; Marshall et al. 2009: 276). Insbesondere afrikanische Staaten weisen viele fehlende Werte auf. Der regionale Bias ist in der Forschung bekannt. Statistische Zusammenhänge zwischen Mordraten und anderen Variablen scheinen jedoch gegenüber regionalem Bias robust zu sein (Nivette 2011: 118 f.). Anschließend wurden Fälle entfernt, die eine unplausible Mordrate von 0 Fällen pro 100 000 Einwohnern zeigen. Fehlende Werte wurden linear interpoliert, wenn die Lücke in einer Zeitreihe zwischen zwei nicht-fehlenden Werten nur ein Jahr betrifft. Auch dieses Verfahren ist in der empirischen Literatur bereits angewendet worden (Marshall/Block 2004: 291 f.).

7   Internationale Daten zu bewaffneten Konflikten werden an verschiedenen Stellen diskutiert (Geneva Declaration on Armed Violence and Development 2008: 10–13; Human Security Centre 2005: 70–73).

8   Aufgrund unterschiedlicher Erhebungsmethoden sind PRIOs Opferzahlen meist höher als die durch UCDP erfassten (Wischnath/Gleditsch 2011). Alle PRIO-Opferzahlen werden daher multipliziert mit dem Faktor, um den UCDP-Opferzahlen geringer sind als PRIO-Opferzahlen (0,67). Dies ist der Median aller Divisionen der UCDP-Opferzahlen durch PRIO-Opferzahlen für alle Beobachtungen, in denen sowohl UCDP- als auch PRIO-Daten vorliegen.

als Bürgerkriege definiert. UCDP gibt die Anzahl aller Kombattanten und Zivilisten an, die unmittelbar durch Kampfhandlungen ums Leben gekommen sind. Für zusätzliche Tests auf Robustheit werden Mordraten und Todesraten von Bürgerkriegen addiert, um eine Variable zu bilden, die den Untersuchungsbereich auf die beiden gravierendsten Phänomene innerstaatlicher Gewalt ausweitet.

Aufgrund einer rechtsschiefen Verteilung beider Variablen wird der Logarithmus der ursprünglichen Variablen erhöht um 1 berechnet, um eine annähernde Normalverteilung zu erreichen. Da mit um ein Jahr zeitverzögerten unabhängigen Variablen gearbeitet wird (s. unten), werden die beiden abhängigen Variablen zudem um ein Jahr in die Zukunft verschoben (t+1). Somit können die unabhängigen Variablen in ihrer ursprünglichen Form belassen werden.

3.2 Freiheit

Ohne Bezüge zu Sicherheit und körperlicher Unversehrtheit wird Freiheit als Ausmaß politischer Freiheiten definiert. Hierzu zählen die Redefreiheit, Vereinigungsfreiheit, Versammlungsfreiheit, Religionsfreiheit, die Freizügigkeit im In- und Ausland sowie die Freiheiten, sich im politischen sowie wirtschaftlichen Leben zu engagieren und zu organisieren. Der Empowerment Rights Index von Cingranelli und Richards CIRI Human Rights Data Project erfasst genau diese Aspekte politischer Freiheit (Cingranelli et al. 2014). Der additive Index beruht auf Experten-Ratings und summiert die Scores der einzelnen Skalen der genannten Unterdimensionen. Er reicht von einem Minimum von 0 für Regierungen, die diese Freiheiten nicht respektieren, bis zu einem Maximum von 14 für Regierungen, die alle diese Freiheiten vollständig respektieren. Daten liegen für 195 Staaten in den Jahren von 1981 bis 2011 vor.

Um die Robustheit der Ergebnisse zu überprüfen, werden zusätzlich die Freedom House-Ratings zu politischen Rechten (Political Rights) und bürgerlichen Freiheiten (Civil Liberties) verwendet (Freedom House 2017). Hier bedeutet das Minimum von 1 den höchsten und das Maximum von 7 den geringsten Respekt vor Rechten und Freiheiten. Politische Rechte beziehen sich auf Wahlverfahren, politischen Pluralismus und Partizipation sowie gute Regierungsführung, bürgerliche Freiheiten auf Meinungs- und Religionsfreiheit, Vereinigungsfreiheit, Rechtsstaatlichkeit, Selbstbestimmung und Individualrechte. Daten liegen für 200 Staaten in den Jahren 1972 bis 2012 vor.

Direkte empirische Tests des Zusammenhangs zwischen politischer Freiheit und innerstaatlicher Gewalt sind selten und führen zu uneindeutigen Resultaten. Manche Studien zeigen eine negative Relation zwischen Freiheit und Rechten auf der einen Seite und innerstaatlicher Gewalt auf der anderen Seite (Braithwaite/Braithwaite 1980; Huang 1995: 69, 71; Lin 2007). Die meisten Beiträge zeigen keine Verbindung (Fearon 2011: 12; Lee/Bankston 1999: 41; Nivette 2011: 116; Sun et al. 2007: 610). Neumayers und Parés Studien (Neumayer 2003: 632; Paré 2006: 31) berichten einen positiven Zusammenhang zwischen Freiheit – gemessen durch beide Freedom House-Indikatoren – und innerstaatlicher Gewalt. Lester (1981) identifiziert zudem einen positiven Zusammenhang zwischen Pressefreiheit und Mordraten. Da keine dieser Studien Staatlichkeit oder verwandte Konstrukte als Kontrollen einbezieht, bleibt als Fazit, dass die relevante Literatur keine Basis für eine Beurteilung der beiden widerstreitenden Hypothesen liefert.

3.3 Staatlichkeit

Staatlichkeit soll weder über Rechte und Freiheiten, noch über Sicherheit definiert werden. Der Verweis auf Webers Definition (1972: 821 f.) des modernen Staates als Inhaber des Monopols legitimer Gewalt führt daher ins Leere. Zudem beschreibt Webers Setzung eine idealtypische Fiktion, nach der viele Länder schlicht keine Staatsqualität besäßen (Bates 2001: 76; North et al. 2011: 274, 278). Empirische Staatlichkeit variiert jedoch frei zwischen den souveränen Staaten des internationalen Systems. Sie ist eine Variable und keine Konstante (Clapham 1998: 143; Nettl 1968).

Starke Staaten unterscheiden sich von schwachen Staaten maßgeblich über eine funktionierende Bürokratie (s. oben). Bürokratische Leistungsfähigkeit ist ein neutrales Maß für staatliche Handlungsfähigkeit. Sie impliziert keine gutartigen Ziele der Regierung wie den Schutz der Bevölkerung vor Gewalt oder die Maximierung individueller Freiheiten (Hanson/Sigman 2013: 3). Dieser Indikator für Staatlichkeit, der weitgehend unverbunden neben den Konstrukten der Sicherheit und Freiheit steht, wird zudem in der empirischen Literatur empfohlen (Hendrix 2010: 283; s. auch die Diskussion am Schluss dieses Beitrags). Mehrere Studien haben deutliche negative Effekte von bürokratischer Qualität auf innerstaatliche Gewalt gezeigt (Cao/Zhang 2017; de Soysa/Fjelde 2010: 295; Fearon 2011; Hendrix 2010: 277; Lappi-Seppälä/Lehti 2014: 206 f.).

Daten zu bürokratischer Qualität werden im ‚Quality of Government'-Indikator des International Country Risk Guide (ICRG) der Political Risk Services Group (PRS Group 2014) zusammengefasst. Der Indikator gibt den Mittelwert dreier einzelner Skalen zu bürokratischer Qualität, Korruptionsfreiheit und Rechtsstaatlichkeit wieder. Höhere Werte weisen auf höhere Regierungsqualität hin. Ebenso wie bei den Indikatoren zu politischer Freiheit handelt es sich hierbei um Experten-Ratings. Die Datenreihe ist verfügbar über das Quality of Government-Projekt (QOG) der Universität Göteborg (University of Gothenburg 2015) und umfasst 142 Staaten in den Jahren von 1984 bis 2012.

3.4 Kontrollvariablen

Kontrollvariablen sind einschlägigen Metasurveys zur empirischen, international vergleichenden Forschung zu Mordraten entnommen (Eisner 2012; Koeppel et al. 2015; Lafree 1999; Nivette 2011; Pridemore/Trent 2010; Trent/Pridemore 2012). *Ökonomische Ungleichheit* oder relative Deprivation gilt als der robusteste und bedeutendste Prädiktor innerstaatlicher Gewalt (Jacobs/Richardson 2008; Trent/Pridemore 2012: 128). Es wird angenommen, dass ausgeprägte soziale Ungleichheit Frustration und diffuse Aggression befördert (Lafree/Tseloni 2006: 29 f.). Nach Mertons Anomietheorie zieht eine starke Diskrepanz zwischen kulturell vorgegebenen Zielen wie materiellem Reichtum und blockierten Möglichkeiten, diese zu erreichen, notwendigerweise Regellosigkeit und Verbrechen nach sich (Krahn et al. 1986: 270; Merton 1938: 672–674). Ökonomische Ungleichheit wird im Folgenden wie in der Forschung üblich über Gini-Koeffizienten operationalisiert. Diese wurden Solts Standardized World Income Inequality Database entnommen und decken die Jahre von 1960 bis 2015 für 175 Staaten ab (Solt 2016).

Menschliche Entwicklung oder schlicht das Wohlstandsniveau von Gesellschaften betrifft nicht relative, sondern absolute Deprivation. Auch für absolute Deprivation wird ein Zusammenhang mit innerstaatlicher Gewalt über Frustration und Aggression angenommen (Gurr 1970; Pridemore 2002: 130 f.). Elias (1997: 331 f.) argumentiert, dass ökonomische Interdependenz in entwickelten Marktwirtschaften rationale Vorausplanung und die Unterdrückung spontaner Impulse, darunter Aggressionen, befördert (Eisner 2003: 87). Zudem ist es plausibel, dass hoch entwickelte Marktwirtschaften weniger Anreize für Gewalt und Kriminalität bieten, da auch andersartig hohe Einkommen erzielt werden können (Chalfin/McCrary 2017: 10; Fajnzylber et al. 2002a: 1 f.). Der Human Development Index (HDI) der Vereinten Nationen ist ein oft genutztes Maß für Wohlstand und menschliche Entwicklung. Er setzt sich aus der Lebenserwartung, aus Alphabetisierungsgrad und Einschulungsquote sowie aus dem kaufkraftbereinigten Bruttoinlandsprodukt pro Kopf zusammen. Daten des United Nations Development Programme (UNDP) zum HDI wurden dem QOG-Projekt entnommen und umfassen 186 Staaten von 1980 bis 2013 (UNDP 2016; University of Gothenburg 2015).[9]

Der *Anteil junger Männer an der Bevölkerung* ist für innerstaatliche Gewalt bedeutend, da Gewalttaten überdurchschnittlich häufig von jungen Männern ausgeführt werden (Eisner 2003: 114, 2012: 10). Daten zum Anteil der männlichen Bevölkerung von 15 bis 29 Jahren an der Gesamtbevölkerung wurden anhand der Health, Nutrition and Population Statistics der Weltbank für 184 Staaten von 1960 bis 2014 berechnet (The World Bank 2016).[10]

Ethnische Heterogenität von Gesellschaften zeigt positive Zusammenhänge mit erhöhten Gewaltraten (Altheimer 2007; Ostby 2008). Sie erschwert die Verbreitung geteilter Wertesysteme und darauf aufbauender Systeme informeller sozialer Kontrolle (Krahn et al. 1986: 274). Das QOG-Projekt stellt zeitinvariante Daten von Alesina et al. zu ethnischer Heterogenität in 189 Staaten bereit (Alesina et al. 2003; University of Gothenburg 2015).[11]

Schließlich ist das *Bevölkerungswachstum* ebenfalls mit erhöhten Raten innerstaatlicher Gewalt verknüpft (Lee 2001). Daten zur Bevölkerung wurden der Correlates of War National Material Capabilities Datenbank entnommen (Singer 1988). Fehlende Werte wurden durch Daten der Weltbank ergänzt (The World Bank 2017). Tabelle 1 gibt die verwendeten Variablen wieder.

---

9 Sämtliche Zeitreihen wurden linear interpoliert.
10 Aufgrund einer rechtsschiefen Verteilung wird der Logarithmus der ursprünglichen Variable erhöht um 1 genutzt, um eine annähernde Normalverteilung zu erreichen.
11 Die Variable drückt die Wahrscheinlichkeit aus, dass zwei willkürlich bestimmte Bürger eines Staates unterschiedlichen ethnischen Gruppe angehören.

Tabelle 1: Verwendete abhängige, unabhängige und Kontrollvariablen

Variable	N	Mittelwert	Std.-Abw.	Min	Max
Mordrate (log; t+1)	2 821	1,69	0,93	0,10	4,55
Todesrate Mord+Bürgerkrieg (log; t+1)	2 821	1,73	0,95	0,10	5,18
CIRI Empowerment Index	2 821	9,57	3,89	0	14
Freedom House Civil Liberties	2 765	2,94	1,70	1	7
Freedom House Political Rights	2 765	2,86	1,99	1	7
Quality of Government	2 227	0,62	0,22	0,11	1
Gini-Koeffizient	2 242	36,49	9,26	16,60	64,23
Human Development Index	2 597	0,69	0,14	0,27	0,94
Junge männliche Bevölkerung (log)	2 741	2,62	0,15	2,17	3,27
Ethnische Heterogenität	2 775	0,38	0,23	0	0,93
Bevölkerungswachstum	2 816	1,26	2,45	-32,12	37,38

Anmerkung: Enthalten sind nur Beobachtungen, bei denen für die Variablen Mordrate (log; t+1) und CIRI Empowerment Index nicht-fehlende Werte vorliegen.
Datenbasis: s. Anhang.

©ZMSBw
08030-01

3.5 Methoden

Der Datensatz umfasst sowohl eine räumliche als auch eine zeitliche Dimension und weist somit ein Querschnitt-/Längsschnitt-Format auf (Time-Series Cross-Section, TSCS; Yaffee 2003). Untersuchungseinheiten sind souveräne Staaten in Kalenderjahren. Für 192 Staaten liegen simultan nicht-fehlende Werte für die beiden Indikatoren für Freiheit und Sicherheit vor (s. Liste im Anhang). Aufgrund der Datenverfügbarkeit umfasst der maximale Beobachtungszeitraum die Jahre von 1981 bis 2011. Der Anteil fehlender Werte nimmt über diesen Zeitraum ab. Die Ergebnisse des Beitrags beziehen sich damit vor allem auf die Welt nach dem Kalten Krieg.

Die Analyse baut auf dem Ordinary Least Square (OLS)-Regressionsmodell auf und folgt im Wesentlichen der von Beck und Katz (1995; 1996) vorgeschlagenen Methodologie.[12] Zur Kontrolle von Autokorrelation und expliziter Modellierung von Trägheitseffekten der abhängigen Variablen wird die um ein Jahr zeitverzögerte abhängige Variable (lagged dependent variable, LDV) als unabhängige Variable aufgenommen. Der Koeffizient der LDV drückt aus, inwiefern das Ausmaß innerstaatlicher Gewalt in einem Jahr von dem Ausmaß innerstaatlicher Gewalt im Vorjahr abhängt (Keele/Kelly 2006: 203).

---

12 Alle Analysen wurden mit Stata 12.0 berechnet.

LDV erlauben somit einen Vergleich von Trägheitseffekten mit volatilen Einflussfaktoren (Beck/Katz 1996: 29). In ähnlichem Maße wie *fixed effects* erfassen LDV zudem unbeobachtete, zeitinvariante Determinanten der abhängigen Variable (Fajnzylber et al. 2002b: 1344). Regionale oder kulturelle Charakteristika von Gesellschaften werden daher durch die LDV sowie durch die übrigen Kontrollvariablen erfasst. Regionale Dummies – wie sie in der international vergleichenden Forschung zu Mordraten des Öfteren verwendet werden – sind überflüssig.

Neben der Einführung von LDV werden die von Beck und Katz (1995: 638) vorgeschlagenen panel-korrigierten Standardfehler berechnet. Um umgekehrter Kausalität entgegenzuwirken, werden sämtliche unabhängigen Variablen um ein Jahr zeitverzögert. Das Modell hat die Form

$$y_{i,t} = \lambda y_{i,t-1} + \alpha + \beta x_{i,t-1} + e_{i,t}$$

wobei $x_{i,t-1}$ einen Vektor von Regressoren, der Index i räumliche Einheiten, also Staaten, der Index t zeitliche Einheiten, also Jahre, $y_{i,t-1}$ den um ein Jahr verzögerten Wert der abhängigen Variable, λ die Trägheit der abhängigen Variable und $e_{i,t}$ den Fehlerterm darstellt. Die beiden zentralen Hypothesen dieses Beitrags beziehen sich auf das vollständige Modell:

$$\begin{aligned}
(\text{Innerstaatliche Gewalt})_{i,t} = {} & \alpha + \lambda \, (\text{Innerstaatliche Gewalt})_{i,t-1} \\
& + \beta_1 \, (\text{Freiheit})_{i,t-1} \\
& + \beta_2 \, (\text{Staatlichkeit})_{i,t-1} \\
& + \beta_3 \, (\text{Ökonomische Ungleichheit})_{i,t-1} \\
& + \beta_4 \, (\text{Menschliche Entwicklung})_{i,t-1} \\
& + \beta_5 \, (\text{Junge männliche Bevölkerung})_{i,t-1} \\
& + \beta_6 \, (\text{Ethnische Heterogenität})_{i,t-1} \\
& + \beta_7 \, (\text{Bevölkerungswachstum})_{i,t-1} + e_{i,t}
\end{aligned}$$

4 Ergebnisse

Tabelle 2 gibt die grundlegenden Ergebnisse wieder. Modell 1 ist eine bivariate OLS-Regression mit dem CIRI Empowerment Index als unabhängiger Variable und der Mordrate als abhängiger Variable. Der CIRI Empowerment Index hat einen nicht-signifikanten Koeffizienten, das R^2 des Modells ist nahe 0. Zunächst zeigt sich somit kein bivariater Zusammenhang von Freiheit und Sicherheit. Modell 2 führt Staatlichkeit als Kontrollvariable ein (Quality of Government). Das Ergebnis zeigt deutlich, dass eine Analyse von Freiheit und Sicherheit nicht ohne Berücksichtigung von Staatlichkeit auskommt: Der Koeffizient des CIRI Empowerment Index ist nun positiv und hoch signifikant. Der Koeffizient von Quality of Government ist negativ und hoch signifikant (in beiden Fällen $p<0{,}001$). R^2 steigt auf 40 Prozent.[13]

Hält man also Staatlichkeit konstant, ergibt sich ein eindeutig positiver Zusammenhang zwischen politischer Freiheit und innerstaatlicher Gewalt. Mehr politische Freiheit führt in diesem Modell zu erhöhter innerstaatlicher Gewalt. Ein Abbau politischer Freiheitsrechte führt zu erhöhter innerer Sicherheit. Dieses Ergebnis entspricht der *Hobbes'schen Hypothese* zum Verhältnis zwischen Freiheit und Sicherheit: Sicherheit ist der Preis für Freiheit; Freiheit der Preis für Sicherheit. Das Ergebnis widerspricht hingegen der *Demokratischen Hypothese*, dass mehr Freiheit zu mehr Sicherheit führt. Auch die Nullhypothese, dass kein Zusammenhang zwischen Freiheit und Sicherheit besteht, muss verworfen werden. Staatlichkeit ist hingegen negativ mit innerstaatlicher Gewalt verknüpft. Staaten mit einer leistungsfähigen Bürokratie, geringer Korruption und hoher Rechtsstaatlichkeit zeigen vergleichsweise geringe Ausmaße innerstaatlicher Gewalt.

Die Einführung der weiteren Kontrollvariablen (Modell 3) sowie der LDV (Modell 4) ändert dieses Ergebnis nicht. Modell 4 zeigt einen sehr hohen Koeffizienten für die LDV. Nationale Mordraten ändern sich nur geringfügig über den beobachteten Zeitraum. Friedliche Gesellschaften bleiben meist friedlich, gewalttätige Gesellschaften meist gewalttätig. Innerstaatliche Gewalt ist somit in hohem Maße träge und pfadabhängig. Entsprechend steigt das

---

[13] Multikollinearität ist hierfür nicht verantwortlich. Der CIRI Empowerment Index und Quality of Government korrelieren nicht stark (Pearsons $r=0{,}44$; $p<0{,}000$; $N=3\,538$). Zudem liegt die Varianzaufklärung von Modell 2 (40 %) deutlich über der Varianzaufklärung desselben Modells ohne den CIRI Empowerment Index (30 %). Der CIRI Empowerment Index trägt also eigenständig zur Varianzaufklärung bei.

R^2 auf 95 Prozent. Die Interpretation der LDV steht hier jedoch nicht im Zentrum. Entscheidend ist vielmehr, welche weiteren unabhängigen Variablen trotz der Bedeutung der LDV einen signifikanten Einfluss auf innerstaatliche Gewalt ausüben. Wie in Modell 2 zeigt der CIRI Empowerment Index auch hier einen hoch signifikanten positiven und Quality of Government einen hoch signifikanten negativen Koeffizienten ($p<0,01$). Zudem haben der Gini-Koeffizient und der Anteil der jungen männlichen Bevölkerung positive Koeffizienten auf einem Signifikanzniveau von $p<0,05$. Der etwas überraschende Befund für den Human Development Index – Wohlstand ist nicht mit Sicherheit verknüpft, der Koeffizient ist nicht signifikant und weist einen hohen Standardfehler auf – mag darauf zurückzuführen sein, dass der bivariate Zusammenhang zwischen Wohlstandsniveau und bürokratischer Qualität recht hoch ausfällt

Tabelle 2: Modelle zu Erklärungsfaktoren innerstaatlicher Gewalt

	(1) OLS	(2) OLS	(3) OLS	(4) OLS+LDV
LDV: Mordrate (log)	–	–	–	0,94[c] (0,02)
CIRI Empowerment Index	0,00 (0,00)	0,09[c] (0,01)	0,08[c] (0,01)	0,01[b] (0,00)
Quality of Government	–	-3,10[c] (0,13)	-1,93[c] (0,14)	-0,15[b] (0,05)
Gini-Koeffizient	–	–	0,03[c] (0,00)	0,00[a] (0,00)
Human Development Index	–	–	0,36 (0,27)	0,12 (0,21)
Junge männliche Bevölkerung (log)	–	–	1,02[c] (0,16)	0,21[a] (0,09)
Ethnische Heterogenität	–	–	0,79[c] (0,05)	0,02 (0,05)
Bevölkerungswachstum	–	–	-0,02[b] (0,01)	0,00 (0,00)
Konstante	1,69[c] (0,06)	2,72[c] (0,06)	-2,26[c] (0,54)	-0,60 (0,38)
N	2821	2227	1812	1735
R^2	0,00	0,40	0,58	0,95

Anmerkungen: Alle unabhängigen Variablen sind um ein Jahr zeitverzögert (t-1). Unstandardisierte Regressionskoeffizienten, Beck-Katz panel-korrigierte Standardfehler in Klammern; Signifikanzniveaus: a: $p<0,05$; b: $p<0,01$; c: $p<0,001$.
Datenbasis: s. Anhang.

(Pearsons r=0,70; p<0,000; N=3 474) und der HDI die Variable mit dem höchsten Variance Inflation Factor ist (VIF=3,04).[14]

Um die Einflussstärken der unabhängigen Variablen auf die abhängige Variable miteinander zu vergleichen, wurde Modell 4 mit standardisierten, z-transformierten Variablen reproduziert. Abbildung 2 visualisiert die Höhe der Koeffizienten. Quality of Government ist der bedeutendste Prädiktor innerstaatlicher Gewalt mit einem Koeffizienten der standardisierten Variable von -0,037. Bereits an zweiter Stelle folgt jedoch der CIRI Empowerment Index mit einem Koeffizienten von 0,036. Von den verwendeten, einschlägigen Prädiktoren innerstaatlicher Gewalt ist das Ausmaß politischer Freiheit somit unter den bedeutendsten.

Abbildung 2: Stärke und Signifikanz von Erklärungsfaktoren innerstaatlicher Gewalt

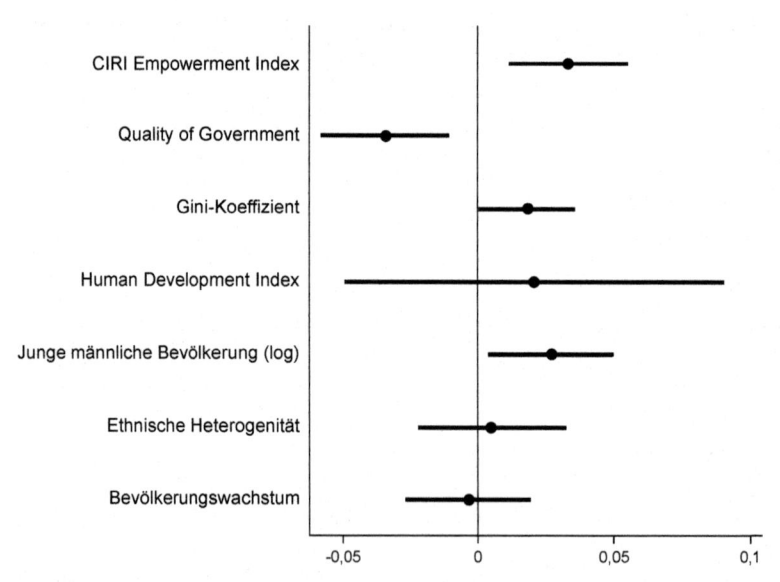

Anmerkungen: Konstante und LDV sind nicht dargestellt. Koeffizienten standardisierter unabhängiger Variablen aus Modell 4 in Tabelle 2 mit 95%-Konfidenzintervallen.
Datenbasis: s. Anhang.

©ZMSBw
08032-01

---

14 Ansonsten liegen keine Hinweise auf Multikollinearität vor.

Um die Robustheit der Ergebnisse zu überprüfen, wurden zunächst alternative Spezifikationen der abhängigen und unabhängigen Variablen verwendet.[15] Modell 1 und 2 in Tabelle 3 verwenden die Freedom House-Ratings für bürgerliche Freiheiten und politische Rechte als primäre unabhängige Variablen. Beide Variablen sind gegenüber dem CIRI Empowerment Index umgekehrt kodiert. Dementsprechend sind beide Koeffizienten negativ: Werden politische Rechte und bürgerliche Freiheiten beschnitten, sinkt tendenziell das Ausmaß innerstaatlicher Gewalt. Nur der Koeffizient für Political Rights ist jedoch signifikant. Dies deutet darauf hin, dass demokratische Teilhabe die Zentralgewalt in wesentlich stärkerem Maße einschränkt – und daher stärker mit innerstaatlicher Gewalt verknüpft ist – als bürgerliche Freiheits- und Individualrechte.[16] Es dürfte vor allem die Perpetuierung des Kampfes um die politische Macht sein, die Staatswesen destabilisiert und maßgeblich zu innerstaatlicher Gewalt beiträgt.[17]

---

15   Der Ausschluss von Ausreißern verändert die Ergebnisse nicht. Modell 4 in Tabelle 2 ändert sich weder unter Ausschluss aller Beobachtungen mit einer Leverage von h>0,2 noch unter Ausschluss aller Fälle mit einem Betrag des standardisierten Residuums >1.

16   Dies entspricht mehreren Studien, die argumentieren, dass Demokratien höhere Mordraten aufweisen als Autokratien (Collier/Hoeffler 2004: 6; de Soysa 2016; Fearon 2011; Karstedt/Lafree 2006; Lappi-Seppälä/Lehti 2014: 206 f.; Neumayer 2003). Diese Behauptung ist allerdings kein Forschungskonsens (Chu/Tusalem 2013: 275; Hegre 2014; Lin 2007). Übereinstimmung herrscht am ehesten darüber, dass schwache Staaten, die weder über konsolidiert demokratische, noch robust autokratische Institutionen verfügen, sowohl die höchsten Mordraten als auch die höchste Anfälligkeit für Bürgerkriege aufweisen (Fearon/Laitin 2003: 81; Hegre et al. 2001; Lafree/Tseloni 2006: 30, 41; Lappi-Seppälä/Lehti 2014: 179). Es sei daran erinnert, dass der Begriff der Demokratie vor allem für Bürger westlicher, industrialisierter Staaten positiv konnotiert ist. Unter der Voraussetzung schwacher Staatlichkeit bedeutet Demokratie oft etwas ganz anderes: Stimmenkauf und politischer Klientelismus, ethnisches bloc voting, Behinderung, Einschüchterung und Gewalt gegenüber Wählern und vor allem: die Ausschaltung einer effektiven Opposition (Bueno de Mesquita/Smith 2012: 65–72).

17   Einschränkend muss erwähnt werden, dass der Quality of Government-Indikator mit den Freedom House-Ratings sehr viel höher korreliert als mit dem CIRI Empowerment Index. Dies gilt insbesondere für das Civil Liberties-Rating (Pearsons r=0,6; p<0,001; N=3 787) und etwas weniger ausgeprägt für das Political Rights Rating (Pearsons r=0,56; p<0,001; N=3 787). Dies könnte erklären, warum sowohl Civil Liberties als auch Quality of Government keinen signifikanten Koeffizienten in Modell 1 aus Tabelle 3 haben und warum auch in Modell 2 Political Rights und Quality of Government im Vergleich zum Hauptmodell (Modell 4 aus Tabelle 2) kleinere Koeffizienten und höhere Irrtumswahrscheinlichkeiten aufweisen.

Tabelle 3: Alternative Modellierungen der Prädiktoren der Mordrate (Modelle 1, 2 und 4) und Todesrate durch Morde und Bürgerkriege (Modell 3)

	(1) OLS+LDV	(2) OLS+LDV	(3) OLS+LDV	(4) Between Effects
LDV: Mordrate (log)	0,95^c (0,02)	0,95^c (0,02)	–	–
LDV: Todesrate Mord und Bürgerkrieg (log)	–	–	0,93^c (0,02)	–
CIRI Empowerment Index	–	–	0,01^b (0,00)	0,07^b (0,02)
Freedom House Civil Liberties	-0,01 (0,01)	–	–	–
Freedom House Political Rights	–	-0,01^a (0,00)	–	–
Quality of Government	-0,08 (0,05)	-0,10^a (0,05)	-0,15^b (0,06)	-2,55^c (0,53)
Gini-Koeffizient	0,002^a (0,00)	0,002^a (0,00)	0,002^a (0,00)	0,04^c (0,01)
Human Development Index	0,09 (0,22)	0,08 (0,21)	0,13 (0,20)	0,85 (0,74)
Junge männliche Bevölkerung (log)	0,17^a (0,08)	0,19^a (0,09)	0,24^a (0,09)	0,06 (0,73)
Ethnische Heterogenität	0,00 (0,05)	0,00 (0,05)	0,02 (0,05)	0,83^b (0,28)
Bevölkerungswachstum	0,00 (0,00)	0,00 (0,00)	0,00 (0,00)	-0,07 (0,06)
Konstante	-0,44 (0,38)	-0,45 (0,38)	-0,66 (0,38)	0,26 (1,95)
N	1 800	1 800	1 735	1 779
R^2	0,95	0,95	0,94	0,57

Anmerkungen: Alle unabhängigen Variablen sind um ein Jahr zeitverzögert (t-1). Unstandardisierte Regressionskoeffizienten, Beck-Katz panel-korrigierte (Modelle 1–3) und einfache Standardfehler (Modell 4) in Klammern; Signifikanzniveaus: a: $p<0,05$; b: $p<0,01$; c: $p<0,001$.
Datenbasis: s. Anhang.

©ZMSBw
08033-01

Modell 3 in Tabelle 3 verwendet die summierte Todesrate von Morden und Bürgerkriegen als abhängige Variable. Die Ergebnisse sind gegenüber Modell 4 in Tabelle 2 quasi identisch. Eine Operationalisierung innerstaatlicher Gewalt über Mordraten ist somit ausreichend.

Zuletzt wird das Modell als *between effects* (BE)-Regression berechnet. BE-Regressionen sind Regressionen auf die (zeitlich invarianten) Mittelwerte aller betrachteten Staaten über den gesamten Untersuchungszeitraum hinweg (StataCorp 2015: 366–370). Sie ähneln damit einfachen, querschnittlichen OLS-Modellen ohne längsschnittliche Dimension. BE-Regressionen eliminieren die statistischen Probleme, die mit Zeitreihenanalysen einhergehen wie etwa Autokorrelation, Nicht-Stationarität und Panel-Heteroskedastizität. Auch die BE-Regression bestätigt die grundlegenden Ergebnisse dieses Kapitels: Der CIRI Empowerment Index weist einen hoch signifikanten positiven, Quality of Government einen hoch signifikanten negativen Koeffizienten auf. Der Einfluss des Gini-Koeffizienten ist positiv und hoch signifikant. Statt des Anteils junger Männer an der Bevölkerung ist in der BE-Regression hingegen der Einfluss von ethnischer Heterogenität auf innerstaatliche Gewalt hoch signifikant. Eine LDV ist in dem Modell nicht enthalten. Dennoch ergibt sich ein hohes R^2 von 57 Prozent.

Bisher wurde ausschließlich die Wirkungsrichtung von Freiheit auf Sicherheit untersucht. Modell 1 in Tabelle 4 dreht die Logik um und prüft die Wirkung von Sicherheit auf Freiheit. Sowohl das Ausmaß innerstaatlicher Gewalt als auch Staatlichkeit sind positiv mit dem Ausmaß an politischer Freiheit verbunden: Beide Koeffizienten sind positiv und hoch signifikant.

Der wechselseitige positive Zusammenhang von Freiheit und innerstaatlicher Gewalt führt jedoch zu Fragen nach der Richtung der Kausalität. Führt Freiheit zu innerstaatlicher Gewalt oder innerstaatliche Gewalt zu Freiheit? Letzteres erscheint nicht nur von theoretischer Warte aus unplausibel. Auch empirisch ergeben sich Hinweise, dass die primäre Wirkungsrichtung von Freiheit hin zu innerstaatlicher Gewalt führt und nicht andersherum.

Zur Überprüfung der Kausalitätsrichtung wurde das von Koga und Reiter (2011: 24 f.) angewendete Verfahren genutzt, das in seiner Logik einem Granger-Kausalitätstest ähnelt (Venet/Hurlin 2001). Modell 1 in Tabelle 5 ist eine gepoolte OLS-Regression auf die Mordrate mit der zeitverzögerten Mordrate und dem zeitverzögerten CIRI Empowerment Index als Prädiktoren. Wie erwartet zeigen beide einen signifikanten positiven Koeffizienten. Modell 2 ist eine gepoolte OLS-Regression auf den CIRI Empowerment Index mit dem zeitverzögerten CIRI Empowerment Index und der zeitverzögerten Mordrate als Prädiktoren. Hier zeigt nur die zeitverzögerte abhängige Variable einen signifikanten Koeffizienten, nicht jedoch die Mordrate. Während also innerstaatliche Gewalt erhebliche Trägheit aufweist, aber dennoch vom Ausmaß politischer Freiheit beeinflusst wird, ist das Ausmaß politischer Freiheit ausschließlich von den eigenen Vorjahreswerten abhängig und nicht vom Ausmaß innerstaatlicher Gewalt. Es bestehen somit Hinweise da-

Tabelle 4: Modell zur Erklärung von innerstaatlichen Freiheitsrechten

	(1) OLS+LDV
LDV: CIRI Empowerment Index	0,86[c] (0,03)
Mordrate (log)	0,23[c] (0,07)
Quality of Government	1,10[b] (0,38)
Gini-Koeffizient	0,00 (0,00)
Human Development Index	-0,29 (0,46)
Junge männliche Bevölkerung (log)	-1,28[c] (0,35)
Ethnische Heterogenität	-0,46[a] (0,18)
Bevölkerungswachstum	0,01 (0,02)
Konstante	3,92[b] (1,14)
N	1 699
R^2	0,86

Anmerkungen: Alle unabhängigen Variablen sind um ein Jahr zeitverzögert (t-1). Unstandardisierte Regressionskoeffizienten, Beck-Katz panel-korrigierte Standardfehler in Klammern; Signifikanzniveaus: a: $p<0,05$; b: $p<0,01$; c: $p<0,001$.
Datenbasis: s. Anhang.

©ZMSBw
08034-01

rauf, dass der Zusammenhang von Freiheit auf Sicherheit Granger-kausal ist, nicht jedoch der Zusammenhang von Sicherheit auf Freiheit.[18]

Die in diesem Abschnitt identifizierten Zusammenhänge werden in Abbildung 3 zusammengefasst. Staatlichkeit führt sowohl zu mehr Freiheit als auch zu mehr Sicherheit. Dies bestätigt die Grundannahmen von Hobbes' und von Lockes Staatsphilosophie. Zunächst bedarf es einer ordnenden Macht, die Freiheit und Sicherheit erst ermöglicht. Auf der Grundlage ei-

---

18 Granger-Kausalitätstests wurden ursprünglich für reine Zeitreihenanalysen entwickelt. Gängige Modifikationen für TSCS-Daten prüfen typischerweise, ob Variablen in mindestens einer nationalen Zeitreihe Granger-Kausalität zeigen oder nicht zeigen (Abrigo/Love 2015; Lopez/Weber 2017). Die hier verwendete Methode erlaubt hingegen globale Statements über alle nationalen Zeitreihen hinweg. Zudem ist das Vorgehen intuitiv und erlaubt das unmittelbare Nachvollziehen von Testergebnissen und der zeitlichen Abhängigkeiten.

Tabelle 5: Prädiktoren innerstaatlicher Sicherheit (Modell 1) und Freiheitsrechte (Modell 2)

	(1) OLS Mordrate (log)	(2) OLS CIRI Empowerment Index
CIRI Empowerment Index (t-1)	0,004[b] (0,00)	0,94[c] (0,00)
Mordrate (log; t-1)	0,96[c] (0,01)	-0,01 (0,03)
Konstante	0,03 (0,02)	0,62[c] (0,08)
N	2623	2611
R^2	0,92	0,89

Anmerkungen: Unstandardisierte Regressionskoeffizienten, Standardfehler in Klammern; Signifikanzniveaus: a: p<0,05; b: p<0,01; c: p<0,001.
Datenbasis: s. Anhang.

ner bestehenden Staatlichkeit stehen Freiheit und Sicherheit jedoch in einem negativen Verhältnis zueinander. Mehr Freiheit führt zu weniger Sicherheit, weniger Freiheit zu mehr Sicherheit. Die Ergebnisse zur umgekehrten Wirkungsrichtung von Sicherheit auf Freiheit sind hingegen uneindeutig. Insgesamt sprechen die Ergebnisse für die Hobbes'sche Skepsis gegenüber einer Beschränkung der Macht der Zentralgewalt.

Abbildung 3: Wirkungsbeziehungen zwischen Freiheit, Sicherheit und Staatlichkeit

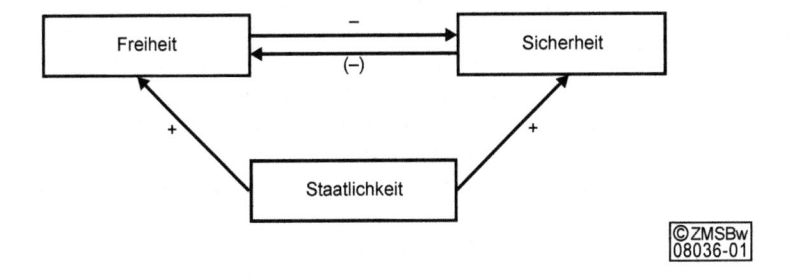

5 Diskussion und Schluss

Die Ergebnisse dieses Beitrags ziehen das demokratische Selbstbild einer den inneren Frieden fördernden Regierungsform in Zweifel. Vor der Diskussion der Folgen dieser Ergebnisse soll deren Reichweite angesprochen werden. Zunächst zu den statistischen Limitierungen: Wie es für internationale Vergleiche von Mordraten typisch ist, leidet die Analyse unter geringen Fallzahlen, vielen fehlenden Werten und einem kurzen Zeitrahmen der Betrachtung. Die Ergebnisse beziehen sich im Wesentlichen auf die Welt nach dem Kalten Krieg. Allein deswegen rechtfertigt sich die Verwendung von Mordraten als Indikator für Sicherheit. In der Gegenwart übertreffen Mordraten die Todesraten durch zwischenstaatliche Kriege, Bürgerkriege und Genozide bei Weitem. Prädiktoren für Mordraten sind damit verlässliche Prädiktoren für die Gesamtheit innerstaatlicher Gewalt. Für andere Epochen könnten die Relationen in der Größenordnung verschiedener innerstaatlicher Gewaltphänomene jedoch unterschiedlich ausfallen. Dies gilt insbesondere für das Zeitalter der Weltkriege. Dem Umfang des Beitrags ist es zudem geschuldet, dass nichtlineare bzw. nichtlogarithmische Wirkungszusammenhänge sowie die Kausalitätsrichtung zwischen Freiheit und Sicherheit nicht oder nicht abschließend diskutiert werden konnten. Diese Limitierungen lassen viel Raum für vertiefte Forschung, ziehen die Validität der fundamentalen Ergebnisse – eines positiven Zusammenhangs zwischen politischer Freiheit und innerstaatlicher Gewalt in der gegenwärtigen Welt – jedoch nicht grundsätzlich in Zweifel.

Interessanter als rein statistische sind jedoch methodologisch-theoretische Überlegungen zur Aussagekraft der Ergebnisse. Die Überführung einer umfangreichen und komplexen Fragestellung in statistische Analysen geht zwingend mit einer Simplifizierung einher. Vielschichtige theoretische Konstrukte werden letztlich durch einen einzigen metrischen, eindimensionalen Indikator ausgedrückt. Dies ist besonders augenfällig im Fall von politischer Freiheit. Sowohl der von CIRI als auch die von Freedom House vorgeschlagenen Indizes und additiven Skalen decken unterschiedliche Dimensionen ab wie etwa politische Rechte, bürgerliche Freiheiten, Rechtsstaatlichkeit und gute Regierungsführung. Dies alles mag empirisch zwar oft zusammenfallen – Rechtsstaaten gewähren beispielsweise meist umfangreiche politische Rechte. Die unterschiedlichen Regressionsergebnisse für die beiden Freedom House-Ratings zu politischen Rechten und bürgerlichen Freiheiten zeigen jedoch, dass es sich dennoch um distinkte Konstrukte handelt, die auf unterschiedliche Weise mit innerstaatlicher Gewalt zusammenhängen.

Auch die Abgrenzung des durch die Freiheitsindikatoren abgedeckten Komplexes mit Staatlichkeit gelingt nicht völlig. Sowohl der Quality of Government-Indikator als auch das Freedom House-Rating zu bürgerlichen Freiheiten umfassen Rechtsstaatlichkeit als Sub-Dimension.[19] Ebenso bleibt offen, ob das Vorliegen politischer Rechte bereits identisch ist mit der liberalen Demokratie. Das Geflecht dieser miteinander verwobenen Konstrukte freizulegen – sowohl auf theoretischer wie auch auf empirischer Ebene – wäre ein lohnenswertes Unterfangen.

In dieser Richtung liegt die interessanteste weiterführende Fragestellung: Wie ordnen sich die „illiberale Demokratie" (Zakaria 1999), „kompetitiver Autoritarismus" (Levitsky/Way 2002) und die demokratische Rezession der letzten Dekade in das Schema ein? Zeigt die illiberale Demokratie höhere oder niedrigere Niveaus innerstaatlicher Gewalt als die liberale Demokratie? Die vorliegenden Ergebnisse lassen vorläufig vermuten, dass ein Abbau politischer Rechte und bürgerlicher Freiheiten in der Tat mit einem Zugewinn an innerer Sicherheit einhergeht.

Eignen sich die Ergebnisse also als Apologetik des Autoritarismus? Dazu drei Anmerkungen: Erstens sei an den Beginn der Darstellung erinnert. Das Verhältnis von Freiheit und Sicherheit kann nur vor dem Hintergrund der Staatlichkeit bestimmt werden. Staatlichkeit ist der primäre Prädiktor für innere Sicherheit. Wenn gleichzeitig mit dem Abbau politischer Rechte und Freiheiten staatliche Institutionen geschleift, beschädigt oder ausgehöhlt werden, ist kein Zugewinn an innerer Sicherheit zu erwarten. Wenn sich die Ergebnisse zur Rechtfertigung einer spezifischen Herrschaftsordnung eignen, dann nicht für das Modell der neopatrimonialen Aneignung eines Staates durch einen Usurpator und seine Günstlinge, sondern am ehesten für das Modell, das Singapur verkörpert: ein autoritärer, aber leistungsfähiger Staat, der trotz eingeschränkter politischer Rechte hinreichende Legitimität genießt. Es ist mehr als persönliche Exzentrik, wenn etwa Ruandas Langzeitpräsident Paul Kagame die singapurische Gesellschaftsordnung seit Jahren als richtungsweisende Vision für heutige Entwicklungsländer preist (Bueno de Mesquita/

---

19 Streng genommen widersprechen hohe Mordraten zudem dem rechtsstaatlichen Zustand eines Staatswesens. Der negative Effekt vom Quality of Government-Indikator auf Mordraten könnte durch diese umgekehrte Kausalität verstärkt werden.

Smith 2012: 104; Caryl 2015). Autoritarismus *ohne Staatszerfall* gilt außerhalb der westlichen Welt vielerorts als attraktive Alternative zur liberalen Demokratie (Lin 2007: 468).

Zweitens sind auch die heutzutage demokratischen Staaten Europas in erster Linie durch Gewalt und Zwang erschaffen worden – und erst Jahrhunderte später ist die Macht der Zentralgewalt durch bürgerliche Freiheiten und demokratische Teilhabe limitiert worden. Selbst ausgesprochene Verfechter des demokratischen Ideals gestehen zu, dass der resilienten Demokratie ein starker Staat vorangehen muss (Fukuyama 2014: 7). Gefestigte Staaten können sich einen permanenten Wettbewerb um politische Macht leisten; in ungefestigten, instabilen Staatswesen kann er hingegen als Brandbeschleuniger ethnischer und sozialer Konflikte verheerende Folgen zeitigen. Bei der Beurteilung der Legitimität autoritärer Herrschaft drängt sich damit die Frage nach der Mittel-Zweck-Relation auf. Dient sie letztlich der Entwicklung des Gemeinwesens hin zu Sicherheit, Wohlstand und – abschließend – Freiheit und Demokratie wie etwa die früheren Diktaturen in Südkorea und Taiwan? Oder ist sie einer Führungsclique nur Mittel zum Zweck der Bereicherung? Und was ist die demokratische Antwort auf den Wunsch einer Bevölkerungsmehrheit nach der autoritären Lenkung durch eine sichere Hand?

Für die stabilen Staaten des Westens treffen diese Fragen jedoch nicht zu. Staatlichkeit steht hier nicht zur Disposition, sondern ist seit vielen Jahrzehnten oder sogar Jahrhunderten etabliert. Staatsbildung ist somit kein Argument für autoritäre Führung. Dennoch zeigt auch der Westen Zeichen einer Demokratiemüdigkeit (Diamond 2015: 152). Sprechen die Ergebnisse dieses Beitrags – dass politische Freiheit die innere Sicherheit einschränkt – illiberalen Tendenzen des politischen Diskurses das Wort?

Es sei an Winston Churchills Wort erinnert, die Demokratie sei die schlechteste aller Regierungsformen, bis auf alle anderen. Es wird allzu oft verkürzt rezipiert, als geistreicher Wortwitz, als *wit*, für den die Engländer schließlich berühmt sind; eigentlich sei die liberale Demokratie natürlich die beste denkbare Regierungsform. Nehmen wir das Zitat lieber beim Wort. Auf der Makellosigkeit von Menschenwerk zu beharren, ist selten eine gute Idee. Die liberale Demokratie ist eine grauenhafte Regierungsform: Dysfunktional, unordentlich, träge, blind. Warum sich das alles antun? Weil frei zu sein es wert ist. *There ain't no such thing as a free lunch.*

Literatur

Abrigo, Michael R. M./Love, Inessa (2015): Estimation of Panel Vector Autoregression in Stata: a Package of Programs. <http://paneldataconference2015.ceu.hu/Program/Michael-Abrigo.pdf> (letzter Zugriff 6.11.2017).

Acemoglu, Daron/Robinson, James A. (2012): Why nations fail. The Origins of Power, Prosperity, and Poverty. New York: Crown Business.

Alesina, Alberto/Devleeschauwer, Arnaud/Easterly, William/Kurlat, Sergio/Wacziarg, Romain (2003): Fractionalization. In: Journal of Economic Growth 8: 2, 155–194.

Altheimer, Irshad (2007): Assessing the Relevance of Ethnic Heterogeneity as a Predictor of Homicide at the Cross-National Level. In: International Journal of Comparative and Applied Criminal Justice 31: 1, 1–20.

Amnesty International/The Guardian (2013): Death penalty statistics, country by country. <https://www.theguardian.com/news/datablog/2011/mar/29/death-penalty-countries-world> (letzter Zugriff 6.11.2017).

Ayoob, Mohammed (2007): State Making, State Breaking, and State Failure. In: Crocker et al. (Hrsg.) 2007: 95–114.

Baten, Joerg/Bierman, Winny/Foldvari, Peter/van Zanden, Jan L. (2014): Personal security since 1820. In: OECD 2014: 139–158.

Bates, Robert H. (2001): Prosperity and violence. The political economy of development. New York: W.W. Norton.

Bates, Robert H. (2008): When Things Fell Apart. State Failure in Late-Century Africa. Cambridge et al.: Cambridge University Press.

Beck, Nathaniel/Katz, Jonathan N. (1995): What to do (and not to do) with Time-Series Cross-Section Data. In: American Political Science Review 89: 3, 634–647.

Beck, Nathaniel/Katz, Jonathan N. (1996): Nuisance vs. Substance: Specifying and Estimating Time-Series-Cross-Section Models. In: Political Analysis 6: 1, 1–36.

Braithwaite, John/Braithwaite, Valerie (1980): The Effect of Income Inequality and Social Democracy on Homicide. A Cross-National Comparison. In: British Journal of Criminology 20: 1, 45–53.

Bueno de Mesquita, Bruce/Smith, Alastair/Siverson, Randolph M./Morrow, James D. (2003): The Logic of Political Survival. Cambridge, MA et al.: The MIT Press.

Bueno de Mesquita, Bruce/Smith, Alastair (2012): The Dictator's Handbook. Why Bad Behavior Is Almost Always Good Politics. New York: Public Affairs.

Cao, Liqun/Zhang, Yan (2017): Governance and Regional Variation of Homicide Rates: Evidence From Cross National Data. In: International Journal of Offender Therapy and Comparative Criminology 61: 1, 25–45.

Carneiro, Robert L. (1970): A Theory of the Origin of the State. In: Science 169: 3947, 733–738.

Caryl, Christian (2015): Africa's Singapore Dream. In: Foreign Policy, 2.4.2015. <http://foreignpolicy.com/2015/04/02/africas-singapore-dream-rwanda-kagame-lee-kuan-yew/> (letzter Zugriff 6.11.2017).

Centeno, Miguel A. (1997): Blood and Debt. War and Taxation in Nineteenth Century Latin America. In: American Journal of Sociology 102: 6, 1565–1605.

Chalfin, Aaron/McCrary, Justin (2017): Criminal Deterrence: A Review of the Literature. In: Journal of Economic Literature 55: 1, 5–48.

Chu, Doris C./Tusalem, Rollin F. (2013): The Role of the State on Cross-National Homicide Rates. In: International Criminal Justice Review 23: 3, 252–279.

Cingranelli, David/Richards, David L./Clay, K. Chad (2014): The CIRI Human Rights Dataset. Version 2014.04. <www.humanrightsdata.com> (letzter Zugriff 6.11.2017).

Clapham, Christopher (1998): Degrees of statehood. In: Review of International Studies 24: 2, 143–157.

Clapham, Christopher (2004): The Global-Local Politics of State Decay. In: Rotberg (Hrsg.) 2004: 77–93.

Collier, Paul (2009): Wars, Guns and Votes. London: The Bodley Head.

Collier, Paul/Hoeffler, Anke (2004): Murder by Numbers: Socio-Economic Determinants of Homicide and Civil War. Comparisons and Inter-Relationships between Homicide and Civil War. CSAE WPS/2004-10. Oxford.

Cooney, Mark (1997): From Warre to Tyranny: Lethal Conflict and the State. In: American Sociological Review 62: 2, 316–338.

Crocker, Chester A./Hampson, Fen O./Aall, Pamela (Hrsg.) (2007): Leashing the Dogs of War. Conflict Management in a Divided World. Washington, D.C.: United States Institute for Peace Press.

De Soysa, Indra (2016): Capitalism & the „new wars": free markets and societal insecurity before and after the cold war, 1970-2013. In: Civil Wars 18: 1, 1–24.

De Soysa, Indra/Fjelde, Hanne (2010): Is the hidden hand an iron fist? Capitalism and civil peace, 1970–2005. In: Journal of Peace Research 47: 3, 287–298.

Diamond, Jared (2012): The World Until Yesterday. What Can We Learn From Traditional Societies? London et al.: Allen Lane, Penguin Books.

Diamond, Larry (2015): Facing up to the Democratic Recession. In: Journal of Democracy 26: 1, 141–155.

Durkheim, Emile (1957): Professional Ethics and Civic Morals. London: Routledge and Kegan Paul.

Eisner, Manuel (2003): Long-Term Historical Trends in Violent Crime. In: Crime and Justice 30, 83–142.

Eisner, Manuel (2009): The Uses of Violence: An Examination of Some Cross-Cutting Issues. In: International Journal of Conflict and Violence 3: 1, 40–59.

Eisner, Manuel (2012): What Causes Large-scale Variation in Homicide Rates? Working Paper. <http://citeseerx.ist.psu.edu/viewdoc/download?doi=10.1.1.391.8535&rep=rep1&type=pdf> (letzter Zugriff 6.11.2017).

Eisner, Manuel (2014): From Swords to Words: Does Macro-Level Change in Self-Control Predict Long-Term Variation in Levels of Homicide? In: Tonry (Hrsg.) 2014: 65–134.

Elias, Norbert (1997): Über den Prozess der Zivilisation. Soziogenetische und psychogenetische Untersuchungen. Zweiter Band. Wandlungen der Gesellschaft. Entwurf zu einer Theorie der Zivilisation. Frankfurt am Main: Suhrkamp.

Fajnzylber, Pablo/Lederman, Daniel/Loayza, Norman (2002a): Inequality and Violent Crime. In: Journal of Law and Economics 45: 1, 1–39.

Fajnzylber, Pablo/Lederman, Daniel/Loayza, Norman (2002b): What causes violent crime? In: European Economic Review 46: 7, 1323–1357.

Fearon, James D. (2011): Homicide data. Background paper prepared for the WDR 2011 team. <http://documents.worldbank.org/curated/en/837961468161368882/pdf/620370WP0Homic0BOX0361475B00PUBLIC0.pdf> (letzter Zugriff 6.11.2017).

Fearon, James D./Laitin, David D. (2003): Ethnicity, Insurgency, and Civil War. In: American Political Science Review 97: 1, 75–90.

Fjelde, Hanne/de Soysa, Indra (2009): Coercion, Co-optation, or Cooperation? State Capacity and the Risk of Civil War, 1961–2004. In: Conflict Management and Peace Science 26: 1, 5–25.

Freedom House (2017): Freedom in the World. An annual study of political rights and civil liberties. <https://freedomhouse.org/report/freedom-world/freedom-world-2017> (letzter Zugriff 6.11.2017).

Freud, Sigmund (1924): Zeitgemäßes über Krieg und Tod. Leipzig et al.: Internationaler Psychoanalytischer Verlag.

Fukuyama, Francis (1992): The End of History and the Last Man. New York: Avon Books.

Fukuyama, Francis (2012): The Origins of Political Order. From Prehuman Times to the French Revolution. London: Profile Books.

Fukuyama, Francis (2014): Political Order and Political Decay. From the Industrial Revolution to the Globalization of Democracy. London: Profile Books.

Geneva Declaration on Armed Violence and Development (2008): Global Burden of Armed Violence 2008. Genf.

Geneva Declaration on Armed Violence and Development (2011): Global Burden of Armed Violence 2011: Lethal Encounters. Genf.

Gibler, Douglas M./Miller, Steven V. (2014): External territorial threat, state capacity, and civil war. In: Journal of Peace Research 51: 5, 634–646.

Giddens, Anthony (1985): The Nation-State and Violence. Cambridge: Polity Press.

Gleditsch, Nils P./Wallensteen, Peter/Eriksson, Mikael/Sollenberg, Margareta/Strand, Havard (2002): Armed Conflict 1946–2001. A New Dataset. In: Journal of Peace Research 39: 5, 615–637.

Graeff, Peter/Mehlkop, Guido (Hrsg.) (2009): Capitalism, Democracy and the Prevention of War and Poverty. London et al.: Routledge.

Gurr, Ted R. (1970): Why Men Rebel. Princeton: Princeton University Press.

Gurr, Ted R. (1989): Historical Trends in Violent Crime: Europe and the United States. In: Gurr (Hrsg.) 1989: 21–54.

Gurr, Ted R. (Hrsg.) (1989): Violence in America. Volume 1. The History of Crime. Newbury Park et al.: Sage.

Hanson, Jonathan K./Sigman, Rachel (2013): Leviathan's Latent Dimensions: Measuring State Capacity for Comparative Political Research. <http://faculty.maxwell.syr.edu/johanson/papers/hanson_sigman13.pdf> (letzter Zugriff 6.11.2017).

Hegre, Håvard (2014): Democracy and armed conflict. In: Journal of Peace Research 51: 2, 159–172.

Hegre, Håvard/Ellingsen, Tanja/Gates, Scott/Gleditsch, Nils P. (2001): Toward a Democratic Civil Peace? Democracy, Political Change, and Civil War, 1816–1992. In: American Political Science Review 95: 1, 33–48.

Heitmeyer, Wilhelm/Hagan, John (Hrsg.) (2003): International Handbook of Violence Research. Dordrecht et al.: Kluwer Academic Publishers.

Hendrix, Cullen S. (2010): Measuring state capacity: Theoretical and empirical implications for the study of civil conflict. In: Journal of Peace Research 47: 3, 273–285.

Herbst, Jeffrey (1990): War and the State in Africa. In: International Security 14: 4, 117–139.

Herbst, Jeffrey (2000): States and Power in Africa. Comparative Lessons in Authority and Control. Princeton: Princeton University Press.

Herbst, Jeffrey (2004): Let Them Fail: State Failure in Theory and Practice. Implications for Policy. In: Rotberg (Hrsg.) 2004: 302–318.

Hobbes, Thomas (1984 [1651]): Leviathan oder Stoff, Form und Gewalt eines kirchlichen und bürgerlichen Staates. Frankfurt am Main: Suhrkamp.

Hobbes, Thomas (2014 [1658]): Grundzüge der Philosophie. Zweiter und dritter Teil: Lehre vom Menschen und Bürger. Leipzig: Holzinger.

Holsti, Kalevi J. (1996): The state, war, and the state of war. Cambridge et al.: Cambridge University Press.

Huang, W.S. Wilson (1995): A cross-national analysis on the effect of moral individualism on murder rates. In: International Journal of Offender Therapy and Comparative Criminology 39: 1, 63–75.

Human Security Centre (2005): Human Security Report 2005. War and Peace in the 21st Century. New York/Oxford: Oxford University Press.

Human Security Report Project (2013): Human Security Report 2013. The Decline in Global Violence: Evidence, Explanation, and Contestation. Vancouver: Human Security Research Group/Human Security Press.

ICISS (2001): The Responsibility to Protect. Report of the International Commission on Intervention and State Sovereignty. Ottawa: International Development Research Centre.

Imbusch, Peter (2003): The Concept of Violence. In: Heitmeyer/Hagan (Hrsg.) 2003: 13–39.

Jackson, Robert H. (1990): Quasi States: Sovereignty, International Relations, and the Third World. Cambridge et al.: Cambridge University Press.

Jacobs, David/Richardson, Amber M. (2008): Economic Inequality and Homicide in the Developed Nations From 1975 to 1995. In: Homicide Studies 12: 1, 28–45.

Jäger, Thomas/Beckmann, Rasmus (Hrsg.) (2011): Handbuch Kriegstheorien. Wiesbaden: VS Verlag für Sozialwissenschaften.

Kalyvas, Stathis N. (2015): How Civil Wars Help Explain Organized Crime – and How They Do Not. In: Journal of Conflict Resolution 59: 8, 1517–1540.

Kalyvas, Stathis N./Balcells, Laia (2010): International System and Technologies of Rebellion: How the End of the Cold War Shaped Internal Conflict. In: American Political Science Review 104: 3, 415–429.

Karstedt, Susanne/Lafree, Gary (2006): Democracy, Crime, and Justice. In: Annals of the American Academy of Political and Social Science 605: 1, 6–23.

Keele, Luke/Kelly, Nathan J. (2006): Dynamic Models for Dynamic Theories: The Ins and Outs of Lagged Dependent Variables. In: Political Analysis 14: 2, 186–205.

Kocher, Matthew A. (2010): State Capacity as a Conceptual Variable. In: Yale Journal of International Affairs 5: 2, 137–145.

Koeppel, Maria D.H./Rhineberger-Dunn, Gayle M./Mack, Kristin Y. (2015): Cross-national homicide. A review of the current literature. In: International Journal of Comparative and Applied Criminal Justice 39: 1, 47–85.
Koga, Jun/Reiter, Dan (2011): State Power, Paramilitary Forces, and Internal Violence. <https://www.researchgate.net/publication/228768610_State_Power_Paramilitary_Forces_and_Internal_Violence> (letzter Zugriff 6.11.2017).
Krahn, Harvey/Hartnagel, Timothy F./Gartrell, John W. (1986): Income Inequality and Homicide Rates. Cross-National Data and Criminological Theories. In: Criminology 24: 2, 269–295.
Lacina, Bethany (2006): Explaining the Severity of Civil Wars. In: Journal of Conflict Resolution 50: 2, 276–289.
Lacina, Bethany/Gleditsch, Nils P. (2005): Monitoring Trends in Global Combat. A New Dataset of Battle Deaths. In: European Journal of Population/Revue européenne de Démographie 21: 2-3, 145–166.
Lafree, Gary (1999): A Summary and Review of Cross-National Comparative Studies of Homicide. In: Smith/Zahn (Hrsg.) 1999: 125–145.
Lafree, Gary/Tseloni, Andromachi (2006): Democracy and Crime: A Multilevel Analysis of Homicide Trends in Forty-Four Countries, 1950–2000. In: Annals of the American Academy of Political and Social Science 605: 1, 25–49.
Lappi-Seppälä, Tapio/Lehti, Martti (2014): Cross-Comparative Perspectives on Global Homicide Trends. In: Tonry (Hrsg.) 2014: 135–230.
Lee, Matthew R. (2001): Population Growth, Economic Inequality, and Homicide. In: Deviant Behavior: An Interdisciplinary Journal 22: 6, 491–516.
Lee, Matthew R./Bankston, William B. (1999): Political Structure, Economic Inequality, and Homicide: A Cross-National Analysis. In: Deviant Behavior: An Interdisciplinary Journal 20: 1, 27–55.
Lektzian, David/Prins, Brandon C. (2008): Taming the Leviathan: Examining the Impact of External Threat on State Capacity. In: Journal of Peace Research 45: 5, 613–631.
Lester, David (1981): Freedom of the Press and Personal Violence: A Cross-National Study of Suicide and Homicide. In: Journal of Social Psychology 114: 2, 267–269.
Levitsky, Steven/Way, Lucan A. (2002): Elections Without Democracy. The Rise of Competitive Authoritarianism. In: Journal of Democracy 13: 2, 51–65.
Liem, Marieke C. A./Pridemore, William A. (Hrsg.) (2012): Handbook of European Homicide Research. New York et al.: Springer.
Lin, Ming-Jen (2007): Does democracy increase crime? The evidence from international data. In: Journal of Comparative Economics 35: 3, 467–483.
Locke, John (1966 [1689]): Über die Regierung. The Second Treatise of Government. Reinbek bei Hamburg: Rowohlt.
Lopez, Luciano/Weber, Sylvain (2017): Testing for Granger causality in panel data. <https://www.unine.ch/files/live/sites/irene/files/shared/documents/Publications/Working%20papers/2017/WP17-03.pdf> (letzter Zugriff 6.11.2017).
Mack, Andrew (2007): Global Political Violence: Explaining the Post-Cold War Decline. <https://www.ipinst.org/wp-content/uploads/publications/cwc_working_paper_political_violence_am.pdf> (letzter Zugriff 6.11.2017).

Madison, James (1788): The Federalist Paper No. 51. The Structure of the Government Must Furnish the Proper Checks and Balances Between the Different Departments. In: Independent Journal vom 6.2.1788. <http://www.constitution.org/fed/federa51.htm> (letzter Zugriff 6.11.2017).

Marshall, Ineke H./Block, Carolyn R. (2004): Maximizing the Availability of Cross-National Data on Homicide. In: Homicide Studies 8: 3, 267–310.

Marshall, Ineke H./Marshall, Chris E./Ren, Ling (2009): Mixed Method Measurement of Homicide Events in Comparative Research: An Illustration of the Potential of Qualitative Comparative Analysis. In: International Journal of Comparative and Applied Criminal Justice 33: 2, 273–307.

McDonald, Lynn (1976): The Sociology of Law and Order. London: Faber and Faber.

Merton, Robert K. (1938): Social Structure and Anomie. In: American Sociological Review 3: 5, 672–682.

Morris, Ian (2014): War! What is it good for? Conflict and the Progress of Civilization from Primates to Robots. New York: Farrar, Straus and Giroux.

Mueller, John (2003): Policing the Remnants of War. In: Journal of Peace Research 40: 5, 507–518.

Münkler, Herfried (1991): Thomas Hobbes' Analytik des Bürgerkriegs. In: Münkler (Hrsg.) 1991: 215–238.

Münkler, Herfried (Hrsg.) (1991): Behemoth oder Das Lange Parlament. Frankfurt am Main: Fischer Taschenbuch Verlag.

Nettl, J.P. (1968): The State as a Conceptual Variable. In: World Politics 20: 4, 559–592.

Neumayer, Eric (2003): Good Policy Can Lower Violent Crime: Evidence from a Cross-National Panel of Homicide Rates, 1980–97. In: Journal of Peace Research 40: 6, 619–640.

Nivette, Amy E. (2011): Cross-National Predictors of Crime. A Meta-Analysis. In: Homicide Studies 15: 2, 103–131.

Nivette, Amy E./Eisner, Manuel (2013): Do legitimate polities have fewer homicides? A cross-national analysis. In: Homicide Studies 17: 1, 3–26.

North, Douglass C./Wallis, John J./Weingast, Barry R. (2011): Gewalt und Gesellschaftsordnung. Eine Neudeutung der Staats- und Wirtschaftsgeschichte. Tübingen: Mohr Siebeck.

OECD (2009): Conflict and Fragility: Armed Violence Reduction. Enabling Development. <https://www.oecd.org/dac/conflict-fragility-resilience/docs/armed%20violence%20reduction.pdf> (letzter Zugriff 6.11.2017).

OECD (2014): How Was Life? Global Well-being Since 1820. <http://www.keepeek.com/Digital-Asset-Management/oecd/economics/how-was-life_9789264214262-en#.WgACLOmWztQ> (letzter Zugriff 6.11.2017).

Olson, Mancur (2000): Power and Prosperity. Outgrowing Communist and Capitalist Dictatorships. New York: Basic Books.

Ostby, Gudrun (2008): Polarization, Horizontal Inequalities and Violent Civil Conflict. In: Journal of Peace Research 45: 2, 143–162.

Paré, Paul-Philippe (2006): Income Inequality and Crime Across Nations Reexamined. A Thesis in Crime, Law, and Justice. University Park: Pennsylvania State University.

Paris, Roland (2001): Human Security. Paradigm Shift or Hot Air? In: International Security 26: 2, 87–102.

Paris, Roland (2006): Bringing the Leviathan Back In: Classical Versus Contemporary Studies of the Liberal Peace. In: International Studies Review 8: 3, 425–440.

Pettersson, Therése/Wallensteen, Peter (2015): Armed conflicts, 1946–2014. In: Journal of Peace Research 52: 4, 536–550.

Pinker, Steven (2011): The Better Angels of our Nature. Why Violence has declined. New York et al.: Viking.

Pridemore, William A. (2002): What We Know About Social Structure and Homicide: A Review of the Theoretical and Empirical Literature. In: Violence and Victims 17: 2, 127–156.

Pridemore, William A./Trent, Carol L. S. (2010): Do the Invariant Findings of Land, McCall, and Cohen Generalize to Cross-National Studies of Social Structure and Homicide? In: Homicide Studies 14: 3, 296–335.

PRS Group (2014): International Country Risk Guide (ICRG). <https://www.prsgroup.com/about-us/our-two-methodologies/icrg> (letzter Zugriff 6.11.2017).

Reemtsma, Jan P. (2009): Vertrauen und Gewalt. Versuch über eine besondere Konstellation der Moderne. München: Pantheon.

Reinhard, Wolfgang (1999): Geschichte der Staatsgewalt. Eine vergleichende Verfassungsgeschichte Europas von den Anfängen bis zur Gegenwart. München: C.H. Beck.

Rotberg, Robert I. (2004): The Failure and Collapse of Nation-States: Breakdown, Prevention, and Repair. In: Rotberg (Hrsg.) 2004: 1–49.

Rotberg, Robert I. (Hrsg.) (2004): When States Fail. Causes and Consequences. Princeton et al.: Princeton University Press.

Rummel, Rudolph J. (2009): What is the democratic peace and why pursue it? In: Graeff/Mehlkop (Hrsg.) 2009: 26–30.

Singer, David A. (1988): Reconstructing the correlates of war dataset on material capabilities of states, 1816–1985. In: International Interactions 14: 2, 115–132.

Smith, M. Dwayne/Zahn, Margaret A. (Hrsg.) (1999): Homicide. A Sourcebook of Social Research. Thousand Oaks et al.: Sage.

Snyder, Jack/Jervis, Robert (1999): Civil War and the Security Dilemma. In: Walter/Snyder (Hrsg.) 1999: 15–37.

Solt, Frederick (2016): The Standardized World Income Inequality Database. SWIID Version 5.1, July 2016. In: Social Science Quarterly 97: 5, 1267–1281.

StataCorp (2015): Stata Longitudinal-Data/Panel-Data Reference Manual. Release 13. <https://www.stata.com/manuals13/xt.pdf> (letzter Zugriff 6.11.2017).

Straßner, Alexander (2011): Somalia in den 1990ern: Theorie des Staatszerfallkrieges. In: Jäger/Beckmann (Hrsg.) 2011: 457–465.

Sun, Ivan Y./Sung, Hung-En/Chu, Doris C. (2007): Collateral Gains From the Military? A Cross-National Analysis of the Armed Forces-Crime Relationship. In: International Journal of Offender Therapy and Comparative Criminology 51: 5, 599–614.

The World Bank (2011): World Development Report 2011. Conflict, security, and development. Washington, D.C.: The World Bank.

The World Bank (2016): Health Nutrition and Population Statistics: Population estimates and projections. <http://databank.worldbank.org/data/reports.aspx?source=Health%20Nutrition%20and%20Population%20Statistics:%20Population%20estimates%20and%20projections> (letzter Zugriff 6.11.2017).

The World Bank (2017): World DataBank. <http://databank.worldbank.org/data/> (letzter Zugriff 6.11.2017).
Thies, Cameron G. (2005): War, Rivalry, and State Building in Latin America. In: American Journal of Political Science 49: 3, 451–465.
Tilly, Charles (1982): Warmaking and Statemaking as Organized Crime. CRSO Working Paper No. 256. Ann Arbor: Center for Research on Social Organization.
Tönnies, Sibylle (2002): Cosmopolis Now. Auf dem Weg zum Weltstaat. Hamburg: Europäische Verlagsanstalt.
Tönnies, Sibylle (2009): Die „Neuen Kriege" und der alte Hobbes. In: Aus Politik und Zeitgeschichte 46, 27–32.
Tonry, Michael (Hrsg.) (2014): Why Crime Rates Fall and Why They Don't. Crime and Justice 43. Chicago: The University of Chicago Press.
Trent, Carol L.S./Pridemore, William A. (2012): A Review of the Cross-National Empirical Literature on Social Structure and Homicide. In: Liem/Pridemore (Hrsg.) 2012: 111–135.
UNDP (2016): Human Development Data. <http://hdr.undp.org/en/data/> (letzter Zugriff 6.11.2017).
University of Gothenburg (2015): The Quality of Government Standard Dataset, version Jan15. <http://qog.pol.gu.se/> (letzter Zugriff 6.11.2017).
UNODC (2017): Statistics on Crime 2017. <https://data.unodc.org/> (letzter Zugriff 6.11.2017).
Uppsala Conflict Data Program (2015): UCDP Battle-Related Deaths Dataset v.5-2015, 1989–2014. <www.ucdp.uu.se> (letzter Zugriff 6.11.2017).
van Creveld, Martin L. (1999): The Rise and Decline of the State. Cambridge et al.: Cambridge University Press.
Venet, Baptiste/Hurlin, Christophe (2001): Granger Causality Tests in Panel Data Models with Fixed Coefficients. <https://www.researchgate.net/publication/229050746_Granger_Causality_Tests_in_Panel_Data_Models_with_Fixed_Coefficients> (letzter Zugriff 6.11.2017).
Walter, Barbara F./Snyder, Jack (Hrsg.) (1999): Civil Wars, Insecurity, and Intervention. New York: Columbia University Press.
Weber, Max (1972): Wirtschaft und Gesellschaft. Grundriss der verstehenden Soziologie. Tübingen: J.C.B. Mohr (Paul Siebeck).
Wilson, Woodrow (1917): War Message to Congress, 1917. Address delivered at Joint Session of the Two Houses of Congress, April 2, 1917; U.S. 65th Congress, 1st Session, Senate Document 5.
Wischnath, Gerdis/Gleditsch, Nils P. (2011): Battle deaths – comparing the UCDP and PRIO data. <https://www.prio.org/utility/Download.ashx?x=452> (letzter Zugriff 6.11.2017).
Yaffee, Robert (2003): A Primer for Panel Data Analysis. <https://localgov.fsu.edu/readings_papers/Research%20Methods/Yafee_Promer_for_Panel_Data_Analysis.pdf> (letzter Zugriff 6.11.2017).
Younker, Barr/Chon, Don Soo/Pelfrey, Theresa (2013): Governance, Deterrence, and National Homicide Rate. In: Global Journal of Human Social Science Economics 13: 4, 13–25.
Zakaria, Fareed (1999): The Rise of Illiberal Democracy. In: Foreign Affairs 76: 6, 22–43.

Anhang

Tabelle A1: Verwendete Variablen

Variable	Quellen	Originalvariable
Mordrate	UNODC 2017; The World Bank 2017; Baten et al. 2014	Eigene Berechnung
Todesrate Bürgerkrieg	Pettersson/Wallensteen 2015; Uppsala Conflict Data Program 2015; Lacina/Gleditsch 2005	Eigene Berechnung aus ‚best estimates'
CIRI Empowerment Index	Cingranelli et al. 2014	NEW_EMPINX
Freedom House Civil Liberties	Freedom House 2017 über University of Gothenburg 2015	fh_cl
Freedom House Political Rights	Freedom House 2017 über University of Gothenburg 2015	fh_pr
Quality of Government	PRS Group 2014 über University of Gothenburg 2015	icrg_qog
Gini-Koeffizient	Solt 2016	Mittelwerte vom Gini-Koeffizienten ‚equivalized household disposable income/ Luxembourg Income Study'
Human Development Index	UNDP 2016 über University of Gothenburg 2015	undp_hdi
Anteil männlicher Bevölkerung 15–29 Jahre	The World Bank 2016	Eigene Berechnung
Ethnische Heterogenität	Alesina et al. 2003 über University of Gothenburg 2015	al_ethnic
Bevölkerungswachstum	Singer 1988; The World Bank 2017	Eigene Berechnung

Tabelle A2: Liste der in der Analyse enthaltenen Staaten

Afghanistan	Gambia	Madagaskar	Sao Tome & Principe
Ägypten	Georgien	Makedonien	Saudi-Arabien
Albanien	Ghana	Malawi	Schweden
Algerien	Grenada	Malaysia	Schweiz
Andorra	Griechenland	Malediven	Senegal
Angola	Guatemala	Mali	Seychellen
Antigua & Barbuda	Guinea	Malta	Sierra Leone
Äquatorialguinea	Guinea-Bissau	Marokko	Simbabwe
Argentinien	Guyana	Marshall-Inseln	Singapur
Armenien	Haiti	Mauretanien	Slowakei
Aserbeidschan	Honduras	Mauritius	Slowenien
Äthiopien	Indien	Mexiko	Spanien
Australien	Indonesien	Mikronesien	Sri Lanka
Bahamas	Irak	Moldawien	St. Kitts & Nevis
Bahrain	Iran	Monaco	St. Lucia
Bangladesch	Irland	Mongolei	St. Vincent & Gren.
Barbados	Island	Montenegro	Sudan
Belarus	Israel	Mosambik	Südafrika
Belgien	Italien	Myanmar	Südkorea
Belize	Jamaika	Namibia	Surinam
Benin	Japan	Nauru	Swaziland
Bhutan	Jemen	Nepal	Syrien
Bolivien	Jordanien	Neuseeland	Tadschikistan
Bosnien & Herzeg.	Jugoslawien	Nicaragua	Taiwan
Botsuana	Kambodscha	Niederlande	Tansania
Brasilien	Kamerun	Niger	Thailand
Brunei	Kanada	Nigeria	Togo
Bulgarien	Kap Verde	Nordkorea	Tonga
Burkina Faso	Kasachstan	Norwegen	Trinidad & Tobago
Burundi	Katar	Oman	Tschad
Chile	Kenia	Österreich	Tschechische Rep.
China	Kirgistan	Osttimor	Tunesien
Costa Rica	Kiribati	Pakistan	Türkei
Dänemark	Kolumbien	Palau	Turkmenistan
Deutschland	Komoren	Panama	Tuvalu
Dominica	Kongo	Papua Neu Guinea	Uganda
Dominikanische Rep.	Kroatien	Paraguay	Ukraine
DR Kongo	Kuba	Peru	Ungarn
Dschibuti	Kuwait	Philippinen	Uruguay
Ecuador	Laos	Polen	USA
El Salvador	Lesotho	Portugal	Usbekistan
Elfenbeinküste	Lettland	Ruanda	Vanuatu
Eritrea	Libanon	Rumänien	Venezuela
Estland	Liberia	Russland	VA Emirate
Fiji	Libyen	Salomonen	Vereinigtes Königreich
Finnland	Liechtenstein	Sambia	Vietnam
Frankreich	Litauen	Samoa	Zentralafrikanische Rep.
Gabun	Luxemburg	San Marino	Zypern

Security matters. Sicherheitsbezogene Wertorientierungen der deutschen Bevölkerung im Nachgang von 9/11

Markus Klein

1 Einleitung

Die Terroranschläge des 11. September 2001 auf das World Trade Center und das Pentagon haben die Welt ganz zweifellos verändert. Die an das amerikanische Datumsformat angelehnte Chiffre „9/11" steht für einen grundlegenden Einschnitt nicht nur in die Geschichte Amerikas, sondern in die Weltgeschichte insgesamt. Den freiheitlichen westlichen Industriegesellschaften ist ihre Verletzbarkeit durch den internationalen Terrorismus in dramatischer Weise vor Augen geführt worden. In vielen sozialwissenschaftlichen Publikationen wird (implizit oder explizit) die Annahme vertreten, dass die Ereignisse von 9/11 die Einstellungen und Wertorientierungen der Menschen substanziell und nachhaltig geprägt haben (vgl. zusammenfassend Woods 2011). Dies gilt in besonderer Weise für die amerikanische Bevölkerung. Aber auch für die Bevölkerungen anderer Länder werden Effekte von 9/11 auf grundlegende politische Einstellungen und Wertorientierungen behauptet (Verkasalo et al. 2006).

Der vorliegende Aufsatz widmet sich dem Einfluss der Ereignisse des 11. September 2001 auf sicherheitsbezogene Wertorientierungen der deutschen Bevölkerung. Sicherheitsbezogene Wertorientierungen werden dabei deshalb untersucht, weil erwartet werden kann, dass die Bürgerinnen und Bürger auf die durch die Terroranschläge hervorgerufenen Verunsicherungen mit einem verstärkten Bedürfnis nach Sicherheit reagieren. Im Rahmen des Aufsatzes werden drei mögliche Effekte von 9/11 unterschieden: Ein kurzfristiger *Periodeneffekt*, ein langfristiger *Struktureffekt* sowie ein über die Prägung der nachwachsenden Generationen vermittelter *Kohorteneffekt*.

Im Folgenden wird zunächst der Forschungsstand zu den Effekten von 9/11 auf die Einstellungen, Wertorientierungen und Verhaltensweisen der amerikanischen Bevölkerung dargelegt (Kapitel 2). Diese Effekte sollten aus naheliegenden Gründen besonders stark sein und sind bereits intensiv er-

---

© Springer Fachmedien Wiesbaden GmbH, ein Teil von Springer Nature 2018
M. Steinbrecher et al. (Hrsg.), *Freiheit oder Sicherheit?*, Schriftenreihe des Zentrums für Militärgeschichte und Sozialwissenschaften der Bundeswehr, https://doi.org/10.1007/978-3-658-23611-3_3

forscht. Der Forschungsstand zur amerikanischen Bevölkerung dient sodann als Ausgangspunkt für die Formulierung von Erwartungen in Bezug auf entsprechende Effekte von 9/11 in Deutschland. Dabei erweist sich die Analyse von Effekten auf sicherheitsbezogene Wertorientierungen als besonders erfolgversprechend. Anknüpfend an allgemeine Theorien des Wertewandels werden drei mögliche Mechanismen der Beeinflussung herausgearbeitet, die im Rahmen dieser Abhandlung einem empirischen Test unterzogen werden (Kapitel 3). Es folgen eine Beschreibung der Datenbasis und der verwendeten Operationalisierungen (Kapitel 4) sowie die Präsentation der empirischen Befunde (Kapitel 5). Der Aufsatz wird abgeschlossen durch eine kurze Zusammenfassung sowie einige inhaltliche Schlussfolgerungen (Kapitel 6).

2 Der Forschungsstand zu den Effekten von 9/11 auf die Einstellungen, Wertorientierungen und Verhaltensweisen der US-amerikanischen Bevölkerung

Woods hat in einem 2011 veröffentlichten Überblicksartikel den Forschungsstand zu den Wirkungen der Terroranschläge vom 11. September 2001 auf die politischen Einstellungen, Wertorientierungen und Verhaltensweisen der US-amerikanischen Bevölkerung zusammengetragen (Woods 2011). Er arbeitet dabei zunächst heraus, dass die Ereignisse des 11. September ein starkes und nachhaltiges Gefühl der individuellen und kollektiven Bedrohung durch den internationalen Terrorismus ausgelöst haben (Woods 2011). Woods legt weiterhin dar, dass derartige Bedrohungsgefühle gemäß konflikttheoretischer Ansätze zu einer verstärkten Solidarisierung und zu einem stärkeren Zusammenhalt der In-Group führen, bei gleichzeitig ansteigender Abschottung gegenüber der Out-Group, von der die Bedrohung tatsächlich oder vermeintlich ausgeht. Auch würden in der In-Group verstärkt autoritäre Einstellungen und Wertorientierungen aktiviert. Vor dem Hintergrund dieser Überlegungen unterscheidet Woods drei Arten von Effekten der Terroranschläge des 11. September: „rally effects, pro-social tendencies and authoritarian tendencies" (Woods 2011).

Die von Woods behaupteten *rally effects* beziehen ihren Namen aus der Metapher des „rally around the flag". Die Vorstellung dabei ist, dass sich die Amerikaner unter dem Eindruck der Bedrohung durch den Terrorismus um ihre nationalen Symbole, Institutionen und Anführer „zusammenscharen".

Und tatsächlich kann gezeigt werden, dass die Unterstützung für den damals amtierenden Präsidenten Georg W. Bush nach 9/11 dramatisch und nachhaltig anstieg (Ladd 2007) und zwar über alle Parteigrenzen und sozialen Gruppen hinweg (Gaines 2002). Nach Auffassung einiger Autoren war dieser Anstieg der Unterstützung für Bush aufgrund der terroristischen Anschläge des 11. September 2001 letztlich der ausschlaggebende Faktor für dessen Wahlsieg bei den Präsidentschaftswahlen des Jahres 2004 (Abramson et al. 2007; Landau et al. 2004). Neben der Unterstützung für den Präsidenten stieg auch das Vertrauen in die Regierung insgesamt kurzfristig deutlich an, um aber bereits nach ca. einem Jahr wieder auf das Ausgangsniveau zurückzufallen (Woods 2011). Einen Schub erfuhr schließlich der Patriotismus der Amerikaner, der sich nicht nur in entsprechenden Antworten in Befragungen zeigte (Moskalenko et al. 2006), sondern auch in einer höheren Bereitschaft, die amerikanische Flagge am eigenen Haus, auf dem Auto oder der Kleidung zu zeigen (Collins 2004; Skitka 2005).

„Americans also rallied around each other" (Woods 2011). Mit dieser Metapher umschreibt Woods die durch den 11. September vermeintlich ausgelösten *pro-social tendencies*. Neben einer konkret auf die Opfer der Terroranschläge bezogenen Hilfsbereitschaft (insbesondere in Form von Spenden) war in der amerikanischen Bevölkerung kurz nach den Anschlägen ein genereller Anstieg des zwischenmenschlichen Vertrauens und der Bereitschaft zu ehrenamtlichem Engagement zu erkennen (Traugott et al. 2002). Der Anstieg dieser sogenannten *civic attitudes* wurde aber nicht begleitet durch einen entsprechenden Anstieg des „civic behavior" (Skocpol 2002). Nach ungefähr einem Jahr hatten sich die *pro-social tendencies* in den Einstellungen der amerikanischen Bevölkerung zudem weitgehend wieder ausgewaschen.

Längerfristig bedeutsam waren hingegen die durch 9/11 in der US-amerikanischen Bevölkerung ausgelösten *authoritarian tendencies*. Unter diesem Begriff fasst Woods zum einen das stärkere Bedürfnis nach individueller und kollektiver Sicherheit, eine entsprechende Veränderung der darauf bezogenen politischen Einstellungen und Wertorientierungen, aber auch die Unterstützung von Militäreinsätzen sowie die Ablehnung und Abwertung von Ausländern im Allgemeinen und Muslimen im Besonderen. In diesem Zusammenhang ist besonders hervorzuheben, dass der amerikanische „Krieg gegen den Terrorismus" dauerhaft die – zu Beginn fast uneingeschränkte – Unterstützung der amerikanischen Bevölkerung findet. Auch die Unterstützung für einen amerikanischen Militäreinsatz im Irak stieg nach 9/11 dauerhaft an (Everts/Isernia 2005). Ein nachhaltiger Effekt lässt sich auch in Bezug auf Muslime in den USA zeigen: Diese werden nach 9/11 erkennbar negativer bewertet (Panagopoulos 2006) und weitaus häufiger zu Opfern von „hate crimes" (Byers/Jones 2007). Gleichzeitig sinkt in der amerikanischen Bevölkerung die Unterstützung für Zuwanderung (Moore 2002). Eindrucksvoll ist darüber hinaus, dass der Zielkonflikt zwischen effektiver Terrorismusbekämpfung und dem Schutz der bürgerlichen Freiheitsrechte in den Augen der Bevölkerung zu Lasten der individuellen Freiheitsrechte aufgelöst werden sollte (Best et al. 2006; Davis 2007; Davis/Silver 2004; Huddy et al. 2002). Dies reflektiert aller Wahrscheinlichkeit nach einen deutlichen und nachhaltigen Bedeutungsgewinn des Wertes der Sicherheit zu Lasten von Werten der individuellen Freiheit und Selbstentfaltung. Woods verweist in diesem Zusammenhang allerdings nur auf eine finnische Studie (Verkasalo et al. 2006).

3 Der Effekt von 9/11 auf sicherheitsbezogene Wertorientierungen in Deutschland

Im weiteren Fortgang dieses Aufsatzes werden ausschließlich die Auswirkungen des 11. September 2001 auf die sicherheitsbezogenen Wertorientierungen der deutschen Bevölkerung untersucht. Diese Engführung der Perspektive hat mehrere Gründe: Zunächst muss als eigentlicher Auslöser aller durch 9/11 induzierten Veränderungen von Einstellungen und Wertorientierungen das gestiegene Gefühl der Bedrohung durch den internationalen Terrorismus bezeichnet werden. Sicherheitsbezogene Wertorientierungen weisen nun aber einen unmittelbaren inhaltlichen Bezug zu diesen Bedrohungsgefühlen auf, so dass hier besonders starke Effekte erwartet werden können. Gleichzeitig handelt es sich bei Wertorientierungen um ein sehr grundlegendes und erklärungsmächtiges Konzept, das den spezifischen Einstellungen aus dem Bereich der *authoritarian tendencies* vorgelagert ist. Darüber hinaus hat Boehnke gezeigt, dass sicherheitsbezogene Werte stärker als alle anderen Werte durch äußere Ereignisse beeinflusst werden (Boehnke 2001).

Vor diesem Hintergrund muss es überraschen, dass in der bisherigen Forschung der Einfluss von 9/11 auf sicherheitsbezogene Wertorientierungen nur selten und in der Regel nur auf der Basis von Spezialpopulationen analysiert wurde, die keine Aussagen über die Gesamtbevölkerung zulassen.

So untersuchen Murphy et al. (2004) Beschäftigte aus dem Bereich der zivilen und militärischen Luftfahrt in Kalifornien. Sie können in einem Vorher-Nachher-Vergleich zeigen, dass die Ereignisse des 11. September einen Bedeutungsgewinn des Wertes Sicherheit zu Lasten von Werten der Selbstentfaltung und -verwirklichung bewirken. Zu weitgehend identischen Ergebnissen kommt eine Untersuchung der Wertorientierungen von kalifornischen Jugendlichen (Murphy et al. 2006). Darüber hinaus existiert meines Wissens nach nur die oben bereits erwähnte Studie von Verkasalo et al. (2006), die die Wertorientierungen finnischer Schüler und Studenten vor und nach den Terroranschlägen des 11. September untersucht. Dabei zeigt sich, dass der Wert der kollektiven Sicherheit unmittelbar nach 9/11 signifikant an Bedeutung gewinnt, sich in den folgenden Monaten aber wieder seinem Ausgangsniveau annähert. Parallel dazu lässt sich ein kurzzeitiger Bedeutungsverlust des Werts der Stimulation erkennen, der dem Wert der Sicherheit im Schwartzschen Wertekreis (Schwartz 1992) direkt gegenübersteht.

Die Engführung der Perspektive auf sicherheitsbezogene Wertorientierungen ist aber auch vor dem Hintergrund der Tatsache gerechtfertigt, dass im vorliegenden Aufsatz die deutsche Bevölkerung in den Blick genommen wird. Die von Woods (2011) beschriebenen *rally effects* sind für die amerikanische Bevölkerung plausibel, da der terroristische Angriff in ihrem eigenen Land stattfand. Eine Übertragung auf andere Länder erscheint aber deutlich weniger überzeugend. Vergleichbares gilt für die *pro-social tendencies*. Dies umso mehr, als sich diese selbst in der amerikanischen Bevölkerung weder als verhaltensrelevant noch als nachhaltig erwiesen haben. Bleiben also die *authoritarian tendencies*, die von Woods als besonders deutlich und nachhaltig charakterisiert werden. Die sicherheitsbezogenen Wertorientierungen sind in diesem Zusammenhang die grundlegendste und weitreichendste Orientierung und daher für die Analyse einer nichtamerikanischen Population von besonderem Interesse.

Alle mir bekannten Theorien des Wertewandels gehen von der Annahme aus, dass gesellschaftlicher Wertewandel letztlich durch eine Veränderung der sozialen, technologischen, politischen, kulturellen und/oder ökonomischen Umwelt ausgelöst wird. Individuen streben unter den ihnen jeweils extern gegebenen Lebensbedingungen eine bestmögliche Befriedigung ihrer Bedürfnisse an (Higgins 2016). Das niedrigste bislang unbefriedigt gebliebene Bedürfnis der Maslowschen Bedürfnispyramide (Maslow 1970) wird kognitiv in entsprechende Wertorientierungen transformiert. Mit steigendem Wohlstand und gesichertem Frieden steigt daher beispielsweise die Ausbreitung selbstentfaltungsorientierter Wertorientierungen. Werden hingegen „niedrige" Bedürfnisse nicht länger erfüllt, sollten sich die Menschen wieder verstärkt auf wohlstands- und sicherheitsorientierte Wertorientierungen zurückbesinnen. Das durch 9/11 ausgelöste Bedrohungsgefühl sollte daher tendenziell zu einer stärkeren Orientierung am Wert der Sicherheit führen, während Werte der Selbstentfaltung und -verwirklichung an Bedeutung verlieren sollten.

Die verschiedenen Theorien des Wertewandels unterscheiden sich allerdings im Hinblick auf die Frage, ob die Anpassung der Wertorientierungen an veränderte Umweltbedingungen bei allen Menschen gleichzeitig erfolgt oder aber zunächst nur bei den nachwachsenden Generationseinheiten. Im ersten Fall kann sich der Wertewandel in Form eines unmittelbaren „Wertumsturzes" vollziehen (Klages 1984, 1988), im zweiten Fall stellt sich der Wertewandel als eine über die Generationensukzession vermittelte „Silent Revolution" dar (Inglehart 1971, 1977).

Die theoretische Plausibilität dieser verschiedenen Annahmen in Bezug auf die Dynamik des gesellschaftlichen Wertewandels wird an dieser Stelle nicht weiter untersucht. Vielmehr sollen die verschiedenen aus ihnen ableitbaren Wandlungsmechanismen einem empirischen Test unterzogen werden. In Bezug auf die Wirkungen von 9/11 lässt sich dabei zunächst zwischen einem langfristigen Struktureffekt und einem Kohorteneffekt unterscheiden. Von einem *langfristigen Struktureffekt* soll dann gesprochen werden, wenn nach dem 11. September 2001 ein dauerhafter Bedeutungsgewinn sicherheitsbezogener Wertorientierungen in der gesamten Bevölkerung zu beobachten ist, der sich nicht auf bestimmte Gruppen und insbesondere nicht auf die nachwachsenden Generationseinheiten beschränkt. Bei einem *Kohorteneffekt* hingegen würde sich ein Anstieg der Bedeutung sicherheitsorientierter Wertorientierungen vor allem bei denjenigen Geburtsjahrgängen beobachten lassen, die ihre prägende Sozialisation nach 9/11 erfahren haben. Nicht ausgeschlossen werden kann schließlich auch ein *kurzfristiger Periodeneffekt*. Ein solcher wäre dann gegeben, wenn der Wert der Sicherheit nach dem 11. September 2001 kurzfristig in der Bevölkerung an Bedeutung gewinnen würde, ohne dass sich dieser Effekt als nachhaltig erweist. In diesem Zusammenhang ist darauf hinzuweisen, dass sich die verschiedenen beschriebenen Effekte nicht notwendigerweise wechselseitig ausschließen, sondern sich vielmehr durchaus überlagern können.

4 Datenbasis und Operationalisierungen

Will man den Einfluss von 9/11 auf die sicherheitsbezogenen Wertorientierungen der deutschen Bevölkerung empirisch untersuchen, dann benötigt man langfristig angelegte Umfragereihen, die vor und nach dem 11. September 2001 jeweils möglichst viele Messzeitpunkte aufweisen. Dadurch wird neben einem verlässlichen Vorher-Nachher-Vergleich auch die Beantwortung der Frage möglich, ob die durch 9/11 ausgelösten Wertveränderungen nachhaltig, d.h. von dauerhafter Natur sind. Die einzige Umfragereihe, die diese Voraussetzungen erfüllt, ist die Allgemeine Bevölkerungsumfrage der Sozialwissenschaften (ALLBUS). Im Rahmen des ALLBUS wird seit 1980 alle zwei Jahre eine repräsentative Bevölkerungsumfrage durchgeführt. Hinzu kam eine einmalige Sondererhebung im Jahr 1991 aus Anlass der Deutschen Einheit. Mittlerweile sind im Rahmen dieses Befragungsprogramms bis einschließlich 2014 insgesamt 19 Erhebungszeitpunkte verfügbar.

Gesellschaftliche Wertorientierungen werden im ALLBUS mit dem sogenannten *Inglehart-Index* erhoben (Inglehart 1971, 1977).[1] Dieser ermöglicht zumindest eine indirekte Messung sicherheitsbezogener Wertorientierungen. Der Fragestimulus des Inglehart-Index lautet:

„Auch in der Politik kann man nicht alles auf einmal haben. Auf dieser Liste finden Sie einige Ziele, die man in der Politik verfolgen kann. Wenn Sie zwischen diesen verschiedenen Zielen wählen müssten, welches Ziel erschiene Ihnen persönlich am wichtigsten?"

Als Antwortkategorien werden die folgenden Optionen vorgegeben:

A   Aufrechterhaltung von Ruhe und Ordnung in diesem Land
B   Mehr Einfluss der Bürger auf die Entscheidungen der Regierung

---

1 Es sei an dieser Stelle explizit darauf hingewiesen, dass die Reliabilität und Validität des Inglehart-Index in der wissenschaftlichen Diskussion wiederholt in Frage gestellt wurde (vgl. hierzu exemplarisch Bauer-Kaase/Kaase 1998; Bürklin et al. 1994, 1996; Gabriel 1987; Klein 1995; Klein/Arzheimer 1999; Klein/Pötschke 2000; Klein et al. 2004). Die empirische Werteforschung ist allerdings auf seine Verwendung angewiesen, da in den existierenden Umfragereihen nur der Inglehart-Index hinreichend oft erhoben wurde, um den Wertewandel auf der Grundlage langer Zeitreihen empirisch untersuchen zu können.

C   Kampf gegen die steigenden Preise
D   Schutz des Rechtes auf freie Meinungsäußerung

Es folgen die Nachfragen:

Und welches Ziel erschiene Ihnen am ZWEITWICHTIGSTEN?
Und welches Ziel käme an DRITTER Stelle?

Entsprechend der theoretischen Annahme Ingleharts, dass ein „Postmaterialist" dadurch gekennzeichnet sei, dass er den postmateriellen Politikzielen Vorrang vor den materiellen Zielen einräumt, ist als Postmaterialist definiert, wer im Interview diese vier Ziele in eine Rangordnung bringt, in der die postmaterialistischen Ziele B und D auf den ersten beiden Plätzen stehen. Entsprechend setzt ein Materialist die materialistischen Ziele A und C auf die beiden ersten Ränge. Das materialistische Ziel A kann dabei als Indikator für sicherheitsbezogene Wertorientierungen interpretiert werden. Zur Gruppe der Mischtypen werden schließlich Befragte gerechnet, die auf den ersten beiden Plätzen ein materialistisches und ein postmaterialistisches Ziel nennen.

Eine Besonderheit des Inglehart-Index ist darin zu sehen, dass es sich um eine sogenannte ipsative Messung handelt. D.h. der Indikator für sicherheitsbezogene Wertorientierungen wird von den Befragten nicht unabhängig bewertet, sondern immer relativ zu den anderen drei genannten Zielen. Es macht daher wenig Sinn, diesen Indikator isoliert zu analysieren. Im Rahmen der nachfolgend berichteten empirischen Analysen werden folglich Ingleharts Wertetypen verwendet. Dabei wird davon ausgegangen, dass Materialisten sicherheitsbezogenen Werten eine höhere Bedeutung zuschreiben als Postmaterialisten. Gleichzeitig haben selbstentfaltungsorientierte Werte für sie eine geringe Bedeutung. Dies entspricht dem oben theoretisch hergeleiteten Konkurrenzverhältnis dieser Werte.

Die Daten der ALLBUS-Befragungen wurden für die Zwecke der hier berichteten empirischen Analysen zu einem einzigen Datensatz kumuliert.[2] Insgesamt finden damit gut 61 000 Fälle Eingang in die empirischen

---

2   Da die Kumulation der ALLBUS-Befragungen der Jahre 1980 bis 2014 zum Zeitpunkt der Abfassung dieses Beitrags noch nicht verfügbar war, wurde vom Autor selbst ein entsprechender kumulierter Datensatz erstellt. Die Grundlage der Kumulation bildeten die folgenden beiden Datensätze: GESIS – Leibniz-Institut für Sozialwissenschaften (2014): ALLBUS 1980–2012 – Allgemeine Bevölkerungsumfrage

Analysen. In den Jahren, in denen der ALLBUS über eine Haushaltsstichprobe erhoben wurde, erfolgen die Analysen auf der Grundlage gewichteter Daten (Transformationsgewichtung), um Aussagen auf Personenebene treffen zu können. In den Jahren hingegen, in denen der ALLBUS als Personenstichprobe erhoben wurde, war eine Gewichtung nicht notwendig.

5 Empirische Analysen

5.1 Analysestrategie

Vor der eigentlichen Ergebnispräsentation soll an dieser Stelle die der Datenauswertung zugrunde liegende Analysestrategie erläutert werden. In diesem Zusammenhang ist zunächst darauf hinzuweisen, dass die Datenauswertung getrennt für die alten und die neuen Bundesländer erfolgt. Der Grund hierfür ist die unterschiedliche Länge der für die beiden Landesteile verfügbaren Zeitreihen. In den alten Bundesländern reichen die ALLBUS-Befragungen bis in das Jahr 1980 zurück, in den neuen Bundesländern hingegen nur bis 1991. Würde man nun eine gesamtdeutsche Auswertung vornehmen, so läge den Daten der Jahre 1980 bis 1990 eine andere Grundgesamtheit zugrunde als den Daten der Jahre 1991 bis 2014. Dies ist aber nicht hinnehmbar. Darüber hinaus ist die getrennte Analyse von west- und ostdeutschen Befragten weniger restriktiv, da sie unterschiedliche Effektmuster in den beiden Landesteilen zulässt. Diesbezüglich bestehen zwar keine konkreten theoretischen Erwartungen. Unterschiede zwischen West und Ost können aber a priori auch nicht ausgeschlossen werden.

Im Zentrum des Erkenntnisinteresses des vorliegenden Aufsatzes steht die empirische Überprüfung der oben beschriebenen Perioden-, Struktur- und Kohorteneffekte. Ein stringenter empirischer Test dieser Effekte verlangt die Spezifikation von multivariaten Modellen, in denen simultan für die Effekte von Alter, Periode und Kohorte kontrolliert wird (sog. APK-Modelle). Auf die Kontrolle von Alterseffekten kann dabei nicht verzichtet werden, da sich sonst Alters- und Kohorteneffekte ununterscheidbar vermengen würden. So

---

der Sozialwissenschaften. GESIS Datenarchiv, Köln. ZA4578 Datenfile Version 1.0.0, doi: 10.4232/1.11898 sowie GESIS – Leibniz-Institut für Sozialwissenschaften (2015): Allgemeine Bevölkerungsumfrage der Sozialwissenschaften ALLBUS 2014. GESIS Datenarchiv, Köln. ZA5240 Datenfile Version 2.1.0, doi:10.4232/1.12288.

sind die nach dem 11. September 2001 prägend sozialisierten Menschen nicht nur Angehörige einer „Generation 9/11", sondern gleichzeitig auch noch sehr jung. Gibt es aber Grund zu der Annahme, dass Wertorientierungen nicht nur von der Generationszugehörigkeit, sondern auch vom Alter beeinflusst werden, dann muss zwingend für den Einfluss des Alters statistisch kontrolliert werden. Und dass das Alter für den Wandel von Wertorientierungen bedeutsam sein kann, ist in der Literatur recht gut belegt (Klein 2003, 2008; Klein/ Ohr 2004).

Eine weitere unverzichtbare Kontrollvariable ist darüber hinaus die formale Bildung. Dies deshalb, weil sich die verschiedenen Geburtskohorten nicht nur durch die spezifischen Erfahrungen während ihrer prägenden Sozialisationsphase voneinander unterscheiden, sondern auch durch stark differierende Bildungsniveaus. Je jünger eine Geburtskohorte, desto höher ist in ihr der Anteil von Menschen mit einem hohen formalen Bildungsabschluss. Dies ist ein Ergebnis der sogenannten Bildungsexpansion, also des im Zeitverlauf zunehmenden Anteils von Schülerinnen und Schülern in höheren Bildungseinrichtungen. Die formale Bildung steht nun aber in einer deutlichen Beziehung zu den Wertorientierungen einer Person: je höher die Bildung, umso höher auch die Wahrscheinlichkeit, dass es sich um einen Postmaterialisten handelt. Wird im Rahmen von APK-Modellen nicht für die formale Bildung kontrolliert, so überlagern sich in den identifizierten Kohorteneffekten ununterscheidbar die Einflüsse der prägenden Sozialisationserfahrungen und die Einflüsse der formalen Bildung.

5.2 Die Entwicklung gesellschaftlicher Wertorientierungen in West- und Ostdeutschland

Bevor die Ergebnisse der multivariaten Modelle präsentiert werden, soll zunächst ein Blick auf die Entwicklung gesellschaftlicher Wertorientierungen in West- und Ostdeutschland geworfen werden. Der kurzfristige Perioden- und der langfristige Struktureffekt könnten sich prinzipiell schon an der Entwicklung der verschiedenen Wertetypen über die Zeit ablesen lassen. In Abbildung 1 sind daher für Westdeutschland die Entwicklung der Anteile der Materialisten, der Postmaterialisten und der Mischtypen im Zeitraum von 1980 bis 2014 dargestellt. In Abbildung 2 finden sich die entsprechenden Anteile für Ostdeutschland im Zeitraum von 1991 bis 2014.

Die visuelle Inspektion dieser Zeitreihen liefert allerdings keine klaren Befunde. Zwar steigt in West- und Ostdeutschland zwischen 2000 und 2002 der Anteil der Materialisten jeweils schwach an. Dies lässt sich im Sinne eines kurzfristigen Periodeneffekts von 9/11 deuten. Darüber hinaus kann aber weder in West- noch in Ostdeutschland ein Muster identifiziert werden, das sich im Sinn eines langfristigen Struktureffekts interpretieren ließe. Aus der Tatsache, dass sich in den Abbildungen 1 und 2 keine klaren Hinweise auf Perioden- und Struktureffekte finden lassen, kann nun aber nicht geschlossen werden, dass diese nicht existieren. Dies deshalb, da die Wertorientierungen der Bevölkerung noch von einer ganzen Reihe von Determinanten auf der Individualebene abhängig sind (u.a. dem Alter, der Bildung und dem Geschlecht), deren Einflüsse die Perioden- und Struktureffekte überlagern können. Vor diesem Hintergrund ist es unerlässlich, diese beiden Effekte auch im Rahmen multivariater Erklärungsmodelle zu untersuchen.

Abbildung 1: Die Entwicklung gesellschaftlicher Wertorientierungen in Westdeutschland zwischen 1980 und 2014

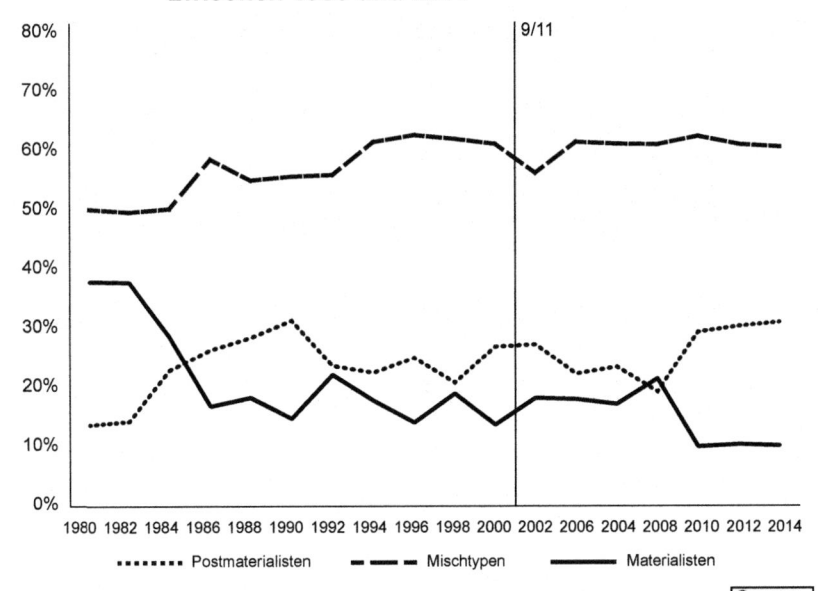

Datenbasis: Allbus-Kumulation 1980–2014.

Abbildung 2: Die Entwicklung gesellschaftlicher Wertorientierungen in Ostdeutschland zwischen 1991 und 2014

```
80%                              9/11
70%
60%
50%
40%
30%
20%
10%
 0%
    1980 1982 1984 1986 1988 1990 1992 1994 1996 1998 2000 2002 2004 2006 2008 2010 2012 2014
```

········ Postmaterialisten   — — — Mischtypen   ——— Materialisten

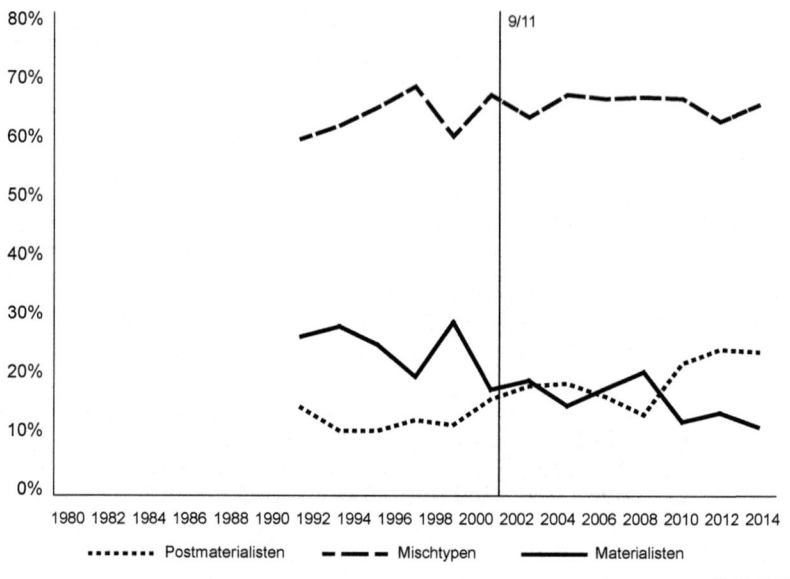

Datenbasis: Allbus-Kumulation 1980–2014.

©ZMSBw
08040-01

5.3 Gesellschaftliche Wertorientierungen in Abhängigkeit von Alter, Generationszugehörigkeit und Bildung in West- und Ostdeutschland

Bevor die Ergebnisse der multivariaten APK-Modelle präsentiert werden, soll die bei der Beschreibung der Analysestrategie als gegeben unterstellte Abhängigkeit gesellschaftlicher Wertorientierungen vom Alter und der Bildung anhand der hier analysierten ALLBUS-Daten empirisch überprüft werden. Um bereits an dieser Stelle einen Eindruck vom Einfluss der Kohortenzugehörigkeit auf gesellschaftliche Wertorientierungen zu gewinnen, wird außerdem diese Abhängigkeitsbeziehung empirisch analysiert. Dabei wird eine bereits in früheren Publikationen verwendete Generationseinteilung aufgegriffen (Klein 2003, 2008, 2016; Klein/Ohr 2004), die für die Zwecke dieses Aufsatzes um eine „Generation 9/11" ergänzt wurde.

Dieser Generationeneinteilung liegt die Annahme zugrunde, dass die prägende Sozialisation in Kindheit und Jugend ungefähr mit dem vierzehnten Lebensjahr abgeschlossen ist. Die Generation 9/11 umfasst dementsprechend alle nach 1987 geborenen Befragten. Die verwendete Generationseinteilung ergibt sich damit im Ergebnis wie folgt:

Vorkriegsgeneration	bis 1921 geboren
Kriegs- bzw. Nachkriegsgeneration	zwischen 1922 und 1934 geboren
Adenauer-Generation	zwischen 1935 und 1945 geboren
APO-Generation[3]	zwischen 1946 und 1953 geboren
Generation der Neuen Sozialen Bewegungen	zwischen 1954 und 1964 geboren
Generation Golf	zwischen 1965 und 1975 geboren
Wiedervereinigungsgeneration	zwischen 1976 und 1986 geboren
Generation 9/11	nach 1987 geboren

Es ist darauf hinzuweisen, dass diese Generationseinteilung für den westdeutschen Kontext entwickelt wurde und ihre Übertragung auf Ostdeutschland als potenziell problembehaftet bezeichnet werden muss. In den multivariaten Analysen wird daher später neben dieser differenzierten Kohorteneinteilung außerdem eine einfache Dummy-Variable geprüft, die angibt, ob ein Befragter seine prägende Sozialisationsphase vor oder nach dem 11. September 2001 durchlebt hat.

Aus den in Tabelle 1 dokumentierten bivariaten Zusammenhangsanalysen lässt sich zunächst ablesen, dass eine klare Altersabhängigkeit gesellschaftlicher Wertorientierungen existiert: Je jünger die Befragten, desto höher der Anteil der Postmaterialisten und umso geringer der Anteil der Materialisten. Dieser Zusammenhang ist streng monoton und zeigt sich in West- und Ostdeutschland. Auch im Hinblick auf die Generationszugehörigkeit ergibt sich eine klare Abhängigkeit. Tendenziell gilt in West- und Ostdeutschland, dass je jünger die Kohorte, desto niedriger der Anteil der Materialisten. Diese Beziehung ist aber nicht monoton. In Bezug auf den Anteil der Postmaterialisten zeigt sich in Westdeutschland ein Anstieg des Anteils der Postmaterialisten bis zur Generation der Neuen Sozialen Bewegungen (NSB) und in der Folge dann ein tendenzieller Rückgang. Dies deckt sich mit der in früheren Publikationen gestellten Diagnose eines „Wandels des Wertewandels"

---

3   Außerparlamentarische Opposition.

(Klein 2008, 2016; Klein/Ohr 2004). In Ostdeutschland steigt der Anteil der Postmaterialisten hingegen bis zur Wiedervereinigungsgeneration an und sinkt erst in der Generation 9/11 wieder leicht ab. Generell aber gilt, dass die Muster zwischen West- und Ostdeutschland nicht so verschieden sind, dass die Übertragung der für Westdeutschland entwickelten Generationseinteilung auf Ostdeutschland als völlig untauglich bezeichnet werden müsste.

Tabelle 1: Gesellschaftliche Wertorientierungen in Abhängigkeit von Alter, Generationszugehörigkeit und Bildung in West- und Ostdeutschland

	Westdeutschland		Ostdeutschland	
	MAT	PMAT	MAT	PMAT
Alter				
18–24 Jahre	12	33	13	26
25–34 Jahre	14	32	14	21
35–49 Jahre	17	27	16	19
50–64 Jahre	21	20	22	14
65 Jahre +	30	11	31	8
gamma	0,25c		0,26c	
Generationszugehörigkeit				
Vorkriegsgeneration	41	6	43	3
Kriegs- bzw. Nachkriegsgeneration	30	12	34	6
Adenauer-Generation	20	21	26	10
APO-Generation	16	29	16	16
Generation der NSB	13	34	14	20
Generation Golf	11	31	13	24
Wiedervereinigungsgeneration	13	26	12	28
Generation 9/11	11	29	14	24
gamma	0,29c		-0,31c	
Bildung				
niedrig	28	14	33	7
mittel	14	27	15	18
hoch	7	43	10	27
gamma	-0,46c		-0,43c	

Anmerkungen: MAT: Materialist, PMAT: Postmaterialist. Eintragungen sind Zeilenprozente. Die zu 100 Prozent fehlenden Anteile beziehen sich auf den Mischtyp. Die Assoziationskoeffizienten gamma beziehen sich auf die vollständige Kreuztabelle (mit Mischtyp). Signifikanzniveaus: a: p<0,05; b: p<0,01; c: p<0,001.
Datenbasis: Allbus-Kumulation 1980–2014.

©ZMSBw 08041-01

Bleibt abschließend ein Blick auf die Zusammenhänge mit der Bildung. Diese sind in West- und Ostdeutschland sehr stark und weisen in beiden Landesteilen die gleiche Struktur auf: Je höher der Bildungsabschluss, desto höher der Anteil der Postmaterialisten und umso geringer der Anteil der Materialisten. Der Vollständigkeit halber sei außerdem erwähnt, dass auch der bei der Erläuterung der Analysestrategie behauptete Zusammenhang zwischen der Generationszugehörigkeit und der formalen Bildung existiert. Je jünger die Geburtskohorte, desto höher ist der Anteil der Höhergebildeten (die zugehörige Kreuztabelle ist im Aufsatz nicht dokumentiert). In Westdeutschland nimmt der ordinale Assoziationskoeffizient gamma den Wert 0,39 an, in Ostdeutschland sogar den Wert 0,49. Beide Zusammenhangsmaße sind dabei statistisch hochsignifikant.

5.4 Multivariate APK-Modelle der Determinanten gesellschaftlicher Wertorientierungen

Die multivariaten APK-Modelle der Determinanten gesellschaftlicher Wertorientierungen wurden in mehreren Schritten geschätzt (vgl. hierzu Tabelle 2 für Westdeutschland und Tabelle 3 für Ostdeutschland). In Modell 1 wurden zunächst neben der eben beschriebenen differenzierten Generationeneinteilung das Lebensalter in Jahren, die verschiedenen Erhebungszeitpunkte sowie die formale Bildung als Determinanten berücksichtigt. Die zu erklärende Größe ist eine Dummy-Variable, die angibt, ob es sich bei einem Befragten um einen Materialisten handelt oder nicht. In Bezug auf die beiden Kontrollvariablen Lebensalter und Bildung zeigen sich in beiden Landesteilen die theoretisch erwarteten Effekte: Mit höherem Lebensalter steigt die Wahrscheinlichkeit, Materialist zu sein, während sie mit höherer Bildung sinkt.

Auch in Bezug auf die Generationszugehörigkeit ergibt sich in West und Ost der gleiche Befund: Bei Kontrolle aller anderen im Modell befindlichen Variablen weisen die Angehörigen der „Generation 9/11" die größte Affinität zum Materialismus auf. Dies lässt sich als Beleg für einen über die Generationensukzession vermittelten Effekt des 11. September interpretieren. Neben der Zugehörigkeit zur „Generation 9/11" ist die Zugehörigkeit zur „Wiedervereinigungsgeneration" mit einer höheren Neigung zum Materialismus verbunden. Dies könnte darauf hindeuten, dass die prägende Sozialisationsphase, nicht wie im hier verwendeten Generationenmodell unterstellt, mit 14 Jahren beendet ist und die Auswirkungen des 11. September 2001 daher auch noch in die Vorgängergeneration der „Generation 9/11" ausstrahlen. Darüber hinaus findet sich in Westdeutschland ein negativer Effekt der Zugehörigkeit zur

„Adenauer-Generation", der aber nur auf dem 5-Prozent-Niveau statistisch signifikant ist.

Betrachtet man die Effekte der Erhebungszeitpunkte, dann lässt sich zunächst in West- und Ostdeutschland ein Muster dahingehend erkennen, dass Befragte späterer Erhebungszeitpunkte eine tendenziell geringere Affinität zum Materialismus aufweisen als Befragte früherer Erhebungszeitpunkte. Dieses Muster ist in den neuen Bundesländern deutlich klarer zu erkennen als in den alten Bundesländern und kann im Sinne eines säkularen Trends der Abwendung vom Materialismus interpretiert werden. Darüber hinaus lassen sich Indizien für einen kurzfristigen Periodeneffekt erkennen: Die Abwendung vom Materialismus fällt in beiden Landesteilen im Jahr 2002 erkennbar geringer aus als im Jahr 2000. Allerdings setzt sich dieses Muster zu den nachfolgenden Erhebungszeitpunkten nicht fort, so dass sich an dieser Stelle noch keine Belege für einen langfristigen Struktureffekt finden lassen.

Will man den langfristigen Struktureffekt im Rahmen des APK-Modells einem direkten empirischen Test unterziehen, dann muss im Modell eine Dummy-Variable „Erhebung nach 9/11" berücksichtigt werden, die für die Erhebungszeitpunkte bis einschließlich 2000 den Wert „0" und für die Erhebungszeitpunkte ab 2002 den Wert „1" annimmt. Der Effekt einer solchen Variablen lässt sich aber nicht parallel zu den Effekten der in Modell 1 enthaltenen Erhebungszeitpunkte schätzen, da die Dummy-Variable „Erhebung nach 9/11" in diesem Fall redundant ist: Ihre Ausprägungen lassen sich mit den die Erhebungszeitpunkte indizierenden Variablen perfekt vorhersagen. Die Variable „Erhebung nach 9/11" fügt dem Modell folglich keine neuen Informationen hinzu.

Um den langfristigen Struktureffekt empirisch testen zu können, müssen die Periodeneffekte zunächst auf eine andere Weise operationalisiert werden. Aufgrund des in Modell 1 aufscheinenden linearen Trendmusters in den Periodeneffekten bietet sich das Erhebungsjahr als alternative Variable an. In Modell 2 werden daher die Dummys der einzelnen Erhebungszeitpunkte durch die metrische Variable „Erhebungsjahr" ersetzt. Dabei zeigt sich in West und Ost ein signifikanter negativer Effekt, d.h. es existiert in der Tat ein säkularer, nicht über den Generationenaustausch vermittelter Trend der Abwendung vom Materialismus. Die Effekte aller anderen Variablen bleiben weitgehend unberührt, während die Erklärungskraft des Modells durch die restriktivere Operationalisierung der Periodeneffekte leicht sinkt. In Modell 3 wird dann die Variable „Erhebung nach 9/11" hinzugefügt. Diese weist in

Tabelle 2: Logistische APK-Modelle des Merkmals „Materialist" für Westdeutschland 1980 bis 2014

	Modell 1	Modell 2	Modell 3	Modell 4
Konstante	-1,13^c	84,89^c	138,74^c	131,94^c
Nach 9/11 prägend sozialisiert	–	–	–	0,84^c
Generationszugehörigkeit				
Vorkriegsgeneration (Ref.-Kat.)	–	–	–	–
Kriegs- bzw. Nachkriegsgeneration	-0,06	-0,06	-0,06	–
Adenauer-Generation	-0,23^a	-0,20^a	-0,23^a	–
APO-Generation	-0,23	-0,18	-0,23	–
Generation der NSB	-0,12	-0,06	-0,11	–
Generation Golf	0,22	0,26	0,21	–
Wiedervereinigungsgeneration	0,66^b	0,88^c	0,69^b	–
Generation 9/11	1,00^b	1,14^c	0,95^b	–
Lebensalter in Jahren	0,02^b	0,02^c	0,02^c	0,02^c
Erhebungsjahr (metrisch)	–	-0,04^c	-0,07^c	-0,07^c
Erhebungsjahr (Dummys)				
1980 (Ref.-Kat.)	–	–	–	–
1982	0,00	–	–	–
1984	-0,39^c	–	–	–
1986	-1,05^c	–	–	–
1988	-0,97^c	–	–	–
1990	-1,22^c	–	–	–
1991	-1,40^c	–	–	–
1992	-0,72^c	–	–	–
1994	-1,04^c	–	–	–
1996	-1,31^c	–	–	–
1998	-1,01^c	–	–	–
2000	-1,39^c	–	–	–
2002	-0,96^c	–	–	–
2004	-1,07^c	–	–	–
2006	-1,15^c	–	–	–
2008	-0,88^c	–	–	–
2010	-1,85^c	–	–	–
2012	-1,78^c	–	–	–
2014	-1,78^c	–	–	–
Erhebung nach 9/11	–	–	0,81^c	0,84^c
Formale Bildung				
Hauptschulabschluss (Ref.-Kat.)	–	–	–	–
Realschulabschluss	-0,65^c	-0,64^c	-0,65^c	-0,63^c
Abitur	-1,35^c	-1,35^c	-1,36^c	-1,32^c
Pseudo-R^2 (Nagelkerke)	15,3	13,1	13,9	13,2
N	46 603	46 603	46 603	46 603

Anmerkungen: Eintragungen sind Logitkoeffizienten; Signifikanzniveaus: a: p<0,05; b: p<0,01; c: p<0,001.
Datenbasis: Allbus-Kumulation 1980–2014.

©ZMSBw
08042-01

Tabelle 3: Logistische APK-Modelle des Merkmals „Materialist" für Ostdeutschland 1991 bis 2014

	Modell 1	Modell 2	Modell 3	Modell 4
Konstante	-2,34c	116,63c	122,94c	88,84c
Nach 9/11 prägend sozialisiert	–	–	–	0,76c
Generationszugehörigkeit				
Vorkriegsgeneration (Ref.-Kat.)	–	–	–	–
Kriegs- bzw. Nachkriegsgeneration	0,07	0,11	0,11	–
Adenauer-Generation	0,21	0,26	0,25	–
APO-Generation	0,13	0,20	0,19	–
Generation der NSB	0,41	0,47	0,47	–
Generation Golf	0,70	0,77a	0,77a	–
Wiedervereinigungsgeneration	1,17a	1,23b	1,23b	–
Generation 9/11	1,74b	1,82b	1,82b	–
Lebensalter in Jahren	0,03c	0,03c	0,03c	0,02c
Erhebungsjahr (metrisch)	–	-0,06c	-0,06c	-0,05c
Erhebungsjahr (Dummys)				
1991 (Ref.-Kat.)	–	–	–	–
1992	0,09	–	–	–
1994	-0,18	–	–	–
1996	-0,55c	–	–	–
1998	0,06	–	–	–
2000	-0,72c	–	–	–
2002	-0,56c	–	–	–
2004	-0,99c	–	–	–
2006	-0,78c	–	–	–
2008	-0,65c	–	–	–
2010	-1,30c	–	–	–
2012	-1,20c	–	–	–
2014	-1,39c	–	–	–
Erhebung nach 9/11	–	–	0,05	0,05
Formale Bildung				
Hauptschulabschluss (Ref.-Kat.)	–	–	–	–
Realschulabschluss	-0,64c	-0,63c	-0,63c	-0,69c
Abitur	-1,15c	-1,13c	-1,13c	-1,15c
Pseudo-R² (Nagelkerke)	11,9	11,0	11,0	10,6
N	14 391	14 391	14 391	14 391

Anmerkungen: Eintragungen sind Logitkoeffizienten; Signifikanzniveaus: a: p<0,05; b: p<0,01; c: p<0,001.
Datenbasis: Allbus-Kumulation 1980–2014.

den alten Bundesländern einen statistisch signifikanten positiven Effekt auf das Merkmal „Materialist" auf, während sich ein solcher Effekt in den neuen Bundesländern nicht beobachten lässt. Ein langfristiger Struktureffekt scheint folglich nur im Westen zu existieren. Der kohortenspezifische Effekt von 9/11 bleibt aber in beiden Landesteilen erhalten.

In einer letzten Modellvariante wird schließlich die differenzierte Generationeneinteilung durch eine einfache Dummy-Variable ersetzt, die indiziert, ob ein Befragter seine prägende Sozialisation vor (bis einschließlich 1986 geboren) oder nach (Geburtsjahrgänge 1987 und danach) dem 11. September 2001 erfahren hat (Modell 4). Auch hier wird von der Annahme ausgegangen, dass die primäre Sozialisation im Alter von 14 Jahren im Wesentlichen abgeschlossen ist. Die Begründung für diese letzte Modellmodifikation ist in der Tatsache zu sehen, dass die verwendete Generationeneinteilung ursprünglich für Westdeutschland entwickelt wurde und daher für Befragte aus den neuen Bundesländern die generationale Prägung nur unvollkommen abbildet. Dies gilt insbesondere für die vier mittleren Generationeneinheiten, die explizit mit Bezug auf die Geschichte Westdeutschlands definiert sind. Die Variable „Nach 9/11 prägend sozialisiert" weist dabei in beiden Landesteilen einen signifikanten positiven Effekt auf, so dass sich die Existenz eines kohortenspezifischen 9/11-Effekts auch in dieser Modellvariante bestätigt.

6 Zusammenfassung und Schlussfolgerungen

Die Einschränkung vorweg: Die in dieser Abhandlung präsentierten empirischen Analysen können sicherlich nicht im Sinne eines strikten Kausalnachweises von Effekten des 11. September 2001 auf die Wertorientierungen der deutschen Bevölkerung interpretiert werden. Ein solcher Nachweis ist ohnehin nahezu unmöglich. Die hier präsentierten Analysen liefern aber zumindest empirische Belege für die Behauptung, dass 9/11 nicht ohne Wirkungen auf die Weltsicht der deutschen Bevölkerung geblieben ist. Dabei finden sich Indizien für alle drei oben unterschiedenen Effekte. Ein kurzfristiger *Periodeneffekt* lässt sich in beiden Landesteilen beobachten, allerdings jeweils in ausgesprochen schwacher Form. Ein langfristiger *Struktureffekt* zeigt sich hingegen nur in den alten Bundesländern. Am einflussreichsten aber scheint der über die nachwachsende Generation vermittelte *Kohorteneffekt* zu sein: In West und Ost neigt die „Generation 9/11" mit einer erkennbar höheren Wahrscheinlichkeit sicherheitsbezogenen Werten zu.

Interpretationsbedürftig ist die Tatsache, dass ein *Struktureffekt* nur in West-, aber nicht in Ostdeutschland zu beobachten ist. Eine solche Differenz war a priori theoretisch nicht erwartet worden. Eine mögliche Interpretation könnte sein, dass in der damaligen DDR sozialisierte Menschen eine größere politisch-kulturelle Distanz zu den Vereinigten Staaten von Amerika aufweisen als Menschen, die ihre Sozialisation in den alten Bundesländern erfahren haben. Diese größere Distanz mag dazu führen, dass die Anschläge des 11. September 2001 in der ostdeutschen Bevölkerung in geringerem Maße als Bedrohung der eigenen Gesellschaft und des eigenen Lebens wahrgenommen wurden. Hierzu würde passen, dass in den geringer vorgeprägten nachwachsenden Generationeneinheiten keine West-Ost-Unterschiede mehr beobachtet werden können.

Literatur

Abramson, Paul R./Aldrich, John H./Rickershauser, Jill/Rohde, David W. (2007): Fear in the Voting Booth. The 2004 Presidential Election. In: Political Behavior 29: 2, 197–220.
Bauer-Kaase, Petra/Kaase, Max (1998): Werte und Wertewandel – ein altes Thema und eine neue Facette. In: Galler/Wagner (Hrsg.) 1998: 256–274.
Best, Samuel. J./Krueger, Brian S./Ladewig, Jeffrey (2006): Privacy in the Information Age. In: Public Opinion Quarterly 70: 3, 375–401.
Boehnke, Klaus (2001): Parent-Offspring Value Transmission in a Societal Context. Suggestions for a Utopian Research Design – with Empirical Underpinnings. In: Journal of Cross-Cultural Psychology 32: 2, 241–255.
Brosch, Tobias/Sander, David/Clément, Fabrice/Deonna, Julien A./Fehr, Ernst/Vuilleux-mier, Patrik (Hrsg.) (2016): Handbook of value. Perspectives from economics, neuroscience, philosophy, psychology and sociology. Oxford: Oxford University Press.
Bürklin, Wilhelm/Klein, Markus/Ruß, Achim (1994): Dimensionen des Wertewandels. Eine empirische Längsschnittanalyse zur Dimensionalität und der Wandlungsdynamik gesellschaftlicher Wertorientierungen. In: Politische Vierteljahresschrift 35: 4, 579–606.
Bürklin, Wilhelm/Klein, Markus/Ruß, Achim (1996): Postmaterieller oder anthropozentrischer Wertewandel? Eine Erwiderung auf Ronald Inglehart und Hans-Dieter Klingemann. In: Politische Vierteljahresschrift 37: 3, 517–536.
Byers, Bryan D./Jones, James A. (2007): The Impact of the Terrorist Attacks of 9/11 on Anti-Islamic Hate Crime. In: Journal of Ethnicity in Criminal Justice 5: 1, 43–56.
Collins, Randall (2004): Rituals of Solidarity and Security in the Wake of Terrorist Attack. In: Sociological Theory 22: 1, 53–87.
Davis, Darren W. (2007): Negative liberty. Public opinion and the terrorist attacks on America. New York, NY: Russell Sage Foundation.
Davis, Darren W./Silver, Brian D. (2004): Civil Liberties vs. Security. Public Opinion in the Context of the Terrorist Attacks on America. In: American Journal of Political Science 48: 1, 28–46.
Everts, Philip/Isernia, Pierangelo (2005): Trends: The War in Iraq. In: Public Opinion Quarterly 69: 2, 264–323.
Gabriel, Oscar W. (1987): Politische Kultur, Postmaterialismus und Materialismus in der Bundesrepublik Deutschland. Opladen: Westdeutscher Verlag.
Gaines, Brian J. (2002): Where's the Rally? Approval and Trust of the President, Cabinet, Congress, and Government Since September 11. In: PS: Political Science & Politics 35: 3, 531–536.
Galler, Heinz P./Wagner, Gert (Hrsg.) (1998): Empirische Forschung und wirtschaftspolitische Beratung. Festschrift für Hans-Jürgen Krupp zum 65. Geburtstag. Frankfurt am Main et al.: Campus-Verlag.
Higgins, Tory E. (2016): What is value? Where does it come from? A psychological perspective. In: Brosch et al. (Hrsg.) 2016: 43–62.
Huddy, Leonie/Khatib, Nadia/Capelos, Theresa (2002): The Polls – Trends. In: Public Opinion Quarterly 66: 3, 418–450.

Inglehart, Ronald (1971): The Silent Revolution in Europe. Intergenerational Change in Post-Industrial Societies. In: American Political Science Review 65: 4, 991–1017.
Inglehart, Ronald (1977): The silent revolution. Changing values and political styles among Western publics. Princeton, N.J.: Princeton University Press.
Klages, Helmut (1984): Wertorientierungen im Wandel. Rückblick, Gegenwartsanalyse, Prognosen. Frankfurt am Main: Campus-Verlag.
Klages, Helmut (1988): Wertedynamik. Über die Wandelbarkeit des Selbstverständlichen. Zürich: Ed. Interfrom.
Klein, Markus (1995): Wieviel Platz bleibt im Prokrustesbett? Wertewandel in der Bundesrepublik Deutschland zwischen 1973 und 1992 gemessen anhand des Inglehart-Index. In: Kölner Zeitschrift für Soziologie und Sozialpsychologie 47: 2, 207–230.
Klein, Markus (2003): Gibt es die Generation Golf? Eine empirische Inspektion. In: Kölner Zeitschrift für Soziologie und Sozialpsychologie 55: 1, 99–115.
Klein, Markus (2008): Der Wandel des Wertewandels. Die Entwicklung von Materialismus und Postmaterialismus in Westdeutschland zwischen 1980 und 2006. In: Witte (Hrsg.) 2008: 30–44.
Klein, Markus (2016): The Silent Counter-Revolution. Der Wandel gesellschaftspolitischer Wertorientierungen in Westdeutschland zwischen 1980–2012. In: Roßteutscher/Faas/Rosar (Hrsg.) 2016: 251–277.
Klein, Markus/Arzheimer, Kai (1999): Ranking- und Rating-Verfahren zur Messung von Wertorientierungen, untersucht am Beispiel des Inglehart-Index. Empirische Befunde eines Methodenexperiments. In: Kölner Zeitschrift für Soziologie und Sozialpsychologie 51: 3, 550–564.
Klein, Markus/Dülmer, Hermann/Ohr, Dieter/Quandt, Marcus/Rosar, Ulrich (2004): Response Sets in the Measurement of Values. A Comparison of Rating and Ranking Procedures. In: International Journal of Public Opinion Research 16: 4, 474–483.
Klein, Markus/Ohr, Dieter (2004): Ändert der Wertewandel seine Richtung? Die Entwicklung gesellschaftlicher Wertorientierungen in der Bundesrepublik Deutschland zwischen 1980 und 2000. In: Schmitt-Beck/Wasmer/Koch (Hrsg.) 2004: 153–178.
Klein, Markus/Pötschke, Manuela (2000): Gibt es einen Wertewandel hin zum „reinen" Postmaterialismus? Eine Zeitreihenanalyse der Wertorientierungen der westdeutschen Bevölkerung zwischen 1970 und 1997. In: Zeitschrift für Soziologie 29: 3, 202–216.
Ladd, Jonathan M. (2007): Predispositions and Public Support for the President During the War on Terrorism. In: Public Opinion Quarterly 71: 4, 511–538.
Landau, Mark J./Solomon, Sheldon/Greenberg, Jeff/Cohen, Florette/Pyszczynski, Tom/Arndt, Jamie/Miller, Claude H./Ogilvie, Daniel M./Cook, Alison (2004): Deliver us from evil: the effects of mortality salience and reminders of 9/11 on support for President George W. Bush. In: Personality & Social Psychology Bulletin 30: 9, 1136–1150.
Maslow, Abraham H. (1970): Motivation and Personality. 2. Aufl. New York: Harper & Row.
Moore, Kathleen M. (2002): ‚United We Stand': American Attitudes toward (Muslim) Immigration Post-September 11th. In: The Muslim World 92: 1-2, 39–57.
Moskalenko, Sophia/McCauley, Clark/Rozin, Paul (2006): Group Identification under Conditions of Threat. College Students' Attachment to Country, Family, Ethnicity, Religion, and University Before and After September 11, 2001. In: Political Psychology 27: 1, 77–97.

Murphy, Edward F./Gordon, John D./Mullen, Aleta (2004): A Preliminary Study Exploring the Value Changes Taking Place in the United States since the September 11, 2001 Terrorist Attack on the World Trade Center in New York. In: Journal of Business Ethics 50: 1, 81–96.

Murphy, Edward F./Woodhull, Mark D./Post, Bert/Murphy-Post, Carolyn/Teeple, William/Anderson, Kent (2006): 9/11 Impact on Teenage Values. In: Journal of Business Ethics 69: 4, 399–421.

Panagopoulos, Costas (2006): The Polls-Trends. Arab and Muslim Americans and Islam in the aftermath of 9/11. In: Public Opinion Quarterly 70: 4, 608–624.

Roßteutscher, Sigrid/Faas, Thorsten/Rosar, Ulrich (Hrsg.) (2016): Bürgerinnen und Bürger im Wandel der Zeit. Wiesbaden: Springer VS.

Schmitt-Beck, Rüdiger/Wasmer, Martina/Koch, Achim (Hrsg.) (2004): Sozialer und politischer Wandel in Deutschland. Analysen mit ALLBUS-Daten aus zwei Jahrzehnten. Wiesbaden: VS Verlag für Sozialwissenschaften.

Schwartz, Shalom H. (1992): Universals in the Content and Structure of Values: Theoretical Advances and Empirical Tests in 20 Countries. In: Zanna (Hrsg.) 1992: 1–65.

Skitka, Linda J. (2005): Patriotism or Nationalism? Understanding Post-September 11, 2001, Flag-Display Behavior. In: Journal of Applied Social Psychology 35: 10, 1995–2011.

Skocpol, Theda (2002): Will 9/11 and the War on Terror Revitalize American Civic Democracy? In: PS: Political Science & Politics 35: 3, 537–540.

Traugott, Michael/Brader, Ted/Coral, Deborah/Curtin, Richard/Featherman, David/Groves, Robert/Hill, Martha/Jackson, James/Juster, Thomas/Kahn, Robert/Kennedy, Courtney/Kinder, Donald/Pennell, Beth-Ellen/Shapiro, Matthew/Tessler, Mark/Weir, David/Willis, Robert (2002): How Americans Responded. A Study of Public Reactions to 9/11/01. In: PS: Political Science & Politics 35: 3, 511–516.

Verkasalo, Markku/Goodwin, Robin/Bezmenova, Irina (2006): Values Following a Major Terrorist Incident: Finnish Adolescent and Student Values Before and After September 11, 2001. In: Journal of Applied Social Psychology 36: 1, 144–160.

Witte, Erich H. (Hrsg.) (2008): Sozialpsychologie und Werte. Lengerich et al.: Pabst Science Publishers.

Woods, Joshua (2011): The 9/11 effect. Toward a social science of the terrorist threat. In: The Social Science Journal 48: 1, 213–233.

Zanna, Mark P. (Hrsg.) (1992): Advances in experimental social psychology. Volume 25. San Diego: Academic Press.

Anhang

Frageformulierungen und Operationalisierungen

Gesellschaftliche Wertorientierungen bzw. *Materialist*: Auch in der Politik kann man nicht alles auf einmal haben. Auf dieser Liste finden Sie einige Ziele, die man in der Politik verfolgen kann. Wenn Sie zwischen diesen verschiedenen Zielen wählen müssten, welches Ziel erschiene Ihnen persönlich am wichtigsten? Und welches Ziel erschiene Ihnen am zweitwichtigsten?
– Aufrechterhaltung von Ruhe und Ordnung in diesem Land (A);
– Mehr Einfluss der Bürger auf die Entscheidungen der Regierung (B);
– Kampf gegen die steigenden Preise (C);
– Schutz des Rechtes auf freie Meinungsäußerung (D);
Operationalisierung: Wenn ein Befragter die materialistischen Ziele A und C auf die beiden ersten Ränge setzt, wird er als *Materialist* kodiert. Setzte ein Befragter die postmaterialistischen Ziele B und D auf die ersten beiden Ränge, erfolgt eine Kodierung als *Postmaterialist*. Alle übrigen Kombinationen führen zu einer Kodierung als *Mischtyp*. In der abhängigen Variable der multivariaten Modelle werden die Materialisten mit 1 und die Postmaterialisten sowie die Mischtypen mit 0 kodiert.

Generationszugehörigkeit: Sagen Sie mir bitte, in welchem Monat und in welchem Jahr Sie geboren sind. *Operationalisierung*: bis 1921 geboren: *Vorkriegsgeneration*; zwischen 1922 und 1934 geboren: *Kriegs- bzw. Nachkriegsgeneration*; zwischen 1935 und 1945 geboren: *Adenauer-Generation*; zwischen 1946 und 1953 geboren: *APO-Generation*; zwischen 1954 und 1964 geboren: *Generation der NSB*; zwischen 1965 und 1975 geboren: *Generation Golf*; zwischen 1976 und 1986 geboren: *Wiedervereinigungsgeneration*; nach 1987 geboren: *Generation 9/11*.

Lebensalter in Jahren: Sagen Sie mir bitte, in welchem Monat und in welchem Jahr Sie geboren sind. *Operationalisierung*: Das Lebensalter in Jahren wurde aus den Angaben zum Geburtsjahr und dem Geburtsmonat sowie dem Erhebungsdatum errechnet.

Bildung: Welchen allgemeinbildenden Schulabschluss haben Sie? *Operationalisierung*: Schule beendet ohne Abschluss sowie Volks-/Hauptschulabschluss bzw. Polytechnische Oberschule mit Abschluss 8. oder 9. Klasse: *niedrig*; Mittlere Reife sowie Realschulabschluss bzw. Polytechnische Oberschule mit Abschluss 10. Klasse: *mittel*; Fachhochschulreife sowie Abitur bzw. Erweiterte Oberschule mit Abschluss 12. Klasse (Hochschulreife): *hoch*.

Sicherheit aus Vertrauen?
Der Einfluss politischen und sozialen Vertrauens auf Präferenzen für staatliche Antiterrormaßnahmen

Eva-Maria Trüdinger

1 Einleitung

Meist erhielten Themen der Inneren Sicherheit in den letzten Jahrzehnten in Deutschland wenig Aufmerksamkeit. Vielmehr dominierten wirtschaftliche und sozialpolitische Streitpunkte die politischen und öffentlichen Auseinandersetzungen. Das hat sich in letzter Zeit grundlegend geändert. Zunächst nach den Terroranschlägen des 11. September 2001 in den USA, in den letzten Jahren nach tragischen Anschlägen und vereitelten Attacken in Europa, wurden auch in Deutschland neue Sicherheitsmaßnahmen diskutiert und verabschiedet – man denke etwa an die Einführung einer Antiterrordatei, die Vorratsdatenspeicherung oder die neu geregelte Möglichkeit, Terrorverdächtigen die Reise ins Ausland zu verbieten (vgl. z.B. Lange 2006; Rensen 2011).

In diesem Zusammenhang wird immer wieder gefragt, welche staatlichen Maßnahmen angesichts welcher Sicherheitsbedrohungen notwendig und gerechtfertigt sind. Dabei können vorhandene Policies im Hinblick auf das Verhältnis von Freiheit und Sicherheit geprüft und sowohl danach beurteilt werden, ob sie Sicherheit und öffentliche Ordnung herstellen bzw. aufrechterhalten können, als auch ob sie bestimmte individuelle Freiheiten einschränken (vgl. z.B. Lepsius 2005; Waldron 2003: 208–210).

Die Zustimmung der Bevölkerung zu vorgeschlagenen oder bereits umgesetzten Maßnahmen auch im Bereich der Bekämpfung von Terrorismus und Kriminalität stellt eine Orientierungshilfe sowie ein wichtiges Beurteilungskriterium für politische Entscheidungen in Demokratien dar. Daher kommt der Untersuchung von Einstellungen der Bürgerinnen und Bürger zu Antiterrormaßnahmen eine besondere Bedeutung zu. Vor diesem Hintergrund ist es erstaunlich, dass sich in Deutschland in den letzten Jahren nur wenige empirische Arbeiten diesem Thema gewidmet haben. Die vorhandenen Studien konzentrieren sich in Teilen auf staatliche Überwachung und damit auf eine spezifische Form von Policies zur Terrorbekämpfung (vgl. z.B. Leese 2013: Lüdemann/Schlepper 2011). Erklärungen der Unterstützung von Antiterrormaßnahmen durch die Bevölkerung verweisen immer wieder auf die Bedeutung von wahrgenommenen Bedrohungen als Faktoren, welche die Zustimmung zu solchen Maßnahmen fördern (vgl. den Beitrag von Biehl und Rothbart in diesem Band). Allerdings berichten beispielsweise Pietsch und Fiebig (2011) nur geringe Effekte individuellen Bedrohungsempfindens auf die Unterstützung verschiedener Maßnahmen zur Terrorismusbekämpfung in Deutschland. Vor diesem Hintergrund bedarf es weiterer Untersuchungen, um die Motive und Hintergründe von Präferenzen der Bürger in Deutschland für verschiedene Antiterrormaßnahmen besser zu verstehen.

Entsprechende Policies gehen von einer Gefährdung der Bevölkerung durch (eine kleine Gruppe von) Mitmenschen aus und stellen gleichzeitig teilweise weitreichende Interventionen des Staates dar. Daher könnten Ansätze, welche das Vertrauen in Mitmenschen oder in die für die Verabschiedung oder Implementation dieser Policies verantwortlichen politischen Institutionen in den Mittelpunkt stellen, weitergehende Erklärungen für die Präferenzen der Bürger für staatliche Antiterrormaßnahmen liefern. Im Allgemeinen gehen Menschen mit Vertrauen davon aus, dass sie in der entsprechenden Vertrauensbeziehung keinen Schaden nehmen bzw. sogar positive Folgen daraus wahrnehmen können (vgl. z.B. Gambetta 1988: 217). Während sich soziales bzw. interpersonales Vertrauen auf die Mitmenschen richtet, bringt das politische Vertrauen die Erwartung mit sich, dass politische Institutionen und Akteure ihre Macht gegenüber den Bürgerinnen und Bürgern nicht missbrauchen (vgl. z.B. Gamson 1968: 54). Man kann also fragen, ob Menschen mit politischem Vertrauen weitreichende staatliche Maßnahmen zur Bekämpfung des Terrorismus begrüßen, weil sie nicht die Befürchtung haben, dass staatliche Stellen ihre Rechte missbrauchen (vgl. Davis 2007: 69). Oder könnte im Gegenteil eine Ablehnung von Antiterrormaßnahmen die Folge politischen Vertrauens sein, weil angenommen wird, dass die staatlichen Stellen auch ohne diese Maßnahmen die Erwartungen der Bürger im Hinblick auf die Sicherheit im Land nicht enttäuschen? Und ist anzunehmen, dass soziales Vertrauen staatliche Antiterrormaßnahmen in den Augen der Bürger hinfällig werden lässt?

Diese Fragen sollen auf der Grundlage von Daten einer telefonischen Bevölkerungsumfrage zur Unterstützung von Freiheitsrechten und von Maßnahmen der Inneren Sicherheit in Deutschland untersucht werden. Im nachfolgenden Kapitel werden die zugrunde liegenden theoretischen Überlegungen im Zusammenhang mit den Konsequenzen (fehlenden) politischen und sozialen Vertrauens diskutiert (Kapitel 2). Es folgen ein Überblick über verwendete Daten und Variablen sowie eine detaillierte Analyse der in der Bevölkerung vorhandenen Einstellungsmuster zu verschiedenen Antiterrormaßnahmen (Kapitel 3). Daran anschließend werden die Ergebnisse zu den diskutierten Bestimmungsfaktoren dieser Einstellungen dargestellt (Kapitel 4), bevor die Befunde zusammengefasst und ihre Implikationen für die Sicht der Bürger auf Sicherheitsmaßnahmen und die weitere Forschung dazu diskutiert werden (Kapitel 5).

2 Theoretische Überlegungen

Forderungen nach neuen staatlichen Maßnahmen im Bereich der Inneren Sicherheit wurden in den letzten Jahren insbesondere mit Verweis auf terroristische Bedrohungen immer wieder geäußert. Dabei wurde der Rechtsrahmen in Deutschland und anderen Ländern nach den Anschlägen im Jahr 2001 in den USA kontinuierlich erweitert, etwa durch das Terrorismusbekämpfungsgesetz von 2002 oder durch das Gesetz zur Ergänzung der Bekämpfung des internationalen Terrorismus von 2007 (vgl. z.B. den Überblick in Glaeßner 2010). Spätere Regelungen folgten, wie zum Beispiel das novellierte Antiterrordateigesetz von 2015.

Diese Gesetze und neue Vorschläge etwa zum Ausbau von Videoüberwachung lassen sich dabei nicht mit generellen Positionierungen im Spannungsverhältnis der Gewährleistung individueller Freiheiten und öffentlicher Sicherheit gleichsetzen, vielmehr geht es jedes Mal um kontextabhängige Aushandlungen der Beziehung zwischen diesen Prinzipien. In diesem Sinne argumentieren Davis und Silver (2004: 29): „It is not order per se that clashes with individual rights, but rather the government's methods of maintaining security that may challenge individual civil rights or liberties." Dementsprechend steht in vielen Forschungsarbeiten zu Orientierungen der Bevölkerung gegenüber diesen Maßnahmen die Frage im Mittelpunkt, in welchem Maße Einschränkungen von bestimmten Freiheitsrechten durch Antiterrormaßnahmen unterstützt werden. Auch wenn die Bekämpfung von Terrorismus als Kontext genannt wird, ist zu erwähnen, dass die angeführten Programme oft auch zur Bekämpfung verschiedener Formen von Kriminalität eingesetzt werden können. Anknüpfend an diese Arbeiten sollen hier Präferenzen für unterschiedliche Policies, welche zu Einschränkungen von Bürgerrechten führen können, mit (fehlendem) Vertrauen erklärt werden.

2.1 Konsequenzen (fehlenden) politischen Vertrauens für Einstellungen zu Antiterrormaßnahmen

Das politische Vertrauen ist eine Erklärungsgröße für Einstellungen zu Antiterrormaßnahmen, welche den politischen Bezug des Einstellungsobjekts in den Mittelpunkt stellt. Der Gedanke, wonach Menschen mit Vertrauen zuversichtlich sind, dass die Ergebnisse intendierter Handlungen Anderer aus ihrer Sicht angemessen sind (Misztal 1996: 24), lässt sich auf die politische Ebene übertragen. Dementsprechend kann das politische Vertrauen im Besonderen verstanden werden als die Erwartung, dass politische Akteure und Institutionen ihre Macht nicht missbrauchen, auch wenn sie nicht ständig in ihrer Machtausübung überprüft und kontrolliert werden (vgl. Gamson 1968: 54). Für die Regierenden kann es eine Ressource sein, die bei der Durchsetzung und Implementation politischer Entscheidungen hilft (vgl. Easton 1975: 447 f.). Für die Regierten kann es die Zustimmung zu politischen Entscheidungen erleichtern, gerade wenn deren Folgen als riskant oder sogar nachteilig empfunden werden (vgl. z.B. Hetherington 2006; Levi 1997).

Zu den Implikationen (fehlenden) politischen Vertrauens für Policy-Einstellungen gibt es inzwischen einige Erkenntnisse, allerdings mit einem Schwerpunkt im Bereich wohlfahrtsstaatlicher Ausgaben oder Programme (vgl. z.B. Gabriel/Trüdinger 2011; Hetherington 2006; Rudolph/Evans 2005). Eine vergleichbare Bedeutung könnte dem politischen Vertrauen bei Präferenzen für staatliche Sicherheitsmaßnahmen zur Terrorbekämpfung zukommen. Aus verschiedenen Gründen ist zu erwarten, dass Vertrauen zu einer höheren Zustimmung zu Antiterrormaßnahmen führt: Erstens sind mit diesen Maßnahmen möglicherweise Einschränkungen von solchen Freiheitsrechten verbunden, die zum Ziel haben, die Bürger vor dem Staat zu schützen. Wenn solche Eingriffe erwartet werden, dann macht das politische Vertrauen als Annahme guter Absichten von Seiten staatlicher Institutionen die Zustimmung zu diesen Policies wahrscheinlicher (vgl. Davis/Silver 2004: 30). Zweitens herrscht bei vielen Bürgern Unsicherheit z.B. über Reichweite und Anwendungsvoraussetzungen von Regelungen in diesem Bereich sowie die eigene Betroffenheit, weswegen Vertrauen in die staatlichen Institutionen als Entscheidungshilfe für die Beurteilung dieser Maßnahmen herangezogen werden könnte. Allerdings ist denkbar, dass die untersuchten Maßnahmen von den Bürgern nicht als weitreichende Staatseingriffe, sondern eher als Maßnahmen gegen gefährliche Dritte angesehen und daher nicht mit besonderer Unsicherheit oder Betroffenheit aufgenommen werden.

Andererseits kann man auch erwarten, dass politisches Vertrauen einen negativen Effekt auf Präferenzen für Antiterrormaßnahmen hat: Erstens impliziert eine vertrauensvolle Haltung auch Zutrauen in die Kompetenzen der Institutionen und der Regeln, so wie sie aktuell gestaltet sind. Daraus könnte folgen, dass weiter reichende Maßnahmen bei vorhandenem Vertrauen in die staatlichen Institutionen tendenziell eher abgelehnt werden. Zweitens richtet sich das politische Vertrauen in Deutschland auf die Institutionen eines demokratischen Staates. Diese Haltung dürfte mit der Unterstützung demokratischer Werte einhergehen, aus der sich wiederum eine besondere Skepsis gegenüber Antiterrormaßnahmen ableiten lässt, welche diese Werte herausfordern.

Allerdings sind die Ergebnisse zu der Frage, ob und wie politisches Vertrauen die Einstellungen der Bürger zu Antiterrormaßnahmen beeinflusst, nicht eindeutig: Während Rykkja et al. (2011) in ihrem multivariaten Modell keine Effekte des politischen Vertrauens in Norwegen zeigen können, finden Davis und Silver (2004), dass das politische Vertrauen die Bereitschaft in der amerikanischen Bevölkerung erhöht, Freiheitsrechte für Sicherheitsmaßnahmen aufzugeben. Die Haltung zu einer breiten Palette an Antiterrormaßnahmen fließt dabei in die Messung dieser Bereitschaft ein. Zu einem ähnlichen Ergebnis kommt Denemark (2012) in seiner auf sechs Länder bezogenen Analyse, die jedoch Deutschland nicht mit einschließt. Angesichts dieser heterogenen Befunde und der gegenübergestellten Argumente sind sowohl positive als auch negative Effekte des politischen Vertrauens auf Präferenzen für Antiterrormaßnahmen denkbar.

2.2 Konsequenzen (fehlenden) sozialen Vertrauens für Einstellungen zu Antiterrormaßnahmen

Vor dem Hintergrund unterschiedlicher Konzeptualisierungen sozialen Vertrauens soll zunächst eine allgemeine Annäherung an diese Orientierung erfolgen: Sie beruht auf der Zuversicht, dass Menschen in Vertrauensbeziehungen zu anderen keinen Schaden nehmen oder sogar auf irgendeine Art von diesen Beziehungen profitieren (vgl. Gambetta 1988: 217). Im Mittelpunkt dieses Kapitels steht das Konzept des generalisierten Vertrauens, das über die Haltung zu bekannten Personen hinausgeht und sich von personalisiertem oder partikularem Vertrauen unterscheidet (vgl. z.B. die Übersicht über verschiedene Konzeptualisierungen bei Stolle 2002; Uslaner 2002).

Mit dem sozialen Vertrauen wird nicht nur ein besseres gesellschaftliches Zusammenleben, sondern auch eine bessere Qualität des Regierens in Verbindung gebracht, wobei das soziale Vertrauen als wichtiges Element von Sozialkapital in einer Gesellschaft gilt (vgl. u.a. Putnam 2000). Zwar wird die Frage nach den Determinanten sozialen Vertrauens, der an dieser Stelle nicht weiter nachgegangen werden kann, kontrovers diskutiert (vgl. z.B. die Übersicht bei Nannestad 2008). Mit Blick auf seine Folgen jedoch gilt soziales Vertrauen als wichtiges Fundament für Kooperationsbeziehungen und Interaktionen zwischen Individuen oder sozialen Gruppen (vgl. z.B. Stolle 2002: 399). Weil mit sozialem Vertrauen die Absichten der Menschen positiver wahrgenommen werden, vereinfacht es Kooperationen, hilft bei Problemen kollektiven Handelns und fördert den Blick auf das Allgemeinwohl (vgl. u.a. Zmerli/Newton 2008: 706).

Politische Folgen im Speziellen konnten vor allem auf der Aggregatebene gezeigt werden, zum Beispiel im Hinblick auf Regierungsperformanz oder Korruption (Knack 2002; Uslaner 2002). Wenige Erkenntnisse gibt es dazu, ob soziales Vertrauen bewirkt, dass bestimmte Policies von den Bürgern eher gewünscht werden oder die Notwendigkeit für bestimmte staatliche Ziele oder Programme mehr oder weniger wahrgenommen wird. Allerdings wurde gezeigt, dass eine positivere Sicht auf die Intentionen der Mitmenschen mit einer stärkeren Zustimmung zum Ausbau sozialstaatlicher Leistungen einhergeht, vor allem weil davon ausgegangen wird, dass die Empfänger diese Leistungen nicht missbrauchen (vgl. z.B. Daniele/Geys 2015). Blickt man auf Policies der Inneren Sicherheit wie zum Beispiel Antiterrormaßnahmen, kann bei sozialem Vertrauen weniger Zustimmung zu diesen erwartet werden, da aufgrund der positiven Einschätzungen der Mitmenschen ein geringeres Bedürfnis an staatlicher Kontrolle, Kriminalitäts- oder Terrorismusprävention sowie restriktiven Vorkehrungen gegenüber Verdächtigen besteht. So gehen beispielsweise Davis und Silver (2004: 31) von einem negativen Effekt des sozialen Vertrauens auf die Unterstützung von Antiterrormaßnahmen aus, weil soziales Vertrauen die Erwartung impliziert, dass von anderen Menschen keine Gefahr ausgeht. Für Norwegen können die Autoren um Rykkja (2011) bei zwei von drei Maßnahmen (Telefonüberwachung und anlasslose Personenkontrolle) keinen signifikanten Einfluss des sozialen Vertrauens berichten. Während Nakhaie und de Lint (2013) in ihrer Studie zur Unterstützung von Überwachungsmaßnahmen auf die fehlende Forschung zu Vertrauen und Einstellungen zu Antiterrormaßnahmen hinweisen, untersuchen sie nur die Effekte politischen Vertrauens. Vor dem Hintergrund der theoretischen Überlegungen in diesem Abschnitt kann man von negativen Effekten des sozialen Vertrauens auf Präferenzen für Antiterrormaßnahmen ausgehen.

2.3 Andere Erklärungsfaktoren für Einstellungen zu Antiterrormaßnahmen

Um auszuschließen, dass der Einfluss von politischem und sozialem Vertrauen aufgrund alternativer Wirkungsbeziehungen, die nicht kontrolliert werden, falsch eingeschätzt wird, werden in dieser Untersuchung weitere Faktoren berücksichtigt, die in der Literatur zu politischem bzw. sozialem Vertrauen und Einstellungen zu Antiterrormaßnahmen eine Rolle spielen. Wichtig sind hier insbesondere diejenigen Größen, die sowohl hinter dem Vertrauen als auch hinter Präferenzen für Antiterrormaßnahmen stehen können. Blickt man auf bisherige Studien zum Thema, so lassen sich die Unterstützung von Antiterrormaßnahmen und die Akzeptanz von Freiheitseinschränkungen zu einem wichtigen Teil über das Ausmaß autoritärer Dispositionen vorhersagen. Nach Altemeyer (1988) umfasst das Syndrom des Autoritarismus insbesondere Normkonformismus, Autoritätsglaube und Ablehnung normabweichender Gruppen. Vorhandene Arbeiten zeigen, dass autoritäre Dispositionen einen direkten und positiven Einfluss auf Einstellungen zu Antiterrormaßnahmen haben (vgl. Huq 2013 mit einem Überblick). Die Zusammenhänge werden dabei meist folgendermaßen begründet: Personen mit stark ausgeprägten autoritären Dispositionen begrüßen Policies, welche die soziale Kontrolle und die Präsenz von Autoritäten sichern oder sich gegen als bedrohlich empfundene Akteure richten (vgl. z.B. Cohrs et al. 2007: 444). Darüber hinaus ist über den zu diesen Dispositionen gehörenden Autoritätsglauben eine Verbindung zwischen politischem Vertrauen und autoritären Dispositionen zu erwarten.[1]

---

1 Ideologische Überzeugungen auf der Links-Rechts-Dimension werden dagegen nicht zusätzlich berücksichtigt. Sie hängen deutlich mit den autoritären Dispositionen zusammen, zudem gelten sie zwar als mögliche Determinanten von Policy-Präferenzen

Zahlreiche Arbeiten belegen, dass Bedrohungswahrnehmungen zu einer erhöhten Zustimmung zu Maßnahmen im Bereich der Inneren Sicherheit führen können. Es wurden insbesondere die Implikationen terroristischer Bedrohungen näher untersucht, häufig ausgehend von Überlegungen aus der Terror-Management-Theorie zu den psychologischen Folgen extremer Gefahren (vgl. Solomon et al. 2004). Perzeptionen gesellschaftlicher oder persönlicher Bedrohung durch Terrorismus können dazu führen, dass harte Maßnahmen gegen mögliche Verursacher der Bedrohung befürwortet und staatliche Sicherheitsmaßnahmen gefordert werden (vgl. z.B. Fritsche/Fischer 2008), auch wenn Freiheitsrechte dadurch eingeschränkt werden. Als Folge dieser Bedrohungswahrnehmungen kann die Bevölkerung stärkeres Zutrauen in die Entscheidungs- und Führungskraft bestimmter politischer Institutionen und Akteure entwickeln, während das soziale Vertrauen möglicherweise zurückgeht (vgl. z.B. Merolla/Zechmeister 2009). Zu den Implikationen anderer Arten von Bedrohungen fehlt es allerdings noch an Erkenntnissen (vgl. Asbrock/Fritsche 2013). Im vorliegenden Beitrag werden Bedrohungswahrnehmungen im Zusammenhang mit Terrorismus und Kriminalität berücksichtigt.

Zudem ist anzunehmen, dass performanzbezogene Einschätzungen bei der Beurteilung von Policies durch die Bürgerinnen und Bürger eine wichtige Rolle spielen. Dabei kann die wahrgenommene Effektivität gerade von Policies der Inneren Sicherheit ein wichtiges Kriterium sein. Wenn vergangene Maßnahmen in diesem Bereich als effektiv wahrgenommen werden, weil sie aus Sicht der Befragten zur Verhinderung von Terroranschlägen und Straftaten beitragen, dann werden vermutlich Policies in diesem Bereich eher gewünscht. Zudem ist aus der Forschung zu politischem Vertrauen bekannt, dass positive Performanzbeurteilungen sich insbesondere langfristig positiv auf die Unterstützung relevanter politischer Institutionen auswirken können (vgl. z.B. Weatherford 1987). Dementsprechend wird die wahrgenommene Policy-Effektivität in den nachfolgenden Modellen berücksichtigt. Weil Effekte von Alter, Geschlecht und Bildungsgrad auf die beiden Vertrauensarten sowie auf Einstellungen zu Antiterrormaßnahmen nicht auszuschließen sind, werden diese Variablen zur Kontrolle ebenfalls in die nachfolgenden Modelle eingefügt.

---

in diesem Bereich, ein enger Zusammenhang mit den untersuchten Vertrauensgrößen wird jedoch nicht erwartet.

3 Daten und Operationalisierung

3.1 Die Datengrundlage

Die Daten für die empirischen Analysen in diesem Beitrag wurden im Rahmen des Forschungsprojekts „Die Konditionalität der Unterstützung von Freiheitsrechten und Bürgerpräferenzen für Innere Sicherheit in Deutschland" (CIVLIB) in einer bundesweiten Telefonumfrage erhoben. Dieses Projekt (270157613) wird von der Deutschen Forschungsgemeinschaft (DFG) gefördert. Die Erhebung wurde von forsa durchgeführt und fand im Zeitraum vom 12. April bis zum 7. Juni 2016 statt. Die Grundgesamtheit für diese Untersuchung stellten Erwachsene dar, die in einem privaten Haushalt in Deutschland leben. In computergestützten Telefoninterviews (CATI) wurden 2 004 Personen befragt, mit einer durchschnittlichen Interviewdauer von 26 Minuten. Die Ausschöpfungsquote betrug 22 Prozent.

Es wurde eine ADM-Stichprobe mit zufällig gezogenen eingetragenen sowie generierten Rufnummern verwendet, wobei 70 Prozent Festnetz- und 30 Prozent Mobilfunknummern zum Einsatz kamen. Im Festnetzbereich wurde in einer zweiten Stufe innerhalb der erreichten Haushalte die Person ausgewählt, die als nächste Geburtstag hat, während im Mobilfunkbereich die Stichprobenbildung einstufig erfolgte. Um designbedingte Unterschiede in den Auswahlwahrscheinlichkeiten mit Blick auf Mobilfunk- und Festnetzbefragte auszugleichen und Ausfälle zu korrigieren, werden die Daten in den nachfolgenden Berechnungen gewichtet.

3.2 Antiterrormaßnahmen aus Sicht der Bürgerinnen und Bürger

Untersucht werden in diesem Abschnitt unterschiedliche Policies, welche zu Einschränkungen von Bürgerrechten führen können, wobei die hier untersuchten Programme den Befragten als Vorschläge präsentiert wurden. Sie waren zwar alle in den letzten Jahren in Deutschland in der Diskussion, wurden jedoch nur teilweise in rechtliche Regelungen überführt. Dies war der Fall zum Beispiel bei der Erfassung von persönlichen Daten von Terrorverdächtigen in einer Datei. In Tabelle 1 sind die zur Abstimmung gestellten und anschließend näher untersuchten Vorschläge dokumentiert. Eine Übersicht über Fragewortlaute, Antwortskalen und deskriptive Statistiken der hier und in den nachfolgenden Berechnungen verwendeten Variablen findet sich im Anhang dieses Beitrags.

Ein erster Blick auf die in der zweiten Spalte der Tabelle ausgewiesenen Mittelwerte macht deutlich, dass die Vorschläge zu einem großen Teil sehr positiv bewertet werden. Insbesondere die Nutzung einer Datei mit Informationen über Verdächtige sowie die vorgeschlagene Bestrafung von Sympathiebekundungen für Terroristen in öffentlichen Reden oder sozialen Netzwerken erhalten im Durchschnitt sehr hohe Zustimmungswerte. Hier scheint es eine Rolle zu spielen, dass diese Maßnahmen mit „verdächtigen Personen" auf einen engeren Personenkreis abzielen oder positive Äußerungen über Terroristen sanktionieren. Hingegen wird einer möglichen Regelung, welche die Folter von Verdächtigen erlauben könnte, wenn dadurch Informationen über geplante Anschläge erhalten werden können, die im Durchschnitt geringste Zustimmung entgegengebracht. Bei diesem erheblichen Grundrechtseingriff zeigen sich die Bürger deutlich ablehnender gegenüber der genannten Maßnahme zur Verhinderung von Anschlägen.

Die hier abgefragten Maßnahmen lassen sich nach verschiedenen Kriterien systematisieren: Erstens geht es darum, welcher Personenkreis als Adressat der Programme angesprochen wird. Im vorliegenden Fall richten sich die meisten genannten Maßnahmen ausschließlich auf terrorverdächtige Personen, einzelne Maßnahmen betreffen einen größeren Personenkreis, zum Beispiel wenn es um ein mögliches Verbot von Demonstrationen und Streiks im Land bei Terrorgefahr geht. Zweitens lassen sich die Maßnahmen danach ordnen, welche Rechte sie tangieren. So kann zum Beispiel bei Freiheitsrechten zwischen individuell-freiheitlichen Rechten (z.B. persönliche Unversehrtheit) und individuell-kommunikativen oder politischen Freiheiten (z.B. Meinungs- und Versammlungsfreiheit) unterschieden werden (vgl. z.B. Franke 1998: 113). Allerdings ist oft wegen zahlreicher Überschneidungen keine eindeutige Zuschreibung möglich. Dies wird beispielsweise anhand des Vorschlags der Wohnungsdurchsuchung ohne richterliche Anordnung deutlich, da hier neben Rechten der Person auch Verfahrensgarantien herausgefordert werden. Eine dritte Möglichkeit der Einordnung dieser Vorschläge könnte auf der „Schwere" der Eingriffe in garantierte Rechte beruhen. Wegen der kurzen Beschreibung der Maßnahmen ist aber davon auszugehen, dass die Befragten diesbezüglich nur eine grobe Einschätzung vornehmen können.

Auf jeden Fall ist es vor dem Hintergrund der verschiedenen Unterscheidungskriterien von Antiterrormaßnahmen weniger wahrscheinlich, dass die

Bevölkerung die vorgeschlagenen Programme ähnlich beurteilt und den Präferenzen ähnliche Motive zugrunde liegen. Um zu klären, welches Muster der Präferenzen für Antiterrormaßnahmen in der Bevölkerung in Deutschland vorliegt und zwischen welchen Dimensionen von Antiterrormaßnahmen in den weiteren empirischen Analysen unterschieden werden soll, wurden Faktorenanalysen durchgeführt.

Tabelle 1: Präferenzen der Bevölkerung in Deutschland für Antiterrormaßnahmen, 2016

Vorgeschlagene Programme	MW (SD)	N	Faktor 1	Faktor 2	Faktor 3	K.
Terrorverdächtige für mehrere Tage vorbeugend inhaftieren, auch wenn ihnen keine konkreten Straftaten nachgewiesen werden können.	0,52 (0,35)	1 996	0,59			0,48
Die Wohnung von Terrorverdächtigen ohne richterlichen Beschluss durchsuchen.	0,60 (0,38)	2 000	0,80			0,70
Persönliche Daten und Fingerabdrücke von Verdächtigen in einer Datei erfassen und zur Terrorbekämpfung verwenden.	0,83 (0,26)	1 998	0,72			0,56
Telefongespräche und Internetaktivitäten von verdächtigen Personen ohne richterlichen Beschluss überwachen.	0,57 (0,38)	2 001	0,79			0,69
Sympathiebekundungen für Terroristen in sozialen Netzwerken bestrafen.	0,68 (0,34)	1 990		0,81		0,69
Öffentliche Reden mit Sympathiebekundungen für Terroristen verbieten.	0,72 (0,34)	1 996		0,80		0,69
Bei Terrorgefahr alle Demonstrationen und Streiks im Land verbieten.	0,53 (0,37)	1 996		0,60		0,47
Einen Verdächtigen foltern, wenn dadurch Informationen über geplante Anschläge gewonnen werden können.	0,16 (0,29)	1 994			0,86	0,76
Personen aufgrund bestimmter äußerlicher Merkmale oder ihrer Herkunft verstärkt kontrollieren.	0,32 (0,33)	2 003			0,70	0,59

Anmerkungen: Deskriptive Statistiken: Skala von 0 bis 1; Faktorenanalyse (Hauptkomponentenanalyse mit Varimax-Rotation); erklärte Gesamtvarianz: 63 Prozent; Kreuzladungen unter 0,35 nicht ausgewiesen; Faktor 1: verdachtsbezogene Maßnahmen (MW – Mittelwert: 0,63, SD – Standardabweichung: 0,27, N für additiven Index: 1 983); Faktor 2: öffentlichkeitsbezogene Maßnahmen (MW: 0,64, SD: 0,27, N: 1 997); Faktor 3: personenbezogene Maßnahmen (MW: 0,24, SD: 0,26, N: 1 994); K.: Kommunalitäten; Eigenwerte der Faktoren: 3,6, 1,1, 0,9; Cronbachs α: 0,78, 0,51, 0,67; gewichtete Daten.
Datenbasis: DFG-Projekt „Unterstützung von Freiheitsrechten" (CIVLIB).

©ZMSBw 08044-01

Tabelle 1 zeigt für die neun aufgelisteten Items eine Faktorlösung, welche drei Dimensionen von Präferenzen für Antiterrormaßnahmen abbildet. Bei der hier berechneten Hauptkomponentenanalyse wurde Varimax-Rotation vorgegeben, Analysen mit alternativen Rotationsmethoden (Oblimin, Promax) bestätigen die Zuordnung der Items auf diese drei Dimensionen. Eine zweidimensionale Lösung bildet zwar die zwei Faktoren mit Eigenwerten größer als eins ab, zeigt aber auch substanzielle Kreuzladungen einzelner Items auf dem jeweils anderen Faktor sowie relativ ungleiche Faktorladungen der verwendeten Variablen. Vor diesem Hintergrund stützen sich die nachfolgenden Analysen auf eine dreidimensionale Lösung, welche die Bewertung der Vorschläge zu Racial Profiling und Folter als gesonderte Dimension abbildet, die auch einen substanziellen Beitrag zur erklärten Varianz durch die Faktoren leistet. Die Items auf den drei Dimensionen wurden jeweils zu additiven Indizes zusammengefasst, die drei unterschiedliche Arten von Präferenzen der Bürger für Antiterrormaßnahmen abbilden.

Auf dem ersten Faktor laden vier Items mit Einstellungen zu vorgeschlagenen Antiterrormaßnahmen, welche verschiedene liberale Abwehrrechte zum Schutz der persönlichen Freiheit tangieren. Dabei geht es um die Freiheit der Person, die Unverletzlichkeit der Wohnung als Garantie eines privaten Schutzbereichs für jeden Bürger vor dem Staat und vor Dritten (vgl. Epping 2007: 356), den Schutz personenbezogener Daten und den Schutz der Kommunikation. Da sie sich alle ausschließlich auf einen Kreis von Verdächtigen richten, werden sie im Weiteren als verdachtsbezogene Maßnahmen diskutiert. Auf dem zweiten Faktor laden Präferenzen für solche Vorschläge, welche Einschränkungen von Meinungs- und Versammlungsfreiheit und damit sogenannte politische Freiheiten betreffen. Die auf dieser Dimension genannten Maßnahmen können sich an einen großen Kreis von Adressaten richten. Da sie Freiheiten betreffen, die in der Öffentlichkeit relevant sind, werden diese im Folgenden als sogenannte öffentlichkeitsbezogene Maßnahmen bezeichnet. Diese werden, genauso wie die oben dargestellten verdachtsbezogenen Maßnahmen, verhältnismäßig positiv bewertet. Die Orientierungen auf dem dritten Faktor richten sich auf Vorschläge, welche klar grundlegende Rechte der Person im Hinblick auf körperliche Unversehrtheit und den Gleichheitsgrundsatz einschränken (Folter, Racial Profiling). Es geht also um schwerwiegende personenbezogene Antiterrormaßnahmen. Dementsprechend fällt die Zustimmung zu diesen Vorschlägen auch vergleichsweise gering aus (0,24 auf einer Skala von 0 bis 1). Welchen Einfluss politisches und soziales Vertrauen auf Präferenzen der Bürger für diese drei Arten von Antiterrormaßnahmen haben, wird im Anschluss an weitere Informationen zur Messung der verwendeten Konstrukte untersucht.

3.3 Die Messung politischen und sozialen Vertrauens

Politisches Vertrauen: Um das politische Vertrauen der Befragten zu erfassen, kann eine Frage nach dem Vertrauen in die fünf folgenden staatlichen Institutionen in Deutschland genutzt werden: den Bundestag, die Bundesregierung, die Justiz, die Polizei und das Bundesverfassungsgericht. Während das Vertrauen in die Polizei und das Bundesverfassungsgericht mit 0,68 und 0,69 auf einer Skala von 0 bis 1 die höchsten Werte erreicht, vertrauen die Bürger dem Bundestag und der Bundesregierung deutlich weniger (0,51 und 0,50), dazwischen liegt der Vertrauenswert für die Justiz (0,61). Dies entspricht dem häufig dokumentierten Muster geringeren Vertrauens in parteienstaatliche Institutionen wie Regierung und Parlament, welche in tagespolitische Konflikte und Parteienwettbewerb involviert sind, und größeren Vertrauens in rechtsstaatliche Institutionen, welche mit der Ausführung oder Kontrolle von Entscheidungen beauftragt sind. Vor diesem Hintergrund ist denkbar, dass die Bevölkerung zwischen zwei Dimensionen des Vertrauens in Institutionen unterscheidet (vgl. z.B. Rothstein/Stolle 2008). Eine Faktorenanalyse lässt jedoch auf eine Dimension des politischen Vertrauens schließen (eindimensionale Faktorlösung: Eigenwert 3,0; 61 Prozent erklärte Varianz). Dies deckt sich mit anderen Befunden (vgl. z.B. Sønderskov/Dinesen 2016) und mit dem Argument, dass Befragte eine generelle Orientierung gegenüber politischen Institutionen äußern und nicht unbedingt zwischen einzelnen Institutionen und deren Aufgaben differenzieren. Für die nachfolgenden Analysen wird dementsprechend ein additiver Index politischen Vertrauens gebildet (Cronbachs α der fünf Items von 0,84).

Soziales Vertrauen: Als Instrument zur Messung des sozialen Vertrauens dient die Frage danach, ob die Zielpersonen glauben, dass man den meisten Menschen vertrauen kann oder dass man im Umgang mit anderen Menschen nicht vorsichtig genug sein kann. Diese Messung des sozialen Vertrauens, die bereits von Elisabeth Noelle-Neumann in den 1940er-Jahren entwickelt wurde, ist nach wie vor weit verbreitet. Sie gilt als zuverlässig und robust, auch wenn sie insbesondere im Hinblick auf den Interpretationsspielraum, den Befragte bei der Beantwortung der Frage haben, häufig kritisiert wurde (vgl. u.a. Nannestad 2008: 417–419). So verweisen etwa Sturgis und Smith (2010) auf die Problematik, dass bei zahlreichen Befragten mit diesem Instrument nicht unbedingt soziales Vertrauen im Sinne einer generalisierten Orientierung gegenüber Anderen, sondern Vertrauen in bekannte

Personen gemessen wird. Allerdings hatte Uslaner (2002) bereits gezeigt, dass Individuen eher eine allgemeine Antwort geben, und auch die Autoren um Delhey (2011: 800 f.) kommen zu dem Ergebnis, dass die meisten Menschen in westlichen Gesellschaften bei dieser Operationalisierung des Vertrauens an einen weiten und unspezifischen Personenkreis denken. Dementsprechend kann diese Messung auf der Basis eines Items für die nachfolgenden Analysen genutzt werden. Sie ergibt einen durchschnittlichen Wert des Vertrauens in Mitmenschen von 0,50 auf einer Skala von 0 bis 1.

3.4 Weitere Indikatoren

Autoritarismus wird über sieben Items einer neu entwickelten Autoritarismus-Skala operationalisiert (Beierlein et al. 2014). Diese Items bilden eine Autoritarismus-Dimension mit den drei Subdimensionen autoritäre Aggression, autoritäre Unterwürfigkeit und Konventionalismus ab und werden in einem additiven Index zusammengefasst (eindimensionale Faktorlösung: Eigenwert 3,0; 43 Prozent erklärte Varianz; Cronbachs α der sieben Items von 0,78).

Die von den Individuen wahrgenommene Sicherheitsbedrohung im Zusammenhang mit Terrorismus und Kriminalität erfasst in einem additiven Index vier Antworten auf Fragen danach, ob sich die Zielpersonen davor fürchten, dass sie Opfer eines Terroranschlags werden, dass in Deutschland Terroranschläge verübt werden, dass sie Opfer eines Wohnungseinbruchs oder eines Überfalls werden (eindimensionale Faktorlösung: Eigenwert 2,5; 63 Prozent erklärte Varianz; Cronbachs α der vier Items von 0,81). Häufig wird in der Literatur zwischen den Folgen der Wahrnehmung persönlicher und gesellschaftlicher Bedrohung unterschieden (vgl. z.B. Joslyn/Haider-Markel 2007), doch bei dem hier vorliegenden Messinstrument gibt es keine empirischen Hinweise darauf, dass die Befragten diese Differenzierung vornehmen.

Die wahrgenommene Policy-Effektivität wird über zwei Items gemessen, die stark miteinander korrelieren und in einem additiven Index zusammengefasst werden (Cronbachs α von 0,58). Sie geben wieder, ob die Befragten der Ansicht sind, dass staatliche Sicherheitsmaßnahmen Terroranschläge verhindern und die Zahl der Straftaten in Deutschland senken können. Dieser Index bezieht sich also auf die Effektivität von Sicherheitsmaßnahmen im Zusammenhang mit Terrorismus- und Kriminalitätsbekämpfung. Darüber hinaus ergänzen die Variablen zu Alter und Geschlecht sowie eine 5-stufige Messung des Bildungsniveaus der Befragten die Modelle.

4 Ergebnisse

Um die oben diskutierten Erwartungen zum Einfluss politischen und sozialen Vertrauens auf Präferenzen der Bürger in Deutschland für Antiterrormaßnahmen zu prüfen, werden zu den drei Dimensionen beurteilter Maßnahmen Ordinary Least Square (OLS)-Regressionen berechnet. Deren Ergebnisse mit den Effekten der Vertrauensvariablen sowie der weiteren Faktoren sind in Tabelle 2 aufgeführt.

Zunächst lässt sich sagen, dass die vorgestellten Größen einen guten Beitrag zur Erklärung der Präferenzen für Antiterrormaßnahmen durch die Bevölkerung leisten. Das politische und das soziale Vertrauen sind dabei fast immer einflussreiche Determinanten dieser Präferenzen, auch wenn einzelne Bestimmungsfaktoren ein größeres Gewicht haben. Ein weiteres wichtiges Ergebnis ist, dass die beiden Arten des Vertrauens unterschiedliche Beweggründe für die Beurteilung der Antiterrormaßnahmen liefern, denn ihre gleichzeitige Prüfung führt nicht dazu, dass eine Vertrauensart im Erklärungsmodell unwichtig wird. Dies ist ein wichtiger Befund für die Bedeutung beider Vertrauensarten, denn was ihr Verhältnis zueinander angeht, wird immer wieder eine der beiden Größen in den Mittelpunkt gerückt (vgl. dazu die Überblicke bei Sønderskov/Dinesen 2016; Zmerli/Newton 2008).

Für das politische Vertrauen haben die Koeffizienten über die Modelle hinweg negative Vorzeichen, politisches Vertrauen führt also zu einer geringeren Zustimmung zu den vorgeschlagenen Antiterrormaßnahmen. Das gilt sowohl für die verdachtsbezogenen als auch für die schwerwiegenden personenbezogenen sowie die öffentlichkeitsbezogenen Maßnahmen zur Bekämpfung von Terrorismus. Allerdings fallen die Effekte bei letztgenannten Maßnahmen am geringsten und vergleichsweise schwach aus. Zu den Konsequenzen politischen Vertrauens wurden zwei gegenläufige Erwartungen diskutiert. Die bisher in der Literatur geäußerte Vermutung, dass politisches Vertrauen als Annahme guter Absichten staatlicher Institutionen die Unterstützung dieser weitreichenden Staatsinterventionen erleichtert, trifft hier für keine der Präferenzen zu. Vielmehr geht das vorhandene Vertrauen in die staatlichen Institutionen mit einer größeren Skepsis in Antiterrormaßnahmen einher, welche demokratische Grundwerte herausfordern. Dies ist ein wichtiger Befund, denn er stützt Überlegungen, wonach das Vertrauen in die vorhandenen Institutionen eines demokratischen Staates mit der Zustimmung zu demokratischen Prinzipien zusammenhängt (vgl. Norris 1999: 223). Zudem können die negativen Effekte politischen Vertrauens auf die untersuchten Präferenzen für Antiterrormaßnahmen eine Zuversicht der Bürger dahingehend ausdrücken, dass die Institutionen und Programme, so wie sie aktuell gestaltet sind, ausreichen, um terroristische Bedrohungen zu bekämpfen.

Tabelle 2: Politisches und soziales Vertrauen und Präferenzen für Antiterrormaßnahmen, 2016

	Verdachtsbezogene Antiterrormaßnahmen	Öffentlichkeitsbezogene Antiterrormaßnahmen	Personenbezogene Antiterrormaßnahmen
Politisches Vertrauen	-0,09[c] (0,03)	-0,07[a] (0,03)	-0,14[c] (0,03)
Soziales Vertrauen	-0,10[c] (0,02)	-0,01 (0,02)	-0,12[c] (0,02)
Autoritarismus	0,46[c] (0,03)	0,49[c] (0,03)	0,39[c] (0,03)
Bedrohungswahrnehmungen	0,18[c] (0,02)	0,10[c] (0,03)	0,16[c] (0,02)
Wahrgenommene Policy-Effektivität	0,14[c] (0,03)	0,18[c] (0,03)	0,12[c] (0,03)
Alter	-0,07[a] (0,03)	0,05 (0,03)	-0,10[b] (0,03)
Bildung	-0,06[b] (0,02)	-0,06[b] (0,02)	-0,00 (0,02)
Geschlecht: weiblich	0,06[c] (0,01)	0,05[c] (0,01)	-0,05[c] (0,01)
Konstante	0,42[c] (0,03)	0,31[c] (0,04)	0,14[c] (0,03)
Korr. R^2	0,29[c]	0,24[c]	0,24[c]
N	1 802	1 799	1 803

Anmerkungen: Unstandardisierte Regressionskoeffizienten (Standardfehler in Klammern); Signifikanzniveaus: a: p<0,05; b: p<0,01; c: p<0,001.
Datenbasis: DFG-Projekt „Unterstützung von Freiheitsrechten" (CIVLIB).

Das soziale Vertrauen hat in zwei von drei Modellen ebenfalls einen negativen Einfluss auf Präferenzen für die vorgeschlagenen Antiterrormaßnahmen, wie auch aus Tabelle 2 hervorgeht. Nur im Falle der Beurteilung öffentlichkeitsbezogener Maßnahmen lässt sich kein Zusammenhang feststellen. Dass das soziale Vertrauen eine geringere Zustimmung zu verdachtsbezogenen und personenbezogenen Maßnahmen bewirkt, entspricht dabei den Erwartungen: Weil Bürgerinnen und Bürger, die den Mitmenschen vertrauen, diesen keine schlechten Absichten im Sinne terroristischer Handlungen unterstellen, sehen sie nicht die Notwendigkeit staatlicher Eingriffe für die Sicherheit.

Aus den drei Modellen wird darüber hinaus ersichtlich, dass Unterschiede in den Merkmalen der beurteilten Antiterrormaßnahmen durchaus für die Bedeutung des politischen und des sozialen Vertrauens relevant sein können, auch wenn die (negative) Richtung der Vertrauenseffekte für alle drei Orientierungen gleich ist. Dieser Befund ist wichtig, denn in diesem Kapitel wurde ein sehr weiter Katalog an Maßnahmen geprüft, jedoch kann es bei einem engen Fokus auf einzelne Antiterrormaßnahmen durchaus zu anderen Ergebnissen für die Konsequenzen des politischen und des sozialen Vertrauens kommen. Was das politische Vertrauen angeht, könnte dies allerdings einen noch größeren Einfluss ausüben, wenn es bei den zur Abstimmung vorgelegten Vorschlägen noch stärker um die persönliche Verletzlichkeit durch Freiheitseinschränkungen geht. Darauf deuten auch die im Vergleich zu den anderen Modellen stärksten Effekte des politischen Vertrauens im Falle personenbezogener Maßnahmen mit einer hohen Gefahr der Verletzung von Gleichheitsgrundsätzen und körperlicher Unversehrtheit. Mit Blick auf das soziale Vertrauen ist hervorzuheben, dass bei den öffentlichkeitsbezogenen Maßnahmen kein Effekt zu beobachten ist. Möglicherweise ist hier das soziale Vertrauen für die Beurteilung weniger wichtig, weil bei diesen Maßnahmen nicht die Bekämpfung möglicher Gefahren durch Andere im Mittelpunkt steht.

Schaut man schließlich auf die weiteren Erklärungsfaktoren in den Modellen, so ist insbesondere die Bedeutung autoritärer Dispositionen für die Zustimmung zu den verschiedenen Arten von Antiterrormaßnahmen hervorzuheben.[2] Im Einklang mit der bisherigen Forschung zeigt sich zudem, dass Bedrohungswahrnehmungen zu einer positiveren Sicht auf die vorgeschlagenen Maßnahmen führen (vgl. den Beitrag von Biehl und Rothbart in diesem Band). Bisher wenig erforscht, aber ebenfalls von Relevanz, ist die von den Bürgern wahrgenommene Effektivität staatlicher Sicherheitsmaßnahmen bei der Bekämpfung von Kriminalität und Terrorismus. Zwar wird als Reaktion auf empfundene Bedrohungen nach härteren Maßnahmen gerufen, doch spielt dabei durchaus die kritische Bewertung der Bürger im Hinblick da-

---

2   Werden die Modelle unter Einschluss der Links-Rechts-Selbsteinstufung berechnet (die Parteiidentifikation wurde nicht erhoben), ändern sich die berichteten Effekte der Vertrauensgrößen (und der anderen Faktoren) nur unwesentlich, und in zwei von drei Modellen spielt Links-Rechts gar keine oder nur eine kleine Rolle.

rauf eine Rolle, ob die Sicherheitslage dann tatsächlich verbessert werden kann. Mit Blick auf die soziodemografischen Erklärungsfaktoren lässt sich feststellen, dass mit zunehmendem Alter und ansteigendem Bildungsniveau die Zustimmung zumindest für einen Teil der Maßnahmen geringer ausfällt. Schließlich äußern Frauen stärkere Präferenzen für verdachts- und öffentlichkeitsbezogene Antiterrormaßnahmen als Männer, sind jedoch gleichzeitig zurückhaltender was die Befürwortung personenbezogener Maßnahmen angeht.

Beim abschließenden Vergleich der Effekte politischen und sozialen Vertrauens mit denen anderer Erklärungsfaktoren im Modell wird Folgendes deutlich: Zwar sind insbesondere autoritäre Dispositionen für die Erklärung von Präferenzen für Antiterrormaßnahmen deutlich relevanter als die untersuchten Vertrauensindikatoren. Allerdings haben letztgenannte gerade bei den personenbezogenen Maßnahmen einen ähnlichen Effekt auf die Präferenzen der Bürgerinnen und Bürger wie zum Beispiel stärker kurzfristig schwankende Bedrohungswahrnehmungen oder Effektivitätsüberlegungen.

5 Diskussion und Schluss

Vertrauen gegenüber Mitmenschen und gegenüber staatlichen Institutionen hat eine Bedeutung dafür, welche Politikinhalte von den Bürgern gewünscht werden. Dass dies im Falle (re-)distributiver Politik so ist, dafür wurden bereits einige Belege geliefert. Die Ergebnisse dieser Untersuchung zu Policies im Bereich der Inneren Sicherheit – genauer zur Bekämpfung des Terrorismus – zeigen Folgendes: Wenn Effekte vorliegen, dann bewirken sowohl politisches als auch soziales Vertrauen eine geringere Zustimmung zu unterschiedlichen Antiterrormaßnahmen. Dabei lag der Fokus auf Präferenzen für drei unterschiedliche Arten von Maßnahmen aus Sicht der Bevölkerung, nämlich für verdachtsbezogene, öffentlichkeitsbezogene und personenbezogene Maßnahmen, die sich nicht nur im Hinblick auf die Schwere der staatlichen Eingriffe, sondern auch bezüglich der herausgeforderten Freiheitsrechte und des adressierten Personenkreises voneinander unterscheiden. Es wurde ersichtlich, dass diese Merkmale für die Bedeutung des politischen und sozialen Vertrauens eine Rolle spielen. So waren die Vertrauenseffekte bei den Präferenzen für personenbezogene Maßnahmen, welche die persönliche Verletzlichkeit durch Freiheitseinschränkungen besonders stark thematisieren, am deutlichsten. Vor diesem Hintergrund bedarf es weiterer Studien, welche die Zusammenhänge zwischen wahrgenommenen persönlichen und gesellschaftlichen Risiken von (fehlenden) Policies in diesem Bereich und dem Einfluss von Vertrauen systematisch untersuchen können.

Es gilt herauszustellen, dass das politische Vertrauen keine Ressource darstellt, welche den Handlungsspielraum der Regierenden in dem Sinne erweitert, dass weitreichenden staatlichen Interventionen zur Bekämpfung des Terrorismus eher zugestimmt wird. Von diesem Ergebnis ausgehend sollte der Gedanke weiterverfolgt werden, dass das Vertrauen in Institutionen eines demokratischen Staates verknüpft zu sein scheint mit einer geringeren Zustimmung zu Maßnahmen, welche verschiedene demokratische Grundrechte gefährden können. Zudem sollten bisherige Befunde zu den Effekten politischen Vertrauens dahingehend überprüft werden, welche Arten von Antiterrormaßnahmen durch die Bevölkerung beurteilt wurden. Dabei ist zu erwähnen, dass auch die vorliegende Studie nur eine von vielen möglichen Herangehensweisen an die Erfassung von Präferenzen für Antiterrormaßnahmen darstellt. So wird beispielsweise der Bezug zu bereits umgesetzten Maßnahmen im vorliegenden Fragenprogramm nicht thematisiert. Auch kann nicht geklärt werden, welche Rolle in der Bevölkerung vorhandene Vorstellungen im Zusammenhang mit potenziellen Gefährdern die untersuchten Präferenzen für Antiterrormaßnahmen beeinflussen.

Schließlich ist zu betonen, dass soziales Vertrauen staatliche Interventionen zur Bekämpfung des Terrorismus aus Sicht der Bevölkerung weniger nötig erscheinen lässt. Während in einer Kultur des Misstrauens staatliche Interventionen im Bereich der Inneren Sicherheit stärker gefragt sind, erspart Vertrauen in die Mitmenschen im Zweifel Entscheidungen für Maßnahmen, welche demokratische Freiheits- und Gleichheitsrechte herausfordern können. Eine vergleichende Länderstudie könnte hier prüfen, ob in Ländern mit weniger stark ausgeprägtem sozialem Vertrauen strengere Sicherheitsmaßnahmen ergriffen werden, und damit an die vorliegenden Befunde für Deutschland anknüpfen.

Literatur

Altemeyer, Bob (1988): Enemies of freedom. Understanding right-wing authoritarianism. San Francisco: Jossey-Bass Publishers.

Asbrock, Frank/Fritsche, Immo (2013): Authoritarian reactions to terrorist threat: Who is being threatened, the Me or the We? In: International Journal of Psychology 48: 1, 35–49.

Beelmann, Andreas/Jonas, Kai J. (Hrsg.) (2008): Diskriminierung und Toleranz. Psychologische Grundlagen und Anwendungsperspektiven. Wiesbaden: VS Verlag.

Beierlein, Constanze/Asbrock, Frank/Kauff, Mathias/Schmidt, Peter (2014): Die Kurzskala Autoritarismus (KSA-3). Ein ökonomisches Messinstrument zur Erfassung dreier Subdimensionen autoritärer Einstellungen. GESIS-Working Paper 2014-35. Köln.

Cohrs, J. Christopher/Maes, Jürgen/Moschner, Barbara/Kielmann, Sven (2007): Determinants of Human Rights Attitudes and Behavior: A Comparison and Integration of Psychological Perspectives. In: Political Psychology 28: 4, 441–469.

Daniele, Gianmarco/Geys, Benny (2015): Interpersonal trust and welfare state support. In: European Journal of Political Economy 39: 1, 1–12.

Davis, Darren W. (2007): Negative liberty. Public opinion and the terrorist attacks on America. New York: Russell Sage Foundation.

Davis, Darren W./Silver, Brian D. (2004): Civil Liberties vs. Security: Public Opinion in the Context of the Terrorist Attacks on America. In: American Journal of Political Science 48: 1, 28–46.

Delhey, Jan/Newton, Kenneth/Welzel, Christian (2011): How General Is Trust in „Most People"? Solving the Radius of Trust Problem. In: American Sociological Review 76: 5, 786–807.

Denemark, David (2012): Trust, Efficacy and Opposition to Anti-terrorism Police Power: Australia in Comparative Perspective. In: Australian Journal of Political Science 47: 1, 91–113.

Easton, David (1975): A Re-assessment of the Concept of Political Support. In: British Journal of Political Science 5: 4, 435–457.

Epping, Volker (2007): Grundrechte. 3. aktual. Aufl. Berlin et al.: Springer.

Flammini, Francesco/Setola, Roberto/Franceschetti, Giorgio (Hrsg.) (2013): Effective surveillance for homeland security. Balancing technology and social issues. Boca Raton: CRC Press.

Franke, Siegfried F. (1998): Staatsrecht der Bundesrepublik Deutschland. Grundlagen, Hintergründe und Erläuterungen. Heidelberg: R. v. Decker Verlag.

Fritsche, Immo/Fischer, Peter (2008): Terroristische Bedrohung und soziale Intoleranz. In: Beelmann/Jonas (Hrsg.) 2008: 303–318.

Gabriel, Oscar W./Trüdinger, Eva-Maria (2011): Embellishing Welfare State Reforms? Political Trust and the Support for Welfare State Reforms in Germany. In: German Politics 20: 2, 273–292.

Gambetta, Diego (1988): Can We Trust Trust? In: Gambetta (Hrsg.)1988: 213–237.

Gambetta, Diego (Hrsg.) (1988): Trust. Making and breaking cooperative relations. New York: B. Blackwell.

Gamson, William A. (1968): Power and discontent. Homewood, IL: The Dorsey Press.

Glaeßner, Gert-Joachim (2010): A Change of Paradigm? Law and Order, Anti-Terrorism Policies, and Civil Liberties in Germany. In: German Politics 19: 3-4, 479-496.
Greenberg, Jeff/Koole, Sander L./Pyszczynski, Thomas A. (Hrsg.) (2004): Handbook of experimental existential psychology. New York: Guildford Press.
Hetherington, Marc J. (2006): Why trust matters. Declining political trust and the demise of American liberalism. Princeton, N.J.: Woodstock.
Huq, Aziz Z. (2013): The Political Psychology of Counterterrorism. In: Annual Review of Law and Social Science 9: 1, 71-94.
Jäger, Thomas (Hrsg.) (2011): Die Welt nach 9/11. Auswirkungen des Terrorismus auf Staatenwelt und Gesellschaft. [Sonderheft 2/2011 der Zeitschrift für Außen- und Sicherheitspolitik]. Wiesbaden: VS Verlag.
Joslyn, Mark R./Haider-Markel, Donald P. (2007): Sociotropic Concerns and Support for Counterterrorism Policies. In: Social Science Quarterly 88: 2, 306-319.
Knack, Stephen (2002): Social Capital and the Quality of Government. Evidence from the States. In: American Journal of Political Science 46: 4, 772-785.
Lange, Hans-Jürgen (2006): Innere Sicherheit und der Wandel der Staatlichkeit. In: Schmidt/Zohlnhöfer (Hrsg.) 2006: 87-112.
Leese, Matthias (2013): Perceived Threat: Determinants and Consequences of Fear of Terrorism in Germany. In: Flammini/Setola/Franceschetti (Hrsg.) 2013: 71-85.
Lepsius, Oliver (2005): Liberty, Security, and Terrorism: The Legal Position in Germany. In: German Law Journal 5: 5, 435-460.
Levi, Margaret (1997): Consent, dissent, and patriotism. Cambridge, New York: Cambridge University Press.
Lüdemann, Christian/Schlepper, Christine (2011): Der überwachte Bürger zwischen Apathie und Protest – Eine empirische Studie zum Widerstand gegen staatliche Kontrolle. In: Zurawski (Hrsg.) 2011: 119-138.
Merolla, Jennifer L./Zechmeister, Elizabeth J. (2009): Terrorist Threat, Leadership, and the Vote: Evidence from Three Experiments. In: Political Behavior 31: 4, 575-601.
Misztal, Barbara A. (1996): Trust in modern societies. The search for the bases of social order. Cambridge, U.K./Cambridge, MA: Polity Press/Blackwell Publishers, Inc.
Nakhaie, Reza/de Lint, Willem (2013): Trust and Support for Surveillance Policies in Canadian and American Opinion. In: International Criminal Justice Review 23: 2, 149-169.
Nannestad, Peter (2008): What Have We Learned About Generalized Trust, If Anything? In: Annual Review of Political Science 11: 1, 413-436.
Norris, Pippa (1999): Institutional Explanations for Political Support. In: Norris (Hrsg.) 1999: 217-235.
Norris, Pippa (Hrsg.) (1999): Critical citizens. Global support for democratic governance. Oxford: Oxford University Press.
Pietsch, Carsten/Fiebig, Rüdiger (2011): „Keine besondere Bedrohungslage": Die Einstellungen der deutschen Bevölkerung zu Maßnahmen der Terrorabwehr. In: Jäger (Hrsg.) 2011: 261-284.
Putnam, Robert D. (2000): Bowling alone. The collapse and revival of American community. New York: Simon & Schuster.
Rensen, Hartmut (2011): Der Schutz der Grundrechte in Deutschland nach 9/11. In: Jäger (Hrsg.) 2011: 635-654.

Rothstein, Bo/Stolle, Dietlind (2008): The State and Social Capital. An Institutional Theory of Generalized Trust. In: Comparative Politics 40: 4, 441–459.
Rudolph, Thomas J. (2009): Political Trust, Ideology, and Public Support for Tax Cuts. In: Public Opinion Quarterly 73: 1, 144–158.
Rudolph, Thomas J./Evans, Jillian (2005): Political Trust, Ideology, and Public Support for Government Spending. In: American Journal of Political Science 49: 3, 660–671.
Rykkja, Lise H./Lægreid, Per/Fimreite, Anne L. (2011): Attitudes towards anti-terror measures: the role of trust, political orientation and civil liberties support. In: Critical Studies on Terrorism 4: 2, 219–237.
Schmidt, Manfred G./Zohlnhöfer, Reimut (Hrsg.) (2006): Regieren in der Bundesrepublik Deutschland. Innen- und Außenpolitik seit 1949. Wiesbaden: VS Verlag.
Solomon, Sheldon/Greenberg, Jeff/Pyszczynski, Thomas A. (2004): The cultural animal. Twenty years of terror management theory and research. In: Greenberg/Koole/Pyszczynski (Hrsg.) 2004: 13–34.
Sønderskov, Kim M. /Dinesen, Peter T. (2016): Trusting the State, Trusting Each Other? The Effect of Institutional Trust on Social Trust. In: Political Behavior 38: 1, 179–202.
Stolle, Dietlind (2002): Trusting Strangers – The Concept of Generalized Trust in Perspective. In: Austrian Journal of Political Science 31: 4, 397–412.
Sturgis, Patrick/Smith, Patten (2010): Assessing the Validity of Generalized Trust Questions. What Kind of Trust are we Measuring? In: International Journal of Public Opinion Research 22: 1, 74–92.
Uslaner, Eric M. (2002): The moral foundations of trust. New York: Cambridge University Press.
Waldron, Jeremy (2003): Security and Liberty: The Image of Balance. In: The Journal of Political Philosophy 11: 2, 191–210.
Weatherford, M. Stephen (1987): How does government performance influence political support? In: Political Behavior 9: 1, 5–28.
Zmerli, Sonja/Newton, Ken (2008): Social Trust and Attitudes Toward Democracy. In: Public Opinion Quarterly 72: 4, 706–724.
Zurawski, Nils (Hrsg.) (2011): Überwachungspraxen – Praktiken der Überwachung. Analysen zum Verhältnis von Alltag, Technik und Kontrolle. Opladen et al.: Budrich UniPress.

Anhang

Frageformulierungen, Operationalisierungen und deskriptive Statistiken

Bewertung staatlicher Antiterrormaßnahmen: Welche der folgenden Maßnahmen sollten staatliche Stellen Ihrer Meinung nach anwenden dürfen, um den Terrorismus zu bekämpfen? Skala von 1 bis 7: 1 stimme überhaupt nicht zu, 7 stimme voll und ganz zu. Untersuchte Maßnahmen und additive Indizes aus den extrahierten Faktoren: siehe Tabelle 1.

Politisches Vertrauen: Und wie sehr vertrauen Sie persönlich folgenden Einrichtungen? Skala von 1 bis 7: 1 vertraue überhaupt nicht, 7 vertraue voll und ganz.
– Dem Bundestag?
– Der Bundesregierung?
– Der Justiz?
– Der Polizei?
– Dem Bundesverfassungsgericht?
(Additiver Index, rekodiert, 0–1). Mittelwert (MW): 0,60, Standardabweichung (SD): 0,20, N: 1 970.

Soziales Vertrauen: Glauben Sie, dass man den meisten Menschen vertrauen kann oder dass man im Umgang mit anderen Menschen nicht vorsichtig genug sein kann? Skala von 1 bis 7: 1 nicht vorsichtig genug, 7 den meisten kann man vertrauen (rekodiert, 0–1). MW: 0,50, SD: 0,26, N: 1 994.

Autoritarismus: Und was halten Sie von folgenden Aussagen? Skala von 1 bis 7: 1 stimme überhaupt nicht zu, 7 stimme voll und ganz zu.
– Gegen Nichtstuer sollte in der Gesellschaft mit aller Härte vorgegangen werden.
– Unruhestifter sollten deutlich zu spüren bekommen, dass sie in der Gesellschaft unerwünscht sind.
– Gesellschaftliche Regeln sollten ohne Mitleid durchgesetzt werden.
– Menschen sollten wichtige Entscheidungen in der Gesellschaft Führungspersonen überlassen.

- Wir sollten dankbar sein für führende Köpfe, die uns genau sagen, was wir tun können.
- Bewährte Verhaltensweisen sollten nicht in Frage gestellt werden.
- Es ist immer das Beste, Dinge in der üblichen Art und Weise zu machen.

(Additiver Index, rekodiert, 0–1). MW: 0,44, SD: 0,21, N: 1 883.

Bedrohungswahrnehmungen: Uns interessiert, inwieweit Sie sich persönlich zurzeit vor verschiedenen Dingen fürchten. Skala von 1 bis 7: 1 fürchte mich überhaupt nicht, 7 fürchte mich äußerst stark.
- Dass Sie Opfer eines Terroranschlags werden?
- Dass in Deutschland Terroranschläge verübt werden?
- Dass Sie Opfer eines Wohnungseinbruchs werden?
- Dass Sie Opfer eines Überfalls werden?

(Additiver Index, rekodiert, 0–1). MW: 0,45, SD: 0,25, N: 1 995.

Wahrgenommene Policy-Effektivität: Nun kommen wir zu den Folgen staatlicher Sicherheitsmaßnahmen. Was denken Sie:
- Können staatliche Sicherheitsmaßnahmen Terroranschläge in Deutschland auf keinen Fall verhindern (1), eher nicht verhindern (2), eher verhindern (3) oder auf jeden Fall verhindern (4)?
- Können staatliche Sicherheitsmaßnahmen die Zahl von Straftaten in Deutschland auf keinen Fall senken (1), eher nicht senken (2), eher senken (3) oder auf jeden Fall senken (4)?

(Additiver Index, rekodiert, 0–1). MW: 0,61, SD: 0,21, N: 1 981.

Alter: Sagen Sie mir bitte, in welchem Jahr Sie geboren sind? (rekodiert: 0,18 bis 0,96) MW: 0,50, SD: 0,18, N: 1 987.

Geschlecht: Sie sind: männlich (0)? weiblich (1)? 52 Prozent Frauen, N: 2 004.

Bildung: Was ist der höchste allgemeinbildende Schulabschluss, den Sie erreicht haben? Schule beendet ohne Abschluss, Volks-/Hauptschulabschluss bzw. Polytechnische Oberschule mit Abschluss 8. oder 9. Klasse, Mittlere Reife/Realschulabschluss bzw. Polytechnische Oberschule mit Abschluss 10. Klasse, Fachhochschulreife (Abschluss einer Fachoberschule etc.), Abitur bzw. Erweiterte Oberschule mit Abschluss 12. Klasse (Hochschulreife) (Fünfstufige Bildungsskala, rekodiert, 0–1). MW: 0,71, SD: 0,29, N: 1 977.

Die Bundeswehr als Sicherheitsgarant? Sicherheitsbewertungen und Bedrohungswahrnehmungen der deutschen Bevölkerung

Heiko Biehl und Chariklia Rothbart

1 Einleitung

Die Folgen des sicherheitspolitischen Wandels von 1989–1991 für die Bundesrepublik Deutschland sind ausführlich beschrieben und analysiert worden: An die Stelle der Teilung Deutschlands und der unmittelbaren Bedrohung durch die Streitkräfte des Warschauer Paktes sind internationale Dynamiken und globale Gefährdungen getreten, die von regionalen Instabilitäten, über staatliche Zerfallsprozesse und transnationalen Terrorismus bis hin zu Risiken ökonomischer, sozialer und ökologischer Natur reichen, die zuvor nicht zwingend in den sicherheitspolitischen Zuständigkeitsbereich gerechnet wurden. Im Ergebnis stellt sich die sicherheitspolitische Lage unübersichtlicher, fluider und diffuser dar als zur Zeit des Ost-West-Konflikts. In Reaktion auf diese Entwicklung und oftmals eher auf Drängen der Partner als aus eigenem Antrieb ist an die Stelle der Verteidigungspolitik der Bonner Republik das sicherheitspolitische Krisen- und Konfliktmanagement der Berliner Republik getreten. In offiziellen Stellungnahmen – etwa im Weißbuch (Bundesministerium der Verteidigung 2016: 50) – liest sich dieser Wandel folgendermaßen: „Krisen, Konflikte, Staatenzerfall und humanitäre Notlagen wirken sich auf unmittelbar betroffene Staaten und Regionen, mittelbar aber auch auf Deutschland und Europa aus. Je früher Krisen und Konflikten durch präventive Maßnahmen begegnet wird, desto größer ist die Chance, eine Eskalation zu verhindern und Stabilität zu erreichen. Deutschland muss sich entsprechend seiner Betroffenheit und seinen Möglichkeiten an der Prävention, Stabilisierung und Nachsorge von Krisen und Konflikten beteiligen." Knapper und knackiger hat zuvor der damalige Verteidigungsminister Struck diese Logik in ein mittlerweile geflügeltes Wort gekleidet: „Die Sicherheit der Bundesrepublik Deutschland wird auch am Hindukusch verteidigt."

Die Forschung hat sich in verschiedenen Feldern und mit unterschiedlichen Zugängen dieser Wandlungen angenommen. Neben sicherheitspolitische

Analysen treten politikwissenschaftliche Arbeiten, die sowohl die Erweiterung des Sicherheitsbegriffs (Daase 2010; Heinrich/Lange 2009; Ullman 1983) als auch die Gefährdungen beschreiben, die mit der *securitization* (Buzan et al. 1998; Frevel/John 2014) einhergehen. Sozialwissenschaftliche Studien haben die Folgen für die Bundeswehr, für die Soldatinnen und Soldaten sowie für die Beziehungen zwischen Streitkräften und Gesellschaft herausgearbeitet (Leonhard/Werkner 2012). Gerade weil die Haltungen der Bevölkerung als wesentliche Restriktion eines sicherheitspolitisch aktiveren und militärisch offensiveren Handelns gelten, liegen mehrere Studien zu Ausprägungen, Verlauf und Einflussgrößen des hiesigen sicherheits- und verteidigungspolitischen Meinungsbildes vor (Biehl/Schoen 2015; Rattinger et al. 2016). Woran es bislang jedoch mangelt, ist eine empirische Überprüfung, ob die in den obigen Ausführungen vertretene Logik von der Bevölkerung geteilt wird: Versteht sie das Engagement der Streitkräfte in Afghanistan und in den anderen Auslandseinsätzen als Beitrag zur Verteidigung Deutschlands? Inwiefern erkennen die Bürgerinnen und Bürger in den militärischen Missionen einen Beitrag nicht nur zur nationalen Verteidigungs- und Sicherheitspolitik, sondern zu ihrer eigenen, zu ihrer persönlichen Sicherheit? Führen Unsicherheit und Bedrohungswahrnehmungen zum Wunsch nach verstärktem Engagement Deutschlands und zur Unterstützung von Missionen der Bundeswehr? Oder sieht die Bevölkerung eher Gefahren und Unsicherheiten mit den Auslandseinsätzen einhergehen? Es fehlt mithin an einer Mikrofundierung des Zusammenhangs von Bedrohungen und Sicherheitsrisiken einerseits und außen- und sicherheitspolitischen Maßnahmen andererseits.

Diese Thematik wird für die nachstehende Analyse in zwei Forschungsperspektiven untergliedert: Zunächst werden die Bedingungen und Entwicklungen betrachtet, die das Sicherheits- und Bedrohungsempfinden der Bevölkerung beeinflussen. Dabei ist zwischen einer globalen, einer nationalen und einer persönlichen Dimension der Sicherheitswahrnehmung zu unterscheiden (Pötzschke 2016: 30 f.). Ausgehend von dieser Differenzierung gerät in den Blick, was zur Bedrohungs- und (Un-)Sicherheitswahrnehmung der Bevölkerung beiträgt. Anschließend wird geprüft, ob und inwieweit Sicherheits- und Bedrohungseinschätzungen zur Unterstützung bzw. Ablehnung von sicherheits- und verteidigungspolitischen Aktivitäten sowie von Engagements der Bundeswehr führen. Um diesen Fragen nachzugehen, werden im nächsten Schritt der Stand der Forschung aufbereitet und empirisch überprüfbare Hypothesen abgeleitet (Kapitel 2). Im Anschluss an eine kurze Vorstellung der Datengrundlage wird das Sicherheits- und Bedrohungsempfinden der deutschen Bevölkerung beschrieben, deren Struktur analysiert sowie deren Wirkung auf sicherheits- und verteidigungspolitische Einstellungen überprüft. Im Ergebnis zeigt sich eine komplexe Koppelung von Sicherheits- und Bedrohungswahrnehmung einerseits und Policy-Präferenzen andererseits (Kapitel 3). Abschließend wird diskutiert, welche Implikationen dieser Befund für Forschung, Sicherheitspolitik und Streitkräfte hat (Kapitel 4).

2 Forschungsstand

2.1 Forschung zum Verhältnis von Sicherheitsbewertungen und Bedrohungswahrnehmungen

Im ersten Schritt wird das Verhältnis von Bedrohungswahrnehmungen und Sicherheitsempfinden untersucht. Dabei geht es weniger um die Frage, wie stark sich die Bürgerinnen und Bürger von verschiedenen Aspekten bedroht fühlen, sondern vielmehr darum, den Einfluss verschiedener Bedrohungen auf das Sicherheitsgefühl in der Bevölkerung zu bestimmen. Darüber hinaus wird beleuchtet, ob dieser in der Forschung oft postulierte Zusammenhang tatsächlich einseitig besteht, oder aber die Perzeptionen von Bedrohung und Sicherheit sich wechselseitig beeinflussen.

Eine allgemeingültige Definition von Sicherheit findet sich in der Forschung nicht, da der Sicherheitsbegriff maßgeblich vom Bezugsrahmen (wessen Sicherheit?) und entsprechenden Ursachen bzw. Gefahren determiniert ist (Frevel 2016: 3–8). Zumeist wird davon ausgegangen, dass der Eindruck von Bedrohungen auf die subjektive Sicherheit, welche als Zustand verstanden wird, wirkt (Holst 1998). Bedrohungswahrnehmungen werden dabei als Einstellung zu oder Bewertung von Objekten verstanden. Sowohl die Perzeption von Bedrohungen als auch das daraus resultierende (Un-)Sicherheitsempfinden sind demnach Ergebnisse der „individuellen Informations-, Informationsverarbeitungs- und Lebensbewältigungsfähigkeit; eine Frage des Selbst- und Gesellschaftskonzepts" (Gusy 2010: 116). Wie die bisherige Forschung zeigt, ist die Bewertung von Bedrohungen und Sicherheit äußerst komplex und wird durch eine Vielzahl von unterschiedlichen Faktoren beeinflusst. Es wird davon ausgegangen, dass neben realen (objektiven) Gefahren vor allem individuelle und soziale Merkmale sowie Prädispositionen, persönliche Erfahrungen, politische Faktoren und nicht zuletzt die modernen Massenmedien auf die Wahrnehmung der Bürgerinnen und Bürger wirken. Die theoretische Grundlage für diese Annahmen bilden dabei zumeist zwei Ansätze der Risikoforschung (Guasti/Mansfeldova 2013; Sjöberg 2000). Einerseits die kulturtheoretische Risikoforschung (Douglas/Wildavsky 1982), wonach individuelle Einstellungen und Werte einer Person die Wahrnehmung von Gefahren bestimmen. Andererseits geht die psychometrische Risikoforschung (Fischhoff et al. 1978) davon aus, dass Bedrohungsempfindungen das Ergebnis sozialer Bewertungen und Zuschreibungen von Gefahren sind.

Mit einem sozialpsychologischen Verständnis von Einstellung (vgl. bspw. Arson et al. 2008: 194–199) wird der subjektiven Einschätzung von Sicherheit eine affektive, eine kognitive und eine Verhaltenskomponente unterstellt (vgl. Hummelsheim/Oberwittler 2014: 56). Davon ausgehend, dass Bedrohungs- und Sicherheitswahrnehmungen der affektiven und Risikoeinschätzungen der kognitiven Dimension von Sicherheit zugeordnet werden können, fokussieren sich die folgenden Überlegungen auf die gefühlsmäßige Komponente von Sicherheit (vgl. Krasmann et al. 2014: 32). Hierbei wird die Perzeption von Bedrohungen betrachtet und deren Einfluss auf das subjektive Sicherheitsempfinden, analog zu einschlägigen Forschungsarbeiten (bspw. Huddy et al. 2002; Sjöberg 2000), sowohl auf der persönlichen als auch auf der nationalstaatlichen und weltweiten Referenzebene untersucht.

Empirische Studien belegen, dass – wie zu erwarten – Bedrohungen das Sicherheitsempfinden der Befragten wesentlich beeinflussen. Jedoch gilt dies nicht für jegliche Gefährdung gleichermaßen. Vielmehr zeigt sich eine Relevanzhierarchie der Unsicherheiten. So weist Rüdiger Fiebig (2009: 127) auf Basis einer Bevölkerungsbefragung nach, dass sich sicherheitspolitische Gefährdungen in drei Dimensionen zusammenfassen lassen: In der ersten Kategorie finden sich klassisch militärische Aspekte wie die Furcht vor einem Angriff auf die Bundesrepublik oder die Sorge vor Kriegen und Konflikten in der Welt. Zur selben Dimension gehören aber auch Gefährdungen, wie die Sorgen vor religiösem Fundamentalismus, politischem Extremismus und Zuwanderung nach Deutschland, die eher dem Bereich der inneren Sicherheit zuzurechnen sind. Diese Bedrohungsfacetten sind durch die von Fiebig gewählte Bezeichnung „militärische/terroristische Bedrohungen" nicht gänzlich erfasst. Daneben zeigt sich ein Faktor, der ökologische Risiken abbildet, und ein Faktor, der wirtschaftliche und soziale Unsicherheiten umfasst. Auf Basis der Transatlantic-Trends-Daten unterscheiden Wagner et al. (2015: 273–277) für die USA und Deutschland zwischen „harten" Bedrohungen militärisch-terroristischer Natur und „weichen" Bedrohungen wie globaler Erwärmung und der Ausbreitung von Krankheiten. Die ebenfalls international vergleichende Studie „Strategische Kulturen in Europa" weist wiederum eine dreifache Dimensionalität der Bedrohungswahrnehmungen nach (Biehl/Fiebig 2011: 104). Auf der Basis eines verkürzten und modifizierten Item-Sets wurden in acht europäischen Ländern die Gefahreneinschätzungen der Bevölkerungen verglichen. Es kristallisiert sich ein Dreiklang aus militärisch-terroristischen, ökonomischen und ökologischen Risiken heraus. Wie sich sowohl im nationalen als auch im internationalen Rahmen – ungeachtet gewisser Abweichungen zwischen den acht betrachteten Ländern – zeigt, wirken diese nicht gleichermaßen auf das Sicherheitsempfinden. Wesentlich für die Einschätzung der persönlichen Sicherheit sind vor allem die militärisch-terroristischen und sozio-ökonomischen Aspekte. Wer diese Gefährdungen als bedrohlicher empfindet, fühlt sich unsicherer. Ökologische Risiken nehmen keinen wesentlichen eigenständigen Einfluss auf die persönliche Sicherheitsbewertung (Biehl/Fiebig 2011: 105; Fiebig 2009: 130). Ähnliche Zusammenhänge finden sich für die 1990er-Jahre bereits bei Christian Holst. Dieser erklärt den fehlenden Einfluss von ökologischen Bedrohungen, indem er die Wirkungskette umdreht (Holst 1998: 304). Seiner Auffassung nach hängt die Wahrnehmung ökologischer Bedrohungen vom individuellen Sicherheitsgefühl ab. Sind – im Maslowschen Sinne (Maslow 1943) – Basisbedürfnisse befriedigt, d.h. existenzielle (sicherheitspolitische und sozio-ökonomische) Bedrohungen und ist damit das Unsicherheitsgefühl gering, geraten nicht-existenzielle (ökologische) Bedrohungen stärker in den Fokus. In der nachfolgenden Analyse werden daher zunächst die gemessenen Bedrohungen auf ihre Dimensionalität getestet. Anschließend wird der Einfluss der Bedrohungswahrnehmung auf das Sicherheitsempfinden der Bürgerinnen und Bürger untersucht. Entsprechend der hier vorgestellten Befunde sollten vor allem sicherheitspolitische und sozio-ökonomische Faktoren die Perzeption von Sicherheit determinieren.

Wie bereits dargestellt, wird davon ausgegangen, dass Bedrohungs- und (Un-)Sicherheitsgefühle eine Folge individueller Wahrnehmungen und Einschätzungen sind, die maßgeblich durch sozialstrukturelle und persönlichkeitsspezifische Faktoren des Individuums geprägt sind. Insgesamt scheinen vermeintlich „verwundbare" Bevölkerungsgruppen eher Bedrohungen wahrzunehmen (Eisenman et al. 2009; Nellis 2009). Empirische Untersuchungen unterstreichen wiederholt den Einfluss von Geschlecht, Alter, Bildung, Einkommen, Wohnort und psychosozialen Aspekten. Eine höhere Bedrohungswahrnehmung von sicherheitspolitischen Aspekten findet sich meist bei Frauen (u.a. Nellis 2009; Skitka et al. 2006; Wilcox et al. 2009), Älteren (u.a. Goodwin et al. 2005; Lemyre et al. 2006; Skitka et al. 2006), Personen mit niedrigem Einkommen (Skitka et al. 2006; Wilcox et al. 2009), wenig Selbstbewusstsein (Harber et al. 2011) und geringer sozialer Einbindung (Huddy et al. 2007). Die Ergebnisse zum Einfluss des Bildungsniveaus auf sicherheitspolitische Ängste sind uneinheitlich. In die nachstehenden Analysen wird aufgrund der benannten Zusammenhänge eine Vielzahl an soziodemografischen Merkmalen integriert.

Infolge der veränderten sicherheitspolitischen Lage und der Terroranschläge auf das World Trade Center und das Pentagon im Jahr 2001 sind in der amerikanischen Forschung vor allem terroristische Bedrohungen in den Fokus der wissenschaftlichen Studien gerückt. Untersucht wird, inwieweit sich die Perzeption von Bedrohung und Sicherheit nach 9/11 verändert hat, welche Aspekte diese Wahrnehmung determinieren und welche Konsequenzen terroristische Bedrohungen auf das Verhalten der US-amerikanischen Bürgerinnen und Bürger und ihre Einstellungen zu innen- und außenpolitischen Maßnahmen der Terrorbekämpfung haben. Huddy und Kollegen betrachten die Perzeption von Sicherheit dabei nicht ausschließlich als abhängiges Konstrukt, sondern gehen davon aus, dass das Sicherheitsempfinden selbst – als eine stabile Persönlichkeitseigenschaft – determiniert, ob und wie Bedrohungen wahrgenommen werden und welchen Einfluss diese auf das Individuum haben. In verschiedenen empirischen Studien wird diese Annahme untermauert (Huddy et al. 2007; Huddy/Feldman 2011). Es zeigt sich, dass Personen, die sich sicherer fühlen, terroristische Bedrohungen weniger wahrnehmen und bei ihnen darüber hinaus gefühlte Bedrohungen weniger stark bzw. in anderer Weise auf innen- und außenpolitische Einstellungen wirken. Dieser Interaktionseffekt ist zu berücksichtigen, wenn Wirkungen von Sicherheits- und Bedrohungswahrnehmungen auf Einstellungen und Verhalten betrachtet werden.

2.2 Forschung zur Wirkung von Sicherheitsbewertungen und Bedrohungswahrnehmungen

Im zweiten Schritt sind die Wirkungen von Sicherheits- und Bedrohungswahrnehmungen auf sicherheitspolitische Einstellungen in den Blick zu nehmen. Analysiert wird nachfolgend zum einen die generelle Haltung zu militärischen – im Verhältnis zu diplomatischen – Instrumenten, um die grundlegende Position eines Befragten zu sicherheitspolitischen Mitteln zu erfassen. Damit gerät in den Blick, inwiefern die Akzeptanz militärischer Maßnahmen von Sicherheits- und Bedrohungswahrnehmungen abhängt. Zum anderen wird die Zustimmung zu den laufenden Bundeswehrmissionen betrachtet, da sich daran in den letzten Jahrzehnten die meisten sicherheitspolitischen Debatten – auch in der breiteren Öffentlichkeit – entfacht haben. Zudem stellen Militäreinsätze die Konkretisierung der sicherheitspolitischen Logik dar, durch Interventionen Krisen und Konflikte auf Distanz zu halten und somit zur Sicherheit Deutschlands und seiner Bürgerinnen und Bürger beizutragen (Bundesministerium der Verteidigung 2011: 5). Prinzipiell sind drei Ausprägungen des Zusammenhangs von sicherheitspolitischen Fragen und Engagements der Streitkräfte denkbar:

Erstens könnten höhere Bedrohungswahrnehmungen und größere Unsicherheiten zur Befürwortung einer ausgreifenden und aktiven Sicherheits- und Verteidigungspolitik führen. Demnach sollte, wer sich bedroht und unsicher fühlt, eher bereit sein, sicherheitspolitisches Agieren unter Einschluss militärischer Missionen zu unterstützen. In einer solchen Perspektive wäre eine aktive Sicherheitspolitik das adäquate Mittel, um Bedrohungen mittels eines internationalen Krisen- und Konfliktmanagements entgegenzuwirken. Streitkräfte könnten als Sicherheitsgaranten gelten, deren Einsatz notwendig ist, um aufkommenden Gefährdungen frühzeitig und falls notwendig in größerer geografischer Distanz zu begegnen. Mit dem Einsatz – auch – militärischer Mittel wäre die Erwartung verbunden, dass diese zu einer Reduzierung von Gefahren beitragen, Konflikte fernhalten und die persönliche, nationale wie globale Sicherheit verbessern. In der wissenschaftlichen Literatur wie in der praktischen Politik steht diese Argumentation hinter den Schlagwörtern erweiterter Sicherheitsbegriff und internationales Krisen- und Konfliktmanagement.

Zweitens ist ein gegenteiliger Zusammenhang vorstellbar, wie ihn vor allem Kritiker einer aktiven Sicherheitspolitik und militärischen Engagements vertreten (vgl. etwa die Debatten in der Zeitschrift WeltTrends, u.a. Kleinwächter 2014). Demnach führten größere Bedrohung und Unsicherheit zur Ablehnung militärischer Aktivitäten. Je unsicherer und bedrohter sich jemand fühlt, desto geringer wäre seine Unterstützung für eine aktive Sicherheitspolitik und Missionen der Streitkräfte. Für den Golfkrieg 1991 hat Harald Schoen

(2006) nachgewiesen, dass Angstgefühle die Präferenzen der Befragten beeinflussen. Wer persönliche Angst empfindet, der lehnt ein militärisches Agieren eher ab. Dahinter steht die Überzeugung, dass sicherheitspolitische und erst recht militärische Engagements mehr Risiken und Gefahren mit sich bringen, als dass sie Nutzen und Sicherheit stiften. Aus militärskeptischer Sicht wird dann bezweifelt, dass Einsätze wirkungsvoll gegenüber Bedrohungen sind. Im Gegenteil: Die Entsendung von Soldatinnen und Soldaten befördere vielmehr – und provoziere zuweilen erst – Gefahren und Bedrohungen. Auf eine solche Wahrnehmung zielt die terroristische Agitation, die Anschläge in Zusammenhang mit den militärischen Engagements von Staaten stellt. Dass diese Logik bei einem Teil der bundesdeutschen Bevölkerung verfängt, zeigen Umfragen zum Afghanistaneinsatz. Nach dessen Konsequenzen befragt, erkennt zwar ein gutes Viertel der Befragten positive Wirkungen auf die Sicherheitslage in Deutschland, ein knappes Viertel jedoch negative Konsequenzen (Wanner/Biehl 2014: 54; s. auch Petersen 2010).

Die beiden vorgestellten Zusammenhänge stehen sich in ihrer Substanz und mit Blick auf ihre praktische Relevanz konträr gegenüber. Im Hinblick auf ihre interne Konsistenz unterliegen sie – bei unterschiedlichen Vorzeichen – jedoch der gleichen Logik: Sicherheits- und Bedrohungswahrnehmungen bedingen außen- und sicherheitspolitische Präferenzen.

Zwei empirisch bewährte Erklärungsansätze sprechen für die Plausibilität dieses Zusammenhangs. Zum einen ist bekannt, dass die Erfolgserwartungen eines Einsatzes wesentlich für dessen öffentliche Unterstützung sind (für die USA: Gelpi et al. 2009; für Deutschland: Mader/Fiebig 2015). Demnach befürworten die Bürgerinnen und Bürger eine Mission, wenn sie erwarten, dass diese zu einem guten Ende geführt wird. Ein solcher Ansatz unterstellt ein Kalkül aus Kosten und Nutzen von sicherheitspolitischen und militärischen Engagements, deren Bilanz wesentlich für die Haltung des Einzelnen ist. Angelehnt an diese Perspektive kann für die hier verfolgte Forschungsfrage ein Abwägen von Sicherheits- und Bedrohungsempfinden und sicherheitspolitischen Maßnahmen angenommen werden. Zum anderen lässt sich ein solcher Zusammenhang mittels des Principal Policy Objective Approach (PPO) plausibilisieren (Jentleson 1992). Dieser Ansatz geht davon aus, dass die Unterstützung von sicherheitspolitischen Maßnahmen und militärischen Missionen zuvorderst von deren Zielsetzungen abhängig ist. Werden diese von den Bürgerinnen und Bürgern als legitim angesehen, erfahren sie gesellschaftlichen Zuspruch. Umgekehrt gilt, dass Einsätze kritisch gesehen werden, wenn die damit verfolgten Absichten nicht überzeugen können. Der PPO betont somit die Relevanz sozialer Legitimität sicherheitspolitischer Maßnahmen. Ein etwaiger Zusammenhang von Bedrohungs- bzw. Sicherheitsempfinden und der Haltung zu sicherheits- und verteidigungspolitischen Aktivitäten kann folglich als Ausdruck der zugeschriebenen Erfolgschancen und Sinnhaftigkeit konzeptualisiert werden.

Im Unterschied zu den bisherigen Überlegungen ist drittens vorstellbar, dass keine Systematik zwischen Bedrohungs- und Sicherheitsempfinden einerseits und außen- und sicherheitspolitischen Einstellungen anderseits vorliegt. Demnach fehlte es an substanziellen Zusammenhängen zwischen der wahrgenommenen Bedrohung, die jemand persönlich, für sein Land oder weltweit empfindet, und den sicherheitspolitischen und militärischen Maßnahmen, die er unterstützt. Diese Position steht in der Tradition der frühen Beobachter der sicherheitspolitischen öffentlichen Meinung. Insbesondere Walter Lippmann sowie Gabriel Almond (1956) vertraten die Auffassung, dass die Bürgerinnen und Bürger wenig Berührungspunkte und geringe Kenntnis zur Außen- und Sicherheitspolitik hätten. Entsprechend unbeständig, wenig strukturiert und in der Konsequenz leicht beeinflussbar seien ihre außen- und sicherheitspolitischen Haltungen. Dem steht seit einigen Jahrzehnten ein „neuer" Konsens entgegen, wonach man es mit einer rationalen Öffentlichkeit zu tun hat, die außen- und sicherheitspolitischen Entscheidungen Handlungsgrenzen setzt. Empirische Studien haben nachgewiesen, dass sich Struktur und Stabilität der sicherheitspolitischen Orientierungen nicht wesentlich von den Einstellungen zu anderen Politikfeldern unterscheiden (vgl. Isernia et al. 2002; Page/Shapiro 1992). Allerdings ist zuzugestehen, dass diese Einsicht noch nicht bei allen Protagonisten angekommen ist. So sind aus Wissenschaft, Politik und Streitkräften immer wieder Stimmen zu vernehmen, die Haltungen der Bevölkerung als uninformiert, leicht manipulierbar und sprunghaft charakterisieren. Einen solchen Eindruck verstärken die sicherheitspolitischen Veränderungen seit Ende des Ost-West-Konflikts, die insbesondere für die Bundesrepublik einschneidend (gewesen) sind. An die Stelle einer spezifischen militärischen Bedrohung durch die Streitkräfte des Warschauer Pakts ist eine Bandbreite von Gefahren und Risiken getreten, die sowohl konventionell militärische als auch terroristische Aspekte sowie soziale, wirtschaftliche und ökologische Entwicklungen umfassen. Hinzu kommt die geografische Entfernung von Krisen und Konflikten. Standen sich bis 1990 noch zwei Blöcke in Europa und in Deutschland gegenüber, sind die Konfliktherde seitdem weiter entfernt: sei es auf dem Balkan, im Nahen und Mittleren Osten oder in Zentralasien. In der Folge sind sicherheitspolitische Bedrohungen räumlich entrückt, unkonkreter und diffuser geworden. Sicherheitspolitische Themen und Maßnahmen weisen einen geringen Bezug zur Lebenswelt der meisten Bundesbürger auf.

Falls sich für die Gesamtbevölkerung kein systematischer Einfluss der Sicherheits- und Bedrohungswahrnehmung auf die Präferenz für diplomatische bzw. militärische Instrumente und die Akzeptanz von Bundeswehreinsätzen zeigt, dann sollten sich diese aus anderen Quellen speisen, die die Forschung herausgearbeitet hat. So haben diverse Studien die Relevanz grundlegender sicherheitspolitischer Einstellungen nachgewiesen (u.a. Hurwitz/Peffley 1987; Wittkopf 1990). Diese Grundorientierungen beeinflussen die Position des Einzelnen zu konkreten Sachfragen. Für den deutschen Kontext sind vier Dimensionen wesentlich (Mader 2015; Mader/Fiebig 2015), die sich anhand folgender Fragen konkretisieren lassen: Kommt der Einsatz militärischer Mittel überhaupt in Betracht oder lehnt man diesen grundsätzlich ab (Militarismus vs. Pazifismus)? Soll sich das eigene Land in internationalen Konflikten und Krisen engagieren oder aus ihnen heraushalten und auf die Bewältigung eigener, innenpolitischer Probleme konzentrieren (Internationalismus vs. Isolationismus)? Sollen sicherheits- und verteidigungspolitische Maßnahmen mit den internationalen Partnern abgestimmt sein oder soll ggf. alleine gehandelt werden (Multilateralismus vs. Unilateralismus)? Diese Dimension stellt aufgrund der begrenzten Möglichkeiten und Ressourcen für die meisten europäischen Staaten eine eher theoretische als praktische Alternative dar. Daher wird zuweilen eine vierte Dimension ergänzt, die in der Außen- und Sicherheitspolitik eine hohe praktische Relevanz besitzt: In welchem internationalen Rahmen soll die nationale Sicherheits- und Verteidigungspolitik primär eingebunden sein? In den transatlantischen Kontext, unter Führung der Vereinigten Staaten, oder über einen primär europäischen, wie er zuletzt in der Gemeinsamen Sicherheits- und Verteidigungspolitik (GSVP) seinen – zumindest konzeptionellen – Ausdruck gefunden hat (Atlantizismus vs. Europäisierung)? Neben den grundlegenden außen- und sicherheitspolitischen Orientierungen ist die generelle Haltung zu den Streitkräften bekanntermaßen wesentlich für sicherheitspolitische Einstellungen. Wie jemand zur Bundeswehr steht, bestimmt seine Position zu diversen sicherheits- und verteidigungspolitischen Sachfragen (Steinbrecher et al. 2017). Entsprechend sollte die Befürwortung einer Mission umso nachdrücklicher sein, je positiver die Bundeswehr gesehen wird. Daneben ist zu kontrollieren, inwieweit die Zugehörigkeit zu einer sozialen Gruppierung Einfluss nimmt. Aus der Forschung ist bekannt, dass Frauen, Ältere, Niedriggebildete, sozial Schwächere, Ostdeutsche und Anhänger der Linken skeptischer gegenüber militärischen Engagements sind, während diese bei Männern, Jüngeren, Höhergebildeten, Bessergestellten, Westdeutschen und Anhängern der Regierungsparteien auf höhere Zustimmung treffen (Biehl 2016). In den nachstehenden Analysen werden deshalb diese Größen parallel zur Sicherheits- und Bedrohungswahrnehmung in ihrer Wirkung auf die sicherheits- und verteidigungspolitischen Haltungen geprüft.

3 Analysen

Die Datengrundlage der nachstehenden Analysen bildet die Bevölkerungsbefragung des Zentrums für Militärgeschichte und Sozialwissenschaften der Bundeswehr (ZMSBw). In der seit 1996 jährlich durchgeführten, repräsentativen Studie werden Einstellungen und Meinungen der Bürgerinnen und Bürger zu sicherheits- und verteidigungspolitischen Fragen erhoben. Sie bildet damit die längste Zeitreihe sicherheits- und verteidigungspolitischer Umfragen in Deutschland ab.[1] Das Markt- und Meinungsforschungsinstitut IPSOS hat die Erhebung im Jahr 2016 durchgeführt. Für die Studie wurde die Grundgesamtheit definiert als deutschsprachige Bevölkerung ab 16 Jahren in Privathaushalten in Deutschland. Die Auswahl der Personen in der Stichprobe erfolgte zufällig in einem mehrstufig geschichteten Verfahren. Im Rahmen computergestützter persönlicher Interviews (CAPI) wurden in einem Zeitraum von etwa 5 Wochen (17. Mai bis 19. Juni 2016) 2 295 Nettointerviews durchgeführt. Die erhobenen Daten wurden nach den Merkmalen Alter, Geschlecht, Bildung und Ortsgröße gewichtet.[2]

Seit Anfang der 2000er-Jahre erfasst die Bevölkerungsbefragung des ZMSBw das persönliche Sicherheitsempfinden der Bürgerinnen und Bürger, seit 2006 deren Bewertung der nationalen und seit 2015 deren Einschätzung

---

1 Forschungsberichte zur Bevölkerungsbefragung sowie nähere Informationen zum ZMSBw sind auf der Homepage des ZMSBw zu finden: <http://www.zmsbw.de/>.
2 Hinweise zur Operationalisierung aller verwendeten Variablen sowie entsprechende deskriptive Statistiken befinden sich in Tabelle A1 im Anhang.

der globalen Sicherheitslage.³ Dabei zeigt sich über anderthalb Jahrzehnte ein dynamischer Verlauf, der sicherheitspolitische und sozio-ökonomische Entwicklungen spiegelt.

Abbildung 1: Sicherheitsempfinden im Zeitverlauf

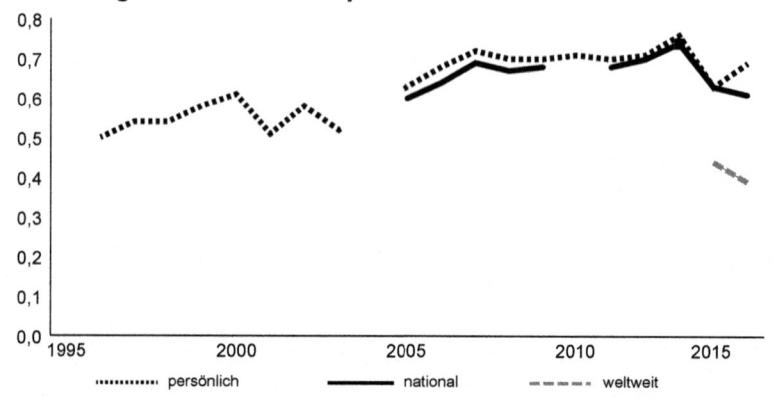

Anmerkungen: Zur besseren Vergleichbarkeit wurden die Items auf den Wertebereich zwischen 0 (sehr unsicher) und 1 (sehr sicher) umkodiert und Mittelwerte abgebildet. Methodischer Hinweis auf Unterschiede der Antwortvorgaben: 4er-Skala (1996–2002 und 2011), 6er-Skala (2003, 2006–2010, 2012–2013), 7er-Skala (2005), ab 2014 5er-Skala. Persönliches Sicherheitsempfinden wurde seit 1996, nationales Sicherheitsempfinden seit 2006 und weltweites Sicherheitsempfinden ab 2015 gemessen.
Datenbasis: Bevölkerungsbefragungen des Zentrums für Militärgeschichte und Sozialwissenschaften der Bundeswehr 1996–2016 (2004 keine Erhebung). ©ZMSBw 08046-01

Die internationale Lage der frühen 2000er-Jahre war geprägt durch die Terroranschläge in New York und Washington sowie durch den Irakkrieg. Die Befragung des Jahres 2001, die nach 9/11 durchgeführt worden ist, weist einen massiven Rückgang von Sicherheitsgefühlen nach, wenngleich dieser von begrenzter Dauer gewesen ist. Bereits ein Jahr danach hatte sich die Sicherheitswahrnehmung wieder an das Niveau des Jahres 2000 angenähert, um im Jahr 2003 (Befragung im Oktober/November nach Beginn des Irakkrieges) wieder auf die Werte unmittelbar nach den Terroranschlägen in den USA zurückzufallen. In der Folgezeit zeigt sich ein steter Anstieg des Sicherheitsempfindens, der mit einer subjektiv wahrgenommenen Besserung der sozio-ökonomischen Situation in Deutschland parallel läuft. Entsprechend spiegeln sich die – hierzulande moderaten – Folgen der Finanzkrise kaum in der Sicherheitswahrnehmung der Bürgerinnen und Bürger

---

3 Zur Methodenkritik bezüglich der Messbarkeit von Sicherheitsgefühlen in Bevölkerungsbefragungen s. Krasmann et al. (2014, insbesondere 31, 45 f.).

wider. Ein erneutes Absinken von Sicherheitsgefühlen ist erst seit 2015 mit der Flüchtlingskrise und den Terroranschlägen in Paris und Brüssel zu verzeichnen. Wie aus Abbildung 1 ersichtlich, verlaufen die Wahrnehmung der persönlichen Sicherheit und die Einschätzung der nationalen Sicherheitslage weitgehend synchron. Dieser grafische Zusammenhang bestätigt sich analytisch: Das persönliche und nationale Sicherheitsempfinden hängen eng zusammen. Beide Größen korrelieren stärker miteinander als mit der Bewertung der weltweiten Sicherheitslage.[4]

Weitergehende Analysen zeigen, dass die Wahrnehmungen persönlicher, nationaler und globaler Sicherheit in verschiedenen sozialen Gruppierungen unterschiedlich sind.[5] So zeigen sich moderate Unterschiede zwischen den Geschlechtern, Bildungs-, Erwerbs- und Einkommensgruppen und Befragten aus verschiedenen Regionen Deutschlands.[6] Die vergleichsweise größten Differenzen bestehen zwischen verschiedenen Altersgruppen und den Parteianhängerschaften.[7] Letzteres legt den Schluss nahe, dass Sicherheitswahrnehmungen zu einem gewissen Teil Ausdruck politischer Orientierungen sind. Betrachtet man den zeitlichen Verlauf der Bedrohungswahrnehmungen, dann zeigen sich ähnliche Dynamiken wie beim Sicherheitsempfinden. So kommt dem internationalen Terrorismus seit dem 11. September 2001 eine höhere Relevanz im öffentlichen Bewusstsein zu. Sozio-ökonomische Risiken, wie drohende Arbeitslosigkeit oder unzureichende Alterssicherung, hatten bis Mitte der 2000er-Jahre eine größere Virulenz als derzeit.[8] Über die jeweiligen Ausprägungen hinausgehend ist von Interesse, in welcher Struktur sich die Bedrohungen im öffentlichen Bewusstsein niederschlagen. Frühere Analysen

---

4   Korrelationen 2016: persönliche – nationale Sicherheit: $0{,}65^c$; persönliche – weltweite Sicherheit: $0{,}37^c$; nationale – weltweite Sicherheit: $0{,}50^c$ (Korrelationskoeffizient Pearsons r, Signifikanzniveau: c: $p<0{,}001$. Datenbasis: Bevölkerungsbefragung des Zentrums für Militärgeschichte und Sozialwissenschaften der Bundeswehr 2016).
5   Im Vergleich zu 2015 haben die Unterschiede in der Sicherheitsperzeption zwischen den sozialen Gruppen in der Bevölkerung zugenommen.
6   Vergleich der Mittelwerte mit Varianzanalysen (F-Test): Frauen (weltweit, national, persönlich), geringer Gebildete (persönlich), Erwerbslose/geringfügig Beschäftigte (persönlich), Befragte mit geringerem Einkommen (national, persönlich) und Ost- und Süddeutsche (weltweit) bewerten die in den Klammern ausgewiesenen Sicherheitslagen signifikant schlechter.
7   Ältere und Anhänger der kleineren Parteien (Linke, FDP, AfD, Piraten) schätzen die globale, nationale und persönliche Sicherheit schlechter ein.
8   Die jeweilige Ausprägung der Bedrohungswahrnehmungen ist den Forschungsberichten zu entnehmen, die die Ergebnisse der ZMSBw-Bevölkerungsbefragung dokumentieren (zuletzt Höfig 2016).

legen eine Ausdifferenzierung sicherheitspolitischer, sozio-ökonomischer und ökologischer Gefährdungen nahe, die sich in der Bevölkerungsbefragung des Jahres 2016 (Höfig 2016), wenngleich mit aktuellen Konnotationen, bestätigt.

Tabelle 1: Dimensionen der Bedrohungswahrnehmungen

	1	2	3
Religiöser Fundamentalismus in Deutschland	0,72		
Zuwanderung nach Deutschland	0,72		
Kriminalität in meinem Umfeld	0,65		
Spannungen zwischen dem Westen und Russland	0,63		
Krieg in Europa	0,57		
Terroranschläge in Deutschland	0,53	0,44	
Fremdenfeindlichkeit in Deutschland		0,46	
Störfall in einem Atomkraftwerk		0,70	
Weltweiter Klimawandel durch die globale Erwärmung		0,70	
Große Naturkatastrophen, z.B. schwere Stürme oder Überschwemmungen		0,66	
Weltweite Ausbreitung einer gefährlichen Krankheit oder Seuche		0,62	
Unzureichende finanzielle Absicherung im Alter			0,80
Verlust des eigenen Arbeitsplatzes bzw. Schwierigkeit, einen Arbeitsplatz zu finden			0,80
Steigende Preise			0,62
Eigenwert	2,7	2,4	1,9
Erklärte Varianz	0,19	0,17	0,14

Anmerkungen: Faktorenanalyse (explorative Hauptkomponentenanalyse mit Varimax-Rotation: Signifikanz nach Bartlett p = 0,000; Anti-Image KMO = 0,85. In der Tabelle sind nur Faktorladungen ≥ 0,30 ausgewiesen.
Bedrohungsdimensionen: Faktor 1: Innere und äußere Sicherheit (Cronbachs α = 0,77), Faktor 2: Ökologisch (Cronbachs α = 0,66), Faktor 3: Sozio-ökonomisch (Cronbachs α = 0,65).
Datenbasis: Bevölkerungsbefragung des Zentrums für Militärgeschichte und Sozialwissenschaften der Bundeswehr 2016. ©ZMSBw 08047-00

Tabelle 1 zeigt die Ergebnisse einer explorativen, varimax-rotierten Faktorenanalyse. Sie erbringt eine dreifaktorielle Lösung, deren erste Dimension Facetten innerer und äußerer Sicherheit einschließt. Die Gefährdungen beschränken sich nicht auf militärisch-terroristische Aspekte, wie dies ältere Studien nahelegen, sondern umfassen die Sorge vor Fundamentalismus, Zuwanderung und Kriminalität. Die seit geraumer Zeit geführte Debatte über eine Auflösung der Grenzen zwischen innerer und äußerer Sicherheit korrespondiert mit der Bedrohungswahrnehmung der Bürgerinnen und Bürger, die zwischen den jeweiligen Gefährdungsbereichen keine systematische Trennung erkennen können. Der Faktor umfasst dementsprechend klassische sicherheitspolitisch-militärische Items (Krieg in Europa, Spannungen zwischen dem Westen und Russland). Die zweite Dimension bildet ökologische Bedrohungen ab und umfasst die Angst vor Störfällen in Atomkraftwerken, vor Naturkatastrophen und dem Klimawandel. Auf dem dritten Faktor laden wirtschaftliche und soziale Aspekte, wie die Inflationsangst sowie die Befürchtung, seinen Arbeitsplatz zu verlieren und fürs Alter nicht ausreichend abgesichert zu sein. Damit bestätigt sich weitgehend die Dimensionalität der Bedrohungswahrnehmungen aus Vorgängerstudien (s. Abschnitt 2.1).

Mittels der drei identifizierten Faktoren kann nun ermittelt werden, wie diese das Sicherheitsempfinden der Bevölkerung prägen: Was verunsichert die Bürgerinnen und Bürger? Nehmen die drei Bedrohungsdimensionen gleichermaßen Einfluss auf deren Sicherheitsempfinden oder besteht eine Rangfolge der Gefährdungen? Um diesen Fragen nachzugehen, werden getrennte Regressionsanalysen für die Wahrnehmung der persönlichen, der nationalen und der globalen Sicherheit gerechnet, wobei jeweils zunächst der Einfluss der drei Bedrohungsfacetten getestet wird (Tabelle 2, Modelle I, IV, VII). Damit wird deren Bruttoeffekt auf das Sicherheitsempfinden deutlich. Anschließend werden die Effekte soziodemografischer Größen und politischer Orientierungen betrachtet (Modelle II, V, VIII) und schließlich ein umfassendes Modell mit allen Variablen berechnet (Modelle III, VI, IX), da bekannt ist, dass Bedrohungs- und Sicherheitseinschätzungen durch sozio-kulturelle Merkmale der Befragten geprägt sind. Die politischen Einstellungen werden über die Parteiwahlabsicht sowie über die Positionierung auf der Links-Rechts-Skala, die allgemeine politische Haltungen abbilden, erfasst. Zudem finden die außen- und sicherheitspolitischen Grundorientierungen (s. Abschnitt 2.2), das verteidigungspolitische Interesse, das politische Selbstvertrauen (Internal Efficacy) und Erfahrungen in den Streitkräften Berücksichtigung. Es ist davon auszugehen, dass Personen, die der Bundeswehr nahestehen und sich für verteidigungspolitische Angelegenheiten interessieren, insbesondere sicherheitspolitische Gefährdungen bewusster wahrnehmen.

Tabelle 2: Determinanten des Sicherheitsempfindens

	Persönlich			National			Weltweit		
	I	II	III	IV	V	VI	VII	VIII	IX
Bedrohungswahrnehmungen									
Innere und äußere Sicherheit	-0,44c	–	-0,44c	-0,36c	–	-0,34c	-0,13c	–	-0,14c
Ökologisch	-0,03	–	-0,05a	0,03	–	-0,00	-0,02	–	-0,06a
Sozio-ökonomisch	-0,09c	–	-0,04	-0,07b	–	-0,05	-0,05a	–	-0,04
Soziodemografie									
Alter	–	-0,02	-0,03	–	-0,11a	-0,12c	–	-0,11c	-0,11c
Geschlecht (weiblich)	–	-0,13c	-0,09b	–	-0,04	-0,01	–	-0,03	-0,01
Bildung (Abitur/FHSR oder höher)	–	0,07b	0,03	–	0,05	0,01	–	0,05	0,03
HHEinkommen (3.001 € und mehr)	–	0,01	0,03	–	0,00	0,01	–	-0,03	-0,02
Wohnort (neue BL)	–	0,05	0,04	–	0,08b	0,07b	–	-0,05a	-0,06a
Politische Einstellungen									
Wahlabsicht CDU/CSU	–	0,02	0,02	–	0,07a	0,08b	–	0,01	0,01
Wahlabsicht Bündnis90/Grüne	–	-0,01	0,01	–	0,01	0,03	–	0,01	0,02
Wahlabsicht Die Linke	–	-0,01	-0,02	–	-0,02	-0,03	–	-0,03	-0,04
Wahlabsicht AfD	–	-0,14c	-0,11c	–	-0,15c	-0,11c	–	-0,12c	-0,11c
Keine Präferenz/Nichtwähler	–	-0,05	-0,05a	–	-0,01	-0,02	–	-0,05	-0,05
Links-Rechts-Skala	–	0,07a	0,08b	–	0,02	0,02	–	0,02	0,01
Orientierungen									
Militarismus	–	-0,00	0,01	–	0,03	0,03	–	0,06a	0,07a
Internationalismus	–	0,06a	0,04	–	0,08b	0,06a	–	0,02	0,01
Multilateralismus	–	0,03	0,01	–	0,02	-0,00	–	-0,12a	-0,13c
Atlantizismus	–	0,07a	0,08c	–	0,12c	0,12c	–	0,20c	0,21c
Verteidigungspolitisches Interesse	–	0,00	0,02	–	0,00	0,03	–	0,00	0,02
Politisches Selbstvertrauen	–	-0,01	-0,02	–	-0,02	-0,05	–	0,01	0,00
Militärische Erfahrung	–	-0,02	-0,01	–	0,05	0,06a	–	0,07a	0,07a
Korr. R²	0,24	0,05	0,27	0,14	0,07	0,20	0,03	0,09	0,12
N	2203	1649	1593	2203	1649	1593	2203	1649	1593

Anmerkungen: Multiple Regression, standardisierte Regressionskoeffizienten (Beta). Kollinearitätsmaße lassen keine bedeutende Kollinearität der erklärenden Variablen untereinander vermuten. Alle Variablen der Regressionsanalyse haben einen Wertebereich von [0;1]. Signifikanzniveaus: a: p<0,05; b: p<0,01; c: p<0,001.
Datenbasis: Bevölkerungsbefragung des Zentrums für Militärgeschichte und Sozialwissenschaften der Bundeswehr 2016.

©ZMSBw 08048-00

Die Auswertungen legen Gemeinsamkeiten und Unterschiede zwischen den drei Ebenen der Sicherheitswahrnehmung offen. So sind Bedrohungswahrnehmungen für das persönliche wie für das nationale Sicherheitsempfinden wesentlicher als sozialstrukturelle Merkmale und politische Orientierungen. Bei der Bewertung der globalen Sicherheit verhält es sich umgekehrt. Während die drei Bedrohungsfacetten 24 Prozent der Varianz der persönlichen und 14 Prozent der nationalen Sicherheitswahrnehmung erklären, beträgt der Wert für das globale Sicherheitsempfinden lediglich 3 Prozent. Die Varianzaufklärung der soziodemografischen und politischen Größen bewegt sich zwischen 5 und 9 Prozent – wobei sich die höchste Erklärungskraft beim globalen Sicherheitsempfinden zeigt. Den stärksten Einzeleinfluss übt die Wahrnehmung der inneren und äußeren Sicherheit aus. Diese determiniert insbesondere die persönliche und die nationale Sicherheitseinschätzung. Sozio-ökonomische Risiken üben einen mittleren Einfluss aus, der bei Kontrolle der soziodemografischen und politischen Größen verschwindet. Dieser Befund überrascht, da er von bisherigen Erkenntnissen (Biehl et al. 2011; Fiebig 2009) abweicht. Ökologische Bedrohungen wirken auf die persönliche und globale Sicherheitswahrnehmung, nicht jedoch auf die nationale.

Die Relevanz soziodemografischer Merkmale ist überschaubar. Ältere Befragte bewerten – auch unter Kontrolle weiterer Einflüsse – die nationale wie globale Sicherheit pessimistischer. Persönlich unsicherer fühlen sich zudem Frauen. Bei Befragten aus den neuen Bundesländern treten gegenteilige Effekte mit Blick auf die nationale und globale Sicherheit auf. Von den politischen Orientierungen ist die Wahlabsicht für die AfD am wichtigsten: Deren Anhänger schätzen – unter Berücksichtigung der anderen Größen – die persönliche, die nationale und die weltweite Sicherheit als niedriger ein. Daneben hängt das Sicherheitsempfinden von Haltungen zur Sicherheitspolitik ab.[9] Eine pro-atlantische Überzeugung stärkt auf allen drei Ebenen das Sicherheitsempfinden, internationale Ausrichtungen zumindest die nationale Sicherheitsbewertung. Multilaterale Überzeugungen nehmen einen eigenständigen negativen Einfluss auf die globale Sicherheitsbewertung, während militaristische Orientierungen und militärische Erfahrungen sich positiv auswirken.

Aufs Ganze betrachtet legen die Analysen die überragende Bedeutung von Bedrohungen der inneren und äußeren Sicherheit für die Sicherheitsbewer-

---

9   Die außen- und sicherheitspolitischen Grundhaltungen wurden mit in der Forschungspraxis etablierten Itembatterien (jeweils zwei gegensätzlich gepolte Items, s. Anhang) gemessen. Sowohl in der explorativen als auch in der konfirmatorischen Faktorenanalyse aller 8 Items zeigen sich die 4 theoretisch angenommenen Dimensionen nicht. Die Überprüfung der internen Konsistenz der gebildeten Indizes (Cronbachs α) bestätigt, dass die Items nur mäßig miteinander in Beziehung stehen. Für die vorliegenden Analysen wurden die Indizes dennoch verwendet, da sie eine starke Erklärungskraft in den Modellen besitzen und im sicherheitspolitischen Forschungsdiskurs etabliert sind. Alle Analysen wurden zudem ohne die Grundorientierungen durchgeführt und ergeben im Kern keine wesentlichen Veränderungen der abzuleitenden Kernaussagen. Auftretende Unterschiede werden in Fußnoten berichtet.

tungen der deutschen Bevölkerung dar. Wie man sicherheitspolitische und innenpolitische Gefahren einschätzt, ist wesentlich für das persönliche und nationale Sicherheitsempfinden, wirkt aber auch auf die globale Sicherheitsbewertung. Das wirft die Frage auf, welche Konsequenzen daraus erwachsen. Folgt man dem offiziellen Diskurs, dann sind sicherheitspolitisches Agieren und das Entsenden von Streitkräften darauf ausgerichtet, Bedrohungen zu begegnen, um Sicherheit zu gewährleisten. Im Folgenden wird betrachtet, inwiefern die Bevölkerung diesen Zusammenhang nachvollzieht: Erwächst aus Bedrohung und Unsicherheit der Wunsch nach sicherheitspolitischen Engagements und militärischen Missionen? Oder fördern solche Haltungen im Gegenteil das Verlangen nach Konzentration auf die eigenen innenpolitischen Probleme?

Um diese Fragestellungen zu beleuchten, werden nachstehend die Einstellungen zum Einsatz außen- und sicherheitspolitischer Instrumente betrachtet. Dabei findet eine Unterscheidung militärischer und ziviler Instrumente Anwendung, die nicht nur konzeptionell geboten ist, sondern auch empirisch besteht. Konfrontiert mit der Frage, welche außen- und sicherheitspolitischen Mittel Deutschland einsetzen soll, zeigt sich eine Präferenz der Bürgerinnen und Bürger für diplomatische Instrumente wie Verhandlungen und Entwicklungshilfe (Steinbrecher 2016). Weniger Zustimmung erfahren Missionen der Bundeswehr, insbesondere Kampfeinsätze, und Waffenexporte. Neben der zu erwartenden Hierarchie liegt eine zweidimensionale Struktur der Präferenzen vor: Diplomatische und militärische Mittel lassen sich faktorenanalytisch unterscheiden (Tabelle A2 im Anhang). In die nachstehenden Analysen gehen daher Indizes als abhängige Variablen ein, die zum einen die Haltung zu diplomatischen und zum anderen die Präferenz für militärische Fähigkeiten erfassen. Zur Erklärung dieser Einstellungen werden der Einfluss von Sicherheits- und Bedrohungswahrnehmungen in Bezug gesetzt zu Merkmalen und Einstellungen, von denen bekannt ist, dass sie außen- und sicherheitspolitische Meinungen determinieren.

Die Bundeswehr als Sicherheitsgarant? 119

Tabelle 3: Determinanten der Einstellung zu sicherheitspolitischen Instrumenten

	Diplomatische Mittel				Militärische Mittel			
	I	II	III	IV	V	VI	VII	VIII
Sicherheitsempfinden								
Persönlich	-0,01	-0,02	-0,07ᵃ	-0,09	-0,00	-0,02	0,00	0,04
National	0,16ᶜ	0,13ᶜ	0,14ᶜ	0,23ᵃ	0,13ᶜ	0,08ᵇ	0,05	0,13
Weltweit	-0,14ᶜ	-0,13ᶜ	-0,10ᶜ	-0,33ᶜ	0,03	0,05ᵃ	-0,03	-0,27ᶜ
Bedrohungswahrnehmungen								
Innere und äußere Sicherheit	-0,17ᶜ	-0,16ᶜ	-0,12ᶜ	-0,17ᵃ	0,04	0,04	0,02	-0,01
Ökologisch	0,21ᶜ	0,17ᶜ	0,15ᶜ	0,15ᶜ	0,10ᶜ	0,08ᵇ	0,09ᶜ	0,09ᶜ
Sozio-ökonomisch	-0,10ᶜ	-0,07ᵇ	-0,00	-0,01	-0,13ᶜ	-0,09ᶜ	-0,02	-0,03
Einstellung zur Bundeswehr	–	0,23ᶜ	0,11ᶜ	0,11ᶜ	–	0,36ᶜ	0,22ᶜ	0,22ᶜ
Bedrohung*Sicherheit								
Innere und äußere Sicherheit*Persönlich	–	–	–	0,02	–	–	–	-0,05
Innere und äußere Sicherheit*National	–	–	–	-0,11	–	–	–	-0,08
Innere und äußere Sicherheit*Weltweit	–	–	–	0,26ᶜ	–	–	–	0,27ᶜ
Soziodemografie								
Alter	–	–	-0,07ᵃ	-0,07ᵇ	–	–	-0,09ᶜ	-0,09ᶜ
Geschlecht (weiblich)	–	–	0,00	-0,00	–	–	-0,02	-0,03
Bildung (Abitur/FHSR oder höher)	–	–	0,04	0,04	–	–	-0,07ᵇ	-0,07ᵇ
HHEinkommen (3.001 € und mehr)	–	–	-0,02	-0,02	–	–	0,02	0,01
Wohnort (neue BL)	–	–	-0,07ᵇ	-0,07ᵇ	–	–	-0,06ᵇ	-0,07ᵇ
Politische Einstellungen								
Wahlabsicht CDU/CSU	–	–	-0,01	-0,01	–	–	0,02	0,02
Wahlabsicht Bündnis90/Grüne	–	–	0,01	0,01	–	–	-0,05ᵃ	-0,06ᵃ
Wahlabsicht Die Linke	–	–	-0,01	-0,01	–	–	-0,08ᶜ	-0,08ᶜ
Wahlabsicht AfD	–	–	-0,16ᶜ	-0,16ᶜ	–	–	-0,02	-0,02
Keine Präferenz/Nichtwähler	–	–	-0,08ᵇ	-0,07ᵇ	–	–	-0,03	-0,03
Links-Rechts-Skala	–	–	-0,06ᵇ	-0,07ᵃ	–	–	-0,01	-0,01
Orientierungen								
Militarismus	–	–	-0,12ᶜ	-0,12ᶜ	–	–	0,26ᶜ	0,25ᶜ
Internationalismus	–	–	0,11ᶜ	0,11ᶜ	–	–	0,25ᶜ	0,25ᶜ
Multilateralismus	–	–	0,21ᶜ	0,21ᶜ	–	–	0,10ᶜ	0,10ᶜ
Atlantizismus	–	–	-0,01	-0,01	–	–	0,11ᶜ	0,11ᶜ
Verteidigungspolitisches Interesse	–	–	0,03	0,03	–	–	-0,03	-0,03
Politisches Selbstvertrauen	–	–	0,04	0,05	–	–	0,03	0,03
Militärische Erfahrung	–	–	-0,03	-0,04	–	–	0,04	0,04
Korr. R^2	0,08	0,12	0,23	0,23	0,04	0,16	0,40	0,41
N	2 196	2 162	1 586	1 586	2 187	2 158	1 585	1 585

Anmerkungen: Multiple Regression, standardisierte Regressionskoeffizienten (Beta). Kollinearitätsmaße lassen keine bedeutende Kollinearität der erklärenden Variablen untereinander vermuten (Ausnahme Interaktionsterme). Alle Variablen der Regressionsanalyse haben einen Wertebereich von [0;1]. Signifikanzniveaus: a: $p<0{,}05$; b: $p<0{,}01$; c: $p<0{,}001$.

Datenbasis: Bevölkerungsbefragung des Zentrums für Militärgeschichte und Sozialwissenschaften der Bundeswehr 2016.

©ZMSBw
08049-01

Wie Tabelle 3 ausweist, nehmen die Einschätzungen von Gefährdungs- und Sicherheitslagen Einfluss auf die Haltung zum Einsatz von diplomatischen und militärischen Instrumenten. Die auftretenden Effekte weisen dabei in unterschiedliche Richtungen und lassen eine komplexe Gemengelage erkennen. In keinem der betrachteten Modelle ist das persönliche Sicherheitsempfinden entscheidend für die Präferenz zu außen- und sicherheitspolitischen Mitteln. Bei den beiden anderen Ebenen des Sicherheitsempfindens zeigen sich eigenständige Effekte, die jedoch unterschiedlich wirken. So steigert die Wahrnehmung einer positiven nationalen Sicherheitslage den Zuspruch zu diplomatischen und militärischen Instrumenten – wobei der Effekt in den umfassenden Modellen VII und VIII zu militärischen Mitteln verschwindet.[10] Umgekehrt wächst mit steigender Wahrnehmung weltweiter Unsicherheit der Zuspruch zu diplomatischen – nicht jedoch zu militärischen – Mitteln (Modelle I–III und V–VII). Von der Bewertung der Bedrohungen gehen ebenfalls uneinheitliche Effekte auf die Präferenz für außen- und sicherheitspolitische Werkzeuge aus. Diejenigen, die größere Umweltbedrohungen wahrnehmen, unterstützen – auch unter Kontrolle anderer Einflüsse – nachdrücklicher diplomatische wie militärische Mittel. Die Wahrnehmung größerer Gefährdungen der inneren und äußeren Sicherheit hat hingegen keinen Einfluss auf die Haltung zu militärischen Instrumenten und führt zu einer zurückhaltenderen Sicht auf diplomatische Aktivitäten. Sozioökonomische Sorgen sind generell mit größerer Reserviertheit gegenüber beiden Formen außen- und sicherheitspolitischen Engagements verbunden, allerdings verschwinden diese Effekte unter Berücksichtigung weiterer Erklärungsvariablen (Modelle III–IV und VII–VIII).

Nimmt man Größen hinzu, von denen bekannt ist, dass sie wesentlich für außen- und sicherheitspolitische Einstellungen sind, sinkt der Erklärungswert von Sicherheits- und Bedrohungswahrnehmungen nochmals (Modelle III & VII). Entscheidend für die Position eines Befragten zum Einsatz von diplomatischen und militärischen Instrumenten sind seine Haltung zur Bundeswehr sowie seine außen- und sicherheitspolitischen Grundorientierungen (Militarismus, Internationalismus, Multilateralismus, Atlantizismus). Daneben zeigen sich Einflüsse des Alters sowie der parteipolitischen Orientierung. Anhänger der AfD stehen diplomatischen, Anhänger der Linken militärischen Mitteln – auch bei Kontrolle anderer Erklärungsgrößen – skep-

---

10 Rechnet man das Modell VII ohne die Grundorientierungen, steigt das beta von 0,05 auf $0,09^b$ an.

tischer gegenüber. In den Modellen IV und VIII wurden Interaktionsterme von Sicherheits- und Bedrohungswahrnehmung entsprechend der einleitend formulierten Annahmen und Befunde in die Analysen integriert. Hierbei zeigt sich, dass das globale Sicherheitsgefühl maßgeblich determiniert, welche Auswirkungen Bedrohungen der inneren und äußeren Sicherheit auf die Zustimmung zu diplomatischen und militärischen Mitteln haben. Erwartungsgemäß wirkt die Perzeption von Bedrohungen bei sicheren Individuen anders als bei unsicheren. Konkret bedeutet dies, je sicherer die Bürgerinnen und Bürger die weltweite Lage einschätzen, desto eher führt die Wahrnehmung von Bedrohungen der inneren und äußeren Sicherheit zur Befürwortung von militärischen Mitteln. Gleiches gilt für Individuen, die sich tendenziell unsicherer fühlen, aber nicht bedroht. Umgekehrt erkennt man, dass je unsicherer die weltweite Lage wahrgenommen wird, desto weniger wirken Bedrohungen auf Präferenzen bezüglich der Befürwortung des Einsatzes militärischer Mittel. Der beschriebene Interaktionseffekt zeigt sich in ähnlicher Form für diplomatische Mittel. Je sicherer man die globale Lage bewertet, desto eher führt die Bedrohung der inneren und äußeren Sicherheit zur Unterstützung diplomatischer Instrumente. Umgekehrt führen Bedrohungen mit zunehmendem Unsicherheitsgefühl zur Ablehnung diplomatischer Mittel.

Es ist nicht die Sicht auf die eigene oder die nationale Sicherheit, sondern die empfundene globale Sicherheit, die determiniert bzw. moderiert, ob die Perzeption von Gefahren der inneren und äußeren Sicherheit, die Bürgerinnen und Bürger dazu bringt, den Einsatz (auch) militärischer Mittel in der Außen- und Sicherheitspolitik zu befürworten oder abzulehnen. Dieser Befund bestätigt sich, wenn die konkreten Einsätze der deutschen Streitkräfte in den Blick genommen werden.

Tabelle 4: Determinanten der Einstellung zu Auslandseinsätzen der Bundeswehr

	I	II	III	IV
Sicherheitsempfinden				
Persönlich	-0,01	-0,02	-0,03	0,02
National	0,15[c]	0,10[b]	0,07[a]	0,12
Weltweit	-0,07[b]	-0,05[a]	-0,04	-0,38[c]
Bedrohungswahrnehmungen				
Innere und äußere Sicherheit	-0,06[a]	-0,07[b]	-0,05	-0,12
Ökologisch	0,11[c]	0,11[c]	0,08[b]	0,07[b]
Sozio-ökonomisch	-0,16[c]	-0,12[c]	-0,04	-0,04
Einstellung zur Bundeswehr	–	0,40[c]	0,24[c]	0,24[c]
Bedrohung*Sicherheit				
Innere und äußere Sicherheit*Persönlich	–	–	–	-0,07
Innere und äußere Sicherheit*National	–	–	–	-0,06
Innere und äußere Sicherheit*Weltweit	–	–	–	0,38[c]
Soziodemografie				
Alter	–	–	-0,08[b]	-0,09[c]
Geschlecht (weiblich)	–	–	-0,03	-0,04
Bildung (Abitur/FHSR oder höher)	–	–	-0,05	-0,04
HHEinkommen (3.001 € und mehr)	–	–	-0,01	-0,02
Wohnort (neue BL)	–	–	0,07[b]	0,07[b]
Politische Einstellungen				
Wahlabsicht CDU/CSU	–	–	-0,00	0,00
Wahlabsicht Bündnis90/Grüne	–	–	0,01	0,00
Wahlabsicht Die Linke	–	–	-0,08[c]	-0,08[c]
Wahlabsicht AfD	–	–	-0,12[c]	-0,12[c]
Keine Präferenz/Nichtwähler	–	–	-0,12[c]	-0,11[c]
Links-Rechts-Skala	–	–	-0,02	-0,02
Orientierungen				
Militarismus	–	–	0,02	0,01
Internationalismus	–	–	0,22[c]	0,22[c]
Multilateralismus	–	–	0,19[c]	0,19[c]
Atlantizismus	–	–	0,05[a]	0,04[a]
Verteidigungspolitisches Interesse	–	–	0,12[c]	0,11[c]
Politisches Selbstvertrauen	–	–	0,09[b]	0,10[c]
Militärische Erfahrung	–	–	0,00	-0,00
Korr. R^2	0,05	0,20	0,36	0,37
N	2 103	2 079	1 562	1 562

Anmerkungen: Multiple Regression, standardisierte Regressionskoeffizienten (Beta). Kollinearitätsmaße lassen keine bedeutende Kollinearität der erklärenden Variablen untereinander vermuten (Ausnahme Interaktionsterme). Alle Variablen der Regressionsanalyse haben einen Wertebereich von [0;1]. Signifikanzniveaus: a: $p<0,05$; b: $p<0,01$; c: $p<0,001$.

Datenbasis: Bevölkerungsbefragung des Zentrums für Militärgeschichte und Sozialwissenschaften der Bundeswehr 2016.

©ZMSBw 08050-01

In Tabelle 4 geht die Haltung zu laufenden Missionen der Bundeswehr als abhängige Variable ein. Wie eine Faktoranalyse zeigt, laden die Einstellungen zu den neun erfassten Einsätzen auf einer Dimension (Tabelle A3 im Anhang). Deshalb konnten diese in eine Skala integriert werden, die eine hohe Reliabilität aufweist (Cronbachs α = 0,90). Betrachtet man wiederum im ersten Schritt lediglich den Einfluss von Sicherheits- und Bedrohungswahrnehmungen, dann zeigen sich merkliche Einflüsse: Militärische Missionen finden stärkeren Zuspruch bei den Befragten, die die nationale Sicherheit als höher, die globale Sicherheit als geringer, die ökologischen Gefährdungen als größer und die sozio-ökonomischen Risiken als niedriger einschätzen. Umgekehrt formuliert lehnen Bürger, die die nationale Lage als eher unsicher ansehen, Auslandseinsätze – auch unter Kontrolle von Drittvariablen – eher ab. Die Wahrnehmung von Bedrohungen der inneren und äußeren Sicherheit geht ebenfalls mit einer skeptischen Haltung zu den Auslandseinsätzen einher, d.h. diejenigen, die größere sicherheitspolitische Gefahren erkennen, stehen Bundeswehrmissionen ablehnender gegenüber. Die beobachteten Effekte in den ersten beiden Modellen verschwinden zu weiten Teilen, wenn wiederum die Erklärungsgrößen mitbetrachtet werden, deren Relevanz für außen- und sicherheitspolitische Präferenzen bekannt ist. Entscheidend für die Haltung zu den laufenden Engagements der deutschen Streitkräfte sind die Einstellung zur Bundeswehr, die Grundorientierungen in der Außen- und Sicherheitspolitik und die (partei-)politischen Ausrichtungen. Anhänger der Linken, der AfD sowie Bürger ohne Wahlabsicht stehen den Auslandseinsätzen – selbst bei Kontrolle weiterer Einflussgrößen[11] – ablehnender gegenüber. Dies bestätigt den aus der Literatur bekannten Befund, dass es sich bei der (mehrheitlichen) Skepsis gegenüber den Missionen der Bundeswehr zuvorderst um einen politischen Dissens handelt (Mader/Fiebig 2015). Im Modell IV mit Interaktionsterm zeigt sich wiederum der moderierende Einfluss der Perzeption der weltweiten Sicherheitslage: Bei denjenigen, die sich sicher fühlen, dreht sich der Effekt der Bedrohungen um. Je sicherer man die globale Lage bewertet, desto eher führen Bedrohungen der inneren und äußeren Sicherheit zur Befürwortung von Einsätzen. Unsichere hingegen lehnen mit zunehmender weltweiter Bedrohungslage Auslandseinsätze ab. Die Verknüpfung von Unsicherheits- und Bedrohungswahrnehmungen hat damit einen Einfluss auf die Haltung zu

---

11 Rechnet man die Modelle ohne die Grundorientierungen, wird die erklärende Variable Bildung negativ signifikant, während der Einfluss des Wohnorts (neue Bundesländer) verschwindet. Darüber hinaus steigt der Effekt der sozio-ökonomischen Bedrohungen auf ein signifikantes Niveau.

den Engagements der Bundeswehr. In der Gesamtheit sehen die Bürgerinnen und Bürger somit Verbindungen zwischen Bedrohungs- und Sicherheitslage einerseits und sicherheitspolitischen und militärischen Engagements andererseits. Die Zusammenhänge unterscheiden sich jedoch bei Personengruppen mit abweichenden Sicherheits- und Bedrohungswahrnehmungen.

4 Schluss

Ausgangspunkt dieses Beitrags war die Frage, inwieweit die sicherheitspolitischen Präferenzen der Bürgerinnen und Bürger von ihren Bedrohungs- und Sicherheitswahrnehmungen geprägt sind. Im politischen und wissenschaftlichen Diskurs werden sicherheitspolitische Maßnahmen und militärische Missionen als Antwort auf Gefährdungen und Risiken präsentiert. Inwieweit die Bevölkerung diese Argumentation nachvollzieht, ist bislang nur in Ansätzen beleuchtet worden. Wie die vorgestellten Auswertungen zeigen, bedingen Sicherheits- und Bedrohungswahrnehmungen einander. Stärkere Bedrohungswahrnehmungen führen zu größeren Unsicherheiten. Dies gilt jedoch nicht für alle Gefährdungsarten gleichermaßen. Analysen für das Jahr 2016 lassen eine Hierarchie erkennen, die von den bisherigen Befunden abweicht. Hinsichtlich der Dimensionalität der Bedrohungen zeigt sich zwar noch das bekannte Nebeneinander von sozio-ökonomischen und ökologischen Risiken sowie von Gefährdungen der inneren und äußeren Sicherheit. Diese drei Faktoren nehmen jedoch in unterschiedlichem Maße Einfluss auf die Sicherheitswahrnehmungen. Für das persönliche Sicherheitsempfinden sind Aspekte der inneren und äußeren Sicherheit von zentraler Bedeutung. Sozio-ökonomische Risiken üben hingegen – im Unterschied zu früheren Analysen – nur einen begrenzten Einfluss aus. Ökologische Bedrohungen wirken weiterhin nur auf die Bewertung der weltweiten und persönlichen Sicherheit, nicht jedoch auf das nationale Sicherheitsempfinden.

Die Wirkungen dieser Sicherheits- und Bedrohungsbewertungen auf die Haltung der Bürgerinnen und Bürger zu sicherheitspolitischen und militärischen Maßnahmen sind komplex. Zwar sind die Einstellungen zu militärischen Mitteln und Auslandseinsätzen in erster Linie Ausdruck von grundlegenden Orientierungen zur Außen- und Sicherheitspolitik. Es zeigen sich aber verschiedene und wenig kohärente Einflüsse von Bedrohungs- und Sicherheitswahrnehmungen: Das persönliche Sicherheitsempfinden steht in keinem systematischen Zusammenhang zu militärischen Maßnahmen. Wer hingegen die nationale Lage als unsicherer einschätzt, steht Bundeswehreinsätzen eher skeptischer gegenüber. Die Wahrnehmung der weltweiten Situation entfaltet im Zusammenspiel mit der Sicht auf Bedrohungen der inneren und äußeren Sicherheit unterschiedliche Wirkungen. Personen, die die globale Situation als sicher einschätzen, sind eher bereit, militärische Mittel gegen Bedrohungen einzusetzen, als Personen, die die Weltlage als unsicher betrachten. Zudem scheint das weltweite Sicherheitsempfinden zu determinieren, ob und in welcher Weise Bedrohungswahrnehmungen auf sicherheitspolitische Einstellungen wirken. Während bei unsicheren Personen die Perzeption von Bedrohungen der inneren und äußeren Sicherheit keinen Einfluss hat, führt diese bei eher sicheren Personen zu mehr Unterstützung von militärischen Mitteln und Einsätzen. Um die im Titel aufgeworfene Frage aufzugreifen, gilt die Bundeswehr alleine denjenigen als Sicherheitsgarant, die die weltweite Lage als sicher betrachten. Der Rest der Bevölkerung hegt hingegen Zweifel an den Krisen- und Konfliktinterventionen der letzten Jahrzehnte und versteht die Streitkräfte eher als Verteidigungsinstrument – wobei dies die Unterstützung für Aufgaben im Inneren umschließt, die weit über klassische Verteidigungsaufgaben hinausgehen (vgl. den Beitrag von Steinbrecher und Wanner in diesem Band).

Die präsentierten Auswertungen weisen einige Begrenzungen auf, die es in künftigen Untersuchungen zu überwinden gilt. So ist davon auszugehen, dass die Wahrnehmung der Sicherheits- und Bedrohungslage von Persönlichkeitseigenschaften abhängig ist. In nachfolgenden Studien sind diese mittels etablierter Instrumente zu erheben und in die Analysen aufzunehmen. Ebenso liegen in der Literatur Indikatoren für Ängstlichkeit und Empfindlichkeit vor, die in der verwendeten Befragung nicht vorhanden sind, deren Wirkung künftige Untersuchungen nachgehen sollten. Jedoch sollte diesen Aspekten ein eher moderierender Effekt zukommen, denn insbesondere die jährlichen Veränderungen in der Sicherheits- und Bedrohungswahrnehmung (s. Abbildung 1) erklären sich nicht aus der Verteilung von Persönlichkeitsmerkmalen im Sample.

Mit Blick auf die praktische Relevanz für Sicherheitspolitik und Streitkräfte ergänzen die präsentierten Befunde das vorhandene Bild. Die deutsche Bevölkerung steht dem internationalen Engagement der Bundeswehr distanziert gegenüber. Mit ein Grund für diese Skepsis ist, dass Teile der Öffentlichkeit den von der Politik angeführten Zusammenhang von Bedrohungen, Unsicherheiten und militärischen Maßnahmen weder nachvollziehen noch mittragen. Eine gesellschaftlich breit akzeptierte Erklärung für das internationale Engagement der Streitkräfte, die Bedrohungen, Unsicherheiten und Einsätze zusammenbringt, ist jedenfalls nicht vorhanden.

Literatur

Almond, Gabriel A. (1956): Public Opinion and National Security Policy. In: Public Opinion Quarterly 20: 2, 371–378.
Arson, Elliot/Wilson, Timothy D./Akert, Robin M. (2008): Sozialpsychologie. 6., akt. Aufl. München: Pearson Studium.
Biehl, Heiko (2016): Einstellungen zu den Auslandseinsätzen der Bundeswehr. In: Steinbrecher/Biehl/Höfig/Wanner 2016: 119–128.
Biehl, Heiko/Fiebig, Rüdiger (2011): Bedrohungswahrnehmung und Sicherheitsempfinden. In: Biehl/Fiebig/Giegerich/Jacobs/Jonas 2011: 95–107.
Biehl, Heiko/Fiebig, Rüdiger/Giegerich, Bastian/Jacobs, Jörg/Jonas, Alexandra (2011): Strategische Kulturen in Europa. Die Bürger Europas und ihre Streitkräfte. Strausberg: Sozialwissenschaftliches Institut der Bundeswehr.
Biehl, Heiko/Schoen, Harald (Hrsg.) (2015): Sicherheitspolitik und Streitkräfte im Urteil der Bürger. Theorien, Methoden, Befunde. Wiesbaden: Springer VS.
Bulmahn, Thomas/Fiebig, Rüdiger/Hennig, Jana/Pietsch, Carsten/Wieninger, Victoria/Zimmer, Sebastian (2009): Sicherheits- und Verteidigungspolitisches Meinungsklima in der Bundesrepublik Deutschland. Ergebnisse der Bevölkerungsbefragung 2008 des Sozialwissenschaftlichen Instituts der Bundeswehr. Strausberg: Sozialwissenschaftliches Institut der Bundeswehr.
Bundesministerium der Verteidigung (2011): Verteidigungspolitische Richtlinien: Nationale Interessen wahren – Internationale Verantwortung übernehmen – Sicherheit gemeinsam gestalten. Berlin.
Bundesministerium der Verteidigung (2016): Weißbuch 2016. Zur Sicherheitspolitik und zur Zukunft der Bundeswehr. Berlin.
Buzan, Barry/Wæver, Ole/de Wilde, Jaap (1998): Security. A New Framework for Analysis. Boulder/London: Lynne Rienner Publishers.
Daase, Christopher (2010): National, Societal, and Human Security: On the Transformation of Political Language. In: Historical Social Research 35: 4, 22–37.
Douglas, Mary/Wildavsky, Aaron (1982): Risk and Culture: An Essay on the Selection of Technological and Environmental Dangers. Berkeley/Los Angeles: University of California Press.
Eisenman, David P./Glik, Deborah/Ong, Michael/Zhou, Qiong/Tseng, Chi-Hong/Long, Anna/Fielding, Jonathan/Asch, Steven (2009): Terrorism-Related Fear and Avoidance Behavior in a Multiethnic Urban Population. In: American Journal of Public Health 99: 1, 168–174.
Fiebig, Rüdiger (2009): Bedrohungswahrnehmungen und Sicherheitsempfinden. In: Bulmahn et al. (2009): 119–133.
Fischhoff, Baruch/Slovic, Paul/Lichtenstein, Sarah/Read, Stephen/Combs, Barbara (1978): How safe is safe enough? A Psychometric Study of Attitudes towards Technological Risks and Benefits. In: Policy Sciences 9: 2, 127–152.
Frevel, Bernhard (2016): Sicherheit. Ein (un)stillbares Grundbedürfnis. 2. Aufl. Wiesbaden: Springer VS.
Frevel, Bernhard/John, Tobias (2014): Kooperative Sicherheitspolitik als Konsequenz von Sekuritisation. Der Wandel lokaler Sicherheitsstrukturen im Kontext eines neuen Sicherheitsbegriffs. In: Lange/Wendekamm/Endreß (Hrsg.) 2014: 341–358.

Gelpi, Christopher/Feaver, Peter/Reifler, Jason (2009): Paying the Human Costs of War. American Public Opinion and Casualties in Military Conflicts. Princeton: Princeton University Press.

Goodwin, Robin/Willson, Michelle/Stanley, Gaines (2005): Terror Threat Perception and Its Consequences in Contemporary Britain. In: British Journal of Psychology 96: 4, 389–406.

Guasti, Petra/Mansfeldova, Zdenka (2013): Perception of Terrorism and Security and the Role of Media. Konferenzpapier bei der 7. ECPR General Conference in Bordeaux 2013. <www.seconomicsproject.eu/sites/default/files/content-files/downloads/Bordeaux_seconomics_PG_ZM_2.pdf> (letzter Zugriff 9.1.2017).

Gusy, Christoph (2010): Sicherheitskultur – Sicherheitspolitik – Sicherheitsrecht. In: Kritische Vierteljahresschrift für Gesetzgebung und Rechtswissenschaft 93: 2, 111–128.

Harber, Kent D./Yeung, Douglas/Iacovelli, Anthony (2011): Psychosocial Resources, Threat, and the Perception of Distance and Height: Support for the Resources and Perception Model. In: Emotion 11: 5, 1080–1090.

Heinrich, Stephan/Lange, Hans-Jürgen (2009): Erweiterung des Sicherheitsbegriffs. In: Lange/Ohly/Reichertz (Hrsg.) 2009: 253–268.

Hoch, Hans/Zoche, Peter (Hrsg.) (2014): Sicherheiten und Unsicherheiten. Soziologische Beiträge. Berlin et al.: Lit-Verlag.

Höfig, Chariklia (2016): Subjektive Sicherheit. In: Steinbrecher/Biehl/Höfig/Wanner 2016: 15–28.

Holst, Christian (1998): Sicherheit und Bedrohung. Determinanten subjektiver Sicherheit in der Bundesrepublik zu Beginn der neunziger Jahre. Hamburg: Verlag Dr. Kovac.

Huddy, Leonie/Feldman, Stanley (2011): Americans Respond Politically to 9/11: Understanding the Impact of the Terrorist Attacks and Their Aftermath. In: American Psychologist 66: 6, 455–467.

Huddy, Leonie/Feldman, Stanley/Capelos, Theresa/Provost, Colin (2002): The Consequences of Terrorism: Disentangling the Effects of Personal and National Threat. In: Political Psychology 23: 3, 485–509.

Huddy, Leonie/Feldman, Stanley/Weber, Christopher (2007): The Political Consequences of Perceived Threat and Felt Insecurity. In: Annals of the American Academy of Political and Social Science 614, 131–153.

Hummelsheim, Dina/Oberwittler, Dietrich (2014): Unsicherheitsgefühle und ihr Einfluss auf die Lebenszufriedenheit in Deutschland. In: Hoch/Zoche (Hrsg.) 2014: 53–74.

Hurwitz, Jon/Peffley, Mark (1987): How are Foreign Policy Attitudes Structured? A Hierarchical Model. In: American Political Science Review 81: 4, 1099–1120.

Isernia, Pierangelo/Juhasz, Zoltan/Rattinger, Hans (2002): Foreign Policy and the Rational Public in Perspective. In: Journal of Conflict Resolution 46: 2, 201–224.

Jentleson, Bruce W. (1992): The Pretty Prudent Public. Post-Vietnam American Opinion on the Use of Military Force. In: International Studies Quarterly 36: 1, 49–74.

Kleinwächter, Lutz (2014): Deutsche Militärpolitik ohne Konzeption. In: WeltTrends 97: 108–115.

Krasmann, Susanne/Kreissl, Reinhard/Kühne, Sylvia/Paul, Bettina/Schlepper, Christina (2014): Die gesellschaftliche Konstruktion von Sicherheit. Zur medialen Vermittlung und Wahrnehmung der Terrorismusbekämpfung. Schriftenreihe Forschungsforum Öffentliche Sicherheit 13. Berlin.

Lange, Hans-Jürgen/Wendekamm, Michaela/Endreß, Christian (Hrsg.) (2014): Dimensionen der Sicherheitskultur. Wiesbaden: Springer VS.

Lange, Hans-Jürgen/Ohly, H. Peter/Reichertz, Jo (Hrsg.) (2009): Auf der Suche nach neuer Sicherheit. Fakten, Theorien und Folgen. 2. Aufl. Wiesbaden: VS Verlag für Sozialwissenschaften.

Lemyre, Louise/Turner, Michelle C./Lee, Jennifer E.C./Krewski, Daniel (2006): Public Perception of Terrorism Threats and Related Information Sources in Canada: Implications for the Management of Terrorism Risks. In: Journal of Risk Research 9: 7, 755–774.

Leonhard, Nina/Werkner, Ines-Jacqueline (Hrsg.) (2012): Militärsoziologie. Eine Einführung. 2., akt. und erg. Aufl. Wiesbaden: VS Verlag für Sozialwissenschaften.

Mader, Matthias (2015): Grundhaltungen zur Außen- und Sicherheitspolitik in Deutschland. In: Biehl/Schoen (Hrsg.) 2015: 69–96.

Mader, Matthias/Fiebig, Rüdiger (2015): Determinanten der Bevölkerungseinstellungen zum Afghanistaneinsatz. Prädispositionen, Erfolgswahrnehmungen und die moderierende Wirkung individueller Mediennutzung. In: Biehl/Schoen (Hrsg.) 2015: 97–122.

Maslow, Abraham (1943): A Theory of Human Motivation. In: Psychological Review 50: 4, 370–396.

Nellis, Ashley M. (2009): Gender Differences in Fear of Terrorism. In: Journal of Contemporary Criminal Justice 25: 3, 322–340.

Page, Benjamin I./Shapiro, Robert Y. (1992): The Rational Public: Fifty Years of Trends in Americans' Policy Preferences. Chicago: Chicago University Press.

Petersen, Thomas (2010): Wird Deutschland am Hindukusch verteidigt? <www.faz.net/aktuell/politik/inland/allensbach-umfrage-wird-deutschland-am-hindukusch-verteidigt-1985011.html> (letzter Zugriff 9.1.2017)

Pötzschke, Jana (2016): Die Wahrnehmung terroristischer Bedrohungen. Determinanten und Konsequenzen in den USA und in Deutschland zu Beginn des 21. Jahrhunderts. Dissertation. Universität Mannheim.

Rattinger, Hans/Schoen, Harald/Endres, Fabian/Jungkunz, Sebastian/Mader, Matthias/Pötzschke, Jana (2016): Old Friends in Troubled Waters. Policy Principles, Elites, and U.S.-German Relations at the Citizen Level After the Cold War. Baden-Baden: Nomos.

Schoen, Harald (2006): Beeinflusst Angst politische Einstellungen? Eine Analyse der öffentlichen Meinung während des Golfkriegs 1991. In: Politische Vierteljahresschrift 47: 3, 441–464.

Sjöberg, Lennart (2000): Factors in Risk Perception. In: Risk Analysis 20: 1, 1–11.

Skitka, Linda J./Bauman, Christopher W./Aramovich, Nicholas P./Morgan, G. Scott (2006): Confrontational and Preventative Policy Responses to Terrorism: Anger Wants a Fight and Fear Wants 'Them' to Go Away. In: Basic and Applied Social Psychology 28: 4, 375–384.

Steinbrecher, Markus (2016): Einstellungen zum außen- und sicherheitspolitischen Engagement Deutschlands. In: Steinbrecher/Biehl/Höfig/Wanner 2016: 29–46.

Steinbrecher, Markus/Biehl, Heiko/Höfig, Chariklia/Wanner, Meike (2016): Sicherheits- und verteidigungspolitisches Meinungsklima in der Bundesrepublik Deutschland. Ergebnisse und Analysen der Bevölkerungsbefragung 2016. Potsdam: Zentrum für Militärgeschichte und Sozialwissenschaften der Bundeswehr.

Ullman, Richard (1983): Redefining Security. In: International Security 8: 1, 129–153.

Wagner, Corina/Pötzschke, Jana/Rattinger, Hans (2015): Eine Bedrohung für die Partnerschaft? Bedrohungswahrnehmungen und Länderimages im deutsch-amerikanischen Verhältnis. In: Biehl/Schoen (Hrsg.) 2015: 263–291.

Wanner, Meike/Biehl, Heiko (2014): Sicherheits- und verteidigungspolitisches Meinungsklima in der Bundesrepublik Deutschland. Ergebnisse der Bevölkerungsumfrage 2013. Potsdam: Zentrum für Militärgeschichte und Sozialwissenschaften der Bundeswehr.

Wilcox, Pamela/Ozer, Murat M./Gunbeyi, Murat/Gundogdu, Tarkan (2009): Gender and Fear of Terrorism in Turkey. In: Journal of Contemporary Criminal Justice 25: 3, 341–357.

Wittkopf, Eugene R. (1990): Faces of Internationalism – Public Opinion and American Foreign Policy. Durham/London: Duke University Press.

Anhang

Tabelle A1: Deskription der verwendeten Variablen und Indizes

	x̄	SD	N
Sicherheitsempfinden persönlich	0,69	0,22	2 294
Sicherheitsempfinden national	0,61	0,22	2 293
Sicherheitsempfinden weltweit	0,39	0,24	2 292
Bedrohungswahrnehmung innere und äußere Sicherheit	0,50	0,18	2 294
Bedrohungswahrnehmung ökologisch	0,44	0,18	2 293
Bedrohungswahrnehmung sozio-ökonomisch	0,47	0,23	2 212
Einstellung zu Auslandseinsätzen Bundeswehr	0,59	0,20	2 193
Diplomatische Mittel	0,68	0,17	2 286
Militärische Mittel	0,57	0,19	2 278
Einstellung zur Bundeswehr	0,70	0,19	2 259
Alter	0,42	0,23	2 292
Geschlecht (weiblich)	0,51	–	2 295
Bildung (Abitur/FHSR oder höher)	0,29	–	2 287
Haushaltseinkommen (3.001€ und mehr)	0,30	–	2 094
Wohnort (neue BL)	0,20	–	2 295
Wahlabsicht CDU/CSU	0,27	–	1 916
Wahlabsicht Bündnis90/Grüne	0,11	–	1 916
Wahlabsicht Die Linke	0,06	–	1 916
Wahlabsicht AfD	0,11	–	1 916
Keine Präferenz/Nichtwähler	0,17	–	1 916
Links-Rechts-Skala	0,46	0,18	2 012
Militarismus	0,36	0,20	2 275
Internationalismus	0,49	0,21	2 277
Multilateralismus	0,59	0,20	2 284
Atlantizismus	0,38	0,18	2 263
Verteidigungspolitisches Interesse	0,45	0,21	2 289
Politisches Selbstvertrauen	0,40	0,22	2 283
Militärische Erfahrung	0,23	–	2 291

Anmerkung: Alle verwendeten Variablen/Indizes haben einen Wertebereich von [0;1].
Datenbasis: Bevölkerungsbefragung des Zentrums für Militärgeschichte und Sozialwissenschaften der Bundeswehr 2016.

©ZMSBw
08051-01

Tabelle A2: Einstellung zu sicherheitspolitischen Mitteln – Dimensionen

	1	2
Entwicklungshilfe		0,77
Aufnahme von Flüchtlingen		0,63
Diplomatische Verhandlungen		0,77
Wirtschaftssanktionen	0,50	
Militärische Kooperationen	0,75	
Waffenlieferungen an befreundete Staaten	0,67	
Kampfeinsätze der Bundeswehr	0,81	
Stabilisierungseinsätze der Bundeswehr	0,70	0,33
Ausbildungseinsätze der Bundeswehr	0,61	0,39
Polizeieinsätze	0,55	
Eigenwert	2,5	1,9
Erklärte Varianz	31,5	23,8

Anmerkungen: Explorative Faktorenanalyse (Hauptkomponentenanalyse mit Varimax-Rotation): Signifikanz nach Bartlett p = 0,000; Anti-Image KMO = 0,830. Faktor 1: Militärische Mittel (Cronbachs α = 0,79); Faktor 2: Diplomatische Mittel (Cronbachs α der Skala [entsprechend theoretischer Annahme gebildet mit Item Wirtschaftssanktionen] = 0,56). In der Tabelle sind nur Faktorladungen ≥ 0,30 ausgewiesen.

Datenbasis: Bevölkerungsbefragung des Zentrums für Militärgeschichte und Sozialwissenschaften der Bundeswehr 2016.

©ZMSBw 08052-01

Tabelle A3: Einstellung zu Auslandseinsätzen – Dimensionen

	1
ISAF-Folgemission Resolute Support in Afghanistan	0,79
KFOR-Einsatz im Kosovo	0,77
ATALANTA-Einsatz vor der Küste Somalias	0,76
UNIFIL-Einsatz vor der Küste des Libanons	0,80
EUTM-Einsatz in Mali	0,76
Seenotrettungseinsatz im Mittelmeer	0,62
Ausbildungseinsatz kurdischer Kräfte im Nordirak	0,76
Anti-Terroreinsatz in Syrien	0,68
MINUSMA-Einsatz in Mali	0,75
Eigenwert	4,9
Erklärte Varianz	55,6

Anmerkungen: Explorative Faktorenanalyse (Hauptkomponentenanalyse mit Varimax-Rotation): Signifikanz nach Bartlett p = 0,000; Anti-Image KMO = 0,922; Cronbachs α = 0,90. In der Tabelle sind nur Faktorladungen ≥ 0,30 ausgewiesen.

Datenbasis: Bevölkerungsbefragung des Zentrums für Militärgeschichte und Sozialwissenschaften der Bundeswehr 2016.

©ZMSBw 08053-01

Frageformulierungen und Operationalisierungen

Sicherheitsempfinden persönlich: Wie sicher fühlen Sie sich persönlich zurzeit? Antworten Sie bitte mit Hilfe dieser Skala. *Antwortmöglichkeiten*: Sehr sicher; eher sicher; teils/teils; eher unsicher; sehr unsicher (Wertebereich: 1 bis 5); *Operationalisierung*: Skala umkodiert (0 = niedrig bis 1 = hoch).

Sicherheitsempfinden national: Wie beurteilen Sie die gegenwärtige Sicherheitslage der Bundesrepublik Deutschland? *Antwortmöglichkeiten*: Sehr sicher; eher sicher; teils/teils; eher unsicher; sehr unsicher (Wertebereich: 1 bis 5); *Operationalisierung*: Skala umkodiert (0 = niedrig bis 1 = hoch).

Sicherheitsempfinden weltweit: Wie beurteilen Sie die gegenwärtige Sicherheitslage weltweit? *Antwortmöglichkeiten*: Sehr sicher; eher sicher; teils/teils; eher unsicher; sehr unsicher (Wertebereich: 1 bis 5); *Operationalisierung*: Skala umkodiert (0 = niedrig bis 1 = hoch).

Bedrohungen innere und äußere Sicherheit: Inwieweit fühlen Sie sich persönlich zurzeit durch folgende Faktoren bedroht?
- Terroranschläge in Deutschland
- Fremdenfeindlichkeit in Deutschland
- Religiöser Fundamentalismus in Deutschland
- Zuwanderung nach Deutschland
- Kriminalität in meinem Umfeld
- Krieg in Europa
- Spannungen zwischen dem Westen und Russland

Ich fühle mich davon ... *Antwortmöglichkeiten*: Stark bedroht; eher bedroht; teils/teils; eher nicht bedroht; überhaupt nicht bedroht (Wertebereich: 1 bis 5); *Operationalisierung*: Skala umkodiert und additiver Index gebildet (Wertebereich: 0 = niedrig bis 1 = hoch; Cronbachs α = 0,78).

Bedrohungen ökologisch: Inwieweit fühlen Sie sich persönlich zurzeit durch folgende Faktoren bedroht?
- Weltweiter Klimawandel durch die globale Erwärmung
- Große Naturkatastrophen wie z.B. schwere Stürme oder Überschwemmungen
- Weltweite Ausbreitung einer gefährlichen Krankheit oder Seuche

– Störfall in einem Atomkraftwerk
Ich fühle mich davon ... *Antwortmöglichkeiten*: Stark bedroht; eher bedroht; teils/teils; eher nicht bedroht; überhaupt nicht bedroht (Wertebereich: 1 bis 5); *Operationalisierung*: Skala umkodiert und additiver Index gebildet (Wertebereich: 0 = niedrig bis 1 = hoch; Cronbachs α = 0,66).

Bedrohungen sozio-ökonomisch: Inwieweit fühlen Sie sich persönlich zurzeit durch folgende Faktoren bedroht?
– Verlust des eigenen Arbeitsplatzes bzw. Schwierigkeit, einen Arbeitsplatz zu finden
– Unzureichende finanzielle Absicherung im Alter
– Steigende Preise
Ich fühle mich davon ... *Antwortmöglichkeiten*: Stark bedroht; eher bedroht; teils/teils; eher nicht bedroht; überhaupt nicht bedroht (Wertebereich: 1 bis 5); *Operationalisierung*: Skala umkodiert und additiver Index gebildet (Wertebereich: 0 = niedrig bis 1 = hoch; Cronbachs α = 0,65).

Einstellung zu Auslandseinsätzen Bundeswehr: Bitte sagen Sie mir, ob Sie der Beteiligung der Bundeswehr an den folgenden Missionen zustimmen oder ob Sie diese ablehnen. Antworten Sie bitte mit Hilfe der folgenden Skala. (...) Die Beteiligung der Bundeswehr an ...
– der ISAF-Folgemission Resolute Support in Afghanistan zur Ausbildung und Beratung afghanischer Sicherheitskräfte
– dem KFOR-Einsatz im Kosovo zur Stabilisierung der Balkanregion
– dem ATALANTA-Einsatz vor der Küste Somalias zur Überwachung der Seegebiete und Eindämmung der Piraterie
– dem UNIFIL-Einsatz vor der Küste des Libanons zur Ausbildung der libanesischen Marine und zur Kontrolle der Seewege
– dem EUTM-Einsatz in Mali zur medizinischen Versorgung und Ausbildung malischer Sicherheitskräfte und Sanitäter
– dem Seenotrettungseinsatz im Mittelmeer im Rahmen der Flüchtlingshilfe
– dem Ausbildungseinsatz kurdischer Kräfte im Nordirak zur Bekämpfung des IS
– dem Anti-Terroreinsatz in Syrien zur Bekämpfung des IS
– dem MINUSMA-Einsatz in Mali zur Überwachung der Einhaltung und Umsetzung des Friedensabkommens zwischen Regierung und Aufständischen

Antwortmöglichkeiten: Stimme völlig zu; stimme eher zu; teils/teils; lehne eher ab; lehne völlig ab (Wertebereich: 1 bis 5); *Operationalisierung*: Skala umkodiert und additiver Index gebildet (Wertebereich: 0 = Ablehnung bis 1 = Zustimmung; Cronbachs α = 0,90).

Einstellung zu diplomatischen Mitteln: Und was meinen Sie, welche Mittel sollte Deutschland in der Außen- und Sicherheitspolitik einsetzen?
– Entwicklungshilfe
– Aufnahme von Flüchtlingen
– Diplomatische Verhandlungen
– Wirtschaftssanktionen

Antwortmöglichkeiten: Stimme völlig zu; stimme eher zu; teils/teils; lehne eher ab; lehne völlig ab (Wertebereich: 1 bis 5); *Operationalisierung*: Skala umkodiert und additiver Index gebildet (Wertebereich: 0 = Ablehnung bis 1 = Zustimmung; Cronbachs α = 0,56).

Einstellung zu militärischen Mitteln: Und was meinen Sie, welche Mittel sollte Deutschland in der Außen- und Sicherheitspolitik einsetzen?
– Militärische Kooperationen
– Waffenlieferungen an befreundete Staaten
– Kampfeinsätze der Bundeswehr
– Stabilisierungseinsätze der Bundeswehr
– Ausbildungseinsätze der Bundeswehr
– Polizeieinsätze

Antwortmöglichkeiten: Stimme völlig zu; stimme eher zu; teils/teils; lehne eher ab; lehne völlig ab (Wertebereich: 1 bis 5); *Operationalisierung*: Skala umkodiert und additiver Index gebildet (Wertebereich: 0 = Ablehnung bis 1 = Zustimmung; Cronbachs α = 0,79).

Einstellung zur Bundeswehr:
– Wie ist Ihre persönliche Einstellung zur Bundeswehr? Ist diese sehr positiv; positiv; eher positiv; eher negativ; negativ; sehr negativ (Wertebereich: 1 bis 6).
– Wie wichtig ist die Bundeswehr Ihrer Meinung nach für Deutschland? Ist sie sehr wichtig; eher wichtig; teils/teils; eher unwichtig; sehr unwichtig (Wertebereich: 1 bis 5).

- Einmal ganz allgemein gefragt: Hat die Bundeswehr bei Ihnen persönlich ein hohes Ansehen; eher hohes Ansehen; teils/teils; eher geringes Ansehen; geringes Ansehen (Wertebereich: 1 bis 5).
Operationalisierung: Skala umkodiert und additiver Index gebildet (Wertebereich: 0 = Negativ bis 1 = Positiv; Cronbachs α = 0,84).

Geschlecht: über Angabe des Interviewers; *Operationalisierung*: Skala umkodiert (Wertebereich: 0 = Männlich; 1 = Weiblich).

Alter: Bitte sagen Sie mir, wie alt Sie sind; *Operationalisierung*: Skala umkodiert (Wertebereich: 0 = 16 Jahre bis 1 = 93 Jahre).

Bildung: Welchen höchsten Bildungsabschluss haben Sie?; *Operationalisierung*: Skala umkodiert (Wertebereich: 0 = Geringer als Abitur/Fachhochschulreife (FHSR); 1 = Abitur/Fachhochschulreife und höher).

Haushaltseinkommen (HH): Wie hoch ist etwa das monatliche Netto-Einkommen, das Sie alle zusammen im Haushalt haben, nach Abzug von Steuern und der Sozialversicherung? Alle Einnahmequellen zusammen genommen: In welche der folgenden Netto-Einkommensgruppen fällt dann Ihr Haushalt? *Operationalisierung*: Skala umkodiert (Wertebereich: 0 = Bis 3.000 Euro; 1 = Ab 3.001 Euro).

Wohnort: über Angabe des Interviewers; *Operationalisierung*: Skala umkodiert (Wertebereich: 0 = Alte Bundesländer (BL); 1 = Neue Bundesländer und Berlin).

Wahlabsicht: Wenn am nächsten Sonntag Bundestagswahl wäre, welche der folgenden Parteien würden Sie dann wählen? *Antwortmöglichkeiten*: CDU/CSU; SPD; Bündnis 90/Die Grünen; Die Linke; FDP; AfD (Alternative für Deutschland); Piratenpartei; Andere Partei und zwar: [...]; keine Partei, würde nicht wählen gehen; *Operationalisierung*: Dummys gebildet für CDU/CSU; Bündnis 90/Die Grünen; Die Linke; AfD; Keine Präferenz/Nichtwähler; SPD = Referenzkategorie (Wertebereich: 0 = Sonstiges; 1 = ausgewählte Partei).

Links-Rechts-Skala: Viele Leute verwenden die Begriffe „links" und „rechts", wenn es darum geht, unterschiedliche politische Einstellungen zu kennzeichnen. Wo würden Sie sich auf einer Links-Rechts-Skala von 1 bis 7 einordnen, wenn 1 für „ganz links" und 7 für „ganz rechts" steht? *Operationalisierung*: Skala umkodiert (Wertebereich: 0 = Ganz links bis 1 = Ganz rechts).

Grundorientierung Militarismus: Im Folgenden finden Sie verschiedene Aussagen zur Außen- und Sicherheitspolitik.
– Unter bestimmten Bedingungen ist Krieg notwendig, um Gerechtigkeit zu erlangen
– In internationalen Krisen ist wirtschaftliche Macht wichtiger als militärische Macht (rekodiert)

Antwortmöglichkeiten: Stimme völlig zu; stimme eher zu; teils/teils; lehne eher ab; lehne völlig ab (Wertebereich: 1 bis 5); *Operationalisierung*: Skala umkodiert und additiver Index gebildet (Wertebereich: 0 = Niedrig bis 1 = Hoch; Cronbachs α = 0,09; Pearson-Korrelation = 0,05[a]).

Grundorientierung Internationalismus: Im Folgenden finden Sie verschiedene Aussagen zur Außen- und Sicherheitspolitik.
– Deutschland sollte eine aktivere Rolle in der Weltpolitik spielen
– Deutschland wahrt seine Interessen am besten dadurch, dass es sich nicht in die Angelegenheiten anderer Staaten einmischt (rekodiert)

Antwortmöglichkeiten: Stimme völlig zu; stimme eher zu; teils/teils; lehne eher ab; lehne völlig ab (Wertebereich: 1 bis 5); *Operationalisierung*: Skala umkodiert und additiver Index gebildet (Wertebereich: 0 = Niedrig bis 1 = Hoch; Cronbachs α = 0,40; Pearson-Korrelation = 0,25[c]).

Grundorientierung Multilateralismus: Im Folgenden finden Sie verschiedene Aussagen zur Außen- und Sicherheitspolitik.
– Bei einer internationalen Krise sollten sich Deutschland und seine Verbündeten auf eine gemeinsame Haltung einigen
– Für seine Sicherheit sollte Deutschland vor allem alleine sorgen (rekodiert)

Antwortmöglichkeiten: Stimme völlig zu; stimme eher zu; teils/teils; lehne eher ab; lehne völlig ab (Wertebereich: 1 bis 5); *Operationalisierung*: Skala umkodiert und additiver Index gebildet (Wertebereich: 0 = Niedrig bis 1 = Hoch; Cronbachs α = 0,33; Pearson-Korrelation = 0,20[c]).

Grundorientierung Atlantizismus: Im Folgenden finden Sie verschiedene Aussagen zur Außen- und Sicherheitspolitik.
- In außenpolitischen Fragen sollte Deutschland in Übereinstimmung mit den USA handeln
- Deutschland sollte seine Interessen gegenüber den USA selbstbewusster vertreten (rekodiert)

Antwortmöglichkeiten: Stimme völlig zu; stimme eher zu; teils/teils; lehne eher ab; lehne völlig ab (Wertebereich: 1 bis 5); *Operationalisierung*: Skala umkodiert und additiver Index gebildet (Wertebereich: 0 = Niedrig bis 1 = Hoch; Cronbachs α = 0,22; Pearson-Korrelation = 0,13c).

Verteidigungspolitisches Interesse:
- Wie stark interessieren Sie sich im Allgemeinen für Politik, ist das ...
- Und wie stark interessieren Sie sich für Verteidigungspolitik, ist das ...

Antwortmöglichkeiten: Sehr stark; eher stark; teils/teils; wenig; gar nicht (Wertebereich: 1 bis 5); *Operationalisierung*: Skala umkodiert und additiver Index gebildet (Wertebereich: 0 = Niedrig bis 1 = Hoch; Cronbachs α = 0,85; Pearson-Korrelation = 0,74c).

Politisches Selbstvertrauen: Bitte sagen Sie mir zu jeder dieser Aussagen, ob Sie ihr völlig zustimmen, eher zustimmen, teils zustimmen/teils ablehnen, eher ablehnen oder völlig ablehnen.
- Ich traue mir zu, in einer Gruppe, die sich mit verteidigungspolitischen Fragen befasst, eine aktive Rolle zu übernehmen
- Im Allgemeinen weiß ich eher wenig über die Bundeswehr (rekodiert)
- Ich kann verteidigungspolitische Fragen gut verstehen und einschätzen
- Verteidigungspolitik ist so kompliziert, dass jemand wie ich gar nicht versteht, was vorgeht (rekodiert)

Antwortmöglichkeiten: (Wertebereich: 1 bis 5); *Operationalisierung*: Skala umkodiert und additiver Index gebildet (Wertebereich: 0 = Niedrig bis 1 = Hoch; Cronbachs α = 0,81).

Militärische Erfahrung: Welche der folgenden Aussagen treffen auf Sie zu?
- Ich selbst bin gerade bei der Bundeswehr. (INT.: Ziviler Angestellter [Beamter, Angestellter] oder Soldat [Berufssoldat, Soldat auf Zeit, Freiwillig Wehrdienst Leistender])

- Ich selbst war bei der Bundeswehr. (INT.: Ziviler Angestellter [Beamter, Angestellter] oder Soldat [Berufssoldat, Soldat auf Zeit, Freiwillig Wehrdienst Leistender])
Antwortmöglichkeiten: Ja, Nein (Wertebereich: 0; 1); *Operationalisierung*: Skala umkodiert (Wertebereich: 0 = Keine Erfahrung; 1 = Bin/war Bundeswehrangehöriger).

Dein Schützer, Freund und Helfer? Einstellungen der deutschen Bevölkerung zum Einsatz der Bundeswehr im Inneren

Markus Steinbrecher und Meike Wanner

1 Einleitung[1]

Zu Beginn des 21. Jahrhunderts wurde die Welt durch eine Reihe von Terroranschlägen erschüttert – allen voran durch die wirkmächtigen Anschläge des 11. September 2001 in den USA. Wenige Jahre später entfaltete der Terrorismus auch in Europa seine erschreckende Wirkung. Als Beispiele seien die Anschläge in Madrid (2004), London (2005), Oslo und Utöya (2011), Paris (2015), Brüssel (2016) und Nizza (2016) genannt. Als Reaktion auf die zunehmende Bedrohungslage und terroristische Anschläge auch in Deutschland wurde wiederholt diskutiert, ob die Bundeswehr zur Terrorabwehr im Inland eingesetzt werden kann und soll. 2016 gab es zu diesem Thema im Zuge der Erstellung des neuen Weißbuches eine politische Debatte. Vertreter von CDU und CSU forderten, dass in extremen Situationen wie Terroranschlägen innerhalb Deutschlands auf die Bundeswehr zurückgegriffen werden könnte und befürworteten zudem eine stärkere Vernetzung von Streitkräften und Polizei. Hintergrund der Forderung nach dem verstärkten Einsatz der Bundeswehr in Deutschland ist die Tatsache, dass sie exklusiv über bestimmte Fähigkeiten und Mittel zur Terrorabwehr oder -bekämpfung verfügt, zum Beispiel geschützte Fahrzeuge, Kampfflugzeuge oder Spezialeinheiten wie das KSK und die Kampfschwimmer. Daher plädierte Verteidigungsministerin von der Leyen im Juni 2016 für gemeinsame Übungen von Polizei und Bundeswehr, um terroristische Anschläge in Deutschland abzuwehren (Aust et al. 2016). Mittlerweile haben die ersten gemeinsamen Übungen stattgefunden.

Der Koalitionspartner SPD sowie die Oppositionsparteien Bündnis 90/ Die Grünen und Die Linke äußerten sich hinsichtlich einer Erweiterung der Kompetenzen der Streitkräfte im Inland eher skeptisch. Während Vertreter

---

1 Dieser Beitrag wurde vor dem Anschlag auf den Berliner Weihnachtsmarkt am 19. Dezember 2016 fertiggestellt.

© Springer Fachmedien Wiesbaden GmbH, ein Teil von Springer Nature 2018
M. Steinbrecher et al. (Hrsg.), *Freiheit oder Sicherheit?*, Schriftenreihe des Zentrums für Militärgeschichte und Sozialwissenschaften der Bundeswehr, https://doi.org/10.1007/978-3-658-23611-3_6

der SPD anregten, die Polizei personell und technisch aufzustocken anstatt die Bundeswehr zu involvieren, argumentierten die Grünen und Die Linke, dass es für die strikte Trennung der Aufgaben der inneren und äußeren Sicherheit sehr gute Gründe gäbe und dass das Beispiel Frankreich aufzeige, dass selbst militärische Patrouillen auf öffentlichen Plätzen nicht vor Terroranschlägen bewahrten (vgl. Bundesministerium der Verteidigung 2016a, 2016b; Ehrenstein et al. 2016).

Die wesentliche Grundlage für den Einsatz der Bundeswehr innerhalb Deutschlands ist das Grundgesetz, das die Verwendung der Streitkräfte im Inland, jenseits der Landesverteidigung, nur in engen Schranken erlaubt. Dabei handelt es sich um eine normativ und rechtlich höchst relevante Frage, bei der es einerseits um die Unterscheidung von innerer und äußerer Sicherheit, andererseits um die Abgrenzung der Kompetenzen verschiedener staatlicher Institutionen geht. Während der Einsatz der Bundeswehr im Inneren zur Terrorabwehr und -bekämpfung in regelmäßigen Abständen diskutiert wird und zwischen den politischen Akteuren in Deutschland höchst umstritten ist, ist ihr Einsatz zur Hilfe und Unterstützung bei Naturkatastrophen oder Großschadensfällen seit Jahrzehnten akzeptierte Realität. Erinnert sei nur an die Einsätze bei den Hochwassern in und um Hamburg (1962) sowie an Oder (1997) und Elbe (2002), beim massiven Wintereinbruch in Norddeutschland (1978) oder beim ICE-Unglück in Eschede (1998).

Doch wie positionieren sich die Bürgerinnen und Bürger hinsichtlich der Frage, ob und in welchem Ausmaß die Bundeswehr zur Stärkung der inneren Sicherheit eingesetzt werden soll? Empirische Untersuchungen, die sich dieser Fragestellung widmen, sind selten. Bisher liegen lediglich einige Beiträge bzw. Studien des ZMSBw (Zentrum für Militärgeschichte und Sozialwissenschaften der Bundeswehr) bzw. des ehemaligen SOWI (Sozialwissenschaftliches Institut der Bundeswehr) vor (vgl. Fiebig 2010; Pietsch/Fiebig 2011). In Anbetracht der rechtlichen, politischen und gesellschaftlichen Relevanz erscheint es deshalb angebracht, die Einstellungen der Bevölkerung zu unterschiedlichen Einsatzszenarien der Bundeswehr im Inneren ausführlicher zu untersuchen. Dabei sollen das Ausmaß der Zustimmung oder Ablehnung der Übernahme von Inlandsaufgaben durch die Bundeswehr betrachtet sowie die dahinter stehenden Erklärungsfaktoren herausgearbeitet werden. Als Grundlage für die im Folgenden präsentierten Analysen dienen Daten der jährlich durchgeführten Bevölkerungsbefragung des ZMSBw, insbesondere die Befragung aus dem Jahr 2016.

Vor der Darstellung der empirischen Ergebnisse wird im 2. Kapitel der theoretische Rahmen gesetzt. Hier wird die verfassungsrechtliche Lage zunächst hinsichtlich möglicher Einsätze der deutschen Streitkräfte im Inland beleuchtet. Hinzu kommt eine knappe Darstellung von Vorschlägen und Diskussionen zur Änderung des Grundgesetzes in den letzten Jahren. Im 3. Kapitel werden der Forschungsstand rekapituliert, Überlegungen hinsichtlich möglicher Erklärungsfaktoren und -mechanismen diskutiert und auf dieser Basis Hypothesen für die empirischen Analysen formuliert. Im 4. Kapitel wird die Datenbasis sowie die Operationalisierung der relevanten Variablen vorgestellt. Das 5. Kapitel präsentiert die Ergebnisse der empirischen Analysen. Hier soll zuerst die Entwicklung der Einstellungen zu verschiedenen Einsatzmöglichkeiten für die Bundeswehr im Inneren im Zeitverlauf betrachtet werden (Abschnitt 5.1). Da eine größere Zahl möglicher Einsatzszenarien untersucht wird, erfolgt in Abschnitt 5.2 eine Reduktion auf wenige zentrale Dimensionen, die im weiteren Verlauf als abhängige Variablen dienen. In Abschnitt 5.3 werden die Prädiktoren von Einstellungen zum Einsatz der Bundeswehr innerhalb Deutschlands ausführlich analysiert. Aufgabe des letzten Kapitels ist die Zusammenfassung und Diskussion der Ergebnisse und ihrer Implikationen im Hinblick auf den Einsatz der Bundeswehr im Inneren sowie für die Abgrenzung zwischen innerer und äußerer Sicherheit.

2 Verfassungsrechtliche und gesetzliche Grundlagen für einen Einsatz der Bundeswehr im Inneren

In diesem Kapitel geht es um die Vorstellung und Diskussion der verfassungsrechtlichen und gesetzlichen Grundlagen. Diese sind als Hintergrundinformation notwendig, denn in den späteren Analysen geht es auch um Einsatzformen, die in der rechtlichen Grauzone des Grundgesetzes liegen und die dementsprechend politisch umstritten sind. Das Grundgesetz der Bundesrepublik Deutschland (GG) sieht eine klare Trennung von polizeilichen und militärischen Aufgabenbereichen vor, von der nur unter ganz bestimmten Voraussetzungen abgewichen werden darf. Während die innere Sicherheit grundsätzlich in den Aufgabenbereich der Polizei fällt, obliegt es den deutschen Streitkräften, die äußere Sicherheit zu gewährleisten, worunter die Landesverteidigung, also das militärische Vorgehen gegen einen von außen kommenden Angreifer, zu verstehen ist (Artikel 87a Absatz 1 GG; vgl.

Tabelle 1; vgl. Knelangen 2006: 253–256). Im Rahmen des Verteidigungsfalls oder seiner „Vorstufe", dem sogenannten Spannungsfall (Artikel 80a Absatz 1 GG), der mit einer Erhöhung der militärischen Alarmstufe einhergeht, sind die Streitkräfte berechtigt, soweit dies zur Erfüllung ihres Verteidigungsauftrags erforderlich ist, zivile Objekte zu schützen, Aufgaben der Verkehrsregelung wahrzunehmen sowie polizeiliche Aufgaben zu übernehmen (Artikel 87a Absatz 3 GG).

Der Einsatz der Bundeswehr im Inneren jenseits der Landesverteidigung ist in Artikel 87a Absatz 2 GG geregelt: „Außer zur Verteidigung dürfen die Streitkräfte nur eingesetzt werden, soweit dieses Grundgesetz es ausdrücklich zulässt." Die Notstandsgesetze des Jahres 1968, die das Grundgesetz um Regelungen ergänzten, um die staatliche Handlungsfähigkeit in Krisensituationen zu ermöglichen, präzisierten in Artikel 35 GG mögliche Einsatzszenarien der Bundeswehr im Inneren: die Amtshilfe bei Naturkatastrophen oder besonders schweren Unglücksfällen (Artikel 35 Absatz 2 und 3 GG). Dabei ist Voraussetzung, dass die zivilen Kräfte ohne die Unterstützung durch die Streitkräfte die Aufgabe nicht oder nur unter erheblichen Schwierigkeiten erfüllen könnten. Das Grundgesetz sieht folglich nur eng begrenzte Möglichkeiten für Bundeswehreinsätze im Inneren vor und besagt in der derzeitigen Form, dass ein Einsatz von Soldaten als „Hilfspolizisten" oder Helfer lediglich bei einer Naturkatastrophe (z.B. während des Elbehochwassers im Jahr 2002) oder bei besonders schweren Unglücksfällen (z.B. beim Bahnunglück in Eschede im Jahr 1998) rechtlich abgesichert ist. Weitere Handlungsmöglichkeiten der Bundeswehr im Inneren sieht das Grundgesetz für den Fall vor, dass die freiheitlich-demokratische Grundordnung des Bundes oder eines Landes gefährdet ist (innerer Notstand). In diesem Fall werden den deutschen Streitkräften Handlungsoptionen im Bereich der Unterstützung von Polizei und Bundespolizei beim Schutz von zivilen Objekten und bei der Bekämpfung organisierter und militärisch bewaffneter Aufständischer zugesprochen (Artikel 87a Absatz 4 GG).

Neben der Frage, in welchen Situationen und zu welchem Zweck die Streitkräfte im Inneren zum Einsatz kommen dürfen, ist der potenzielle Einsatz militärischer Kampfmittel auf deutschem Territorium gesetzlich geregelt. Als eine Konsequenz aus den Terroranschlägen des 11. September 2001 und einem Zwischenfall im Jahr 2003 im Luftraum von Frankfurt am Main, bei dem ein geistig verwirrter Mann mit einem Motorsegler über dem Frankfurter Bankenviertel kreiste und drohte, sich mit seinem Flugzeug in eines der Hochhäuser zu stürzen, bündelte der Deutsche Bundestag am 11. Januar 2005 wesentliche Sicherheitsvorschriften im sogenannten Luftsicherheitsgesetz (LuftSiG) (vgl. FAZ Online 2003). Dieses dient vorrangig dem Zweck, Attentate wie die Terroranschläge des 11. September 2001 durch entführte Flugzeuge (Renegades) zu verhindern. Dazu ermächtigte und verpflichtete das Gesetz die Luftsicherheitsbehörden, die Fluggesellschaften und die Flughafenbetreiber, bestimmte Sicherheitsmaßnahmen zu ergreifen. Ferner wurde geregelt, wie im Falle einer Flugzeugentführung ein möglicher Einsatz der Streitkräfte erfolgen sollte. In § 14 (1) wurde festgehalten, dass die Streitkräfte in einem solchen Fall zum Einsatz kommen können, um den Eintritt eines besonders schweren Unglücksfalls zu verhindern und sie ein entführtes Flugzeug mit Warnschüssen zur Landung zwingen oder abdrängen dürfen. Der mögliche Einsatz militärischer Kampfmittel in einem solchen Szenario wurde ebenfalls im Rahmen des Luftsicherheitsgesetzes geregelt: „Die unmittelbare Einwirkung mit Waffengewalt ist nur zulässig, wenn nach den Umständen davon auszugehen ist, dass das Luftfahrzeug gegen das Leben von Menschen eingesetzt werden soll, und sie das einzige Mittel zur Abwehr dieser gegenwärtigen Gefahr ist." (LuftSiG § 14 Abs. 3) Dieser Absatz wurde jedoch in einem Urteil des Bundesverfassungsgerichts am 15. Februar 2006 als verfassungswidrig und nichtig erklärt, da damit der Einsatz gegen das Leben von Menschen möglich geworden wäre, was einen Verstoß gegen die Menschenwürde bedeuten würde. Auch in anderen möglichen Einsatzszenarien der Bundeswehr im Inneren wurde die Verwendung spezifisch militärischer Waffen bis zu einem Beschluss des Bundesverfassungsgerichts im Jahr 2012 generell ausgeschlossen. Dieser besagt, dass die Bundeswehr bei Einsätzen im Inneren in Ausnahmefällen militärische Mittel zur Abwehr von Gefahren katastrophalen Ausmaßes einsetzen darf. Allerdings muss stets die gesamte Bundesregierung über einen solchen Inlandseinsatz der Bundeswehr entscheiden (vgl. Klasen 2012). Insgesamt setzen die gesetzlichen Regelungen also enge Grenzen für den Einsatz der Bundeswehr innerhalb Deutschlands. Die nächsten Kapitel werden klären, wie sich Bürgerinnen und Bürger zu diesen Fragen positionieren.

Tabelle 1: Verfassungsrechtliche und gesetzliche Regeln zum Einsatz der Bundeswehr im Inneren

Grundlage	Zweck	Aufgabenbereiche der Bundeswehr
Art. 87a (1) GG	Landesverteidigung	Abwehr eines bewaffneten Angriffs auf das Bundes- oder Bündnisgebiet
Art. 87a (3) GG	Landesverteidigung im Spannungs- oder Verteidigungsfall	Schutz ziviler Objekte, Wahrnehmung von Aufgaben der Verkehrsregelung, Unterstützung polizeilicher Maßnahmen
Art. 87a (4) GG	Sicherung der freiheitlich-demokratischen Grundordnung	Unterstützung von Polizei und Bundesgrenzschutz beim Schutz von zivilen Objekten und zur Bekämpfung organisierter und militärisch bewaffneter Aufständischer
Art. 35 (2) GG	Hilfe im Fall von Naturkatastrophen oder besonders schwerer Unglücksfälle (in einem Bundesland)	Aufrechterhaltung und Wiederherstellung öffentlicher Sicherheit und Ordnung, Unterstützung der Polizei
Art. 35 (3) GG	Hilfe im Fall von Naturkatastrophen oder besonders schwerer Unglücksfälle (in mehr als einem Bundesland)	Aufrechterhaltung und Wiederherstellung öffentlicher Sicherheit und Ordnung, Unterstützung der Polizei
§14 (1) LuftSiG	Schutz vor Angriffen auf die Sicherheit des Luftverkehrs, Flugzeugentführungen, Sabotageakten und terroristischen Anschlägen	Einsatz von Kampfflugzeugen, um entführte Flugzeuge mit Warnschüssen zur Landung zu zwingen oder abzudrängen

Anmerkungen: Eigene Darstellung in Anlehnung an Knelangen (2006: 259).

©ZMSBw 08054-01

3 Theoretischer Rahmen, bisherige Forschung und Hypothesen zu Einstellungen zum Einsatz der Bundeswehr im Inneren

Für die quantitativ-empirische Analyse der Einstellungen der Bürgerinnen und Bürger zum Einsatz der Bundeswehr innerhalb Deutschlands kann nicht auf einen breiten Forschungskanon mit umfassenden Theorien und empirischen Befunden zurückgegriffen werden, an dem sich dieser Beitrag orientieren könnte. Stattdessen wird auf Konzepte und Überlegungen aus der Literatur zur Erklärung außen- und sicherheitspolitischer Einstellungen sowie auf allgemeine Befunde zu politikfeldspezifischen Präferenzen zurückgegriffen, die sich mit den vorliegenden Forschungsfragen gut verbinden lassen. In den Analysen werden kognitive Aspekte und Fähigkeiten, affektive Bewertungen und Einstellungen, Einschätzungen der Performanz, normative und rechtliche sowie parteipolitische und ideologische Orientierungen berücksichtigt. Außerdem fließen die soziodemografischen Merkmale der Befragten ein.

Orientiert man sich an rationalen Modellen der Einstellungsbildung, sollten funktionale Erwägungen und vor allem Performanzbewertungen eine Rolle für die Einstellungen der Bürgerinnen und Bürger zum Einsatz der Bundeswehr im Inneren spielen. Dabei werden die wahrgenommenen Kosten eines Einsatzes der Streitkräfte im Inneren im Verhältnis zum wahrgenommenen Nutzen abgewogen. Allerdings muss es sich dabei nicht notwendigerweise um ökonomische Kosten handeln, vielmehr könnte die Bevölkerung auch an die politischen Kosten im Sinne einer unverhältnismäßigen und ggf. demokratietheoretisch gefährlichen Erweiterung der Kompetenzen der Streitkräfte innerhalb Deutschlands denken und diese mit dem erwarteten Nutzen des Einsatzes der Bundeswehr im Inneren vergleichen. Historische Erfahrungen und Bewertungen könnten hier ebenfalls eine Rolle spielen, war es doch bis zur Gründung der Bundesrepublik durchaus üblich, die Streitkräfte im Inland, z.B. zur Bekämpfung von Streiks, einzusetzen (Pannkoke 1998).

Funktionale Überlegungen können sich zudem im Sinne performanzorientierter Einstellungsbildung (vgl. Fiorina 1981) auf die Leistungen der Soldatinnen und Soldaten bei zurückliegenden Einsätzen (wie bei Rettungs- und Hilfseinsätzen im Zuge der Flutkatastrophen an Elbe, Mulde und Oder in den 1990er- und 2000er-Jahren) beziehen. Insofern können die Erfahrungen mit bereits erfolgten Einsätzen bedeutsam sein: Wenn jemand vorherige Einsätze der Bundeswehr in Deutschland positiv bewertet, sollte er weitere Einsatzmöglichkeiten begrüßen. Im für die Analysen verwendeten Datensatz der Bevölkerungsbefragung des ZMSBw 2016 stehen zwei Variablen zur Verfügung, um diesen Aspekt abzudecken. Zum einen wurde danach gefragt, inwiefern die Bevölkerung mit den Leistungen der Bundeswehr im Inland zufrieden ist oder nicht. Da es sich bei diesem Item um eine unspezifische Abfrage unabhängig von konkreten Leistungen oder Einsätzen handelt, ist ein genereller positiver Effekt auf alle untersuchten Einsatzformen der Bundeswehr innerhalb Deutschlands zu erwarten. Zum anderen konnten die Teilnehmerinnen und Teilnehmer der Befragung angeben, ob die Bundeswehr in ihrer Gegend schon einmal Katastrophenhilfe geleistet hat. Dabei handelt es sich um eine subjektive Angabe, die nicht mit Hilfe objektiver Informationen überprüft werden kann. Dennoch ist ein positiver Einfluss auf den Einsatz der Bundeswehr bei weiteren Katastrophenszenarien zu erwarten, aber eher kein Effekt auf andere Einsatzformen. Auch generelle alltägliche Erfahrungen mit den Streitkräften können bedeutsam sein für Präferenzen hinsichtlich der Einsatzmöglichkeiten. Daher wird in den Analysen berücksichtigt, ob der Befragte in der Nähe eines Bundeswehrstandortes wohnt oder nicht. Für diese Variable bestehen aber keine eindeutigen Erwartungen, denn einerseits könnte der häufigere Kontakt dazu führen, dass man eher um die Fähigkeiten der Soldatinnen und Soldaten weiß und besser über die Leistungen bei vorangehenden Einsätzen informiert ist. Andererseits könnte man weniger gewillt sein, Freunde, Verwandte oder Nachbarn, die Angehörige der Bundeswehr sind, in Gefahr zu bringen oder man weiß durch den häufigeren Kontakt im Alltag über die oben dargestellten Beschränkungen des Grundgesetzes eher Bescheid.

Neben funktionalen oder performanzbezogenen Bewertungen sollten affektive Aspekte für die Bewertung von Möglichkeiten für Inlandseinsätze wichtig sein. Vorangehende Forschung des ZMSBw zu sicherheits- und verteidigungspolitischen Einstellungen hat gezeigt, dass die Bürgerinnen und Bürger spezifische Einstellungen in diesem Politikfeld in der Regel von ihrer generellen Bewertung der Streitkräfte ableiten (vgl. z.B. Fiebig 2010; Wanner 2015). Dies ist auch für den hier untersuchten Variablenkomplex zu erwarten. Personen, die der Bundeswehr positiv gegenüberstehen, sollten eine positive Einstellung zu den verschiedenen Einsatzmöglichkeiten haben.[2] Affekte könnten aber auch aus einer anderen Perspektive eine Rolle für Präferenzen zum Bundeswehreinsatz innerhalb Deutschlands spielen. Wie die Forschung von Leonie Huddy und Kollegen zeigt, sind Emotionen, Bedrohungs- sowie Sicherheitswahrnehmungen wichtig für die Entwicklung von Einstellungen zu innen- und außenpolitischen Sicherheitsmaßnahmen (vgl. Huddy et al. 2007). Ein wesentlicher Befund dieser Forschung ist, dass sich Bedrohungswahrnehmungen besonders bei sich unsicher fühlenden Bürgern positiv auf deren Einstellungen zu militärischen Maßnahmen auswirken (vgl. aber die entgegengesetzten Befunde von Biehl und Rothbart für Deutschland in diesem Band). Da der Einsatz der Bundeswehr im Inneren vor allem im Kontext gestiegener Bedrohungen durch Terroranschläge diskutiert

---

2 Wir berücksichtigen in den folgenden Analysen nur die generelle Einstellung zur Bundeswehr als Erklärungsfaktor. Grundsätzlich stehen noch weitere Variablen wie zum Beispiel das Vertrauen in die Bundeswehr oder die Anerkennung und das Ansehen der Bundeswehr zur Verfügung. Wegen des hohen Ausmaßes an Multikollinearität (alle Korrelationen zwischen der Einstellung zur Bundeswehr und den anderen genannten Einstellungen sind größer als 0,6) und um die Modelle einfach zu gestalten, beschränkt sich der Beitrag auf einen einzigen Prädiktor aus dieser Variablengruppe. Analysen mit den anderen affektiven Indikatoren führen zu ähnlichen Ergebnissen. Für eine andere Operationalisierung siehe den Beitrag von Biehl und Rothbart in diesem Band.

wird, kann für diesen Beitrag davon ausgegangen werden, dass Bewertungen der Bedrohungssituation und der Sicherheitslage in Deutschland einen Einfluss auf Einstellungen zum Einsatz der Bundeswehr innerhalb des Landes haben. In den folgenden Analysen wird angenommen, dass sowohl Bedrohungswahrnehmungen als auch Sicherheitsempfinden eine jeweils voneinander unabhängige Wirkung entfalten und Personen, die sich bedroht oder unsicher fühlen, eher für den Einsatz der Streitkräfte innerhalb Deutschlands sind. Dabei wird zwischen Bedrohungen durch Zuwanderung, Terrorismus und Naturkatastrophen differenziert, da sich die berücksichtigten Einsatzmöglichkeiten für die Bundeswehr vor allem auf diese Aspekte beziehen. Bei den Sicherheitsbewertungen wird zwischen der persönlichen und der nationalen Sicherheitslage unterschieden, ohne dass unterschiedliche Effekte je nach abhängiger Variable erwartet werden.[3]

Kognitive Aspekte und Fähigkeiten sollten für die Bildung von Einstellungen zum Einsatz der Bundeswehr im Inneren ebenfalls relevant sein. Hier kann man beispielsweise an das Wissen der Befragten über die Regelungen des Grundgesetzes in diesem Bereich denken. Überträgt man die generellen Befunde zum politischen Wissen der Deutschen (vgl. z.B. Bathelt et al. 2016; Maier et al. 2009) auf den Bereich der Außen- und Sicherheitspolitik, kann man allerdings davon ausgehen, dass vielen Bürgerinnen und Bürgern die gesetzlichen Rahmenbedingungen und Beschränkungen etwaiger Einsatzszenarien der Bundeswehr im Inneren nicht bewusst sind und eher diejenigen für die stärkere Verwendung der Streitkräfte im Inneren sind, die über geringe Kenntnisse der bestehenden Regeln verfügen. Im verwendeten Datensatz sind einige Fragen zum sicherheits- und verteidigungspolitischen Wissen der Befragten enthalten, auf deren Basis ein Index der Anzahl der richtigen Antworten gebildet wird.[4] Es ist davon auszugehen, dass größeres

---

3   Interaktionseffekte zwischen Bedrohungswahrnehmungen und Sicherheitsempfinden werden in diesem Beitrag nicht berücksichtigt, da sie nicht im Vordergrund des Erkenntnisinteresses stehen. Für eine detaillierte Betrachtung des Zusammenhangs für Deutschland sei auf den Beitrag von Biehl und Rothbart in diesem Band verwiesen.
4   Die sechs Wissensfragen enthalten zwei offene Fragen zur geschätzten Gesamtstärke der Bundeswehr sowie zur Zahl der zum Zeitpunkt der Umfrage im Auslandseinsatz befindlichen Soldaten. Außerdem gibt es vier geschlossene Fragen. Diese decken folgende Aspekte ab: Kenntnis der Bundesministerin der Verteidigung, der hauptsächlich mit dem UNIFIL-Einsatz betrauten Kräfte, der Einsatzmöglichkeiten für Frauen in den Streitkräften und der Institution, deren Zustimmung für bewaffnete

Wissen generell zu einer stärkeren Ablehnung des Bundeswehreinsatzes innerhalb Deutschlands führt. Da der Wissensindex keine spezifischen Fragen zum Einsatz der Streitkräfte im Inland enthält, werden als weitere Proxy-Variablen das politische Interesse sowie die verteidigungspolitische Efficacy der Befragten berücksichtigt. Man kann davon ausgehen, dass Personen mit hohem Interesse und hoher geschätzter Kompetenz in Bezug zur Verteidigungspolitik dem Einsatz der Bundeswehr im Inneren eher kritisch gegenüberstehen.

Als eine weitere Kategorie von potenziellen Erklärungsvariablen für Einstellungen der Bürgerinnen und Bürger lassen sich parteipolitische und ideologische Orientierungen anführen. Parteibindungen sind zentrale kognitive Heuristiken, die bei der Beurteilung und Einstellungsbildung helfen. Sie steuern die Informationsverarbeitung als Wahrnehmungsfilter und sorgen dafür, dass vor allem die Informationen verarbeitet werden, die gut zu den vorhandenen Einstellungen passen (vgl. Berinsky 2007; Campbell et al. 1960; Zaller 1992). Zusätzlich erhöht sich die Wahrscheinlichkeit, dass die Normen und politischen Positionen der jeweiligen Partei oder Gruppe übernommen werden und Individuen ihre eigene Position zu spezifischen politischen Fragen danach ausrichten (vgl. z.B. Lupia 1994; Sniderman 2000; Zaller 1992). Ein wesentlicher Grund dafür ist das Streben nach kognitiver Konsonanz und Konsistenz: Die Bürgerinnen und Bürger streben ein möglichst widerspruchsarmes oder gar -freies Weltbild an. In verschiedenen Arbeiten konnte für Deutschland gezeigt werden, dass die Bürger parteipolitische Heuristiken zur Einstellungsbildung im Bereich außen- und sicherheitspolitischer Fragen nutzen (vgl. z.B. Jedinger/Mader 2015; Mader 2015; Mader/Fiebig 2015; Rattinger et al. 2016). Leider liegt in den vorhandenen Daten die Parteiidentifikation als zentrale Heuristik nicht vor, so dass auf die Wahlabsicht für eine Partei zurückgegriffen werden muss. Für die Formulierung von Hypothesen ist ein Blick auf die Position der relevanten deutschen Parteien zum Einsatz der Bundeswehr im Inneren notwendig. CDU und CSU stehen seit vielen Jahren für den Ausbau der innenpolitischen Kompetenzen der Streitkräfte. Dabei stoßen sie auf den mehr oder weniger starken Widerstand der anderen Parteien mit Ausnahme der AfD. Auch wenn die SPD an der Verschärfung der Sicherheitsgesetze nach dem 11. September 2001 beteiligt war, ist sie mehrheitlich eher skeptisch gegenüber dem Einsatz

---

Auslandseinsätze notwendig ist. Einen Überblick über die genaue Fragestellung bietet der Anhang zu diesem Beitrag.

der Bundeswehr im Inneren oder der Erweiterung der Rechte der Streitkräfte. Daher sollten SPD-Anhänger eher gegen die Verwendung der Streitkräfte im Inland sein. Gleiches sollte für FDP-, Grüne- und Linke-Anhänger gelten, die sich noch stärker als die Sozialdemokraten gegen eine Veränderung des Status Quo und für die strikte Einhaltung der verfassungsrechtlichen und gesetzlichen Vorgaben ausgesprochen haben. Für die AfD kann man davon ausgehen, dass ihre Anhänger eher für eine Erweiterung der Einsatzmöglichkeiten für die Bundeswehr innerhalb Deutschlands eintreten.

Neben parteispezifischen Bindungen wie der hier verwendeten Wahlabsicht können ideologische Orientierungen auf der Links-Rechts-Achse als wichtige politische Heuristik dienen. Allerdings variiert das Verständnis von Links, Mitte und Rechts zwischen verschiedenen Individuen, zwischen Bürgern und Eliten sowie in unterschiedlichen Kontexten (vgl. Klingemann 1979; Trüdinger/Bollow 2011), so dass die ideologische Selbstplatzierung eher im Sinne einer politischen Metadimension zu verstehen ist, der sich Parteien, Politiker und Bürger bedienen, um politische Komplexität zu verringern (vgl. Inglehart/Klingemann 1976). Die Ergebnisse empirischer Analysen zum Einfluss der Ideologie auf außen- und sicherheitspolitische Einstellungen zeigen, dass Linke generell eher skeptisch gegenüber den Streitkräften sind (vgl. z.B. Mader 2015). Zudem ist davon auszugehen, dass sie in stärkerem Maße an der Trennung zwischen innerer und äußerer Sicherheit sowie an der klaren Kompetenzabgrenzung zwischen Polizei und Bundeswehr festhalten möchten. Insofern sollten Linke eher gegen die Erweiterung der Möglichkeiten für den Einsatz der Bundeswehr innerhalb Deutschlands sein.

Wie aus den Ausführungen im vorangehenden Abschnitt deutlich geworden sein sollte, geht es beim Einsatz der Bundeswehr im Inneren um normative und rechtliche Fragen. Insofern sollten Einstellungen zur Verfassungs- und Rechtsordnung oder grundlegende Wertorientierungen einen Einfluss auf die Position eines Bürgers zum Einsatz der Streitkräfte innerhalb Deutschlands haben. Hier kann man davon ausgehen, dass Personen, die die geltende Verfassungsordnung positiv bewerten oder eine starke Präferenz für Freiheits- und Selbstentfaltungswerte haben, eher gegen zusätzliche Möglichkeiten für den Streitkräfteeinsatz im Inneren sind. Allerdings sind all diese Faktoren im für die Analysen verwendeten Datensatz der ZMSBw-Bevölkerungsbefragung 2016 nicht vorhanden, so dass ein Hilfskonstrukt Verwendung findet, welches die angesprochenen Aspekte nur ansatzweise abdeckt. Dabei handelt es sich um die Position der Befragten zu den Regeln des Parlamentsbeteiligungsgesetzes. Darin ist geregelt, dass der Bundestag einem Einsatz bewaffneter deutscher Streitkräfte im Ausland zustimmen muss und die Bundesregierung nicht alleine handeln kann. Personen, die einer Beteiligung des Bundestages (und damit der geltenden Gesetzeslage und der Rechtsprechung des Bundesverfassungsgerichts) zustimmen, sollten eine Präferenz für die Beibehaltung bestehender Regeln haben und Erweiterungen der Einsatzmöglichkeiten innerhalb Deutschlands kritisch gegenüberstehen.

Zuletzt werden einige soziodemografische Eigenschaften der Befragten in den Analysen berücksichtigt. Basierend auf den Ergebnissen von Pietsch und Fiebig sollten niedrig Gebildete und Ostdeutsche eher dafür sein, die Bundeswehr im Inneren einzusetzen (vgl. Fiebig 2009; Pietsch/Fiebig 2011: 278–280). Für Geschlecht und Alter zeigen sich in den genannten Analysen keine systematischen Effekte. Aufbauend darauf, dass sich Ältere tendenziell unsicherer und bedrohter fühlen, könnte man einerseits eine stärkere Präferenz für die Verwendung der Bundeswehr im Inland vermuten. Andererseits könnten bei den Älteren noch stärkere Erinnerungen an schlechte historische Erfahrungen mit Militäreinsätzen in Deutschland vorhanden sein, so dass sie sich eher dagegen aussprechen. Im folgenden Kapitel wird nun die Datenbasis der empirischen Analysen sowie die Operationalisierung der relevanten Variablen vorgestellt.

4 Daten und Operationalisierung

Seit dem Jahr 1996 führt das SOWI bzw. das ZMSBw jährlich eine Bevölkerungsbefragung zum sicherheits- und verteidigungspolitischen Meinungsklima in Deutschland durch. Ein Bestandteil dieser umfangreichen Untersuchung ist stets die Ermittlung der Akzeptanz von unterschiedlichen Aufgaben der Bundeswehr im In- und Ausland. Das berücksichtigte Spektrum der Aufgabenbereiche im Inneren reicht von der originären Aufgabe der Bundeswehr, der Landesverteidigung bzw. dem Verteidigungsfall, über Katastrophenhilfe, der Suche oder Rettung von Vermissten, dem Schutz öffentlicher Gebäude, des Luftraums und der Küsten, bis hin zum Schutz vor terroristischer Gewalt, der Sicherung der Landesgrenzen gegen illegale Einwanderer und Spezialaufgaben wie etwa der Unterstützung bei der Aufnahme von Flüchtlingen im Rahmen der Flüchtlingskrise ab 2015. Der Beitrag verwendet hauptsächlich Daten aus der Bevölkerungsbefragung des

ZMSBw aus dem Jahr 2016. Im Zeitraum zwischen 17. Mai und 19. Juni wurden 2 295 Bürgerinnen und Bürger mit Hilfe von computergestützten persönlichen Interviews (CAPI) befragt. Damit fand die Datenerhebung noch vor den Terrorattacken in Nizza, Würzburg und Ansbach im Juli 2016 und dem Anschlag auf den Berliner Weihnachtsmarkt im Dezember 2016 statt. Die Befragung enthielt zwei Batterien zum Einsatz der Bundeswehr innerhalb und außerhalb Deutschlands. Insgesamt wurden acht Einsatzmöglichkeiten für die Bundeswehr innerhalb des Landes abgefragt, die im Folgenden im Mittelpunkt des Interesses stehen. Für den genauen Wortlaut der Fragen und die verwendeten Antwortskalen sei auf den Anhang verwiesen.

Für die Darstellung der Einstellungen zu den Einsatzmöglichkeiten für die Bundeswehr im Inneren im Zeitverlauf wurden auch ältere Bevölkerungsbefragungen des ZMSBw bzw. des SOWI aus den Jahren 2005 bis 2015 herangezogen. Da es im Zeitverlauf zu Veränderungen in den Antwortskalen kam, wurden die Einstellungen unabhängig vom Skalenformat auf einen Wertebereich zwischen 0 und 1 rekodiert. 0 bedeutet dabei vollkommene Ablehnung bzw. eine sehr negative Bewertung, 1 steht für vollkommene Zustimmung bzw. eine sehr positive Bewertung. Tabelle 2 liefert einen Überblick über die in den Analysen verwendeten Variablen inklusive deskriptiver Statistiken. Für die unabhängigen Variablen gilt ebenso, dass diese – mit Ausnahme des Alters – auf einen Wertebereich von 0 bis 1 umgeformt wurden. Für die Analysen wurden die Daten jeweils soziodemografisch gewichtet, um die Stichprobe im Hinblick auf Geschlecht, Alter, Bildung und regionale Herkunft an die Grundgesamtheit der mindestens 16 Jahre alten deutsch sprechenden Bürgerinnen und Bürger Deutschlands anzupassen.

Tabelle 2: Deskriptive Statistiken für in den Analysen berücksichtigte Variablen aus der ZMSBw-Bevölkerungsbefragung 2016

Variable	Mittelwert/ Anteil	Standardabweichung	Minimum	Maximum
Einsatzformen für die Bundeswehr				
Landesverteidigung	0,90	0,18	0	1
Aufrechterhaltung Ruhe + Ordnung	0,69	0,31	0	1
Katastrophenhilfe	0,90	0,18	0	1
Vermisstensuche und -rettung	0,77	0,27	0	1
Grenzsicherung gegen illegale Einwanderer	0,76	0,29	0	1
Schutz Gebäude vor Terror	0,79	0,26	0	1
Schutz Luftraum und Küste vor Terror	0,85	0,21	0	1
Unterstützung Flüchtlingsaufnahme	0,64	0,30	0	1
Hilfsaufgaben	0,00	1,00	-4,29	1,64
Schutzaufgaben	0,00	1,00	-3,85	2,13
Soziodemografie				
Frau	51,10	–	0	1
Alter	48,69	18,09	16	93
Ost	20,19	–	0	1
Niedrige Bildung	35,93	–	0	1
Hohe Bildung	28,84	–	0	1
Kognitive Aspekte und Fähigkeiten				
Verteidigungspolitisches Wissen	0,50	0,22	0	1
Politisches Interesse	0,49	0,23	0	1
Verteidigungspolitische Efficacy	0,45	0,22	0	1
Funktionale und performanzbezogene Aspekte				
Bundeswehr hat in der Nähe Katastrophenhilfe geleistet	20,06	–	0	1
Leistungsbewertung Bundeswehreinsätze im Inland	0,81	0,21	0	1
Bundeswehr-Standort in der Nähe	40,34	–	0	1
Parteipolitische und ideologische Orientierungen				
Links-Rechts-Selbsteinstufung	0,46	0,18	0	1
CDU-Wähler	22,28	–	0	1
SPD-Wähler	19,59	–	0	1
FDP-Wähler	3,06	–	0	1
Grüne-Wähler	9,09	–	0	1
Linke-Wähler	4,91	–	0	1
AfD-Wähler	8,90	–	0	1
Normen und Werte				
Zustimmung Beteiligung Bundestag Bundeswehreinsätze	0,68	0,25	0	1
Affektive Orientierungen				
Einstellung zur Bundeswehr	0,65	0,21	0	1
Sicherheitsbewertung national	0,61	0,22	0	1
Sicherheitsbewertung persönlich	0,69	0,22	0	1
Bedrohungswahrnehmung Naturkatastrophe	0,43	0,26	0	1
Bedrohungswahrnehmung Terrorismus	0,56	0,25	0	1
Bedrohungswahrnehmung Zuwanderung	0,60	0,29	0	1

Datenbasis: Bevölkerungsbefragung des ZMSBw 2016. N: 2012–2295.

5 Einstellungen zum Einsatz der Bundeswehr im Inneren und ihre Erklärung

In diesem Kapitel werden die Ergebnisse der empirischen Analysen präsentiert. Abschnitt 5.1 beschreibt die Entwicklung der Bewertung ausgewählter Einsatzszenarien für die Bundeswehr durch die Bürgerinnen und Bürger im Zeitverlauf. Die Aufgabe von Abschnitt 5.2 ist es, die Zahl der abhängigen Variablen zu reduzieren und zu prüfen, ob sich die vielfältigen Einsatzformen auf wenige zentrale Dimensionen zurückführen lassen. Im letzten Abschnitt befindet sich das Kernstück dieses Kapitels, die Analyse der Erklärungsfaktoren für Einstellungen zum Einsatz der Bundeswehr in Deutschland.

5.1 Einstellungen zum Einsatz der Bundeswehr im Inneren im Zeitverlauf

Abbildung 1 zeigt die Entwicklung der Mittelwerte von acht Einstellungen zum Einsatz der Bundeswehr im Inneren im Zeitverlauf zwischen 2005 und 2016. Leider liegen nicht für alle Einsatzformen Informationen für alle Zeitpunkte vor. So wurden „Aufrechterhaltung von Ruhe und Ordnung" sowie „Unterstützung Flüchtlingsaufnahme" erst 2014 bzw. 2016 in die Umfragen aufgenommen. 2014 und 2015 wurden zudem insgesamt nur zwei Einsatzformen der Bundeswehr abgefragt. Betrachtet man sowohl das Niveau als auch den zeitlichen Verlauf, stehen die Bürgerinnen und Bürger im Mittel grundsätzlich allen Einsatzmöglichkeiten für die Bundeswehr positiv bis sehr positiv gegenüber. Im betrachteten Zeitraum kommt es zu keinen starken Schwankungen. Am größten ist die Unterstützung fast immer für die originäre Hauptaufgabe der Bundeswehr, die Landesverteidigung. Mit der Ausnahme von 2015 (0,82) liegt der Mittelwert für diese Einsatzform immer bei mindestens 0,90. Auf ähnlich hohem Niveau rangiert die Zustimmung für Einsätze zur Katastrophenhilfe. Die Mittelwerte schwanken zwischen 0,90 und 0,97. Ebenfalls sehr populär mit mittleren Bewertungen zwischen 0,84 und 0,86 ist die Überwachung des deutschen Luftraums und der Küste zur Verhinderung von Terroranschlägen. Etwas abgenommen hat die Befürwortung für die Suche und Rettung von Vermissten durch die Bundeswehr. Zwischen 2005 und 2013 schwankt die Unterstützung dafür zwischen 0,81 und 0,86 und sinkt 2016 auf den Tiefstwert von 0,77. An Popularität zugelegt hat die Unterstützung für den Einsatz der Bundeswehr an den deutschen Grenzen zur Abwehr illegaler Einwanderer. Nach Werten zwischen 0,66 und 0,74 im Zeitraum zwischen 2005 und 2013 wird 2016 mit einem Mittelwert von 0,76 ein Höchstwert erreicht. Kaum Bewegung zeigt sich für die Bewertung des Einsatzes der Bundeswehr zum Schutz von öffentlichen Gebäuden vor Terrorismus. Im gesamten Zeitraum liegt die Unterstützung für diese Maßnahme immer zwischen 0,76 und 0,80. Auch die beiden letzten abgefragten Einsatzmöglichkeiten finden breiten Rückhalt bei den Bürgerinnen und Bürgern. Dies ist zum einen die Verwendung der Bundeswehr für die Aufrechterhaltung von Ruhe und Ordnung in Deutschland. Diese Einsatzform wurde erst ab 2014 in den Bevölkerungsbefragungen des ZMSBw abgefragt. Der Mittelwert ist seitdem um 0,04 Punkte von 0,65 auf 0,69 gestiegen. Zum anderen wurde 2016 erstmals der Einsatz der Bundeswehr zur Unterstützung der Aufnahme von Flüchtlingen berücksichtigt. Der Mittelwert für diese im Vergleich am schlechtesten bewertete Einsatzform liegt mit 0,64 immer noch weit im positiven Bereich.

Abbildung 1: Einstellungen zum Einsatz der Bundeswehr im Inneren 2005–2016

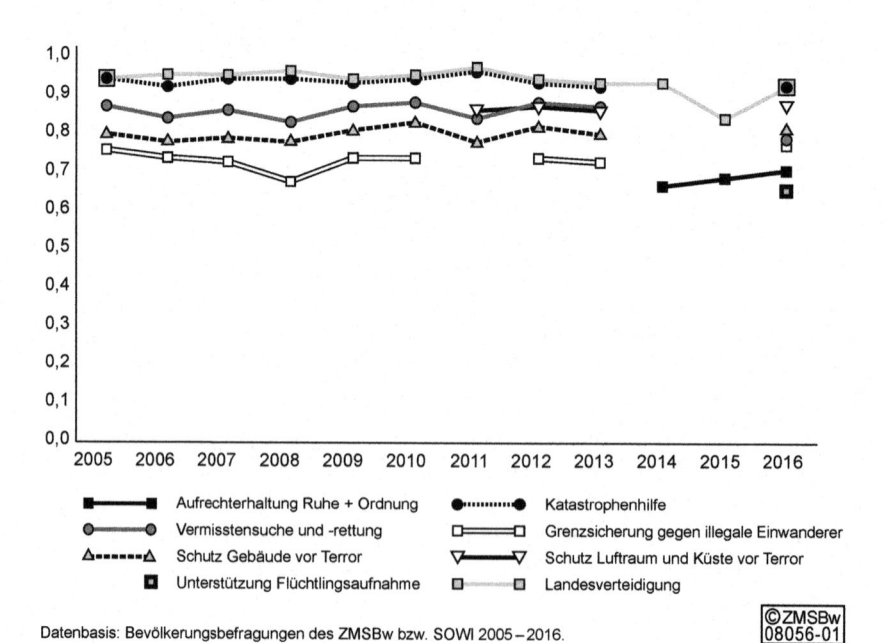

■——■ Aufrechterhaltung Ruhe + Ordnung
●·······● Katastrophenhilfe
○——○ Vermisstensuche und -rettung
□====□ Grenzsicherung gegen illegale Einwanderer
△------△ Schutz Gebäude vor Terror
▽——▽ Schutz Luftraum und Küste vor Terror
■ Unterstützung Flüchtlingsaufnahme
□ - □ Landesverteidigung

Datenbasis: Bevölkerungsbefragungen des ZMSBw bzw. SOWI 2005–2016.

©ZMSBw 08056-01

5.2 Struktur von Einstellungen zum Einsatz der Bundeswehr im Inneren

Aufgrund der Vielzahl an untersuchten Einsatzformen erscheint eine Reduktion der Zahl der potenziellen abhängigen Variablen mit Hilfe eines dimensionsreduzierenden Verfahrens sinnvoll. In der Bevölkerungsbefragung 2016 wurden die im vorherigen Abschnitt verwendeten Einsatzformen in zwei unterschiedlichen, aber im Fragebogen direkt aufeinander folgenden Batterien abgefragt. Während die Einsatzmöglichkeiten Landesverteidigung und Aufrechterhaltung von Ruhe und Ordnung Teil einer Fragebatterie zu generellen Einsatzmöglichkeiten für die Streitkräfte im In- und Ausland waren, bildeten die anderen sechs Variablen einen eigenen Frageblock zum Einsatz der Bundeswehr innerhalb Deutschlands. Letztere wurden in einer Faktorenanalyse berücksichtigt. Die in Tabelle 3 dargestellten Ergebnisse zeigen, dass sich die sechs Einsatzformen auf zwei Dimensionen reduzieren lassen. Auf den ersten Faktor „Schutzaufgaben" laden Grenzsicherung gegen illegale Einwanderer, Schutz von Gebäuden vor Terror und Schutz des Luftraums und der Küste vor Terror mit Werten von mindestens 0,6 besonders stark. Vermisstensuche und -rettung hat mit 0,33 eine Nebenladung auf dieser Dimension. Der erste Faktor hat einen Eigenwert von 1,87 und kann 31,2 Prozent der Varianz der in die Faktorenanalyse einbezogenen Variablen erklären. Insgesamt repräsentiert er die Aufgabenbereiche, die politisch eher umstritten sind bzw. die in der verfassungsrechtlichen Grauzone liegen. Die zweite Dimension steht für Hilfsaufgaben der Streitkräfte. Mit Korrelationen über 0,6 laden Unterstützung bei der Flüchtlingsaufnahme, die Suche und Rettung von Vermissten sowie Katastrophenhilfe besonders stark auf diesem Faktor. Eine bedeutsame Nebenladung von 0,4 auf dieser Dimension ergibt sich für die Aufgabe Schutz des Luftraums und der Küste vor Terror. Der Faktor Hilfsaufgaben hat einen Eigenwert von 1,65 und kann 27,6 Prozent der Varianz der verwendeten Variablen erklären. Die gefundene Struktur ist theoretisch plausibel, da sie Hilfs- und Schutzaufgaben relativ gut voneinander abgrenzt, so dass die beiden Faktoren im Folgenden als abhängige Variablen dienen.

Für 2016 zeigt sich somit eine abweichende Struktur von derjenigen, die Pietsch und Fiebig mit den Daten der SOWI-Bevölkerungsbefragung 2010 ermitteln konnten (vgl. Pietsch/Fiebig 2011: 280 f.). Dort lassen sich die Aufgaben der Bundeswehr im Inneren zwar auch in zwei Dimensionen unterteilen, die erste Dimension steht aber für „traditionelle Aufgaben", welche

Maßnahmen zur Katastrophenhilfe, zur Suche und Rettung von Vermissten sowie zur Verteidigung des deutschen Territoriums bei einem militärischen Angriff umfassen. Die zweite Dimension wird mit der Bezeichnung „erweitertes Spektrum" versehen und fasst den Schutz der Landesgrenzen gegen illegale Einwanderer sowie unterschiedliche Maßnahmen zur Terrorvermeidung und -bekämpfung zusammen. Die Unterschiede lassen sich einerseits durch die abweichende Zahl und Art der einbezogenen Einsatzformen in beiden Datensätzen, andererseits durch mögliche Veränderungen in den Strukturen der Einstellungen der Bürger in diesem Politikfeld im Zeitverlauf erklären. Neben den beiden extrahierten Faktoren werden im Folgenden der Einsatz der Bundeswehr zur Landesverteidigung sowie zur Aufrechterhaltung von Ruhe und Ordnung als eigenständige abhängige Variablen behandelt.

Tabelle 3: Faktorenanalyse für Einstellungen zum Einsatz der Bundeswehr im Inneren

Variable	Schutzaufgaben	Hilfsaufgaben
Grenzsicherung gegen illegale Einwanderer	0,84	
Schutz Gebäude vor Terror	0,77	
Schutz Luftraum und Küste vor Terror	0,60	0,40
Unterstützung Flüchtlingsaufnahme		0,81
Vermisstensuche und -rettung	0,33	0,64
Katastrophenhilfe		0,61
Eigenwert	1,87	1,65
Anteil erklärte Varianz	31,17	27,55

Anmerkungen: Faktorenanalyse (Hauptkomponentenanalyse mit Varimax-Rotation). Signifikanz nach Bartlett p = 0,000; Anti-Image KMO = 0,74. In der Tabelle sind nur Faktorladungen ≥ 0,30 ausgewiesen. ©ZMSBw
Datenbasis: Bevölkerungsbefragung des ZMSBw 2016. N: 2 256. 08057-01

5.3 Erklärungsfaktoren für Einstellungen zum Einsatz der Bundeswehr im Inneren

In diesem Abschnitt geht es um die Analyse der Erklärungsfaktoren für Einstellungen zu einem Einsatz der Bundeswehr im Inneren. Dabei werden die beiden im vorangehenden Abschnitt identifizierten Dimensionen von Einsatzmöglichkeiten der Bundeswehr im Inneren „Schutzaufgaben" und „Hilfsaufgaben" sowie die Einsatzformen „Landesverteidigung" und „Aufrechterhaltung Ruhe und Ordnung" als abhängige Variablen verwendet. Da es sich bei den beiden Faktoren „Schutzaufgaben" und „Hilfsaufgaben" um metrische Variablen handelt, werden lineare Regressionen berechnet. Die beiden anderen abhängigen Variablen sind ordinal, so dass die Ergebnisse ordinallogistischer Regressionen präsentiert werden. Wegen der unterschiedlichen Methoden sind die dargestellten Koeffizienten nicht über alle Modelle hinweg vergleichbar. Innerhalb eines Modells ist aber aufgrund des einheitlichen Wertebereichs der unabhängigen Variablen zwischen 0 und 1 (Ausnahme Alter, s. Kapitel 4) ein Vergleich der Effektstärken möglich.

Tabelle 4 zeigt, dass Variablen aus allen der oben dargestellten Determinantengruppen etwas zur Erklärung der Einstellungen zum Einsatz der Bundeswehr im Inneren beitragen. Die höchste Modellgüte ergibt sich für die Erklärung der Präferenz zur Verwendung der Streitkräfte für Schutzaufgaben innerhalb Deutschlands mit 19 Prozent. Besonders starke statistisch signifikante Effekte sind für vier Prädiktoren zu identifizieren: Menschen, die von sich selbst denken, dass sie sich gut mit Verteidigungspolitik auskennen (hohe verteidigungspolitische Efficacy), sind eher dafür, die Bundeswehr für Schutzaufgaben einzusetzen. Gleiches gilt für Personen, welche die Leistungen der Bundeswehr bei ihren Einsätzen innerhalb des Landes positiv bewerten und für Befragte, die der Bundeswehr generell positiv gegenüberstehen. Performanzbewertungen und affektive Nähe zu den Streitkräften sind also sehr relevant. Die stärkste Erklärungskraft hat jedoch die wahrgenommene Bedrohung durch Zuwanderung nach Deutschland: Befragte, die sich durch Zuwanderung stärker bedroht fühlen, haben eine stärkere Präferenz dafür, die Bundeswehr für Schutzaufgaben innerhalb Deutschlands einzusetzen. Die Aufgabe des Schutzes der deutschen Grenzen vor illegalen Einwanderern, die am stärksten auf den Faktor Schutzaufgaben lädt, scheint sich also besonders auszuwirken. Auch die beiden anderen berücksichtigten Bedrohungswahrnehmungen spielen eine Rolle. Fühlt sich jemand durch Terrorismus stärker bedroht, hat diese Person ebenfalls eine stärkere Präferenz für die Verwendung der Bundeswehr zum Schutz (vor illegalen Einwanderern und Terrorismus). Wenig überraschend sind diejenigen, die den Eindruck haben, durch Naturkatastrophen gefährdet zu sein, weniger geneigt, die Bundeswehr zum Schutz im Inland einzusetzen. Subjektive Wahrnehmungen der Sicherheitslage sind auch relevant: Wenn jemand sich persönlich unsicherer fühlt, ist dieser Befragte eher bereit, die Streitkräfte mit Schutzaufgaben zu betrauen.

Obwohl die von diesem Faktor repräsentierten Aufgaben politisch und verfassungsrechtlich eher heikel oder umstritten sind, spielen parteipolitische oder ideologische Heuristiken nur eine geringe Rolle für die Präferenz, die Bundeswehr für Schutzaufgaben einzusetzen. Einzig AfD-Wähler stechen heraus. Sie sind eher dafür, die Streitkräfte für die genannten Aspekte zu verwenden. Hier scheint sich die restriktive Auffassung der AfD-Parteiführung zur Grenzsicherung und -schließung widerzuspiegeln. Auch normative Orientierungen spielen eine Rolle: Je mehr jemand dafür ist, dass der Bundestag dem Einsatz der Bundeswehr (im Ausland) zustimmen muss, desto größer ist der Widerwille, die Streitkräfte für Schutzaufgaben im Inneren einzusetzen. Den Bürgern sind also (wenigstens teilweise) die normativen und rechtlichen Konsequenzen einer Erweiterung des Aufgabenspektrums der Streitkräfte bewusst. Drei weitere Variablen sind zuletzt noch zu erwähnen: Ostdeutsche sind stärker als Westdeutsche dafür, die Bundeswehr zum Schutz im Inland einzusetzen. Überraschenderweise vertreten Personen, die angeben, in der Nähe eines Bundeswehrstandorts zu wohnen, nicht diese Position. Und Frauen sind eher als Männer für eine Übernahme von Schutzaufgaben in Deutschland durch die Bundeswehr.

Im Vergleich zum Modell für Schutzaufgaben zeigen sich für die Erklärung der Einstellung zu Hilfsaufgaben einige Unterschiede: Die Gesamterklärungskraft des Modells ist mit 17 Prozent erklärter Varianz etwas geringer, parteipolitische und ideologische Orientierungen spielen eine wesentlich stärkere Rolle, soziodemografische sowie kognitive Aspekte sind überhaupt nicht von Bedeutung, und für einige Variablen ergeben sich unterschiedliche Vorzeichen für die Effekte. Hinzu kommt, dass ein Erklärungsfaktor das Modell stark dominiert. Der Einfluss von Leistungsbewertungen bei den Einsätzen der Bundeswehr im Inland auf die Präferenz zum Einsatz der Bundeswehr für Hilfsaufgaben ist fast doppelt so groß wie der der Variablen mit dem zweit- oder drittstärksten Effekt. Gute Erfahrungen der Bürgerinnen und Bürger mit den Streitkräften spielen also eine dominierende Rolle, wenn es darum geht, die Bundeswehr für die Flüchtlingsaufnahme, Katastrophenhilfe oder Vermisstensuche einzusetzen. Bedrohungswahrnehmungen und Sicherheitsempfinden sind auch für diesen Aufgabenbereich von Bedeutung. Menschen, die sich stärker von Terrorismus und weniger von Zuwanderung bedroht fühlen, sind eher dafür, die Bundeswehr in Hilfseinsätze im Inland zu schicken. Ob man sich von Naturkatastrophen bedroht fühlt oder nicht, spielt überraschenderweise keine Rolle, wohl aber das persönliche Sicherheitsgefühl: Wer die eigene Lage als sicherer empfindet, ist eher gegen die Verwendung der Bundeswehr als helfende Organisation.

Tabelle 4: Modelle zur Erklärung von Einstellungen zum Einsatz der Bundeswehr im Inneren

Variable	Schutz-aufgaben	Hilfs-aufgaben	Landesver-teidigung	Aufrechter-haltung Ruhe + Ordnung
Kognitive Aspekte und Fähigkeiten				
Verteidigungspolitisches Wissen	0,18	0,12	0,72[a]	-0,15
Politisches Interesse	-0,22	-0,13	0,51	0,03
Verteidigungspolitische Efficacy	0,41[b]	-0,11	0,07	0,16
Funktionale und performanzbezogene Aspekte				
Bundeswehr hat in der Nähe Katastrophenhilfe geleistet	-0,01	0,06	-0,22	0,12
Leistungsbewertung Bundeswehreinsätze im Inland	0,58[c]	0,98[c]	1,85[c]	0,81[b]
Bundeswehr-Standort in der Nähe	-0,24[c]	-0,11[a]	-0,34[b]	-0,53[c]
Parteipolitische und ideologische Orientierungen				
Links-Rechts-Selbsteinstufung	0,06	-0,21[b]	-0,22	0,11
CDU-Wähler	0,11	0,05	-0,01	0,26[a]
SPD-Wähler	0,08	0,16[a]	-0,24	0,48[c]
FDP-Wähler	0,00	0,16	0,56	0,27
Grüne-Wähler	-0,10	0,25[b]	-0,36	0,13
Linke-Wähler	-0,02	0,08	-0,16	-0,33
AfD-Wähler	0,43[c]	-0,31[c]	0,71[b]	0,23
Normen und Werte				
Zustimmung Beteiligung Bundestag Bundeswehreinsätze	-0,45[c]	0,51[c]	1,52[c]	-1,54[c]
Affektive Orientierungen				
Einstellung zur Bundeswehr	0,63[c]	0,35[b]	2,12[c]	1,64[c]
Sicherheitsbewertung national	-0,16	0,06	-1,14[b]	-0,40
Sicherheitsbewertung persönlich	-0,28[a]	-0,29[a]	0,19	-0,25
Bedrohungswahrnehmung Naturkatastrophe	-0,28[a]	-0,02	-0,40	-0,39[a]
Bedrohungswahrnehmung Terrorismus	0,25[a]	0,26[b]	-0,04	0,51[a]
Bedrohungswahrnehmung Zuwanderung	0,77[c]	-0,54[c]	0,65[b]	0,46[b]
Soziodemografie				
Frau	0,11[a]	0,05	0,13	0,28[b]
Alter	0,00	0,00	0,00	0,00
Ost	0,21[c]	-0,06	0,34[a]	0,03
Niedrige Bildung	0,05	0,04	-0,08	0,13
Hohe Bildung	-0,08	0,01	-0,03	-0,13
Konstante	-0,91[c]	-1,08[c]	–	–
Cut 1	–	–	-2,64	-2,26
Cut 2	–	–	-0,45	-1,16
Cut 3	–	–	1,28	0,03
Cut 4	–	–	2,95	1,28
Korr./Pseudo R^2	0,19	0,17	0,10	0,05
N	1 864	1 864	1 878	1 877

Anmerkungen: Unstandardisierte Effektkoeffizienten, verwendete Methode OLS-Regression (Schutzaufgaben, Hilfsaufgaben) und ordinal logistische Regression (Landesverteidigung, Aufrechterhaltung Ruhe + Ordnung). Signifikanzniveaus: a: $p<0,05$, b: $p<0,01$, c: $p<0,001$.
Datenbasis: Bevölkerungsbefragung des ZMSBw 2016.

Normative Überlegungen wirken ebenfalls auf die Präferenz zum Einsatz der Bundeswehr für Hilfsaufgaben. Allerdings sind in diesem Fall diejenigen, die eine Beteiligung des Bundestages bei Entscheidungen über Auslandseinsätze unterstützen, dafür, die Streitkräfte im Inneren zur Katastrophen- und Flüchtlingshilfe zu verwenden. Parteipolitische Heuristiken wirken für diese Dimension deutlich differenzierter: Während SPD- und Grüne-Anhänger Hilfseinsätzen positiv gegenüberstehen, sind AfD-Unterstützer dagegen. Auch hier scheint sich die Flüchtlingskrise auszuwirken, weist doch die Unterstützung der Bundeswehr bei der Flüchtlingsaufnahme die stärkste Ladung auf diesen Faktor auf (vgl. Abschnitt 5.2). Dies spiegelt sich in dem Einfluss der ideologischen Orientierung wider: Rechte sind, im Gegensatz zu Linken, eher dagegen, die Streitkräfte für die Hilfe im Inneren einzusetzen. Zwei weitere Einflussfaktoren sind noch anzuführen: Zum einen sind Personen mit einer positiven Einstellung zur Bundeswehr der Auffassung, dass die Soldatinnen und Soldaten für Hilfseinsätze in Deutschland verwendet werden sollten. Zum anderen zeigen Personen, die angeben, in der Nähe eines Bundeswehrstandorts zu wohnen, eine leichte Tendenz, gegen solche Einsätze zu sein.

Für die beiden übrigen Einsatzformen (Landesverteidigung sowie Aufrechterhaltung von Ruhe und Ordnung) finden sich die Ergebnisse in den Tabellen 4 und 5. Während Tabelle 4 die Koeffizienten aus den ordinallogistischen Regressionen zeigt, bei denen nur die Signifikanzangaben und das Vorzeichen interpretiert werden können, sind in Tabelle 5 vorhergesagte Wahrscheinlichkeiten für die Zugehörigkeit zur Gruppe derjenigen dargestellt, die den Einsatz der Bundeswehr zur Landesverteidigung bzw. zur Aufrechterhaltung von Ruhe und Ordnung stark befürworten. Für nominale Variablen werden die Wahrscheinlichkeiten bei Vorliegen (Maximum) und Nicht-Vorliegen (Minimum) des jeweiligen Merkmals eingetragen. Für ordinale und metrische Variablen wird der Mittelwert minus zwei Standardabweichungen bzw. das Skalenminimum, wenn dieser Wert außerhalb des Wertebereichs liegen würde (Minimum) und der Mittelwert plus zwei Standardabweichungen bzw. das Skalenmaximum, wenn dieser Wert außerhalb des Wertebereichs liegen würde (Maximum) verwendet. Die anderen

Variablen werden auf den Skalenmittelwert (ordinale und metrische Merkmale) bzw. die Referenzkategorie (nominale Merkmale) gesetzt.[5]

Betrachtet man zunächst die Erklärung der Präferenz, die Bundeswehr zur Abwehr eines militärischen Angriffs auf Deutschland einzusetzen, dann zeigen sich wie schon für die vorher betrachteten Variablen heterogene Erklärungsmuster. Ostdeutsche haben eine höhere Bereitschaft als Westdeutsche, diese Einsatzform zu unterstützen, allerdings ist der Unterschied mit 6 Prozentpunkten gering. Aufgrund der generell hohen Zustimmung in der Bevölkerung für diese Einsatzform wären stärkere Unterschiede statistisch unwahrscheinlich gewesen. Substanzieller sind die Einflüsse kognitiver Faktoren: Personen mit höherem verteidigungspolitischen Wissen sind eher bereit, die Bundeswehr für ihre verfassungsrechtliche Kernaufgabe einzusetzen. Bedrohungswahrnehmungen und Sicherheitsempfinden sind ebenfalls relevant. Während diejenigen, die sich durch Zuwanderung nach Deutschland stärker bedroht fühlen, eine größere Präferenz für den Einsatz der Bundeswehr zur Landesverteidigung haben, zeigen diejenigen, welche die nationale Sicherheitslage besser beurteilen, eine um 17 Prozentpunkte geringere Wahrscheinlichkeit, den Einsatz der Streitkräfte zur Landesverteidigung stark zu unterstützen. Parteipolitische und ideologische Erwägungen spielen für diese Einsatzmöglichkeit eine geringe Rolle: Einzig die AfD-Wähler ragen mit einer um 11 Prozentpunkte höheren Wahrscheinlichkeit heraus, diese Einsatzform zu unterstützen. Wenn man die Spannweite und damit die Stärke der Effekte betrachtet, sind drei Einstellungen besonders relevant für die Erklärung dieser abhängigen Variablen, die Leistungsbewertung der Bundeswehreinsätze im Inland (+23 Prozentpunkte), die Zustimmung zur Beteiligung des Bundestages an Entscheidungen zum Einsatz der Bundeswehr (+24 Prozentpunkte) und die allgemeine Einstellung zur Bundeswehr (+31 Prozentpunkte). Auch für den Einsatz der Bundeswehr zur Landesverteidigung gilt überraschenderweise, dass ein Wohnort in der Nähe eines Standortes der Streitkräfte die Bereitschaft (um 7 Prozentpunkte) senkt, diese Einsatzform zu unterstützen.

Für das Einsatzszenario Aufrechterhaltung von Ruhe und Ordnung zeigen sich insgesamt deutlich kleinere Wahrscheinlichkeiten, zur Gruppe der-

---

5 Es ist darauf hinzuweisen, dass die Betrachtung nur einer Kategorie der abhängigen Variablen eine verkürzte Darstellungsform ist. Für andere Ausprägungen können sich potenziell abweichende Effekte ergeben, die aus Platzgründen hier nicht präsentiert werden. Die Ergebnisse sind auf Nachfrage von den Autoren erhältlich.

jenigen zu gehören, die einen Einsatz für diese Aktivität stark befürworten. Allerdings ergeben sich auch für diese Verwendung der Bundeswehr im Inland heterogene Erklärungsmuster. Frauen zeigen eine um 6 Prozentpunkte höhere Wahrscheinlichkeit als Männer, die Bundeswehr für dieses Szenario einzusetzen. Alle Bedrohungswahrnehmungen spielen eine Rolle. Während Befragte, die sich von Naturkatastrophen bedroht fühlen, die Streitkräfte für diese Aufgabe eher nicht einsetzen möchten, führen die Wahrnehmung von Terrorismus oder Zuwanderung als Bedrohung zu einer (um 10 bzw. 9 Prozentpunkte) größeren Unterstützung, die Bundeswehr im Inneren für diese originäre Polizeiaufgabe einzusetzen. Parteipolitische Heuristiken sind ebenfalls relevant. CDU-Wähler haben eine um 6 Prozentpunkte höhere Wahrscheinlichkeit, zur höchsten Unterstützungskategorie zu gehören. Der Wert für die SPD-Wähler liegt sogar um 11 Prozentpunkte höher, was überraschend ist, da sich die Mehrheit der Parteispitze klar gegen solche Einsätze positioniert. Leistungsbewertungen der Streitkräfte bei vorangehenden Einsätzen im Inland haben ebenfalls einen positiven Einfluss, allerdings ist dieser bei weitem nicht so stark wie bei der Einstellung zum Einsatz der Bundeswehr bei der Landesverteidigung. Starke Effekte mit Wahrscheinlichkeitsveränderungen von über 20 Prozentpunkten sind für die Einstellung zur Bundeswehr zu verzeichnen, die damit bei allen hier betrachteten Einsatzformen zu den stärksten Erklärungsfaktoren gehört. Wie schon vorher sind diejenigen, die den Streitkräften allgemein positiv gegenüberstehen, eher für einen Einsatz (+26 Prozentpunkte). Noch deutlicher wirkt sich aber die normativ-rechtliche Einstellung zur Beteiligung des Bundestages an Entscheidungen über Auslandseinsätze aus. Die Wahrscheinlichkeit, den Einsatz zur Aufrechterhaltung von Ruhe und Ordnung nachdrücklich zu unterstützen, sinkt um 28 Prozentpunkte, wenn man die Regelungen des Parlamentsbeteiligungsgesetzes befürwortet und damit wohl um die rechtlichen Beschränkungen für die Verwendung des Militärs innerhalb Deutschlands weiß. Zuletzt ist noch auf einen weiteren konsistenten Befund über alle Einsatzszenarien hinzuweisen: Befragte, die angeben, in der Nähe eines Bundeswehrstandortes zu wohnen, stehen dieser Einsatzform der Streitkräfte skeptischer gegenüber: Die Unterstützung ist um 10 Prozentpunkte geringer.

Tabelle 5: Vorhergesagte Wahrscheinlichkeiten, den Einsatz der Bundeswehr im Inneren stark zu unterstützen

Variable	Landesverteidigung Minimum	Landesverteidigung Maximum	Aufrechterhaltung Ruhe + Ordnung Minimum	Aufrechterhaltung Ruhe + Ordnung Maximum
Kognitive Aspekte und Fähigkeiten				
Verteidigungspolitisches Wissen	0,68	0,80	0,33	0,30
Politisches Interesse	0,70	0,79	0,31	0,31
Verteidigungspolitische Efficacy	0,75	0,75	0,30	0,32
Funktionale und performanzbezogene Aspekte				
Bundeswehr hat in der Nähe Katastrophenhilfe geleistet	0,75	0,71	0,31	0,34
Leistungsbewertung Bundeswehreinsätze im Inland	0,58	0,81	0,24	0,34
Bundeswehr-Standort in der Nähe	0,75	0,68	0,31	0,21
Parteipolitische und ideologische Orientierungen				
Links-Rechts-Selbsteinstufung	0,78	0,72	0,29	0,33
CDU-Wähler	0,75	0,76	0,31	0,37
SPD-Wähler	0,75	0,70	0,31	0,42
FDP-Wähler	0,75	0,84	0,31	0,37
Grüne-Wähler	0,75	0,68	0,31	0,34
Linke-Wähler	0,75	0,72	0,31	0,24
AfD-Wähler	0,75	0,86	0,31	0,36
Normen und Werte				
Zustimmung Beteiligung Bundestag Bundeswehreinsätze	0,59	0,83	0,50	0,22
Affektive Orientierungen				
Einstellung zur Bundeswehr	0,55	0,86	0,18	0,44
Sicherheitsbewertung national	0,83	0,66	0,35	0,28
Sicherheitsbewertung persönlich	0,73	0,76	0,33	0,29
Bedrohungswahrnehmung Naturkatastrophe	0,78	0,71	0,35	0,27
Bedrohungswahrnehmung Terrorismus	0,75	0,75	0,26	0,36
Bedrohungswahrnehmung Zuwanderung	0,68	0,80	0,26	0,35
Soziodemografie				
Frau	0,75	0,77	0,31	0,37
Alter	0,77	0,73	0,34	0,29
Ost	0,75	0,81	0,31	0,32
Niedrige Bildung	0,75	0,74	0,31	0,34
Hohe Bildung	0,75	0,75	0,31	0,28
N	1 864	1 864	1 878	1 877

Anmerkungen: Die Werte beruhen auf den ordinalen logistischen Regressionen in Tabelle 4. Vorhergesagte Wahrscheinlichkeit dafür, dass jemand die entsprechende Einsatzform stark unterstützt (Ausprägung 1). Um die angegebenen Wahrscheinlichkeiten zu berechnen, wurden alle metrischen und ordinalen Variablen auf den Mittelwert gesetzt. Nominale Variablen nehmen die folgenden Ausprägungen an: Männer, Westdeutsche, mittleres Bildungsniveau, Bundeswehr hat keine Katastrophenhilfe geleistet, kein Bundeswehrstandort in der Nähe, keine Wahlabsicht bzw. Wahlabsicht für andere Parteien. Die Variable in der entsprechenden Zeile wird zwischen Mittelwert - zwei Standardabweichungen bzw. der Referenzgruppe (0; Minimum) und Mittelwert + zwei Standardabweichungen bzw. der entsprechenden Gruppe (1; Maximum) variiert. Wird der Skalenbereich durch diese Vorgehensweise nach unten oder oben überschritten, wird das Skalenminimum bzw. -maximum eingesetzt.

©ZMSBw 08059-01

Datenbasis: Bevölkerungsbefragung des ZMSBw 2016.

6 Schlussbetrachtung und Diskussion

Ziel dieses Beitrages war es, die Unterstützung der Bürgerinnen und Bürger in Deutschland für den Einsatz der Bundeswehr im Inneren zu untersuchen. Im Vordergrund stand dabei die Identifikation der politischen Einstellungen und soziodemografischen Eigenschaften, welche eine Befürwortung der Verwendung der Streitkräfte im Inland erklären können. In einem ersten Schritt konnte gezeigt werden, dass das Unterstützungsniveau für die verschiedenen Einsatzszenarien im Zeitverlauf hoch ist und allen abgefragten Einsatzformen mehrheitlich zugestimmt wird. Am stärksten befürwortet wird stets der Einsatz der Bundeswehr zur Landesverteidigung und zur Katastrophenhilfe. Die Zustimmung ist für alle Einsatzmöglichkeiten nicht nur hoch, sondern auch im Untersuchungszeitraum stabil. Das Fehlen starker Schwankungen zwischen 2005 und 2016 spricht dafür, dass die öffentliche Meinung zum Einsatz der Bundeswehr im Inneren nur bedingt von Ereignissen (wie Terroranschlägen) und gestiegenen Bedrohungswahrnehmungen und Unsicherheitsempfinden (vgl. Höfig 2015) abhängig ist, sondern dass grundsätzliche sicherheitspolitische Erwägungen oder Einstellungen, die selbst langfristig stabil sind, eine große Rolle spielen. Hinzu kommt, dass die breite Unterstützung in der Bevölkerung für alle untersuchten Einsatzformen weit über das hinausgeht, was im politischen Diskurs selbst von Vertretern eines verstärkten Einsatzes der Streitkräfte innerhalb Deutschlands gefordert wird – mit Ausnahme einiger Politiker der AfD. Die mehrheitliche Skepsis und verbreitete Zurückhaltung im politischen Diskurs spiegelt sich somit nicht in den Positionen der Bürgerinnen und Bürger wider.

In einem zweiten Schritt wurde geprüft, ob die verschiedenen Einsatzformen sich auf einige wenige Dimensionen zurückführen lassen. Die Faktorenanalyse erbrachte eine theoretisch und empirisch nachvollziehbare Lösung. Im weiteren Verlauf des Beitrages wurde daher nur noch zwischen „Schutzaufgaben" (etwa Grenzsicherung gegen illegale Einwanderer, Schutz von Gebäuden vor Terror und Schutz des Luftraums und der Küste vor Terror), „Hilfsaufgaben" (Unterstützung bei der Flüchtlingsaufnahme, die Suche und Rettung von Vermissten sowie Katastrophenhilfe), der Landesverteidigung und der Aufrechterhaltung von Ruhe und Ordnung unterschieden. Die erste und letzte Aufgabe stellen dabei politisch umstrittene und in der verfassungsrechtlichen Grauzone befindliche Einsatzformen dar.

In einem dritten und letzten Schritt wurden die Erklärungsfaktoren für Einstellungen zum Einsatz der Bundeswehr im Inneren untersucht. Die Ergebnisse zeigen, dass Variablen aus allen dargestellten Determinantengruppen (kognitive Aspekte und Fähigkeiten, affektive Bewertungen und Einstellungen, Performanzbewertungen, normative und rechtliche Präferenzen, parteipolitische und ideologische Orientierungen sowie die soziodemografischen Eigenschaften der Befragten) zur Erklärung der Einstellungen zur Verwendung der Streitkräfte innerhalb Deutschlands beitragen. Einige Einstellungen bzw. Merkmale sind für alle hier analysierten einsatzbezogenen Einstellungen relevant und sollen daher besonders hervorgehoben werden: Erstens führt eine allgemein positive Einstellung zu den Streitkräften zu einer höheren Unterstützung aller Einsatzformen. Die Bürger leiten also spezifische Einstellungen zur Bundeswehr bzw. zum Einsatz der Streitkräfte im Inland von ihrer allgemeinen affektiven Nähe zur Armee ab. Damit kann die konstant positive Bewertung der Streitkräfte in der Bevölkerung (Biehl 2015) ein weiterer stabilisierender Faktor für die im Zeitverlauf hohe Unterstützung für alle Einsatzformen im Inneren sein. Zweitens spielen performanzbasierte Einstellungen eine wichtige Rolle. Bewertet jemand die Leistungen der Bundeswehr bei ihren Einsätzen im Inland besser, führt das zu einer stärkeren Präferenz, die Streitkräfte generell in Deutschland einzusetzen. Die Erfahrungen der Bürgerinnen und Bürger mit den als gut wahrgenommenen Leistungen bei zurückliegenden (Katastrophen- und Hilfs-)Einsätzen der Bundeswehr in Deutschland sind also eine wichtige Quelle des hohen Unterstützungsniveaus für alle untersuchten Szenarien. Drittens wirkt sich ein Wohnort in der Nähe eines Bundeswehr-Standortes durchgängig negativ auf die Einstellung zu den Einsatzmöglichkeiten aus, d.h. Personen, die (zumindest theoretisch) häufiger in Kontakt mit Soldatinnen und Soldaten und den Streitkräften allgemein kommen, lehnen alle untersuchten Einsatzarten eher ab. Daraus lässt sich schlussfolgern, dass die Präsenz der Streitkräfte in der Fläche nicht so wichtig ist wie oftmals behauptet. Der potenziell größere alltägliche Kontakt mit den Streitkräften führt nicht dazu, dass sich eine stärkere Neigung zur Erweiterung oder Verstetigung ihrer Kompetenzen im Inland herausbildet. Viertens haben normative Erwägungen immer eine Wirkung auf die untersuchten Einstellungen. Personen, welche die Regeln des Parlamentsbeteiligungsgesetzes stärker befürworten, sind eher für den Einsatz der Bundeswehr zur Landesverteidigung und für Hilfsaufgaben, während sie eher gegen die Verwendung der Streitkräfte für Schutzaufgaben oder zur Aufrechterhaltung von Ruhe und Ordnung – also die politisch umstrittenen und verfassungsrechtlich eher heiklen Aufgaben – sind. Fünftens spielt die Flüchtlingskrise und die damit verbundene starke Zuwanderung nach Deutschland eine Rolle. Fühlt sich jemand stärker von Zuwanderung bedroht, befürwortet er oder sie den Einsatz der Bundeswehr im Inneren für Schutzaufgaben, Landesverteidigung wie die Aufrechterhaltung von Ruhe und Ordnung, während die Verwendung für Hilfsaufgaben (etwa in der Flüchtlingshilfe) eher abgelehnt wird.

Die hier präsentierten Analysen können nur ein erster Schritt bei der tiefergehenden Betrachtung von Einstellungen zum Einsatz der Bundeswehr im Inneren sein. So ist zu prüfen, ob sich die Befunde hinsichtlich der Struktur und der Erklärungsfaktoren des Einsatzes innerhalb Deutschlands auch in anderen Jahren zeigen oder ob sich kurzfristige Ereignisse in Unterstützung und Ablehnung sowie Relevanz und Stärke von Prädiktoren niederschlagen. Weiterhin ist die Operationalisierung einiger unabhängiger Variablen in diesem Beitrag nicht optimal, so dass etwa der Einfluss von normativen und rechtlichen Überlegungen sowie von parteipolitischen Heuristiken mit den hier verwendeten Konstrukten nur grob abgeschätzt werden kann.

Insgesamt zeigt sich also, dass die Bürgerinnen und Bürger einem Einsatz der Streitkräfte im Inland generell positiv gegenüberstehen. Basierend auf den vorgestellten Ergebnissen kann man davon ausgehen, dass mögliche Verfassungsänderungen, die zu einer Ausweitung der Rechte der Streitkräfte im Inland führen, in der Bevölkerung einen breiten Rückhalt finden werden. Dafür spricht, dass aktuelle Ereignisse wie die Flüchtlingskrise oder Terroranschläge bzw. die Reaktionen der Deutschen darauf, zwar eine Rolle bei der Erklärung der Präferenzen für den Einsatz der Bundeswehr im Inneren spielen, doch sind es vor allem allgemeine oder langfristig stabile Einstellungen wie normative und rechtliche Präferenzen, Leistungsbewertungen der Streitkräfte und die allgemeine Einstellung zur Bundeswehr, die besonders erklärungsstark sind.

Literatur

Aust, Stefan/Mülherr, Silke/Schiltz, Christoph B. (2016): Bundeswehr soll Terrorabwehr im Inland mit Polizei üben. In: Welt online. <www.welt.de/politik/ausland/article 156147097/Bundeswehr-soll-Terrorabwehr-im-Inland-mit-Polizei-ueben.html> (letzter Zugriff 20.6.2016).

Barnes, Samuel H./Kaase, Max (Hrsg.) (1979): Political Action: Mass Participation in Five Western Democracies. Beverly Hills: Sage.

Bathelt, Severin/Jedinger, Alexander/Maier, Jürgen (2016): Politische Kenntnisse in Deutschland: Entwicklung und Determinanten, 1949–2009. In: Roßteutscher/Faas/Rosar (Hrsg.) 2016: 181–207.

Berinsky, Adam J. (2007): Assuming the Costs of War: Events, Elites, and American Public Support for Military Conflict. In: Journal of Politics 69, 975–997.

Biehl, Heiko (2015): Die Haltung der Bürgerinnen und Bürger zur Bundeswehr. In: Biehl et al. 2015: 29–40.

Biehl, Heiko/Höfig, Chariklia/Steinbrecher, Markus/Wanner, Meike (2015): Sicherheits- und verteidigungspolitisches Meinungsklima in der Bundesrepublik Deutschland. Ergebnisse und Analysen der Bevölkerungsbefragung 2015. Potsdam: Zentrum für Militärgeschichte und Sozialwissenschaften der Bundeswehr.

Biehl, Heiko/Schoen, Harald (Hrsg.) (2015): Sicherheitspolitik und Streitkräfte im Urteil der Bürger. Theorien, Methoden, Befunde. Wiesbaden: Springer VS.

Budge, Ian/Crewe, Ivor/Farlie, Dennis (Hrsg.) (1976): Party Identification and Beyond. New York: Wiley.

Bulmahn, Thomas/Fiebig, Rüdiger/Hennig, Jana/Pietsch, Carsten/Wieninger, Victoria/Zimmer, Sebastian (2009): Sicherheits- und verteidigungspolitisches Meinungsklima in der Bundesrepublik Deutschland. Ergebnisse der Bevölkerungsbefragung 2008 des Sozialwissenschaftlichen Instituts der Bundeswehr. Strausberg: Sozialwissenschaftliches Institut der Bundeswehr.

Bundesministerium der Verteidigung (2016a): Weißbuch 2016. Zur Sicherheitspolitik und zur Zukunft der Bundeswehr. Berlin.

Bundesministerium der Verteidigung (2016b): Bundeswehreinsatz im Inneren ist Thema im Weißbuchentwurf. <www.bmvg.de/portal/a/bmvg/!ut/p/c4/NYu9DoMgFEbf6F5 oE0O6aRzatYvSDZRQUn4MXHTpw1eGfic5y8mHLzyJandWkUtReZxRLu6mD9 Bht3AYV4quyxvUh6rx3hS4MN7h1I6rgSVFQ81kIrnTNitKGbaUybdScz4LuBUl4-PAOPuPf3sx36W4dmJ8DE_cQuh_6_rsEA!!/.> (letzter Zugriff 12.9.2016).

Campbell, Angus/Converse, Philip E./Miller, Warren E./Stokes, Donald E. (1960): The American Voter. New York: Wiley.

Der Tagesspiegel Online (2016): Düsseldorf ist nicht der erste Fall – Eine Chronik. <www.tagesspiegel.de/politik/vereitelte-terror-anschlaege-in-deutschland-duesseldorf-ist-nicht-der-erste-fall-eine-chronik/11717558.html> (letzter Zugriff 18.6.2016).

Die Welt Online (2016): Elf Terroranschläge seit 2000 in Deutschland vereitelt. <http://www.welt.de/politik/deutschland/article153759236/Elf-Terroranschlaege-seit-2000-in-Deutschland-vereitelt.html> (letzter Zugriff 18.6.2016).

Ehrenstein, Claudia/Sturm, Daniel F./Jungholt, Thorsten (2016): Von der Leyens Pläne sind bewusste Provokation. In: Welt online. <www.welt.de/politik/deutschland/article154286806/Von-der-Leyens-Plaene-sind-bewusste-Provokation.html> (letzter Zugriff 20.6.2016).

FAZ Online – Frankfurter Allgemeine Zeitung (2003): Irrflug versetzt Frankfurt in Angst und Schrecken. <http://www.faz.net/aktuell/gesellschaft/flugzeug-entfuehrung-irrflug-versetzt-frankfurt-in-angst-und-schrecken-189977.html> (letzter Zugriff 12.7.2016).

Frankfurter Allgemeine Sonntagszeitung (2016): Bundesregierung erwog Einsatz der Bundeswehr in München. <www.faz.net/aktuell/politik/inland/bundesregierung-erwog-einsatz-der-bundeswehr-nach-amoklauf-in-muenchen-14354214.html> (letzter Zugriff 25.7.2016).

Fiebig, Rüdiger (2009): Einsatz der Bundeswehr im Inneren zur Terrorabwehr. In: Bulmahn et al. 2009: 136–147.

Fiorina, Morris P. (1981): Retrospective voting in American national elections. New Haven: Yale University Press.

Höfig, Chariklia (2015): Subjektive Sicherheit. In: Biehl et al. 2015: 15–28.

Huddy, Leonie/Feldman, Stanley/Weber, Christopher (2007): The Political Consequences of Perceived Threat and Felt Insecurity. In: Annals of the American Academy of Political and Social Science 614, 131–153.

Inglehart, Ronald/Klingemann, Hans-Dieter (1976): Party Identification, Ideological Preferences and the Left-Right Dimension among Western Mass Publics. In: Budge/Crewe/Farlie (Hrsg.) 1976: 243–273.

Jäger, Thomas (Hrsg.) (2011): Die Welt nach 9/11. Wiesbaden: VS Verlag für Sozialwissenschaften.

Jedinger, Alexander/Mader, Matthias (2015): Predispositions, Mission-Specific Beliefs, and Public Support for Military Missions: The Case of the German ISAF Mission in Afghanistan. In: International Journal of Public Opinion Research 27, 90–110.

Klasen, Oliver (2012): Was sich mit der Karlsruher Entscheidung ändert. In: Süddeutsche Zeitung <www.sueddeutsche.de/politik/einsatz-der-bundeswehr-im-inneren-was-sich-mit-der-karlsruher-entscheidung-aendert-1.1443366> (letzter Zugriff 13.7.2016).

Klingemann, Hans-Dieter (1979): Measuring Ideological Conceptualizations. In: Barnes/Kaase (Hrsg.) 1979: 215–254.

Knelangen, Wilhelm (2006): Innere Sicherheit als neue Aufgabe für die Bundeswehr? In: Krause/Irlenkäuser (Hrsg.) 2006: 253–273.

Krause, Joachim/Irlenkäuser, Jan C. (Hrsg.) (2006): Bundeswehr – Die nächsten 50 Jahre: Anforderungen an deutsche Streitkräfte im 21. Jahrhundert. Opladen: Barbara Budrich.

Lupia, Arthur (1994): Shortcuts Versus Encyclopedias: Information and Voting Behavior in California Insurance Reform Elections. In: American Political Science Review 88, 63–76.

Lupia, Arthur/McCubbins, Mathew D./Popkin, Samuel L. (Hrsg.) (2000): Elements of Reason. Cognition, Choice, and the Bounds of Rationality. Cambridge et al.: Cambridge University Press.

Mader, Matthias (2015): Grundhaltungen zur Außen- und Sicherheitspolitik in Deutschland. In: Biehl/Schoen (Hrsg.) 2015: 69–96.

Mader, Matthias/Fiebig, Rüdiger (2015): Determinanten der Bevölkerungseinstellungen zum Afghanistaneinsatz. Prädispositionen, Erfolgswahrnehmungen und die moderierende Wirkung individueller Mediennutzung. In: Biehl/Schoen (Hrsg.) 2015: 97–122.

Maier, Jürgen/Glantz, Alexander/Bathelt, Severin (2009): Was wissen die Bürger über Politik? Zur Erforschung der politischen Kenntnisse in der Bundesrepublik Deutschland 1949 bis 2008. In: Zeitschrift für Parlamentsfragen 40, 561–579.

Pannkoke, Jörg (1998): Der Einsatz des Militärs im Landesinnern in der neueren deutschen Verfassungsgeschichte. Münster: Lit Verlag.

Pietsch, Carsten/Fiebig, Rüdiger (2011): „Keine besondere Bedrohungslage": Die Einstellungen der deutschen Bevölkerung zu Maßnahmen der Terrorabwehr. In: Jäger (Hrsg.) 2011: 261–284.

Rattinger, Hans/Schoen, Harald/Endres, Fabian/Jungkunz, Sebastian/Mader, Matthias/Pötzschke, Jana (2016): Old Friends in Troubled Waters. Policy Principles, Elites, and U.S.-German Relations at the Citizen Level After the Cold War. Baden-Baden: Nomos.

Roßteutscher, Sigrid/Faas, Thorsten/Rosar, Ulrich (Hrsg.) (2016): Bürgerinnen und Bürger im Wandel der Zeit. 25 Jahre Wahl- und Einstellungsforschung in Deutschland. Wiesbaden: Springer VS.

Sniderman, Paul M. (2000): Taking Sides: A Fixed Choice Theory of Political Reasoning. In: Lupia/McCubbins/Popkin (Hrsg.) 2000: 67–84.

Trüdinger, Eva-Maria/Bollow, Uwe (2011): Andere Zeiten, andere Inhalte. Bedeutungsgehalt und Bedeutungswandel der Politischen Richtungsbegriffe Links und Rechts im innerdeutschen Vergleich. In: Zeitschrift für Parlamentsfragen 42, 398–418.

Wanner, Meike (2015): Einstellungen zur Höhe der Verteidigungsausgaben sowie zum Personalumfang der Bundeswehr. In: Biehl et al. 2015: 71–76.

Zaller, John R. (1992): The Nature and Origins of Mass Opinion. Cambridge et al.: Cambridge University Press.

Zeit Online (2016a): Selbstmordanschlag in Düsseldorf geplant. <www.zeit.de/gesellschaft/zeitgeschehen/2016-06/terrorismus-islamischer-staat-duesseldorf-festnahmen-syrer> (letzter Zugriff 18.6.2016).

Zeit Online (2016b): Angriff in Würzburg. Altmaier sieht kein erhöhtes Terrorrisiko durch Flüchtlinge. <www.zeit.de/politik/deutschland/2016-07/wuerzburg-axt-attacke-fluechtlinge-peter-altmaier-cdu-csu> (letzter Zugriff 20.7.2016).

Anhang

Frageformulierungen und Operationalisierungen

Einstellungen zum Einsatz der Bundeswehr im Inneren: Welche Aufgaben sollte die Bundeswehr Ihrer Meinung nach übernehmen? Stimmen Sie einer Übernahme der folgenden Aufgaben durch die Bundeswehr zu oder lehnen Sie diese ab? Die Bundeswehr sollte eingesetzt werden,
- um einen militärischen Angriff auf Deutschland abzuwehren.
- zur Aufrechterhaltung von Ruhe und Ordnung innerhalb Deutschlands.

1: Stimme völlig zu, 2: Stimme eher zu, 3: Teils/teils, 4: Lehne eher ab, 5: Lehne völlig ab, 98: Weiß nicht, 99: Keine Antwort. *Operationalisierung*: rekodiert auf Wertebereich von 0 (lehne völlig ab) bis 1 (stimme völlig zu).

Und welche Aufgaben sollte die Bundeswehr Ihrer Meinung nach in Deutschland übernehmen? Stimmen Sie einer Übernahme der folgenden Aufgaben durch die Bundeswehr zu oder lehnen Sie diese ab? Die Bundeswehr sollte eingesetzt werden,
- um Katastrophenhilfe innerhalb Deutschlands zu leisten.
- um in Deutschland Vermisste zu suchen oder zu retten.
- um die deutschen Grenzen gegen illegale Einwanderer zu sichern.
- um öffentliche Gebäude in Deutschland vor Terroranschlägen zu schützen.
- um den deutschen Luftraum und die deutsche Küste zur Verhinderung von Terroranschlägen zu überwachen.
- um Unterstützung bei der Aufnahme von Flüchtlingen zu leisten.

1: Stimme völlig zu, 2: Stimme eher zu, 3: Teils/teils, 4: Lehne eher ab, 5: Lehne völlig ab, 98: Weiß nicht, 99: Keine Antwort. *Operationalisierung*: rekodiert auf Wertebereich von 0 (lehne völlig ab) bis 1 (stimme völlig zu).

Frau (Geschlecht): 1: Frau, 0: Mann.

Alter: Alter in Jahren.

Ost (Region): 1: Ost (Wohnort des Befragten in den ostdeutschen Bundesländern und Berlin), 0: West (alle anderen Bundesländer).

Niedrige/hohe Bildung: Welchen höchsten Bildungsabschluss haben Sie oder streben Sie an? 1: Hauptschulabschluss (Volksschulabschluss), 2: Mittlere Reife, Realschulabschluss, Fachschulreife, 3: Fachhochschulreife, Abschluss einer Fachoberschule, 4: Abitur (INT.: allgemeine oder fachgebundene Hochschulreife), 5: Hochschul- oder Fachhochschulabschluss, 6: Einen anderen Schulabschluss und zwar: *OFFEN, 7: noch Schüler, 97: keinen Abschluss, 98: Weiß nicht, 99: Keine Antwort. *Operationalisierung*: Niedrige Bildung: 1: 1+97, 0: alle anderen; hohe Bildung: 1: 3–5, 0: alle anderen.

Verteidigungspolitisches Wissen:
– Kurz vor dem Ende der Befragung möchte ich Ihnen noch einige weitere Fragen über die Bundeswehr und ihre Einsätze stellen. Bei der ersten Frage geht es um die Anzahl der Soldatinnen und Soldaten der Bundeswehr im Auslandseinsatz. Was denken Sie, wie viele Soldatinnen und Soldaten der Bundeswehr befinden sich derzeit im Auslandseinsatz? (offen), 98: Weiß nicht, 99: Keine Antwort. *Operationalisierung*: Richtige Antwort: Werte zwischen 3 000 und 4 999.
– Bei den folgenden Fragen ist von den vier zur Auswahl stehenden Antwortmöglichkeiten jeweils eine richtig. Bitte nennen Sie mir jeweils die richtige Antwort. Wie heißt die gegenwärtige Bundesministerin der Verteidigung bzw. der gegenwärtige Bundesminister der Verteidigung? 1: Andrea Nahles, 2: Thomas de Maizière, 3: Ursula von der Leyen, 4: Annette Schavan, 98: Weiß nicht, 99: Keine Antwort. *Operationalisierung*: Richtige Antwort: 3.
– Deutschland beteiligt sich zurzeit auch an der Friedenstruppe der Vereinten Nationen im Libanon (UNIFIL). Welche Kräfte der Bundeswehr sind mit diesem Einsatz hauptsächlich betraut? 1: Die Marine, 2: Die Luftwaffe, 3: Das Heer, 4: Der Sanitätsdienst, 98: Weiß nicht, 99: Keine Antwort. *Operationalisierung*: Richtige Antwort: 1.
– Wer muss grundsätzlich zustimmen, bevor die Bundeswehr einen bewaffneten Auslandseinsatz durchführen kann? 1: Das EU-Parlament, 2: Der Bundespräsident, 3: Der UN-Sicherheitsrat, 4: Der Bundestag, 98: Weiß nicht, 99: Keine Antwort. *Operationalisierung*: Richtige Antwort: 4.
– Welche der folgenden Aussagen ist korrekt? 1: Frauen dürfen nur im Sanitätsdienst eingesetzt werden, 2: Frauen dürfen nur in der zivilen Bundeswehrverwaltung ihren Dienst tun, 3: Frauen ist der Dienst an der Waffe grundsätzlich erlaubt, 4: Frauen dürfen nicht die Laufbahn des Offiziers

einschlagen, 98: Weiß nicht, 99: Keine Antwort. *Operationalisierung*: Richtige Antwort: 3.
- Als letztes geht es um die Zahl der Soldatinnen und Soldaten der Bundeswehr. Was denken Sie, wie viele Soldatinnen und Soldaten leisten gegenwärtig Dienst in der Bundeswehr? (offen), 98: Weiß nicht, 99: Keine Antwort. *Operationalisierung*: Richtige Antwort: Werte zwischen 170 000 und 199 999.

Operationalisierung Wissensindex: Summenindex der richtigen Antworten über die vorherigen sechs Fragen.

Politisches Interesse: Wie stark interessieren Sie sich im Allgemeinen für Politik, ist das … 1: Sehr stark, 2: Eher stark, 3: Mittel, 4: Wenig, 5: Gar nicht, 98: Weiß nicht, 99: Keine Antwort. *Operationalisierung*: rekodiert auf Wertebereich von 0 (gar kein Interesse) bis 1 (sehr starkes Interesse).

Verteidigungspolitische Efficacy: Bitte sagen Sie mir zu jeder dieser Aussagen, ob Sie ihr völlig zustimmen, eher zustimmen, teils zustimmen/teils ablehnen, eher ablehnen oder völlig ablehnen.
- Im Allgemeinen weiß ich eher wenig über die Bundeswehr.
- Ich kann verteidigungspolitische Fragen gut verstehen und einschätzen.
- Verteidigungspolitik ist so kompliziert, dass jemand wie ich gar nicht versteht, was vorgeht.

1: Stimme völlig zu, 2: Stimme eher zu, 3: Teils/teils, 4: Lehne eher ab, 5: Lehne völlig ab, 98: Weiß nicht, 99: Keine Antwort. *Operationalisierung*: Einzelitems rekodiert auf Wertebereich von 0 (geringe Efficacy) bis 1 (hohe Efficacy). Indexbildung als Mittelwert über alle drei Items von 0 (geringe Efficacy) bis 1 (hohe Efficacy). Cronbachs $\alpha = 0{,}80$.

Bundeswehr hat in der Nähe Katastrophenhilfe geleistet: Welche der folgenden Aussagen treffen auf Sie zu? Die Bundeswehr hat in meiner Wohnortnähe bereits Katastrophenhilfe/Suche nach Vermissten o.ä. geleistet. 1: Ja, 2: Nein, 98: Weiß nicht, 99: Keine Antwort. *Operationalisierung*: Rekodiert: 1: 1, 0: alle anderen.

Leistungsbewertung Bundeswehreinsätze im Inland: Wie beurteilen Sie die folgenden Punkte? Bewerten Sie diese sehr positiv, eher positiv, teils/teils, eher negativ oder sehr negativ? Die Leistungen der Bundeswehr bei ihren Einsätzen im Inland (INT.: z.B.: Katastrophenhilfe). 1: Sehr positiv, 2: Eher positiv, 3: Teils/teils, 4: Eher negativ, 5: Sehr negativ, 98: Weiß nicht, 99: Keine Antwort. *Operationalisierung*: rekodiert auf Wertebereich von 0 (sehr negativ) bis 1 (sehr positiv).

Bundeswehr-Standort in der Nähe: Welche der folgenden Aussagen treffen auf Sie zu? In meinem Wohnort bzw. in dessen Nähe gibt es einen Standort der Bundeswehr. 1: Ja, 2: Nein, 98: Weiß nicht, 99: Keine Antwort. *Operationalisierung*: rekodiert: 1: 1, 0: alle anderen.

Einstellung zur Bundeswehr: Wie ist Ihre persönliche Einstellung zur Bundeswehr? Ist diese … 1: Sehr positiv, 2: Positiv, 3: Eher positiv, 4: Eher negativ, 5: Negativ, 6: Sehr negativ, 98: Weiß nicht, 99: Keine Antwort. *Operationalisierung*: rekodiert auf Wertebereich von 0 (sehr negativ) bis 1 (sehr positiv).

Links-Rechts-Selbsteinstufung: Viele Leute verwenden die Begriffe „links" und „rechts", wenn es darum geht, unterschiedliche politische Einstellungen zu kennzeichnen. Wo würden Sie sich auf einer Links-Rechts-Skala von 1 bis 7 einordnen, wenn 1 für „ganz links" und 7 für „ganz rechts" steht? 1: Ganz links, 7: Ganz rechts, 98: Weiß nicht, 99: Keine Antwort. *Operationalisierung*: rekodiert auf Wertebereich von 0 (ganz links) bis 1 (ganz rechts).

Wahlabsicht: Wenn am nächsten Sonntag Bundestagswahl wäre, welche der folgenden Parteien würden Sie dann wählen? 1: CDU/CSU, 2: SPD, 3: Bündnis 90/Die Grünen, 4: Die Linke, 5: FDP, 6: AfD (Alternative für Deutschland), 7: Piratenpartei, 8: Andere Partei und zwar: …, 9: Keine Partei, würde nicht wählen gehen, 98: Weiß nicht, 99: Keine Antwort. *Operationalisierung*: rekodiert zu dichotomen Variablen für die folgenden Parteien: CDU/CSU, SPD, FDP, Grüne, Linke, AfD.

Zustimmung Beteiligung Bundestag Bundeswehreinsätze: Im Folgenden finden Sie einige weitere Aussagen zur Außen- und Sicherheitspolitik. Bitte sagen Sie mir zu jeder dieser Aussagen, ob Sie ihr völlig zustimmen, eher zustimmen, teils zustimmen/teils ablehnen, eher ablehnen oder völlig ablehnen.
- Die Bundesregierung sollte in militärischen Angelegenheiten alleine und ohne Mitwirkung des Bundestags handeln können,

– Soldatinnen und Soldaten der Bundeswehr sollten nur mit Zustimmung des Bundestags in Einsätze entsendet werden.
1: Stimme völlig zu, 2: Stimme eher zu, 3: Teils/teils, 4: Lehne eher ab, 5: Lehne völlig ab, 98: Weiß nicht, 99: Keine Antwort. *Operationalisierung*: Einzelitems rekodiert auf Wertebereich von 0 (sehr negative Beurteilung Parlamentsbeteiligungsgesetz) bis 1 (sehr positive Beurteilung Parlamentsbeteiligungsgesetz). Indexbildung als Mittelwert über beide Items von 0 (sehr negative Beurteilung Parlamentsbeteiligungsgesetz) bis 1 (sehr positive Beurteilung Parlamentsbeteiligungsgesetz). Cronbachs $\alpha = 0{,}59$.

Sicherheitsbewertung national: Wie beurteilen Sie die gegenwärtige Sicherheitslage der Bundesrepublik Deutschland? Antworten Sie bitte mit Hilfe dieser Skala. Die Lage in der Bundesrepublik Deutschland ist alles in allem ... 1: Sehr sicher, 2: Eher sicher, 3: Teils/teils, 4: Eher unsicher, 5: Sehr unsicher, 98: Weiß nicht, 99: Keine Antwort. *Operationalisierung*: rekodiert auf Wertebereich von 0 (sehr unsicher) bis 1 (sehr sicher).

Sicherheitsbewertung persönlich: Wie sicher fühlen Sie sich persönlich zurzeit? Antworten Sie bitte mit Hilfe dieser Skala. Ich fühle mich persönlich ... 1: Sehr sicher, 2: Eher sicher, 3: Teils/teils, 4: Eher unsicher, 5: Sehr unsicher, 98: Weiß nicht, 99: Keine Antwort. *Operationalisierung*: rekodiert auf Wertebereich von 0 (sehr unsicher) bis 1 (sehr sicher).

Bedrohungswahrnehmungen: Inwieweit fühlen Sie sich persönlich zurzeit durch folgende Faktoren bedroht?
– Große Naturkatastrophen wie z.B. schwere Stürme oder Überschwemmungen,
– Terroranschläge in Deutschland,
– Zuwanderung nach Deutschland.
Ich fühle mich davon ... 1: Stark bedroht, 2: Eher bedroht, 3: Teils/teils, 4: Eher nicht bedroht, 5: Überhaupt nicht bedroht, 98: Weiß nicht, 99: Keine Antwort. *Operationalisierung*: Rekodiert auf Wertebereich von 0 (überhaupt nicht bedroht) bis 1 (stark bedroht).

Wachsamkeit als Preis von Sicherheit und Freiheit? Einstellungen der deutschen Bevölkerung zur Bündnisverteidigung

Markus Steinbrecher, Heiko Biehl und Chariklia Rothbart

1 Einleitung

Mit Blick auf ihre Rolle im Ost-West-Konflikt ist die NATO zuweilen als das erfolgreichste Militärbündnis der Geschichte bezeichnet worden (Theiler 2004: 222) – und dies obwohl bzw. gerade weil sie in keine militärischen Auseinandersetzungen involviert gewesen ist. Über Jahrzehnte ist es ihr gelungen, allen Interessensunterschieden zwischen den Mitgliedsstaaten zum Trotz, eine glaubwürdige Verteidigung zu organisieren und aufrechtzuerhalten. Die Bundesrepublik Deutschland profitierte, wie kaum ein anderes Land, von der Bereitschaft der Bündnispartner, zum gemeinsamen Schutz beizutragen. Als geteiltes Land entlang der Frontlinie der Ost-West-Konfrontation sah sich Deutschland einer besonderen und unmittelbaren Bedrohung ausgesetzt. Durch den Einschluss in die transatlantische Allianz ist es gelungen, sicherheitspolitische Garantien und militärische Ressourcen der Partner zu binden, die die Bundesrepublik alleine nicht hätte aufbringen können. Mit diesen Verpflichtungen gingen die Verbündeten – angesichts der Möglichkeit einer nuklearen Eskalation – eine existenzielle Gefährdung ein. Über die gesamte Zeit der Blockkonfrontation war es eine erhebliche sicherheitspolitische und militärische Herausforderung, die gemeinsame Bereitschaft zur Verteidigung zu gewährleisten und ein Auseinanderfallen der westlichen Partner zu verhindern. Denn die Verteidigungsgarantie für jeden einzelnen Staat war existenziell für den Zusammenhalt der Allianz.

Die NATO hat die Ost-West-Konfrontation, die Anlass zu ihrer Gründung und Motor ihrer Entwicklung war, überstanden. Mit ihren Sicherheitsgarantien und ihrer Fähigkeit, die Vereinigten Staaten in die europäischen Sicherheitsinteressen einzubinden, ist die Allianz weiterhin attraktiv. Seit 1999 haben sich 13 Staaten aus Mittel- und Osteuropa dem transatlantischen Bündnis angeschlossen. Für die sicherheitspolitische Situation der Bundesrepublik hat diese Entwicklung gravierende Folgen. Die Osterweiterung der

NATO hat Deutschland in das geografische Zentrum der Allianz gerückt. Das vereinte Deutschland ist ausschließlich von Partnern und befreundeten Staaten umgeben. Damit sind die Konfliktregionen räumlich weiter entfernt als zur Zeit des Ost-West-Konflikts, was Auswirkungen auf die sicherheitspolitischen Wahrnehmungen, Interessen und Kalküle Deutschlands hat. Während die Bundesrepublik in der Zeit des Ost-West-Konflikts vom Beistand der westlichen Partner profitierte, geht es mittlerweile um den Transfer von Sicherheit in die osteuropäischen Nachbarstaaten. Denn spätestens seit der Besetzung der Krim durch russische Truppen im Frühjahr 2014 und seit dem Konflikt in der Ost-Ukraine sind Fragen der Bündnissolidarität und der Verteidigung zurück auf der politischen Agenda. Deutschland engagiert sich mit politischen und militärischen Mitteln für die Rückversicherung der mittel- und osteuropäischen Partner. Die Bundeswehr ist gemäß der Beschlüsse der NATO-Gipfel von Newport/Wales und Warschau mit mehreren Hundert Soldatinnen und Soldaten im Rahmen der sogenannten Verstärkten Vornepräsenz („Enhanced Forward Presence") an der NATO-Kampfgruppe in Litauen beteiligt und übernimmt neben den USA, Kanada und Großbritannien eine Führungsrolle. Hinzu kommt die regelmäßige Gewährleistung der Überwachung des Luftraums der baltischen Staaten („Air Policing") durch deutsche Kampfflugzeuge.

Die Beschlüsse der Gipfel in Warschau und Wales sowie weitere Pläne der NATO zwingen Deutschland, in den nächsten Jahren noch wesentlich mehr Energie in den Ausbau seiner Fähigkeiten zur Bündnisverteidigung zu stecken. Deutschlands Freiheit und Sicherheit werden demzufolge zukünftig nicht mehr nur am Hindukusch, in Mali oder am Horn von Afrika verteidigt, sondern (wieder) an den Außengrenzen des Atlantischen Bündnisses. Anders als im Kalten Krieg verlaufen diese allerdings nicht mehr durch das geteilte Deutschland, sondern entlang der Ostgrenzen der baltischen Staaten, Polens oder Rumäniens. Die militärische Wachsamkeit dient somit in erster Linie dem Erhalt der Freiheit und Sicherheit von Deutschlands Verbündeten und erst in zweiter Linie dem eigenen Land und seinen Bürgerinnen und Bürgern.

Angesichts dieser sicherheitspolitischen Entwicklungen und Konflikte stellt sich die Frage, ob Deutschland die gleiche Bereitschaft zur gemeinsamen Verteidigung aufbringt, wie dies in der Ost-West-Konfrontation die Partner für die Bundesrepublik getan haben. Von herausgehobener Bedeutung ist in diesem Zusammenhang, ob die deutsche Bevölkerung zum Beistand für die Bündnispartner bereit ist. Schließlich sind Politik und Bundeswehr für die Übernahme von Aufgaben und Einsätzen der Bündnisverteidigung auf die Unterstützung durch die Bürgerinnen und Bürger angewiesen. Dies ist einerseits Anspruch der Inneren Führung, der Führungsphilosophie der Bundeswehr. So legt die einschlägige Zentrale Dienstvorschrift A-2600/1 unter Punkt 401 als Zielsetzung fest, „die Einbindung der Bundeswehr in Staat und Gesellschaft zu erhalten und zu fördern, Verständnis für den Auftrag der Bundeswehr im Rahmen der deutschen Sicherheits- und Verteidigungspolitik bei den Bürgerinnen und Bürgern zu gewinnen sowie die Soldatinnen und Soldaten aktiv in die durch ständigen Wandel geprägten Streitkräfte einzubeziehen" (Bundesministerium der Verteidigung 2008). Andererseits ist ein gewisses Maß an Unterstützung für politische Handlungen und Maßnahmen in demokratischen Staaten eine Grundvoraussetzung für Legitimität und Akzeptanz von Politik. Gerade am Rückhalt der Bevölkerung hat es bei vielen der Auslandseinsätze in den letzten Jahrzehnten gemangelt (z.B. Biehl 2016a; Mader 2017; Rattinger et al. 2016). Angesichts dieser Erfahrungen drängt sich die Frage auf, ob der gesellschaftliche Zuspruch für die Verteidigungsaufgaben im Bündnis breiter und substanzieller ist als für die Auslandsmissionen und welche Merkmale und Einstellungen der Bürgerinnen und Bürger zu Unterstützung oder Ablehnung von Maßnahmen der Bündnisverteidigung führen.

Die Forschung zu außen- und sicherheitspolitischen Einstellungen in Deutschland hat sich seit dem Ende der Ost-West-Konfrontation vor allem auf die Erklärung von Einstellungen und die Urteilsbildung zu Auslandseinsätzen der Bundeswehr konzentriert (z.B. Biehl 2016a; Jedinger/Mader 2015; Mader 2017; Mader/Fiebig 2015; Schoen 2010). Analysen von Einstellungen zur Bündnisverteidigung sind rar gesät und legen den Focus auf die transatlantischen Beziehungen zwischen Europa und den USA (z.B. Everts/Isernia 2015; Rattinger et al. 2016), den Ländervergleich (z.B. Biehl et al. 2011; Eichenberg 2003; Endres 2018), widmen sich der Kooperation im Rahmen der EU (z.B. Eichenberg 2003; Manigart/Marlier 1993; Ray/Johnston 2007; Schoen 2008; vgl. den Beitrag von Steinbrecher in diesem Band) oder beschränken sich auf allgemeine Einstellungen zur Zusammenarbeit mit anderen Ländern (Multilateralismus; z.B. Mader 2015). Die Positionen der Bürgerinnen und Bürger zur spezifischen Kooperation im Rahmen der NATO finden hingegen kaum Berücksichtigung. Für solche Analysen muss man auf Publikationen aus den 1980er- und 1990er-Jahren zurückgreifen (z.B. Eichenberg 1989; Everts 1995; Rattinger/Holst 1998).

Angesichts der erneuten sicherheitspolitischen Relevanz der Bündnisverteidigung, der dürftigen Forschungslage und fehlender aktueller Befunde wird im Folgenden untersucht, wie sich die Bürgerinnen und Bürger in Deutschland zur (Wiederkehr der) Bündnisverteidigung positionieren: Gilt die Bündnisverteidigung als Kernaufgabe der deutschen Streitkräfte? Wird das russische Agieren in Osteuropa als Bedrohung wahrgenommen?[1] Wie stehen die Bürgerinnen und Bürger zu konkreten Unterstützungsleistungen für Deutschlands Bündnispartner? Und welche Eigenschaften und Einstellungen der Bürgerinnen und Bürger können die Haltungen zur militärischen Präsenz der NATO in Mittel- und Osteuropa sowie die Bewertung der Bündnisverteidigung erklären? Die empirische Bestandsaufnahme des gesellschaftlichen Rückhalts in diesem Beitrag liefert Hinweise darauf, inwieweit die Bevölkerung insgesamt oder bestimmte Gruppen den erneuten Paradigmenwechsel in der Außen- und Sicherheitspolitik mitgehen. Im Folgenden wird zunächst ein kurzer Überblick zum rechtlichen, institutionellen und historischen Rahmen der Bündnisverteidigung in der NATO gegeben. Der Forschungsstand, die verwendeten Theorien und die zu prüfenden Hypothesen zur Untersuchung der aufgeworfenen Fragen werden in Kapitel 3 präsentiert. Anschließend wird auf die Datenbasis eingegangen und in Kapitel 5 analysiert, wie groß das Ausmaß der Unterstützung verschiedener Maßnahmen der Bündnisverteidigung in Deutschland ist, und welche Faktoren die entsprechenden Einstellungen erklären können. Im letzten Kapitel werden die Befunde zusammengefasst und vor dem Hintergrund der leitenden Fragestellung dieses Sammelbandes eingeordnet und diskutiert.

2 Grundlagen und Entwicklung der Bündnisverteidigung im Rahmen der NATO

Die NATO wurde nach dem Ende des Zweiten Weltkriegs unter Führung der USA als regionales Bündnis zur kollektiven Verteidigung gegen externe Aggression gegründet. Die Bundesrepublik Deutschland trat der Organisation am 6. Mai 1955 als 15. Mitgliedsstaat bei, also noch vor Aufstellung der Bundeswehr im Herbst desselben Jahres. Gemäß NATO-Vertrag verpflichten

---

[1] Zu Bedrohungswahrnehmungen und deren Wirkung auf außen- und sicherheitspolitische Einstellungen vgl. den Beitrag von Biehl und Rothbart in diesem Sammelband.

sich die Mitglieder – nach der Aufnahme Montenegros am 5. Juni 2017 sind es mittlerweile 29 – zum gegenseitigen Beistand im Fall eines Angriffs von außen. Rechtliche Grundlage dafür ist Artikel 5 des Nordatlantikvertrags. In diesem ist allerdings keine automatische Pflicht zur gegenseitigen Verteidigung festgelegt. „Es bleibt vielmehr den einzelnen Mitgliedern überlassen, zu entscheiden, welche Maßnahmen ergriffen werden." (Giegerich 2012: 12) In der Geschichte des Bündnisses wurde dieser Artikel nur ein einziges Mal aktiviert, nämlich nach den Anschlägen des 11. September 2001 in den USA.

Bis 1990 waren Auftrag und Aufgaben für die NATO durch die Konfrontation der beiden Militärblöcke klar geregelt. Es galt für die NATO, gegenüber dem Warschauer Pakt und der Sowjetunion eine glaubwürdige Verteidigung des Bündnisgebiets zu gewährleisten und zu verhindern, dass der Kalte Krieg sich in einen heißen nuklearen Konflikt verwandeln konnte. Der Bundeswehr und der Bundesrepublik kam in Europa die Hauptlast bei einer potenziellen militärischen Auseinandersetzung zwischen NATO und Warschauer Pakt zu, denn die Frontlinie der beiden Blöcke verlief mitten durch das geteilte Deutschland. Dementsprechend waren die Bundeswehr und mit ihr die deutsche Politik auf die Landes- und Bündnisverteidigung eingestellt. Mit dem Zusammenbruch des Kommunismus in Ost- und Mitteleuropa verlor die Atlantische Allianz den Gegner wie die zentrale Aufgabe. Mit einem großangelegten Angriff auf das NATO-Gebiet war in Europa nicht mehr zu rechnen. Folgen waren unter anderem eine deutliche Abrüstung („Friedensdividende") und die schrittweise Aufnahme ehemaliger Mitglieder des Warschauer Paktes ab 1999. Motive für den Beitritt der mittel- und osteuropäischen Länder waren vor allem der Schutz vor der Sowjetunion bzw. vor Russland, aber auch Sicherheitsgarantien durch die USA und die Ausbalancierung des durch die Wiedervereinigung erstarkten Deutschlands (Giegerich 2012: 47). Aus Sicht der NATO stand vor allem die Verhinderung eines Sicherheitsvakuums in Europa im Vordergrund, die militärischen Fähigkeiten der neuen Mitglieder waren und sind von untergeordneter Bedeutung als Motiv für die Aufnahme (Giegerich 2012: 52; Gräbner 2010: 135). Gerade bei den baltischen Ländern war klar, dass sie besonderer Unterstützung der Verbündeten bedürfen, weil sie über keine eigene Luftwaffe verfügen und ihre Streitkräfte zahlenmäßig nicht in der Lage sind, das eigene Territorium bei einem groß angelegten Angriff von außen zu verteidigen.

Die NATO erwies sich seit 1990 in besonderem Maße als anpassungsfähig und konzentrierte sich auf zahlreiche Partnerschaftsinitiativen (z.B. die

„Partnerschaft für den Frieden" – PfP oder den Euroatlantischen Partnerschaftsrat – EAPC), internationales Krisenmanagement sowie damit verbundene Einsätze außerhalb des Bündnisgebiets. Die Missionen im ehemaligen Jugoslawien, etwa SFOR und KFOR, oder ISAF und Resolute Support in Afghanistan sind nur einige Beispiele für Engagements im internationalen Krisen- und Konfliktmanagement. Damit einher ging ein Abbau der Fähigkeiten der Streitkräfte, die für die Landes- und Bündnisverteidigung notwendig sind, denn es war nicht mehr das Führen eines großen Landkrieges gegen einen ähnlich hochgerüsteten Gegner gefragt. Es dominierten vielmehr asymmetrische Szenarien (wie in Afghanistan) oder die Wahrnehmung von Schutz- und Stabilisierungsaufgaben im Rahmen des „Comprehensive Approach" (NATO 2010) mit anderen Akteuren in verschiedenen Einsatzgebieten.

Mit der Besetzung der Krim und dem Krieg in der Ost-Ukraine ab 2014 kehrten Landes- und Bündnisverteidigung auf die Agenda der NATO zurück. Die Gipfel in Warschau und Newport/Wales führten zu zahlreichen Beschlüssen, die den Willen der Mitglieder des Atlantischen Bündnisses demonstrieren sollen, insbesondere die Mitglieder an der Ostgrenze der Allianz gegen etwaige Aggressionen von außen zu verteidigen. Dazu gehören die in der Einleitung bereits erwähnten vier NATO-Kampfgruppen im Rahmen der Verstärkten Vornepräsenz genauso wie die Luftraumüberwachung im Baltikum, die angestrebte Steigerung der Verteidigungsetats auf 2 Prozent des Bruttoinlandsprodukts (BIP) wie die Forderung nach einer Rückkehr zu den NATO-Kommandostrukturen des Kalten Krieges (Der Spiegel 2017: 30–33). Deutschland kommt schon alleine aufgrund seiner zentralen geografischen Lage eine besondere Rolle als Logistikdrehscheibe in der NATO zu: Transport-, Nachschub- und Verlegekapazitäten wie eine leistungsfähige Verkehrsinfrastruktur sind von großer Relevanz, da weiterhin die Interpretation der NATO-Russland-Grundakte von 1997 gilt, dass eine dauerhafte substanzielle Stationierung von Kampftruppen in den NATO-Beitrittsstaaten Ost- und Mitteleuropas eine Verletzung dieses Abkommens darstellt. Die Truppen der Verstärkten Vornepräsenz und ihr Material müssen also ständig ausgetauscht werden.

Die empirischen Analysen in Kapitel 4 nehmen verschiedene Aspekte der Bündnisverteidigung in den Blick. Dazu gehören Einstellungen der Bundesbürger zu den generellen Verpflichtungen nach Artikel 5 NATO-Vertrag zum gegenseitigen Beistand, zu Maßnahmen der Atlantischen Allianz zur

Verstärkung der militärischen Präsenz in Osteuropa, zur militärischen Unterstützung der baltischen Staaten durch die Bundeswehr sowie zu konkreten Einsätzen im Rahmen der Verstärkten Vornepräsenz und der Luftraumüberwachung im Baltikum.

3 Einstellungen zur Bündnisverteidigung und ihre Erklärung: Theorien und Hypothesen

Wie in der Einleitung bereits angedeutet, liegen nur wenige empirische Analysen vor, die sich explizit mit den Erklärungsfaktoren von Einstellungen zur Bündnisverteidigung auseinandersetzen. Daher ist für die folgenden Ausführungen zu möglichen Wirkungsmechanismen auf den Forschungsstand zur Erklärung außen- und sicherheitspolitischer Einstellungen allgemein zurückzugreifen. Die einzelnen Prädiktoren werden hier und in der empirischen Analyse fünf Kategorien zugeordnet: Ressourcen, politische Einstellungen, Sicherheits- und Bedrohungswahrnehmungen, sicherheitspolitische Einstellungen und sicherheitspolitische Grundorientierungen.

Eine der in den Analysen berücksichtigten *Ressourcen* ist das Geschlecht. Vorangehende Analysen zur Erklärung von Einstellungen zur NATO bzw. zur Bündnisverteidigung zeigen weitgehend konsistente Effekte: Männer befürworten die NATO in stärkerem Maße (Pietsch/Zimmer 2009; Sender 2008), und sind eher bereit, Alliierte im Falle einer russischen Aggression zu unterstützen (Pew Research Center 2015, 2017). Wechselnde Geschlechtereffekte finden sich hingegen in den Analysen von Rattinger und seinen Koautoren (2016). Für die folgenden Analysen wird im Einklang mit der Mehrheit der Befunde davon ausgegangen, dass Männer allgemeine und spezifische Maßnahmen der Bündnisverteidigung eher unterstützen. Dafür sprechen neben der empirischen Evidenz aus theoretischer Sicht die größere Affinität von Männern zum Militär an sich, das stärkere Interesse an außen- und sicherheitspolitischen Fragen und das höhere Maß an verteidigungspolitischen Kenntnissen (Steinbrecher 2016b).

Für das Alter erscheinen zwei einander widersprechende Wirkungsmechanismen plausibel. So ist einerseits davon auszugehen, dass Ältere sich aufgrund eigener Erfahrungen mit der Unterstützungsgarantie der NATO für (West-)Deutschland während des Kalten Krieges positiv zur Unterstützung von Verbündeten in der Gegenwart positionieren. Dazu sollte beitragen, dass Ältere sich letztendlich an eine in der Rückschau „gute, alte und sichere Zeit" zurückerinnern können, in der die NATO eine entscheidende Stütze von Stabilität, Sicherheit und Freiheit war. Andererseits könnte es sein, dass Ältere eher die Gefahren einer ähnlichen Konstellation wie im Kalten Krieg erkennen und sie sich an Perioden zurückerinnern können, in denen der Kalte in einen heißen Krieg umzuschlagen drohte. Deswegen könnten sie eher kritisch gegenüber Maßnahmen der Bündnisverteidigung eingestellt sein. Die empirischen Befunde bestätigen eher die erste Position: Ältere bzw. Personen mittleren Alters sprechen sich in stärkerem Maße für die NATO aus als Jüngere (Eichenberg 1989; Pietsch/Zimmer 2009; Rattinger/Holst 1998; Sender 2008). Allerdings zeigt sich in relativ aktuellen Analysen, dass Ältere stärker gegen die Unterstützung für Alliierte im Falle einer russischen Aggression sind (Pew Research Center 2015). Da die abhängigen Variablen in der empirischen Analyse sich weitgehend auf solche spezifischen Fragen der Bündnisverteidigung beziehen, wird von einem negativen Alterseffekt ausgegangen.

Für die Bildung und das mit dieser Variable stark zusammenhängende Einkommen wird im Einklang mit einer Vielzahl von Befunden (Eichenberg 1989; Rattinger/Holst 1998; Rattinger et al. 2016; Sender 2008; siehe aber Pietsch/Zimmer 2009) davon ausgegangen, dass höher Gebildete sich stärker gegen die NATO und Maßnahmen der Bündnisverteidigung aussprechen. Auch die regionale Herkunft sollte für die hier untersuchten Einstellungen eine Rolle spielen. Aufgrund der unterschiedlichen historischen Erfahrungen mit der NATO, dem Warschauer Pakt, der Sowjetunion und Russland sollten westdeutsche Befragte positiver gegenüber der Bündnisverteidigung eingestellt sein als Ostdeutsche. Diese Annahme entspricht auch dem Forschungsstand (Pew Research Center 2015, 2017; Rattinger et al. 2016). Relevant sollte zudem ein russischer bzw. sowjetischer Migrationshintergrund sein. Es ist davon auszugehen, dass diese Befragten aufgrund ihrer (politischen) Sozialisation eher skeptisch gegenüber der Unterstützung von Deutschlands Verbündeten sind, weil diese letztendlich gegen ihre alte Heimat Russland gerichtet ist. Als letzte Ressource werden soldatische Erfahrungen berücksichtigt. Man kann annehmen, dass die Sozialisation in der Bundeswehr mit multinationalen Einsätzen, gemeinsamer Übungstätigkeit und der starken Einbindung in Kommandostrukturen der NATO dazu führt, dass ehemalige Soldaten und Wehrpflichtige sich positiver zu Fragen der Bündnisverteidigung positionieren als Personen, die keine Zeit bei der Bundeswehr verbracht haben.

Politische Einstellungen bilden die zweite Kategorie der in den Analysen berücksichtigten Erklärungsfaktoren: Das politische Interesse sollte sich positiv auf Einstellungen zur Bündnisverteidigung auswirken, weil politisch Interessierte sich intensiver mit politischen Fragen und Zusammenhängen auseinandersetzen. So sollte mehr Verständnis für die Verpflichtungen gegenüber den deutschen Verbündeten entstehen, die sich aus dem oben zitierten Artikel 5 des NATO-Vertrags ergeben.

Die Relevanz parteipolitischer Orientierungen für Einstellungen zu außen- und sicherheitspolitischen Fragen ist vielfältig belegt (vgl. z.B. Jedinger/Mader 2015; Mader 2015; Mader/Fiebig 2015; Rattinger et al. 2016). So dienen den Bürgerinnen und Bürgern insbesondere die Positionen der präferierten Partei als Heuristik zur Ableitung von eigenen Positionen zur Sicherheits- und Verteidigungspolitik. Leider liegen in den verwendeten Daten keine Informationen zur theoretisch wesentlich besser geeigneten Parteiidentifikation vor, so dass auf die Wahlabsicht zurückgegriffen werden muss. Vor allem Anhänger von SPD, Grünen und Linken zeigen sich in den bisherigen empirischen Analysen skeptischer gegenüber der NATO allgemein und der Bündnisverteidigung im Speziellen (Eichenberg 1989; Pew Research Center 2017; Rattinger/Holst 1998; Rattinger et al. 2016; Sender 2008), so dass für die folgenden Analysen davon auszugehen ist, dass sich Personen mit einer Wahlabsicht für diese Parteien kritischer zur Solidarität innerhalb der Allianz positionieren als Befragte mit einer Intention, für CDU oder CSU zu stimmen. Negativere Einstellungen zum Atlantischen Bündnis können aufgrund der eher russlandfreundlichen und amerikaskeptischen Haltung der Partei auch von Anhängern der AfD erwartet werden.

Ideologische Orientierungen, in Deutschland insbesondere basierend auf der Links-Rechts-Achse, sollten ebenfalls für die Positionierung zur Bündnisverteidigung von Bedeutung sein. Die Begriffe Links, Mitte und Rechts sind dabei Teile einer politischen Metadimension, die Parteien, Politiker und Bürger verwenden, um politische Komplexität zu verringern (Inglehart/Klingemann 1976). Es kann davon ausgegangen werden, dass sich Personen, die sich politisch rechts verorten eher positiv zur NATO und zu Fragen der Bündnisverteidigung stellen. Dies entspricht den Befunden von Eichenberg (1989) sowie des Pew Research Center (2017). Keine Effekte von Ideologie kann hingegen Endres (2018) finden.

Sicherheits- und Bedrohungswahrnehmungen bilden die dritte Gruppe der hier verwendeten Variablen. Wie der Beitrag von Biehl und Rothbart in diesem

Band sowie die Analysen von Höfig (2016) zeigen, lassen sich die im verwendeten Datensatz vorliegenden Sicherheits- und Bedrohungswahrnehmungen jeweils in drei Kategorien einteilen – für Bedrohungswahrnehmungen sind dies Bedrohungen der inneren und äußeren Sicherheit, ökologische sowie ökonomische Bedrohungen –, die in diesem Beitrag der Vollständigkeit halber alle berücksichtigt werden. Für die hier untersuchten Fragestellungen sollte allerdings vor allem die Wahrnehmung von Bedrohungen der inneren und äußeren Sicherheit von Belang sein. Es ist davon auszugehen, dass Personen, die sich in dieser Hinsicht stärker bedroht fühlen, eher für Maßnahmen der Bündnisverteidigung eintreten.[2] Diese Annahme ist im Einklang mit den Befunden von Ray und Johnston (2007) zum Einfluss der Wahrnehmung terroristischer Bedrohungen auf die Unterstützung der NATO. Die drei Kategorien für Einschätzungen der Sicherheitslage beziehen sich auf die weltweite, die nationale sowie die persönliche Situation. Hier ist nicht von differenziellen Effekten auszugehen, sondern vielmehr zu erwarten, dass Personen, die sich auf einer der drei Dimensionen unsicherer fühlen, die Bündnisverteidigung stärker unterstützen.

Die vierte Gruppe der Erklärungsvariablen, *sicherheitspolitische Einstellungen*, besteht lediglich aus zwei Variablen, die aber hochgradig relevant für die untersuchten Fragestellungen sein sollten. Zwar hat sich bereits in den 2000er-Jahren eine zunehmende Eintrübung des Verhältnisses zwischen Russland und der NATO gezeigt. Allerdings wurden erst nach der Annexion der Krim und dem Beginn des Bürgerkrieges in der Ukraine 2014 zahlreiche Maßnahmen beschlossen (vgl. Kapitel 2), die von beiden Seiten als gegen die jeweils andere Seite gerichtet interpretiert werden und dementsprechend einen ähnlichen Antagonismus wie während des Kalten Krieges zwischen der NATO und der Sowjetunion bzw. dem Warschauer Pakt begründen können. Folglich sollte es nicht nur eine Rolle spielen, ob ein Befragter durch Herkunft oder Geburt eine besondere Beziehung zu Russland oder zur ehemaligen Sowjetunion hat (siehe oben), sondern insbesondere wie er sich gegenüber Russland positioniert. Es ist davon auszugehen, dass Personen, die gegenüber

---

2 Plausibel wäre auch die umgekehrte kausale Wirkungsrichtung: Dabei wäre Angst vor sicherheitspolitischen Bedrohungen die Konsequenz aus dem militärischen Engagement des eigenen Landes. Der Einsatz militärischer Mittel würde insofern nicht als Lösung, sondern eher als „Zündstoff" betrachtet. Weitere Überlegungen und empirische Ergebnisse zur Frage der kausalen Wirkungsrichtung finden sich im Beitrag von Biehl und Rothbart in diesem Band.

Russland und seinem Verhalten in der internationalen Politik kritisch eingestellt sind, eine stärkere Präferenz für Maßnahmen der Bündnisverteidigung haben sollten. Diese Annahme entspricht auch den Befunden des Pew Research Center (2017) im Hinblick auf den Einfluss einer wahrgenommenen Bedrohung durch Russland. Die zitierte Studie kann zeigen, dass Personen, die sich bedrohter fühlen, Alliierte eher im Fall einer russischen Aggression unterstützen würden.

Die affektive Nähe zu den Streitkräften, die Haltung bzw. Einstellung zur Bundeswehr, sollte ebenfalls Bedeutung für die Erklärung der hier im Focus stehenden abhängigen Variablen haben. Wie Forschungsergebnisse des Zentrums für Militärgeschichte und Sozialwissenschaften der Bundeswehr (ZMSBw) zur Erklärung sicherheits- und verteidigungspolitischer Einstellungen zeigen, leiten die Bürgerinnen und Bürger spezifische Einstellungen im Politikfeld Sicherheits- und Verteidigungspolitik meist von ihrer generellen Bewertung der Streitkräfte ab (vgl. z.B. Fiebig 2009; Wanner 2015). Dies ist auch für den hier untersuchten Variablenkomplex zu erwarten, insbesondere weil nur wenige Befragte über eigene Erfahrungen innerhalb der Streitkräfte verfügen, sich aber sehr wohl eine Meinung zu ihnen bilden können. Personen, die der Bundeswehr positiv gegenüberstehen, sollten Maßnahmen der Bündnisverteidigung eher unterstützen.

Die letzte Gruppe an Prädiktoren besteht aus den sogenannten *außen- und sicherheitspolitischen Grundorientierungen*. Diese basieren auf immer wiederkehrenden Themen und Problemen in den internationalen Beziehungen, nämlich dem Ausmaß der internationalen Involvierung eines Landes, der Wahl der außen- und sicherheitspolitischen Mittel und der Kooperationsbereitschaft mit anderen Ländern. Daraus ergeben sich die drei Dimensionen Isolationismus vs. Internationalismus, Militarismus vs. Pazifismus und Multilateralismus vs. Unilateralismus (z.B. Chittick et al. 1995). Die letzten beiden Dimensionen wurden bereits in der Einleitung als zentraler Bestandteil der strategischen Kultur Deutschlands angesprochen. Für die Erfassung außen- und sicherheitspolitischer Orientierungen in den USA und Europa hat sich zudem eine vierte Dimension etabliert, welche die Haltungen zum transatlantischen Partner erfasst und daher Atlantizismus (vs. Anti-Atlantizismus) genannt wird (Asmus et al. 2005). Gerade weil die USA die unbestrittene Führungsnation der NATO sind, muss diese Dimension berücksichtigt werden.

Was bedeuten die vier Dimensionen konkret? Isolationisten bevorzugen, dass sich ihr Land möglichst aus der internationalen Politik heraushält, während Internationalisten eine aktive Beteiligung an der Lösung weltweiter Problemlagen befürworten. Pazifisten lehnen militärische Gewalt als Mittel der Außen- und Sicherheitspolitik ab, während Militaristen den bewaffneten Einsatz der Streitkräfte als Teil des außenpolitischen Instrumentenkastens betrachten. Unilateral orientierte Personen sind skeptisch gegenüber der Kooperation mit anderen Ländern. Multilateralisten dagegen möchten internationale Probleme und Krisen bevorzugt in Zusammenarbeit mit anderen Nationen, im konkreten Fall dieses Beitrags: den Partnern in der NATO, lösen. Atlantizisten stehen den USA positiv gegenüber, und Anti-Atlantizisten sind dementsprechend kritisch gegenüber dem Führungsstaat der NATO. Verschiedene Studien können zeigen, dass es sich bei den Grundorientierungen um zentrale Konstrukte in den Einstellungssystemen von Individuen handelt. Wegen der hierarchischen Struktur außen- und sicherheitspolitischer Einstellungen (Hurwitz/Peffley 1987; Mader 2015; Rattinger 1996) werden spezifische Einstellungen von diesen Grundhaltungen abgeleitet (z.B. Mader 2017; Rattinger et al. 2016). Dies sollte auch bei Einstellungen zur Bündnisverteidigung der Fall sein. Folgende Effekte sind für die Grundorientierungen zu erwarten: Personen mit einer stärkeren Präferenz für militärische Lösungen in der Außenpolitik sollten in höherem Maße Schritte zur Verstärkung der Bündnisverteidigung befürworten. Dafür sprechen auch einige Forschungsergebnisse (Endres 2018; Rattinger et al. 2016). Für NATO-Multilateralismus und Internationalismus ist anzunehmen, dass Personen mit einer hohen Ausprägung auf diesen beiden Grundorientierungen eher die Bündnisverteidigung befürworten, da sie grundsätzlich offen gegenüber Kooperation und internationaler Zusammenarbeit sind (gleichlautende empirische Ergebnisse: Endres 2018; Rattinger et al. 2016). Personen mit einer positiveren Haltung zu den USA sollten sich stärker wohlwollend im Hinblick auf die hier betrachteten Fragen der Bündnisverteidigung äußern (Eichenberg 1989; Pietsch/Zimmer 2009; Ray/Johnston 2007).

4 Datenbasis und Operationalisierung

Grundlage der nachstehenden Auswertungen ist die Bevölkerungsbefragung des ZMSBw zu den sicherheits- und verteidigungspolitischen Einstellungen der Bundesbürgerinnen und -bürger im Jahr 2017. Die Daten wurden im Rahmen von computergestützten persönlichen Interviews (CAPI) durch das

Meinungsforschungsinstitut Ipsos erhoben. Befragt wurden 2 508 zufällig ausgewählte Bürgerinnen und Bürger ab 16 Jahren, die in Privathaushalten in Deutschland leben. Für die Analysen werden die Daten repräsentativ

Tabelle 1: Deskriptive Statistiken für in den Analysen berücksichtigte Variablen aus der ZMSBw-Bevölkerungsbefragung 2017

Variable	Mittelwert/ Anteil	Standardabweichung	Minimum	Maximum
Ressourcen				
Frauen	51,10	–	0	1
Alter	0,44	0,24	0	1
Niedrige Bildung	34,89	–	0	1
Hohe Bildung	29,72	–	0	1
Niedriges Haushaltseinkommen	33,17	–	0	1
Hohes Haushaltseinkommen	9,90	–	0	1
Ostdeutschland	20,29	–	0	1
Migrationshintergrund Russland	1,66	–	0	1
Bin/war Soldat	20,76	–	0	1
Politische Einstellungen				
Politisches Interesse	0,47	0,23	0	1
Wahlabsicht SPD	22,00	–	0	1
Wahlabsicht Bündnis90/Grüne	6,61	–	0	1
Wahlabsicht Die Linke	6,16	–	0	1
Wahlabsicht FDP	3,94	–	0	1
Wahlabsicht AfD	6,72	–	0	1
Keine Parteipräferenz/w.n./k.A.	25,42	–	0	1
Links-Rechts-Skala	0,47	0,18	0	1
Sicherheits- und Bedrohungswahrnehmungen				
Bedrohung innere und äußere Sicherheit	0,51	0,18	0	1
Ökologische Bedrohungen	0,43	0,19	0	1
Sozio-ökonomische Bedrohungen	0,50	0,23	0	1
Sicherheitslage weltweit	0,36	0,25	0	1
Sicherheitslage Deutschland	0,57	0,23	0	1
Sicherheit persönlich	0,66	0,22	0	1
Sicherheitspolitische Einstellungen				
Kritische Einstellung zu Russland	0,50	0,18	0	1
Einstellung zur Bundeswehr	0,71	0,19	0	1
Sicherheitspolitische Grundorientierungen				
Militarismus	0,34	0,21	0	1
Internationalismus	0,49	0,20	0	1
Atlantizismus	0,36	0,18	0	1
NATO-Multilateralismus	0,72	0,22	0	1

Datenbasis: Bevölkerungsbefragung des ZMSBw 2017. N: 2 012–2 295.

©ZMSBw
08060-01

(nach Alter, Geschlecht, Region und Gemeindegrößenklasse) gewichtet. Alle Variablen und Indizes wurden auf einen Wertebereich von 0 bis 1 rekodiert. Für den genauen Wortlaut der einzelnen Fragen und der Kodierung sei auf den Anhang dieses Beitrags verwiesen. Die deskriptiven Statistiken für die unabhängigen Variablen zeigt Tabelle 1.

Die Befragung enthielt eine Vielzahl von Fragen, die verschiedene Aspekte der Bündnisverteidigung abdecken. Daraus wurden vier Variablen bzw. Indizes auf verschiedenen Abstraktionsniveaus gebildet, die in den Analysen in Kapitel 5 als abhängige Variablen dienen. Der im folgenden „Bündnisverteidigung" genannte Index fasst drei Fragen nach möglichen Aufgaben der Bundeswehr zusammen („Die Bundeswehr sollte eingesetzt werden, ... 1) ... um einem Verbündeten zu helfen, der bedroht wird, 2) ... um einem Verbündeten zu helfen, der angegriffen wird, 3) ... um gegen Länder, die Deutschland oder Bündnispartner bedrohen, militärisch vorzugehen."). Höhere Werte bedeuten eine stärkere Zustimmung zur Bündnisverteidigung. Dieser Index (Cronbachs α = 0,81) wird als Indikator angesehen, der eine eher generelle Position zur Solidarität mit Verbündeten und innerhalb von Bündnissen abdeckt, ohne konkreten Bezug zu Ländern, Kontexten oder Einsätzen. Die anderen drei Indikatoren beziehen sich auf konkretere Maßnahmen oder Einsätze. „Militärische Präsenz" basiert darauf, in welchem Maße die Bürgerinnen und Bürger der Frage zustimmen, ob die NATO ihre militärische Präsenz in Osteuropa verstärken sollte. Auch hier bedeuten höhere Werte eine größere Befürwortung der Stationierung von NATO-Truppen in den mittel- und osteuropäischen Partnerländern. Die dritte abhängige Variable „Engagement im Baltikum" zielt direkt auf die Unterstützung der baltischen Verbündeten durch Deutschland im Falle einer Bedrohung durch Russland ab. Bei dieser Frage gilt wieder, dass höhere Werte ein größeres Maß an Befürwortung deutscher Unterstützungsmaßnahmen für Estland, Lettland und Litauen repräsentieren. Die letzte abhängige Variable „Bundeswehr-Einsätze" bezieht sich auf die beiden bereits laufenden Einsätze bzw. einsatzgleichen Verpflichtungen der Bundeswehr im Baltikum (Luftraumüberwachung und „Verstärkte Vornepräsenz"). Dieser Indikator (Cronbachs α = 0,81) fasst die Bewertung beider Einsätze zusammen. Höhere Werte bedeuten wiederum eine positivere Einschätzung. Da die Interpretation des Mittelwertes der abhängigen Variablen Teil der empirischen Analysen in Kapitel 5 ist, werden die Werte dort berichtet (vgl. Tabelle 2).

5 Ergebnisse und Analysen zu Einstellungen zur Bündnisverteidigung

5.1 Ausmaß an Unterstützung für die Bündnisverteidigung

Im Rahmen dieses Abschnitts werden die Ergebnisse der empirischen Analysen präsentiert. Tabelle 2 zeigt die deskriptiven Statistiken für die verschiedenen Variablen und Indizes zur Bündnisverteidigung, die in den folgenden multivariaten Analysen (Kapitel 5.2) als abhängige Variablen dienen. Gefragt nach den Aufgaben der Bundeswehr ergibt sich für alle drei Maßnahmen zur Unterstützung Verbündeter mit Mittelwerten zwischen 0,71 und 0,75 eine breite Zustimmung durch die Bundesbürger. Der höchste Wert (0,75) wird für die Einstellung zur Frage, ob man einem Verbündeten helfen soll, der angegriffen wurde, erreicht. Der niedrigste Wert (0,71) findet sich für die Frage nach der Zustimmung für ein militärisches Vorgehen gegen Länder, die Deutschland oder Bündnispartner bedrohen. Für den Index Bündnisverteidigung aus den drei Fragen ergibt sich ein Mittelwert von 0,73.[3] Insgesamt existiert damit eine breite Mehrheit für verschiedene allgemeine Unterstützungs- und Hilfsleistungen der Streitkräfte für Deutschlands Bündnispartner. Wird es konkreter oder geht es um spezifische laufende oder potenzielle Unterstützungsmaßnahmen, ist der Zuspruch deutlich geringer, wie die Mittelwerte für die anderen Variablen zeigen. Im Wesentlichen existiert ein geteiltes Meinungsbild (Mittelwerte von 0,49 für Verstärkung NATO-Militärpräsenz bzw. 0,50 für Bewertung der beiden Einsätze zur Bündnisverteidigung). Es ist darauf hinzuweisen, dass die Teilnehmerinnen und Teilnehmer der Bevölkerungsbefragung des ZMSBw danach gefragt wurden, wie gut sie ihre subjektiven Kenntnisse der Einsätze der Bundeswehr einschätzen, bevor sie diese bewerten sollten. Hier wird deutlich, dass viele Deutsche überhaupt noch nicht vom Engagement der Streitkräfte im Baltikum gehört haben, nur etwas mehr als 10 Prozent kennen zumindest einige Fakten (Steinbrecher et al. 2017). Dementsprechend ist davon auszugehen, dass die Bewertung der Verstärkten Vornepräsenz sowie der Luftraumüberwachung aus anderen allgemeinen politischen und sicherheitspolitischen Einstellungen

---

3 Im Vergleich zu anderen Befragungen, welche die allgemeine Unterstützung für die NATO messen, liegen die Werte auf einem ähnlichen Unterstützungsniveau (Pew Research Center 2015, 2017).

abgeleitet wird (siehe Kapitel 3). In Bezug auf die Einstellung zur militärischen Unterstützung der baltischen Staaten, um sich gegen Russland wehren zu können, wird sogar eine leichte Ablehnung in der Bevölkerung deutlich (Mittelwert 0,45).[4] Aus den genannten Mittelwerten ergibt sich, dass die Bürgerinnen und Bürger kaum zwischen Einsätzen, die bereits stattfinden, und potenziellen konkreten Unterstützungsleistungen differenzieren.

Tabelle 2: Einstellungen in Deutschland zu Maßnahmen der Bündnisverteidigung 2017

Variable	Mittelwert	Standardabweichung
Aufgaben Bundeswehr: einem Verbündeten helfen, der bedroht wird	0,73	0,25
Aufgaben Bundeswehr: einem Verbündeten helfen, der angegriffen wird	0,75	0,24
Aufgaben Bundeswehr: militärisches Vorgehen gegen Länder, die Deutschland oder Bündnispartner bedrohen	0,71	0,27
Index Bündnisverteidigung	0,73	0,22
Verstärkung NATO-Militärpräsenz	0,49	0,29
Militärische Unterstützung baltische Staaten	0,45	0,29
Bewertung Verstärkte Vornepräsenz Litauen	0,50	0,29
Bewertung Luftraumüberwachung Baltikum	0,49	0,29
Index Bewertung Auslandseinsätze zur Bündnisverteidigung	0,50	0,26

Datenbasis: Bevölkerungsbefragung des ZMSBw 2017. N: 2 012 – 2 295.

©ZMSBw 08061-01

Neben den Positionen zur Bündnisverteidigung gibt die ZMSBw-Bevölkerungsbefragung 2017 Aufschluss über die Haltung der Bundesbürger zur russischen Außen- und Sicherheitspolitik sowie zu Bewertungen möglicher Reaktionen auf Russlands Politik in der Ukraine und im Nahen Osten. Diese Fragen dienen auf Basis der in Kapitel 3 formulierten Hypothesen als zentrale unabhängige Variablen und werden daher gesondert betrachtet. Für zwei der fünf Fragen lässt sich ein geteiltes Meinungsbild (Bewertung der Auswirkungen des militärischen Eingreifens Russlands in der Ukraine und Syrien) feststellen (Mittelwerte von 0,51 und 0,52). Im Mittel sind die Deutschen etwas be-

---

4   Dies steht im Einklang mit Befunden aus dem Frühjahr 2017, die zeigen, dass es in Deutschland keine Mehrheit dafür gibt, NATO-Bündnispartner im Falle eines russischen Angriffs zu verteidigen. Zudem ist die Zustimmung der deutschen Bevölkerung dafür geringer als in den Partnerländern (Pew Research Center 2017).

sorgt (0,53) wegen eines möglichen neuen Kalten Krieges zwischen Russland und dem Westen. Die größte Zustimmung (0,55) ergibt sich im Hinblick auf die Bewertung von Verständnis für die Position Russlands. Nach Ansicht der Bürgerinnen und Bürger sollte Deutschland etwas weniger Verständnis aufbringen. Abgelehnt wird hingegen eine Einschränkung der wirtschaftlichen Beziehungen zu Russland (0,41). Damit werden die bestehenden Sanktionen nur von einer Minderheit der Deutschen unterstützt. Fasst man alle fünf Variablen zu einem Index zusammen, zeigt sich ein geteiltes Meinungsbild in Deutschland gegenüber Russland (Mittelwert 0,50).

Tabelle 3: Einstellungen in Deutschland zu Russland 2017

Variable	Mittelwert	Standardabweichung
Sorge Kalter Krieg zwischen Russland und dem Westen	0,53	0,28
Einschränkung wirtschaftliche Beziehungen zu Russland	0,41	0,28
Weniger Verständnis für die Position Russlands	0,55	0,28
Militärisches Vorgehen Russlands in der Ukraine bedroht Sicherheit Deutschlands	0,51	0,27
Militärisches Vorgehen Russlands in Syrien bedroht Sicherheit Deutschlands	0,52	0,27
Index kritische Einstellungen zu Russland	0,50	0,18

Datenbasis: Bevölkerungsbefragung des ZMSBw 2017. N: 2 378–2 444.   ©ZMSBw 08062-01

5.2 Erklärungsfaktoren von Einstellungen zur Bündnisverteidigung

Im Folgenden wird untersucht, welche Faktoren dazu führen, dass Befragte eine verstärkte militärische Präsenz der NATO sowie unterschiedliche laufende sowie potenzielle Maßnahmen der Bündnisverteidigung unterstützen oder nicht. Dafür wird auf eine ganze Reihe von Determinanten zurückgegriffen, die sich in der Forschung zu außen- und sicherheitspolitischen Einstellungen als besonders erklärungskräftig erwiesen haben (s. Kapitel 3.; z.B. Asmus et al. 2005; Biehl/Schoen 2015; Chittick et al. 1995; Endres 2018; Mader 2015; Rattinger et al. 2016; Steinbrecher 2016a). Diese Erklärungsfaktoren werden in fünf theoretischen Gruppen zusammengefasst, Ressourcen und soziodemografische Merkmale, politische Einstellungen, Sicherheits- und Bedrohungswahrnehmungen, sicherheitspolitische Einstellungen sowie sicherheitspolitische Grundorientierungen. Für jede der vier abhängigen Variablen werden drei Regressionsmodelle berechnet. Zunächst wird die Bedeutung von Ressourcen und politischen Einstellungen getestet (Modelle I, IV, VII und X), dann werden die Wirkungen der sicherheitspolitischen Wahrnehmungen, Einstellungen und Grundorientierungen separat betrachtet (Modelle II, V, VIII und XI). Zuletzt gehen alle Erklärungsfaktoren gemeinsam in die Analyse ein (Modelle III, VI, IX und XII). Mit dieser schrittweisen Vorgehensweise können die Wirkungsmechanismen zwischen unabhängigen und abhängigen Variablen besser herausgearbeitet werden. Zudem ist es möglich, die Bedeutung sicherheitspolitischer Aspekte für die Einstellungen zur militärischen Präsenz und zur Bündnisverteidigung zu bestimmen, die weiter oben besonders betont wurden. Für die Einstellungen zur Bündnisverteidigung sowie zu den beiden Einsätzen im Baltikum werden OLS-Regressionen berechnet. In den Tabellen 4 und 5 werden standardisierte beta-Koeffizienten berichtet. Aufgrund des ordinalen Skalenniveaus werden für die Einstellungen zur militärischen Präsenz sowie zum Engagement im Baltikum die Ergebnisse ordinal-logistischer Regressionen präsentiert. Während die Tabellen 4 und 5 die Koeffizienten aus den ordinal-logistischen Regressionen zeigen, bei denen nur die Signifikanzangaben und das Vorzeichen interpretiert werden können, sind in Tabelle 6 vorhergesagte Wahrscheinlichkeiten für die Zugehörigkeit zur Gruppe derjenigen dargestellt, welche die Verstärkung der militärischen Präsenz im Baltikum bzw. die Unterstützung Deutschlands für die baltischen Staaten stark befürworten. Diese Berechnungen beruhen jeweils auf Modell VI und IX. Für nominale Variablen werden die Wahrscheinlichkeiten bei Vorliegen (Spalte Maximum) und Nicht-Vorliegen (Spalte Minimum) des jeweiligen Merkmals eingetragen. Für ordinale und metrische Variablen wird der Mittelwert minus zwei Standardabweichungen bzw. das Skalenminimum, wenn dieser Wert außerhalb des Wertebereichs liegen würde (Spalte Minimum), und der Mittelwert plus zwei Standardabweichungen bzw. das Skalenmaximum, wenn dieser Wert außerhalb des Wertebereichs liegen würde (Spalte Maximum), verwendet. Die anderen Variablen werden auf den Skalenmittelwert (ordinale und metrische Merkmale) bzw. die Referenzkategorie (nominale Merkmale) gesetzt.[5]

---

5   Es ist darauf hinzuweisen, dass die Betrachtung nur einer Kategorie der abhängigen Variablen eine verkürzte Darstellungsform ist. Für andere Ausprägungen können sich potenziell abweichende Effekte ergeben, die aus Platzgründen hier nicht im Detail präsentiert werden. Die Ergebnisse sind auf Nachfrage von den Autoren erhältlich.

Betrachtet man Modell I zur Erklärung der Einstellung zur Bündnisverteidigung, wird deutlich, dass es zwischen einigen Gruppen in der Bevölkerung unterschiedliche Auffassungen zu dieser Frage gibt. So sind Befragte mit einem hohen Bildungsniveau oder einem niedrigen Einkommen eher gegen die Bereitstellung von Hilfe für Bündnispartner durch die Bundeswehr. Befragte mit Wohnsitz in Ostdeutschland oder mit militärischer Erfahrung sprechen sich hingegen eher für eine solche Unterstützung aus. Bei den politischen Einstellungen ist erkennbar, dass Anhänger der Grünen, der Linken, der AfD sowie Befragte ohne Wahlabsicht für eine Partei negativer zur Bündnisverteidigung eingestellt sind als Befragte mit einer Wahlabsicht für CDU und CSU (die Referenz- bzw. Vergleichsgruppe der Analyse). Insgesamt sind die genannten Merkmale nur bedingt geeignet, die Unterschiede in der Bewertung der Bündnisverteidigung zwischen den Befragten zu erklären. Das korrigierte R^2 liegt nur bei 0,06, d.h. nur 6 Prozent der Varianz der abhängigen Variablen kann durch die im Modell enthaltenen unabhängigen Variablen erklärt werden. Mit einem korrigierten R^2 von 0,37 sind die sicherheitsspezifischen Einstellungen in Modell II wesentlich erklärungsstärker für die Differenzen in den Positionen der Bürgerinnen und Bürger zu dieser Frage. Sicherheits- und Bedrohungswahrnehmungen spielen gemessen an der Stärke der Koeffizienten eine untergeordnete Rolle. Personen, welche die innere und äußere Sicherheit bedroht sehen, sprechen sich für eine Unterstützung der deutschen Bündnispartner aus. Bewertungen der Sicherheitslage wirken sich unterschiedlich aus: Befragte, die sich persönlich sicherer fühlen, befürworten Hilfe für Bündnispartner etwas stärker, genauso wie Personen, welche die Sicherheitslage Deutschlands besser einschätzen. Negative Bewertungen der weltweiten Sicherheitslage wirken sich hingegen positiv auf die abhängige Variable aus. Kritische Einstellungen zu Russland sind für diese Frage – etwas überraschend – vollkommen irrelevant. Von großer Bedeutung sind hingegen die Einstellung zur Bundeswehr, NATO-Multilateralismus sowie in etwas geringerem Maße die anderen sicherheitspolitischen Grundorientierungen. Steht man den deutschen Streitkräften positiv gegenüber, führt dies zu einer deutlich stärkeren Unterstützung für Maßnahmen der Bündnisverteidigung. Gleiches gilt, wenn man die NATO generell befürwortet (NATO-Multilateralismus). Positiv, aber auf niedrigerem Niveau, wirkt sich aus, wenn sich jemand eher für militärische Konfliktlösungen (Militarismus), eine aktive Rolle Deutschlands in der internationalen Politik (Internationalismus) sowie eine verstärkte Zusammenarbeit mit dem wichtigsten NATO-Bündnispartner

USA (Atlantizismus) ausspricht. Im Gesamtmodell (Modell III) ändert sich an den berichteten Wirkungen der sicherheitsspezifischen Einstellungen nahezu nichts. Wie zu erwarten war, verlieren einige der Ressourcen und politischen Einstellungen ihre Relevanz, wenn ihre Einflüsse durch das Hinzufügen von sicherheitspolitischen Einstellungen kontrolliert werden. Geschlecht und Herkunft aus Ostdeutschland entfalten aber statistisch signifikante Effekte. Frauen stehen der Bündnisverteidigung positiver gegenüber als Männer. Unter den Sicherheits- und Bedrohungswahrnehmungen zeigt die Wahrnehmung von sozio-ökonomischen Bedrohungen im Vergleich zu Modell II einen leichten positiven Effekt. Dominierende Determinanten im Gesamtmodell sind aber weiterhin die Einstellung zur Bundeswehr sowie NATO-Multilateralismus.

Hinsichtlich der Einstellung zur Verstärkung der militärischen Präsenz der NATO in Osteuropa zeigen sich zahlreiche Übereinstimmungen im Vergleich zu den vorangehenden Analysen, aber auch einige deutliche Unterschiede. Blickt man auf Modell IV, ergeben sich mehrere Gruppendifferenzen. Ältere, Befragte mit einem hohen Bildungsabschluss oder niedrigem Einkommen sind eher gegen eine stärkere Präsenz von NATO-Truppen. Dies gilt auch für Befragte aus Ostdeutschland und mit russischem Migrationshintergrund. Hat jemand militärische Erfahrungen in der Bundeswehr gesammelt, ist er stärker für eine Verstärkung der NATO-Truppen in Osteuropa. Im Vergleich zu den Befürwortern der Unionsparteien sprechen sich die Anhänger von Die Linke, der AfD und Befragte ohne Wahlabsicht in stärkerem Maße gegen eine Verstärkung der NATO-Kräfte aus. Modell V wird durch eine Erklärungsvariable besonders geprägt: kritische Einstellungen zu Russland. Sieht ein Befragter Russland negativer, spricht er sich nachdrücklicher für eine Verstärkung der militärischen Präsenz der NATO in Osteuropa aus. Gleiches gilt für Bürgerinnen und Bürger, welche in stärkerem Maße Bedrohungen sozio-ökonomischer Art wahrnehmen und sich persönlich sicherer fühlen. Eine positive Bewertung der deutschen Streitkräfte führt ebenso zu einer größeren Befürwortung von mehr Truppenstationierungen wie stärkere Ausprägungen von Militarismus, Internationalismus, Atlantizismus und NATO-Multilateralismus. Wie schon in den Analysen zur Erklärung der Einstellung zur Bündnisverteidigung verlieren im Gesamtmodell (Modell VI) vor allem Ressourcen und politische Einstellungen ihre Relevanz. Die Einflüsse der verschiedenen sicherheitspolitischen Bewertungen ändern sich wenig oder in einigen Fällen überhaupt nicht. An der Stärke der Koeffizienten der Erklärungsvariablen wird deut-

Tabelle 4: Determinanten von Einstellungen zur Bündnisverteidigung in Deutschland 2017, Teil 1

	Bündnisverteidigung			Militärische Präsenz		
	I	II	III	IV	V	VI
Ressourcen						
Frauen	0,05	–	0,06^b	0,10	–	0,02
Alter	-0,03	–	0,02	-0,47^a	–	0,13
Niedrige Bildung	0,04	–	0,02	-0,04	–	-0,16
Hohe Bildung	-0,07^b	–	-0,01	-0,29^b	–	-0,06
Niedriges Haushaltseinkommen	-0,09^c	–	-0,03	-0,22^a	–	-0,20^a
Hohes Haushaltseinkommen	0,04	–	0,01	-0,16	–	-0,21
Ostdeutschland	0,02^a	–	0,04^a	-0,28^b	–	0,08
Migrationshintergrund Russland	0,02	–	-0,03	-0,67^a	–	-0,63^a
Bin/war Soldat	0,11^c	–	0,04	0,36^b	–	0,26^a
Politische Einstellungen						
Politisches Interesse	0,09^c	–	0,04	0,10	–	-0,48^a
Wahlabsicht SPD	0,03	–	0,01	-0,13	–	0,01
Wahlabsicht Bündnis90/Grüne	-0,05^a	–	0,01	-0,11	–	0,17
Wahlabsicht Die Linke	-0,10^c	–	-0,02	-0,71^c	–	-0,28
Wahlabsicht FDP	0,01	–	0,02	0,06	–	0,28
Wahlabsicht AfD	-0,06^b	–	0,01	-0,43^b	–	0,03
Keine Parteipräferenz/w.n./k.A.	-0,10^c	–	-0,02	-0,56^c	–	-0,01
Links-Rechts-Skala	0,02	–	0,01	0,03	–	0,09
Sicherheits- und Bedrohungswahrnehmungen						
Bedrohung innere und äußere Sicherheit	–	0,06^a	0,05^a	–	0,56	0,56
Ökologische Bedrohungen	–	-0,03	-0,03	–	0,42	0,39
Sozio-ökonomische Bedrohungen	–	0,02	0,04^a	–	0,46^a	0,52^a
Sicherheitslage weltweit	–	-0,10^c	-0,10^c	–	0,22	0,22
Sicherheitslage Deutschland	–	0,09^c	0,09^c	–	0,13	0,05
Sicherheit persönlich	–	0,07^c	0,08^c	–	0,49^a	0,42
Sicherheitspolitische Einstellungen						
Kritische Einstellung zu Russland	–	0,03	0,01	–	5,01^c	4,71^c
Einstellung zur Bundeswehr	–	0,29^c	0,29^c	–	0,61^b	0,63^a
Sicherheitspolitische Grundorientierungen						
Militarismus	–	0,09^c	0,10^c	–	1,51^c	1,48^c
Internationalismus	–	0,10^c	0,09^c	–	1,65^c	1,76^c
Atlantizismus	–	0,07^c	0,07^c	–	1,56^c	1,59^c
NATO-Multilateralismus	–	0,36^c	0,36^c	–	2,30^c	2,29^c
Cut 1				-2,61	5,03	4,64
Cut 2				-1,14	6,94	6,55
Cut 3				0,13	8,52	8,14
Cut 4				1,93	10,71	10,29
Korrigiertes/Pseudo R²	0,06	0,37	0,38	0,02	0,14	0,14
N	2 236	2 297	2 119	2 198	2 264	2 099

Anmerkungen: Verwendete Methoden: OLS-Regressionen (Bündnisverteidigung), dargestellt sind standardisierte Regressionskoeffizienten (beta). Ordinal-logistische Regressionen (Militärische Präsenz), dargestellt sind unstandardisierte Effektkoeffizienten. Alle Variablen haben einen Wertebereich von [0;1].
Signifikanzniveaus: a: p<0,05, b: p<0,01, c: p<0,001.
Datenbasis: Bevölkerungsbefragung des ZMSBw 2017.

©ZMSBw
08063-01

lich, dass die Einstellung zur Verstärkung der Truppenpräsenz der NATO in Osteuropa vor allem von der Wahrnehmung Russlands durch die Bürgerinnen und Bürger geprägt wird. Hier zeigt sich eine Wahrscheinlichkeitszunahme von 22 Prozentpunkten, den Ausbau der militärischen Präsenz in Osteuropa stark zu befürworten, wenn man diese Variable zwischen Minimum und Maximum variiert (vgl. Tabelle 6). Sicherheitspolitische Grundorientierungen (Wahrscheinlichkeitsveränderungen zwischen 6 und 8 Prozentpunkten), Einstellungen zur Bundeswehr (2 Prozentpunkte Zunahme) sowie soziodemografische Gruppenzugehörigkeiten und Ressourcen sind ebenfalls relevant, haben aber alle einen wesentlich geringeren Einfluss.

Bei den anderen beiden abhängigen Variablen handelt es sich um Einstellungen zu spezifischen Maßnahmen und Einsätzen der Bundeswehr im Baltikum (Tabelle 5). Die generelle militärische Unterstützung der baltischen Staaten durch die Bundeswehr wird in einigen soziodemografischen Gruppen unterschiedlich bewertet (Modell VII). Während sich Personen mit höherem Bildungsniveau und Befragte aus Ostdeutschland eher gegen solche Maßnahmen aussprechen, sind Befragte mit Erfahrungen in der Bundeswehr eher dafür. Bürgerinnen und Bürger mit einer eher rechten politischen Orientierung plädieren in stärkerem Maße für einen deutschen Beitrag zur Verteidigung des Baltikums. Gleiches gilt überraschenderweise für Befragte mit Wahlabsicht für Bündnis 90/Die Grünen. Im Gegensatz dazu sind Anhänger der AfD und Befragte ohne Parteipräferenz eher gegen solche Maßnahmen. Insgesamt können Ressourcen und politische Einstellungen nur wenig dazu beitragen, die Unterschiede in der Bewertung der abhängigen Variable zu erklären (Pseudo-R^2 von 0,02). Als mit großem Abstand stärkster Prädiktor erweisen sich Einstellungen zu Russland (Modell VIII). Personen, die eher kritisch gegenüber Russland sind, sind wesentlich stärker für Hilfsleistungen zugunsten der baltischen Verbündeten. Gleiches gilt für Befragte mit militaristischen, atlantizistischen und multilateralistischen Grundorientierungen sowie Personen, welche die Bundeswehr positiv bewerten. Auch Sicherheits- und Bedrohungswahrnehmungen sind relevant. Fühlen Bürgerinnen und Bürger sich eher im Hinblick auf Gefährdungen der inneren und äußeren Sicherheit sowie ökologisch bedroht, sprechen sie sich stärker für militärische Verstärkungen für Estland, Lettland und Litauen aus. Gleiches gilt für Befragte, welche die weltweite und nationale Sicherheitslage besser bewerten. Im Gesamtmodell (Modell IX) kommt es wie schon bei den vorangehenden Analysen nur zu geringfügigen Verschiebungen. Das

Modell wird insgesamt eindeutig von der Haltung zu Russland (Wahrscheinlichkeitszunahme, ein deutsches Engagement im Baltikum stark zu unterstützen, von 15 Prozentpunkten, vgl. Tabelle 6) sowie den sicherheitspolitischen Grundorientierungen (Wahrscheinlichkeitsveränderungen zwischen 2 und 6 Prozentpunkten) dominiert.

Geht es um die Bewertung der baltischen Einsätze der Bundeswehr, zeigen sich größere Gruppenunterschiede (Modell X; korrigiertes R^2 von 0,08). Ältere, Befragte mit höherer Bildung sowie niedrigerem Einkommen und Ostdeutsche sprechen sich eher gegen die Verstärkte Vornepräsenz und die Luftraumüberwachung im Baltikum aus. Unterstützung finden diese Einsätze unter Befragten mit militärischer Erfahrung. Politische Einstellungen spielen ebenfalls eine große Rolle. Besonders das politische Interesse wirkt sich (positiv) aus. Im Vergleich zu Personen mit Wahlabsicht für CDU und CSU sind Anhänger von Die Linke, der AfD und Befragte ohne Parteipräferenz skeptischer gegenüber den beiden Einsätzen. Dies trifft auch für Bürgerinnen und Bürger mit eher rechter politischer Orientierung zu. Unter den sicherheitspolitischen Einstellungen in Modell XI sind besonders NATO-Multilateralismus, Internationalismus und die Einstellung zur Bundeswehr relevant. Höhere Ausprägungen bei diesen Einstellungen führen zu einer stärkeren Befürwortung der beiden Auslandseinsätze im Baltikum. Positiv wirken sich zudem eine wohlwollende Einstellung zur Zusammenarbeit mit den USA, kritische Einstellungen zu Russland, eine bessere Bewertung der eigenen Sicherheitslage sowie eine stärkere subjektive Wahrnehmung ökologischer Bedrohungen aus. Fühlt man sich sozio-ökonomisch bedroht, hat dies einen leicht negativen Effekt und senkt die Bereitschaft, die Verstärkte Vornepräsenz und die Luftraumüberwachung zu unterstützen. Im Gesamtmodell (Modell XII) kommt es wie schon bei den anderen Analysen nur zu geringfügigen Verschiebungen. Im Hinblick auf die Stärke der Effekte erweisen sich NATO-Multilateralismus, Internationalismus, die Einstellung zur Bundeswehr sowie das politische Interesse (in absteigender Reihenfolge) als wesentlich.

Tabelle 5: Determinanten von Einstellungen zur Bündnisverteidigung in Deutschland 2017, Teil 2

	Engagement im Baltikum			Bundeswehr-Einsätze		
	VII	VIII	IX	X	XI	XII
Ressourcen						
Frauen	-0,09	–	-0,19	0,03	–	0,00
Alter	-0,30	–	0,14	-0,05[a]	–	-0,02
Niedrige Bildung	0,10	–	0,08	-0,01	–	-0,02
Hohe Bildung	-0,34[b]	–	-0,09	-0,08[b]	–	-0,05[a]
Niedriges Haushaltseinkommen	-0,13	–	-0,12	-0,09[c]	–	-0,04
Hohes Haushaltseinkommen	-0,21	–	-0,22	-0,01	–	-0,04[a]
Ostdeutschland	-0,32[b]	–	-0,03	-0,07[b]	–	-0,04
Migrationshintergrund Russland	-0,16	–	-0,07	0,02	–	0,02
Bin/war Soldat	0,28[a]	–	0,20	0,09[c]	–	0,04
Politische Einstellungen						
Politisches Interesse	0,10	–	-0,26	0,16[c]	–	0,10[c]
Wahlabsicht SPD	0,06	–	0,21	0,02	–	0,01
Wahlabsicht Bündnis90/Grüne	0,34[a]	–	0,66[c]	-0,05	–	0,01
Wahlabsicht Die Linke	-0,25	–	0,14	-0,06[a]	–	-0,01
Wahlabsicht FDP	-0,19	–	-0,01	-0,01	–	0,01
Wahlabsicht AfD	-0,44[b]	–	-0,09	-0,13[c]	–	-0,07[b]
Keine Parteipräferenz/w.n./k.A.	-0,54[c]	–	-0,08	-0,09[c]	–	-0,02
Links-Rechts-Skala	0,54[a]	–	0,41	-0,06[a]	–	-0,02
Sicherheits- und Bedrohungswahrnehmungen						
Bedrohung innere und äußere Sicherheit	–	0,67[a]	0,57	–	0,02	0,01
Ökologische Bedrohungen	–	0,71[b]	0,53[a]	–	0,07[b]	0,07[b]
Sozio-ökonomische Bedrohungen	–	0,22	0,29	–	-0,04[a]	-0,03
Sicherheitslage weltweit	–	0,53[b]	0,47[a]	–	0,00	0,00
Sicherheitslage Deutschland	–	0,66[b]	0,67[b]	–	0,03	0,03
Sicherheit persönlich	–	0,41	0,27	–	0,06[a]	0,04
Sicherheitspolitische Einstellungen						
Kritische Einstellung zu Russland	–	3,78[c]	3,63[c]	–	0,07[b]	0,08[c]
Einstellung zur Bundeswehr	–	0,49[a]	0,41	–	0,16[c]	0,13[c]
Sicherheitspolitische Grundorientierungen						
Militarismus	–	1,70[c]	1,68[c]	–	0,04	0,02
Internationalismus	–	0,38	0,50[a]	–	0,15[c]	0,14[c]
Atlantizismus	–	1,78[c]	1,76[c]	–	0,06[b]	0,05[b]
NATO-Multilateralismus	–	1,80[c]	1,73[c]	–	0,34[c]	0,32[c]
Cut 1	-2,01	4,35	4,07			
Cut 2	-0,46	6,22	5,95			
Cut 3	0,76	7,67	7,43			
Cut 4	2,47	9,60	9,37			
Korrigiertes/Pseudo R²	0,02	0,10	0,10	0,08	0,26	0,28
N	2 190	2 257	2 087	2 140	2 196	2 048

Anmerkungen: Verwendete Methoden: OLS-Regressionen (Bundeswehr-Einsätze), dargestellt sind standardisierte Regressionskoeffizienten (beta). Ordinal-logistische Regressionen (Engagement im Baltikum), dargestellt sind unstandardisierte Effektkoeffizienten. Alle Variablen haben einen Wertebereich von [0;1].
Signifikanzniveaus: a: p<0,05, b: p<0,01, c: p<0,001.
Datenbasis: Bevölkerungsbefragung des ZMSBw 2017.

Die Gesamtschau der multivariaten Auswertungen liefert Hinweise darauf, dass sich die grundlegend hohe gesellschaftliche Zustimmung zur Bündnisverteidigung nicht eins zu eins auf die Befürwortung der Maßnahmen, die auf den NATO-Gipfeln in Wales und Warschau beschlossen worden sind, sowie der konkreten Unterstützungseinsätze der Bundeswehr im Baltikum überträgt. Nicht nur das Zustimmungsniveau unterscheidet sich substanziell – die Bündnisverteidigung als Aufgabe erhält mehrheitlichen Zuspruch, den eingeleiteten Schritten wird hingegen mit Skepsis begegnet bzw. es zeigt sich ein geteiltes Meinungsbild –, sondern auch die Determinanten der untersuchten Haltungen weichen in wesentlichen Punkten voneinander ab. Während sich die Zustimmung zur Bündnisverteidigung sowie die Einstellung zu den beiden laufenden Einsätzen der Bundeswehr im Baltikum in weiten Teilen aus einer grundlegend wohlwollenden Sicht auf die deutschen Streitkräfte und die Zusammenarbeit in der NATO ergibt, ist für die Haltung zur militärischen Präsenz der NATO in Osteuropa sowie die potenzielle Unterstützung der baltischen Staaten, die Sicht auf das russische Agieren entscheidend. Wer dieses kritisch betrachtet, heißt die ergriffenen Maßnahmen der Bündnisverteidigung gut. Wer hingegen Verständnis für das Vorgehen Russlands aufbringt, steht den Schritten der NATO ablehnender gegenüber. Mit Blick auf die deutsche Sicherheitspolitik und deren gesellschaftliche Verankerung ist festzuhalten, dass es noch nicht im ausreichenden Maße gelungen ist, die derzeitigen Aktivitäten der Allianz zur Stärkung der osteuropäischen Partnerstaaten als notwendige und legitime Mittel der Bündnisverteidigung zur Erhaltung von Freiheit und Sicherheit im öffentlichen Bewusstsein zu verankern. Die Analysen zu den beiden Einsätzen der Bundeswehr im Baltikum zeigen zudem im Hinblick auf Zustimmungsniveau und Determinantenstruktur, dass diese von der deutschen Bevölkerung als übliche Auslandsmissionen wie beispielsweise Resolute Support in Afghanistan oder MINUSMA in Mali und nicht als eigene Kategorie betrachtet werden (z.B. Biehl 2016a). Auch hier scheint es somit noch nicht gelungen zu sein, die eigene Logik dieses Engagements zu vermitteln.

Tabelle 6: Vorhergesagte Wahrscheinlichkeiten, Maßnahmen der Bündnisverteidigung stark zu unterstützen

	Militärische Präsenz		Engagement im Baltikum	
	Minimum	Maximum	Minimum	Maximum
Ressourcen				
Frauen	0,05	0,05	0,05	0,04
Alter	0,05	0,06	0,05	0,05
Niedrige Bildung	0,05	0,05	0,05	0,05
Hohe Bildung	0,05	0,05	0,05	0,04
Niedriges Haushaltseinkommen	0,05	0,04	0,05	0,04
Hohes Haushaltseinkommen	0,05	0,04	0,05	0,04
Ostdeutschland	0,05	0,06	0,05	0,05
Migrationshintergrund Russland	0,05	0,03	0,05	0,05
Bin/war Soldat	0,05	0,07	0,05	0,06
Politische Einstellungen				
Politisches Interesse	0,07	0,04	0,05	0,04
Wahlabsicht SPD	0,05	0,05	0,05	0,06
Wahlabsicht Bündnis90/Grüne	0,05	0,06	0,05	0,09
Wahlabsicht Die Linke	0,05	0,04	0,05	0,06
Wahlabsicht FDP	0,05	0,07	0,05	0,05
Wahlabsicht AfD	0,05	0,05	0,05	0,04
Keine Parteipräferenz/w.n./k.A.	0,05	0,05	0,05	0,05
Links-Rechts-Skala	0,05	0,06	0,04	0,06
Sicherheits- und Bedrohungswahrnehmungen				
Bedrohung innere und äußere Sicherheit	0,04	0,06	0,04	0,06
Ökologische Bedrohungen	0,05	0,06	0,04	0,06
Sozio-ökonomische Bedrohungen	0,04	0,07	0,04	0,06
Sicherheitslage weltweit	0,05	0,06	0,04	0,06
Sicherheitslage Deutschland	0,05	0,06	0,04	0,06
Sicherheit persönlich	0,05	0,06	0,04	0,05
Sicherheitspolitische Einstellungen				
Kritische Einstellung zu Russland	0,01	0,23	0,01	0,16
Einstellung zur Bundeswehr	0,04	0,06	0,04	0,05
Sicherheitspolitische Grundorientierungen				
Militarismus	0,03	0,09	0,03	0,09
Internationalismus	0,03	0,10	0,04	0,06
Atlantizismus	0,03	0,09	0,03	0,09
NATO-Multilateralismus	0,02	0,10	0,02	0,08
N	2 099	2 099	2 087	2 087

Anmerkungen: Die Werte beruhen auf den ordinalen logistischen Regressionen in den Tabellen 4 und 5. Vorhergesagte Wahrscheinlichkeit dafür, dass jemand die entsprechende Maßnahme der Bündnisverteidigung stark unterstützt (Ausprägung 1). Um die angegebenen Wahrscheinlichkeiten zu berechnen, wurden alle metrischen und ordinalen Variablen auf den Mittelwert gesetzt. Nominale Variablen nehmen die folgenden Ausprägungen an: Frauen, mittleres Bildungsniveau, mittleres Einkommen, Westdeutschland, kein Migrationshintergrund Russland, bin/war nicht Soldat, Wahlabsicht für CDU/CSU (außer, wenn eine der Wahlabsichtsvariablen im Modell gleich 1). Die Variable in der entsprechenden Zeile wird zwischen Mittelwert minus zwei Standardabweichungen bzw. der Referenzgruppe (0; Minimum) und Mittelwert plus zwei Standardabweichungen bzw. der entsprechenden Gruppe (1; Maximum) variiert. Wird der Skalenbereich durch diese Vorgehensweise nach unten oder oben überschritten, wird das Skalenminimum bzw. -maximum eingesetzt.

Datenbasis: Bevölkerungsbefragung des ZMSBw 2017.

6 Schlussbetrachtung

Für die deutsche und europäische Sicherheitspolitik stellen die Besetzung und Annexion der Krim durch Russland und der Ukrainekrieg seit 2014 entscheidende Wegmarken dar. Standen seit 1990 Auslandseinsätze der Bundeswehr – zunehmend außerhalb Europas – auf der sicherheitspolitischen Agenda, ist seit 2014 eine Revitalisierung der Bündnisverteidigung erfolgt. Für die Bundeswehr haben Verteidigungsaufgaben wieder an Gewicht gewonnen, wie etwa das Weißbuch 2016 (Bundesministerium der Verteidigung 2016: 91 f.) zeigt, indem es zunächst die Landes- und Bündnisverteidigung und anschließend das internationale Krisenmanagement als Aufgabe der deutschen Streitkräfte identifiziert. Ähnlich sind die Reaktivierung und Modernisierung von 100 Leopard 2-Panzern und Maßnahmen zur Wiedererlangung militärischer Fähigkeiten (etwa die Bewaffnung mit Mörsern oder Fahrzeugen zur Minenverlegung) zu interpretieren. Die vorstehenden Analysen zeigen, dass es einen breiten gesellschaftlichen Konsens hinsichtlich der Bündnisverteidigung, des richtigen Umgangs mit Russland, den einzusetzenden Instrumenten und der Rolle der Bundeswehr (noch) nicht gibt. Zwar sind Landes- und Bündnisverteidigung weithin als Aufgabenfelder der Streitkräfte anerkannt. Was dies mit Blick auf die Sicherheitslage in Osteuropa konkret bedeutet, ist jedoch strittig. Nur eine Minderheit der Bevölkerung empfindet das russische Agieren als unmittelbare Bedrohung. Die Einschränkung des wirtschaftlichen Austauschs lehnt die Mehrheit ab. Hinsichtlich des militärischen Beistands für die osteuropäischen Partner besteht ein skeptisches bzw. geteiltes Meinungsbild.

Als Ergebnis der empirischen Analysen bleibt festzuhalten, dass für die Befürwortung von allgemeinen Maßnahmen der Bündnisverteidigung die generelle Einstellung zu den Streitkräften – die in Deutschland auf einem konstant hohen Niveau positiv bewertet werden (z.B. Biehl 2016b; Steinbrecher et al. 2017) – und die Unterstützung des Atlantischen Bündnisses die mit Abstand größte Rolle spielen. Die weiter oben diskutierten Einstellungen zum Handeln Russlands sind hingegen irrelevant. Da es sich bei den hier untersuchten Maßnahmen zur Unterstützung von Verbündeten um eher allgemeine Fragen ohne direkten Bezug zur aktuellen Situation oder zu spezifischen Szenarien geht, ist die fehlende Abhängigkeit der Befürwortung solcher Maßnahmen von konkreten Handlungen Russlands keineswegs überraschend. Die Befunde können auch so interpretiert werden, dass Haltungen zur Bündnisverteidigung generell unabhängig von der Sicht auf einen potenziellen Gegner sind. Vielmehr orientieren sich die Bürgerinnen und Bürger vor allem an den eigenen sowie den Bedürfnissen von Partnern und Verbündeten. Anders verhält es sich jedoch, wenn es um einen spezifischen Schritt der Bündnissolidarität, die Verstärkung der militärischen Präsenz der NATO in Osteuropa, geht. Hierfür spielen die Handlungen Russlands in der Ukraine und im Nahen Osten sowie deren Wahrnehmung durch die Bürgerinnen und Bürger eine große Rolle. Befragte, welche die Aktionen Russlands kritisch bewerten, befürworten eine Verstärkung der NATO-Präsenz im Osten des Bündnisses in viel höherem Maße. Hier ist also der Blick auf den potenziellen Gegner wichtig. Weiterhin von Bedeutung sind sicherheitspolitische Grundorientierungen, Einstellungen zur Bundeswehr sowie parteipolitische Orientierungen, diese haben aber alle einen wesentlich kleineren Effekt. Dies bedeutet, dass konkrete Maßnahmen der Bündnissolidarität deutlich weniger Unterstützung finden, aber gleichzeitig wesentlich stärker vom konkreten sicherheitspolitischen Umfeld abhängig sind.

Angesichts der Vorgaben der Inneren Führung und des demokratischen Anspruchs, eine breite gesellschaftliche Legitimation für die Streitkräfte und ihre Aufgaben anzustreben, zeigt sich mithin eine bemerkenswerte Lücke: Für die konkreten Verteidigungsaufgaben der deutschen Streitkräfte innerhalb des NATO-Bündnisses im Rahmen der Verstärkten Vornepräsenz fehlt es an Rückhalt in der Bevölkerung. Aus den bestehenden Diskrepanzen zwischen sicherheitspolitischen Vorgaben, militärischen Maßnahmen und gesellschaftlicher Meinungsbildung ergibt sich für die deutsche Sicherheitspolitik die Notwendigkeit, offensiver und intensiver für die Bündnisverteidigung zu werben. Schließlich sollte es sowohl im politischen Interesse als auch im Sinne der Bundeswehr und der betroffenen Soldatinnen und Soldaten sein, ein Auseinanderklaffen zwischen internationalen Ansprüchen und den Erwartungen der Partnerstaaten einerseits und innenpolitischen Vorbehalten und gesellschaftlicher Skepsis andererseits, wie es mit Blick auf die Auslandseinsätze für die vergangenen zweieinhalb Dekaden prägend war, zu vermeiden. Noch ist es nicht zu spät, durch den Verweis darauf, dass die Freiheit und Sicherheit Deutschlands nur durch Solidarität mit den ost- und mitteleuropäischen Verbündeten gewährleistet werden kann, Rückhalt für die Bündnisverteidigung zu mobilisieren. Das gesellschaftliche Potenzial und die sicherheitspolitischen Argumente sind vorhanden – es fehlt alleine an Initiative und Maßnahmen, um den Deutschen wie während des Kalten Krieges zu verdeutlichen, dass Wachsamkeit der Preis für Sicherheit und Freiheit ist.

Literatur

Asmus, Ronald D./Everts, Philip P./Isernia, Pierangelo (2005): The Transatlantic Gap in Public Opinion. In: Jäger/Höse/Oppermann (Hrsg.) 2005: 397–424.
Bebler, Anton (Hrsg.) (2010): NATO at 60: The Post-Cold War Enlargement and the Alliance's Future. Amsterdam: IOS Press.
Biehl, Heiko (2016a): Einstellungen zu den Auslandseinsätzen der Bundeswehr. In: Steinbrecher/Biehl/Höfig/Wanner 2016: 119–128.
Biehl, Heiko (2016b): Haltungen der Bürgerinnen und Bürger zur Bundeswehr. In: Steinbrecher/Biehl/Höfig/Wanner 2016: 47–61.
Biehl, Heiko/Fiebig, Rüdiger/Giegerich, Bastian/Jacobs, Jörg/Jonas, Alexandra (2011): Strategische Kulturen in Europa. Die Bürger Europas und ihre Streitkräfte. Strausberg: Sozialwissenschaftliches Institut der Bundeswehr.
Biehl, Heiko/Giegerich, Bastian/Jonas, Alexandra (Hrsg.) (2013): Strategic Cultures in Europe. Security and Defence Policies Across the Continent. Wiesbaden: Springer VS.
Biehl, Heiko/Höfig, Chariklia/Steinbrecher, Markus/Wanner, Meike (2015): Sicherheits- und verteidigungspolitisches Meinungsklima in der Bundesrepublik Deutschland. Ergebnisse und Analysen der Bevölkerungsbefragung 2015. Potsdam: Zentrum für Militärgeschichte und Sozialwissenschaften der Bundeswehr.
Biehl, Heiko/Jaberg, Sabine/Mohrmann, Günter/Tomforde, Maren (Hrsg.) (2009): Auslandseinsätze der Bundeswehr. Sozialwissenschaftliche Analysen, Diagnosen und Perspektiven. Berlin: Duncker & Humblot.
Biehl, Heiko/Keller, Jörg (2009): Hohe Identifikation und nüchterner Blick. Die Sicht der Bundeswehrsoldaten auf ihre Einsätze. In: Biehl/Jaberg/Mohrmann/Tomforde (Hrsg.) 2009: 121–141.
Biehl, Heiko/Schoen, Harald (Hrsg.) (2015): Sicherheitspolitik und Streitkräfte im Urteil der Bürger. Theorien, Methoden, Befunde. Wiesbaden: Springer VS.
Budge, Ian/Crewe, Ivor/Farlie, Dennis (Hrsg.) (1976): Party Identification and Beyond. New York: Wiley.
Bulmahn, Thomas/Fiebig, Rüdiger/Hennig, Jana/Pietsch, Carsten/Wieninger, Victoria/Zimmer, Sebastian (2009): Sicherheits- und verteidigungspolitisches Meinungsklima in der Bundesrepublik Deutschland. Ergebnisse der Bevölkerungsbefragung 2008 des Sozialwissenschaftlichen Instituts der Bundeswehr. Strausberg: Sozialwissenschaftliches Institut der Bundeswehr.
Bulmahn, Thomas/Fiebig, Rüdiger/Sender, Wolfgang (Hrsg.) (2008): Sicherheits- und verteidigungspolitisches Meinungsklima in der Bundesrepublik Deutschland. Ergebnisse der Bevölkerungsbefragung 2006 des Sozialwissenschaftlichen Instituts der Bundeswehr. Strausberg: Sozialwissenschaftliches Institut der Bundeswehr.
Bundesministerium der Verteidigung (2008): Innere Führung. Selbstverständnis und Führungskultur. Zentrale Dienstvorschrift A-2600/1. Berlin.
Bundesministerium der Verteidigung (2016): Weißbuch 2016. Zur Sicherheitspolitik und zur Zukunft der Bundeswehr. Berlin.
Chittick, William O./Billingsley, Keith R./Travis, Rick (1995): A Three-Dimensional Model of American Foreign Policy Beliefs. In: International Studies Quarterly 39: 313–331.

Der Spiegel (2017): „Das Risiko ist erheblich". Heft 43: 30–33.
Eichenberg, Richard C. (1989): Public Opinion and National Security in Western Europe. Consensus Lost? Houndsmills: Macmillan.
Eichenberg, Richard C. (2003): Having It Both Ways: European Defense Integration and the Commitment to NATO. In: Public Opinion Quarterly 67: 627–659.
Endres, Fabian (2018): Öffentliche Meinung und strategische Kulturen. Außenpolitische Überzeugungen in Deutschland, Frankreich und Großbritannien. Wiesbaden: Springer VS.
Everts, Philip (1995): NATO, the European Community, and the United Nations. In: Niedermayer/Sinnott (Hrsg.) 1995: 402–428.
Everts, Philip/Isernia, Pierangelo (2015): Public Opinion, Transatlantic Relations and the Use of Force. Houndsmills: Palgrave.
Fiebig, Rüdiger (2009): Einsatz der Bundeswehr im Inneren zur Terrorabwehr. In: Bulmahn/Fiebig/Hennig/Pietsch/Wieninger/Zimmer 2009: 136–147.
Gareis, Sven/Klein, Paul (Hrsg.) (2004): Handbuch Militär und Sozialwissenschaften. Wiesbaden: VS Verlag für Sozialwissenschaften.
Giegerich, Bastian (2012): Die NATO. Wiesbaden: Springer VS.
Gräbner, Justus (2010): On NATO's Post-Cold War Eastern Enlargement. In: Bebler (Hrsg.) 2010: 135–137.
Höfig, Chariklia (2016): Subjektive Sicherheit. In: Steinbrecher/Biehl/Höfig/Wanner 2016: 15–28.
Hurwitz, Jon/Peffley, Mark (1987): How are foreign policy attitudes structured? A hierarchical model. In: American Political Science Review 81: 4, 1099–1120.
Inglehart, Ronald/Klingemann, Hans-Dieter (1976): Party Identification, Ideological Preferences and the Left-Right Dimension among Western Mass Publics. In: Budge/Crewe/Farlie (Hrsg.) 1976: 243–273.
Jäger, Thomas/Höse, Alexander/Oppermann, Kai (Hrsg.) (2005): Transatlantische Beziehungen. Sicherheit – Wirtschaft – Öffentlichkeit. Wiesbaden: VS Verlag für Sozialwissenschaften.
Jedinger, Alexander/Mader, Matthias (2015): Predispositions, Mission-Specific Beliefs, and Public Support for Military Missions: The Case of the German ISAF Mission in Afghanistan. In: International Journal of Public Opinion Research 27: 90–110.
Junk, Julian/Daase, Christopher (2013): Germany. In: Biehl/Giegerich/Jonas (Hrsg.) 2013: 139–152.
Mader, Matthias (2015): Grundhaltungen zur Außen- und Sicherheitspolitik in Deutschland. In: Biehl/Schoen (Hrsg.) 2015: 69–96.
Mader, Matthias (2017): Öffentliche Meinung zu Auslandseinsätzen der Bundeswehr. Zwischen Antimilitarismus und transatlantischer Orientierung. Wiesbaden: Springer VS.
Mader, Matthias/Fiebig, Rüdiger (2015): Determinanten der Bevölkerungseinstellungen zum Afghanistaneinsatz. Prädispositionen, Erfolgswahrnehmungen und die moderierende Wirkung individueller Mediennutzung. In: Biehl/Schoen (Hrsg.) 2015: 97–122.
Manigart, Philippe/Marlier, Eric (1993): European Public Opinion on the Future of Its Security. In: Armed Forces & Society 19: 335–352.
NATO (2010): Lisbon Summit Declaration. Lissabon. <www.nato.int/cps/en/natohq/official_texts_68828.htm?selectedLocale=en> (letzter Zugriff 23.10.2017).

Niedermayer, Oscar/Sinnott, Richard (Hrsg.) (1995): Public Opinion and Internationalized Governance. Oxford et al.: Oxford University Press.

Pew Research Center (2015): NATO Publics Blame Russia for Ukrainian Crisis, but Reluctant to Provide Military Aid. In Russia, Anti-Western Views and Support for Putin Surge. Washington, D.C.

Pew Research Center (2017): NATO's Image Improves on Both Sides of Atlantic. European faith in American military support largely unchanged. Washington, D.C.

Pietsch, Carsten/Zimmer, Sebastian (2009): Einstellungen zur NATO und zur ESVP. In: Bulmahn/Fiebig/Hennig/Pietsch/Wieninger/Zimmer 2009: 175–190.

Rattinger, Hans (1996): Einstellungen zur europäischen Integration in der Bundesrepublik: Ein Kausalmodell. In: Zeitschrift für Internationale Beziehungen 3: 1, 45–78.

Rattinger, Hans/Holst, Christian (1998): Strukturen und Determinanten außen- und sicherheitspolitischer Einstellungen in der Bundesrepublik. Bamberg.

Rattinger, Hans/Schoen, Harald/Endres, Fabian/Jungkunz, Sebastian/Mader, Matthias/ Pötzschke, Jana (2016): Old Friends in Troubled Waters. Policy Principles, Elites, and U.S.-German Relations at the Citizen Level After the Cold War. Baden-Baden: Nomos.

Ray, Leonard/Johnston, Gregory (2007): European Anti-Americanism and Choices for a European Defense Policy. In: PS – Political Science & Politics 40: 85–91.

Schoen, Harald (2008): Identity, Instrumental Self-Interest and Institutional Evaluations: Explaining Public Opinion on Common European Policies in Foreign Affairs and Defence. In: European Union Politics 9: 5–29.

Schoen, Harald (2010): Ein Bericht von der Heimatfront. Bürger, Politiker und der Afghanistaneinsatz der Bundeswehr. In: Politische Vierteljahresschrift 51: 395–408.

Sender, Wolfgang (2008): Bedeutung und Zukunft der NATO. In: Bulmahn/Fiebig/ Sender 2008: 59–69.

Steinbrecher, Markus (2016a): Einstellungen zum außen- und sicherheitspolitischen Engagement Deutschlands. In: Steinbrecher/Biehl/Höfig/Wanner 2016: 29–46.

Steinbrecher, Markus (2016b): Verteidigungspolitisches Wissen. In: Steinbrecher/Biehl/ Höfig/Wanner 2016: 62–81.

Steinbrecher, Markus/Biehl, Heiko/Höfig, Chariklia/Wanner, Meike (2016): Sicherheits- und verteidigungspolitisches Meinungsklima in der Bundesrepublik Deutschland. Ergebnisse und Analysen der Bevölkerungsbefragung 2016. Potsdam: Zentrum für Militärgeschichte und Sozialwissenschaften der Bundeswehr.

Steinbrecher, Markus/Biehl, Heiko/Rothbart, Chariklia (2017): Sicherheits- und verteidigungspolitisches Meinungsbild in der Bundesrepublik Deutschland. Erste Ergebnisse der Bevölkerungsbefragung 2017. Potsdam: Zentrum für Militärgeschichte und Sozialwissenschaften der Bundeswehr.

Theiler, Olaf (2004): Die ‚Neue NATO' – Eine Allianz im Wandel. In: Gareis/Klein (Hrsg.) 2004: 214–224.

Wanner, Meike (2015): Einstellungen zur Höhe der Verteidigungsausgaben sowie zum Personalumfang der Bundeswehr. In: Biehl/Höfig/Steinbrecher/Wanner 2015: 71–76.

Anhang

Frageformulierungen und Operationalisierungen

Bündnisverteidigung: Welche Aufgaben sollte die Bundeswehr Ihrer Meinung nach übernehmen? Stimmen Sie einer Übernahme der folgenden Aufgaben durch die Bundeswehr zu oder lehnen Sie diese ab? Die Bundeswehr sollte eingesetzt werden,
- um einem Verbündeten zu helfen, der bedroht wird.
- um einem Verbündeten zu helfen, der angegriffen wird.
- um gegen Länder, die Deutschland oder Bündnispartner bedrohen, militärisch vorzugehen.

1: Stimme völlig zu, 2: Stimme eher zu, 3: Teils/teils, 4: Lehne eher ab, 5: Lehne völlig ab 98: Weiß nicht, 99: Keine Antwort. *Operationalisierung*: Mittelwertindex auf Basis rekodierter Fragen mit Wertebereich von 0 (lehne völlig ab) bis 1 (stimme völlig zu).

Militärische Präsenz: Im Folgenden finden Sie einige Aussagen zum Verhältnis zu Russland. Bitte sagen Sie mir zu jeder dieser Aussagen, ob Sie ihr völlig zustimmen, eher zustimmen, teils zustimmen/teils ablehnen, eher ablehnen oder völlig ablehnen. Die NATO sollte ihre militärische Präsenz in Osteuropa verstärken. 1: Stimme völlig zu, 2: Stimme eher zu, 3: Teils/teils, 4: Lehne eher ab, 5: Lehne völlig ab 98: Weiß nicht, 99: Keine Antwort. *Operationalisierung*: rekodiert auf Wertebereich von 0 (lehne völlig ab) bis 1 (stimme völlig zu).

Engagement im Baltikum: Im Folgenden finden Sie einige Aussagen zum Verhältnis zu Russland. Bitte sagen Sie mir zu jeder dieser Aussagen, ob Sie ihr völlig zustimmen, eher zustimmen, teils zustimmen/teils ablehnen, eher ablehnen oder völlig ablehnen. Deutschland sollte die baltischen Staaten militärisch unterstützen, damit diese sich gegen Russland wehren können. 1: Stimme völlig zu, 2: Stimme eher zu, 3: Teils/teils, 4: Lehne eher ab, 5: Lehne völlig ab 98: Weiß nicht, 99: Keine Antwort. *Operationalisierung*: rekodiert auf Wertebereich von 0 (lehne völlig ab) bis 1 (stimme völlig zu).

Bundeswehr-Einsätze: Bitte sagen Sie mir, ob Sie der Beteiligung der Bundeswehr an den folgenden Auslandseinsätzen zustimmen oder ob Sie diese

ablehnen. Antworten Sie bitte mit Hilfe der folgenden Skala. *Alternative Frageformulierung*: Auch wenn Sie eben angegeben haben, dass Sie von einigen Auslandseinsätzen nichts gehört oder gelesen haben, sagen Sie mir bitte, ob Sie der Beteiligung der Bundeswehr an den folgenden Auslandseinsätzen zustimmen oder ob Sie diese ablehnen. Antworten Sie bitte mit Hilfe der folgenden Skala. Die Beteiligung der Bundeswehr an ...
- den multinationalen Kampfgruppen im Rahmen der NATO Enhanced Forward Presence in Litauen zur gemeinsamen Ausbildung und Übung.
- dem Air Policing im Baltikum zur Kontrolle und Sicherung des dortigen Luftraums.

Operationalisierung: Mittelwertindex auf Basis rekodierter Fragen mit Wertebereich von 0 (lehne völlig ab) bis 1 (stimme völlig zu).

Frauen (Geschlecht): 1: Frau, 0: Mann.

Alter: Alter in Jahren. *Operationalisierung*: rekodiert auf Wertebereich von 0 (16 Jahre) bis 1 (93 Jahre).

Niedrige/hohe Bildung: Welchen höchsten Bildungsabschluss haben Sie oder streben Sie an? 1: Hauptschulabschluss (Volksschulabschluss), 2: Mittlere Reife, Realschulabschluss, Fachschulreife, 3: Fachhochschulreife, Abschluss einer Fachoberschule, 4: Abitur (INT.: allgemeine oder fachgebundene Hochschulreife), 5: Hochschul- oder Fachhochschulabschluss, 6: Einen anderen Schulabschluss und zwar: *OFFEN, 7: noch Schüler, 97: keinen Abschluss, 98: Weiß nicht, 99: Keine Antwort. *Operationalisierung*: Niedrige Bildung: 1: 1+97, 0: alle anderen; hohe Bildung: 1: 3–5, 0: alle anderen.

Niedriges/hohes Haushaltseinkommen: Wie hoch ist etwa das monatliche Netto-Einkommen, das Sie alle zusammen im Haushalt haben, nach Abzug von Steuern und der Sozialversicherung? Alle Einnahmequellen zusammen genommen: In welche der folgenden Netto-Einkommensgruppen fällt dann Ihr Haushalt? 1: unter 500 Euro, 2: 501–1.000 Euro, 3: 1.001–2.000 Euro, 4: 2.001–3.000 Euro, 5: 3.001–4.000 Euro, 6: 4.001–5.000 Euro, 7: 5.001 oder mehr, 99: Keine Antwort. *Operationalisierung*: Niedriges Einkommen: 1: 1–3, 0: alle anderen; hohe Bildung: 1: 6+7, 0: alle anderen.

Ostdeutschland (Region): 1: Ostdeutschland (Wohnort des Befragten in den ostdeutschen Bundesländern und Berlin), 0: Westdeutschland (alle anderen Bundesländer).

Migrationshintergrund Russland: S14. Geburtsland. INT.: ES IST DEUTSCHLAND IN DEN GRENZEN VON 1990 GEMEINT. IST JEMAND AUF EHEMALIGEM DEUTSCHEM GEBIET GEBOREN, Z.B. IN SCHLESIEN ODER OSTPREUSSEN, BEDEUTET DAS „NEIN, IM AUSLAND". Sind Sie im Gebiet des heutigen Deutschland geboren? 1: Ja, im Gebiet des heutigen Deutschland, 2: Nein, im Ausland, 98: Weiß nicht, 99: Keine Antwort.

Filter: WENN S14 = 2 (wenn im Ausland)
S15. Geburtsland, anderes Land. INT.: WENN ANDERES LAND (13), BITTE EINTRAGEN. Bitte sagen Sie mir, wo Sie geboren wurden. 1: frühere deutsche Ostgebiete (z.B. Schlesien, Pommern, Ostpreußen), 2: Türkei, 3: Polen, 4: Italien, 5: Rumänien, 6: Griechenland, 7: Russland, Russische Föderation, ehemalige Sowjetunion (UdSSR), 8: Kroatien, Serbien, Bosnien und Herzegowina, Kosovo, ehemaliges Jugoslawien, 9: Österreich, 10: Schweiz, 11: Frankreich, 12: USA, 13: Anderes Land, und zwar ..., 98: Weiß nicht, 99: Keine Antwort.

S16. Geburtsland Eltern. INT.: ES IST DEUTSCHLAND IN DEN GRENZEN VON 1990 GEMEINT. IST JEMAND AUF EHEMALIGEM DEUTSCHEM GEBIET GEBOREN, Z.B. IN SCHLESIEN ODER OSTPREUSSEN, BEDEUTET DAS „NEIN, IM AUSLAND". Wurden Ihre Eltern im Gebiet des heutigen Deutschland geboren? 1: Ja, im Gebiet des heutigen Deutschland, 2: Nein, Mutter im Ausland geboren, 3: Nein, Vater im Ausland geboren, 4: Nein, Mutter und Vater im Ausland geboren, 98: Weiß nicht, 99: Keine Antwort.

Filter: WENN S16 = 2, 4 (wenn im Ausland).
S17. Geburtsland Mutter, anderes Land
Antwortausprägungen wie S15.

Filter: WENN S16 = 3, 4 (wenn im Ausland).
S18. Geburtsland Vater, anderes Land.
Antwortausprägungen wie S15.
Operationalisierung: 1: Wenn S14=2 und S15=7 oder S17=7 oder S18=7.
Wenn S16≠1 und S17=7. Wenn S16≠1 und S17=7. 0: alle anderen.

Bin/war Soldat: Welche der folgenden Aussagen treffen auf Sie zu? WENN A = 1 dann mit Item C weiter. A: Ich selbst bin gerade bei der Bundeswehr. (INT.: Ziviler Angestellter [Beamter, Angestellter] oder Soldat [Berufssoldat, Soldat auf Zeit, Freiwillig Wehrdienst Leistender]). B: Ich selbst war bei der Bundeswehr. (INT.: Ziviler Angestellter [Beamter, Angestellter] oder Soldat [Berufssoldat, Soldat auf Zeit, Freiwillig Wehrdienst Leistender]). 1: Ja, 2: Nein, 98: Weiß nicht, 99: Keine Antwort. *Operationalisierung*: 1: S3A=1 oder S3B=1, 0: alle anderen.

Politisches Interesse: Eine Hälfte der Befragten erhielt diese Variante: Wie stark interessieren Sie sich im Allgemeinen für Politik, ist das ... 1: Sehr stark, 2: Eher stark, 3: Mittel, 4: Wenig, 5: Gar nicht, 98: Weiß nicht, 99: Keine Antwort. *Operationalisierung*: rekodiert auf Wertebereich von 0 (gar kein Interesse) bis 1 (sehr starkes Interesse).

Die andere Hälfte erhielt diese Variante:
Bitte sagen Sie mir zu jeder dieser Aussagen, ob sie völlig auf Sie zutrifft, eher zutrifft, teils zutrifft/teils nicht zutrifft, eher nicht zutrifft oder überhaupt nicht zutrifft.
− Wenn ich bemerke, dass mir Kenntnisse über ein politisches Thema fehlen, informiere ich mich.
− Für mich ist Politik ein spannendes Thema.
− Ich denke häufig intensiv über eine politische Streitfrage nach.
− Politische Vorgänge verfolge ich mit großer Neugier.
− Ganz allgemein interessiere ich mich sehr für Politik.
1: Trifft voll und ganz zu, 2: Trifft eher zu, 3: Trifft teils zu/trifft teils nicht zu, 4: Trifft eher nicht zu, 5: Trifft überhaupt nicht zu, 98: Weiß nicht, 99: Keine Antwort. *Operationalisierung*: Mittelwerte der auf Wertebereich 0 (gar kein Interesse) bis 1 (sehr starkes Interesse) rekodierten Einzelitems.

Wahlabsicht: Wenn am nächsten Sonntag Bundestagswahl wäre, welche der folgenden Parteien würden Sie dann wählen? 1: CDU/CSU, 2: SPD, 3: Bündnis 90/Die Grünen, 4: Die Linke, 5: FDP, 6: AfD (Alternative für Deutschland), 7: Piratenpartei, 8: Andere Partei und zwar: ..., 9: Keine Partei, würde nicht wählen gehen, 98: Weiß nicht, 99: Keine Antwort. *Operationalisierung*: rekodiert zu dichotomen Variablen für die folgenden Parteien/Kategorien: SPD, FDP, Bündnis 90/Grüne, Die Linke, AfD, keine Parteipräferenz/w.n./k.A. Referenzkategorie: CDU/CSU.

Links-Rechts-Selbsteinstufung: Viele Leute verwenden die Begriffe „links" und „rechts", wenn es darum geht, unterschiedliche politische Einstellungen zu kennzeichnen. Wo würden Sie sich auf einer Links-Rechts-Skala von 1 bis 7 einordnen, wenn 1 für „ganz links" und 7 für „ganz rechts" steht? 1: Ganz links, 7: Ganz rechts, 98: Weiß nicht, 99: Keine Antwort. *Operationalisierung*: rekodiert auf Wertebereich von 0 (ganz links) bis 1 (ganz rechts).

Bedrohungswahrnehmungen: Inwieweit fühlen Sie sich persönlich zurzeit durch folgende Faktoren bedroht?
A: Verlust des eigenen Arbeitsplatzes bzw. Schwierigkeit, einen Arbeitsplatz zu finden.
B: Unzureichende finanzielle Absicherung im Alter.
C: Weltweiter Klimawandel durch die globale Erwärmung,
D: Große Naturkatastrophen wie z.B. schwere Stürme oder Überschwemmungen,
E: Krieg in Europa,
F: Terroranschläge in Deutschland,
G: Weltweite Ausbreitung einer gefährlichen Krankheit oder Seuche,
H: Fremdenfeindlichkeit in Deutschland,
I: Religiöser Fundamentalismus in Deutschland,
J: Zuwanderung nach Deutschland,
K: Steigende Preise,
L: Kriminalität in meinem Umfeld,
M: Störfall in einem Atomkraftwerk,
N: Spannungen zwischen dem Westen und Russland,
O: Konflikt im Irak und in Syrien,
P: Internetangriff auf die Infrastruktur in Deutschland,
Q: Zerfall der EU,

R: Verbreitung von falschen Informationen über die Medien oder das Internet (Fake News).
Ich fühle mich davon ... 1: Stark bedroht, 2: Eher bedroht, 3: Teils/teils, 4: Eher nicht bedroht, 5: Überhaupt nicht bedroht 97: Trifft nicht zu (PROG: NUR FÜR A UND B ANBIETEN) 98: Weiß nicht, 99: Keine Antwort.

Bedrohung innere und äußere Sicherheit: E+F+I+J+L+N+O
Operationalisierung: Skala umkodiert und additiver Index gebildet (Wertebereich: 0 = niedrig bis 1 = hoch; Cronbachs α = 0,80).

Ökologische Bedrohungen: C+D+G+M
Operationalisierung: Skala umkodiert und additiver Index gebildet (Wertebereich: 0 = niedrig bis 1 = hoch; Cronbachs α = 0,71).

Sozio-ökonomische Bedrohungen: A+B+K
Operationalisierung: Skala umkodiert und additiver Index gebildet (Wertebereich: 0 = niedrig bis 1 = hoch; Cronbachs α = 0,62).

Sicherheitslage weltweit: Wie beurteilen Sie die gegenwärtige Sicherheitslage weltweit? Antworten Sie bitte mit Hilfe dieser Skala. Die weltweite Lage ist alles in allem ... 1: Sehr sicher, 2: Eher sicher, 3: Teils/teils, 4: Eher unsicher, 5: Sehr unsicher, 98: Weiß nicht, 99: Keine Antwort. *Operationalisierung*: rekodiert auf Wertebereich von 0 (sehr unsicher) bis 1 (sehr sicher).

Sicherheitslage Deutschland: Wie beurteilen Sie die gegenwärtige Sicherheitslage der Bundesrepublik Deutschland? Antworten Sie bitte mit Hilfe dieser Skala. Die Lage in der Bundesrepublik Deutschland ist alles in allem ... 1: Sehr sicher, 2: Eher sicher, 3: Teils/teils, 4: Eher unsicher, 5: Sehr unsicher, 98: Weiß nicht, 99: Keine Antwort. *Operationalisierung*: rekodiert auf Wertebereich von 0 (sehr unsicher) bis 1 (sehr sicher).

Sicherheit persönlich: Wie sicher fühlen Sie sich persönlich zurzeit? Antworten Sie bitte mit Hilfe dieser Skala. Ich fühle mich persönlich ... 1: Sehr sicher, 2: Eher sicher, 3: Teils/teils, 4: Eher unsicher, 5: Sehr unsicher, 98: Weiß nicht, 99: Keine Antwort. *Operationalisierung*: rekodiert auf Wertebereich von 0 (sehr unsicher) bis 1 (sehr sicher).

Kritische Einstellung zu Russland: Im Folgenden finden Sie einige Aussagen zum Verhältnis zu Russland. Bitte sagen Sie mir zu jeder dieser Aussagen, ob Sie ihr völlig zustimmen, eher zustimmen, teils zustimmen/teils ablehnen, eher ablehnen oder völlig ablehnen.
- Ich mache mir Sorgen, dass es zu einem neuen „Kalten Krieg" zwischen Russland und dem Westen kommt.
- Deutschland sollte seine wirtschaftlichen Beziehungen zu Russland einschränken.
- Deutschland sollte mehr Verständnis für die Position Russlands haben.
- Das militärische Vorgehen Russlands in der Ukraine bedroht die Sicherheit Deutschlands.
- Das militärische Vorgehen Russlands in Syrien bedroht die Sicherheit Deutschlands.

1: Stimme völlig zu, 2: Stimme eher zu, 3: Teils/teils, 4: Lehne eher ab, 5: Lehne völlig ab, 98: Weiß nicht, 99: Keine Antwort. *Operationalisierung*: Skala umkodiert und additiver Index gebildet (Wertebereich von 0= keine kritische Einstellung zu Russland) bis 1= kritische Einstellung zu Russland; Cronbachs α = 0,63).

Einstellung zur Bundeswehr:
- Wie ist Ihre persönliche Einstellung zur Bundeswehr? Ist diese ... 1: Sehr positiv, 2: Positiv, 3: Eher positiv, 4: Eher negativ, 5: Negativ, 6: Sehr negativ, 98: Weiß nicht, 99: Keine Antwort.
- Wie wichtig ist die Bundeswehr Ihrer Meinung nach für Deutschland? Ist sie ... 1: Sehr wichtig. 2: Eher wichtig. 3: Teils/teils. 4: Eher unwichtig. 5: Sehr unwichtig, 98: Weiß nicht. 99: Keine Antwort.
- Einmal ganz allgemein gefragt: Hat die Bundeswehr bei Ihnen persönlich ein ... 1: Hohes Ansehen. 2: Eher hohes Ansehen. 3: Teils/teils. 4: Eher geringes Ansehen, oder. 5: Geringes Ansehen, 98: Weiß nicht. 99: Keine Antwort.

Operationalisierung: Skala umkodiert und additiver Index gebildet (Wertebereich: 0 = sehr negative Einstellung zur Bundeswehr bis 1 = sehr positive Einstellung zur Bundeswehr; Cronbachs α = 0,83).

Militarismus: Im Folgenden finden Sie verschiedene Aussagen zur Außen- und Sicherheitspolitik. Bitte sagen Sie mir zu jeder dieser Aussagen, ob Sie ihr

völlig zustimmen, eher zustimmen, teils zustimmen/teils ablehnen, eher ablehnen oder völlig ablehnen.
- Unter bestimmten Bedingungen ist Krieg notwendig, um Gerechtigkeit zu erlangen.
- In internationalen Krisen ist wirtschaftliche Macht wichtiger als militärische Macht.

1: Stimme völlig zu, 2: Stimme eher zu, 3: Teils/teils, 4: Lehne eher ab, 5: Lehne völlig ab, 98: Weiß nicht, 99: Keine Antwort. *Operationalisierung*: Skala umkodiert und additiver Index gebildet (Wertebereich: 0 = niedrige Ausprägung bis 1 = hohe Ausprägung; Cronbachs α = 0,20).

Internationalismus: Im Folgenden finden Sie verschiedene Aussagen zur Außen- und Sicherheitspolitik. Bitte sagen Sie mir zu jeder dieser Aussagen, ob Sie ihr völlig zustimmen, eher zustimmen, teils zustimmen/teils ablehnen, eher ablehnen oder völlig ablehnen.
- Deutschland sollte eine aktivere Rolle in der Weltpolitik spielen.
- Deutschland wahrt seine Interessen am besten dadurch, dass es sich nicht in die Angelegenheiten anderer Staaten einmischt.

1: Stimme völlig zu, 2: Stimme eher zu, 3: Teils/teils, 4: Lehne eher ab, 5: Lehne völlig ab, 98: Weiß nicht, 99: Keine Antwort. *Operationalisierung*: Skala umkodiert und additiver Index gebildet (Wertebereich: 0 = niedrige Ausprägung bis 1 = hohe Ausprägung; Cronbachs α = 0,28).

Atlantizismus: Im Folgenden finden Sie verschiedene Aussagen zur Außen- und Sicherheitspolitik. Bitte sagen Sie mir zu jeder dieser Aussagen, ob Sie ihr völlig zustimmen, eher zustimmen, teils zustimmen/teils ablehnen, eher ablehnen oder völlig ablehnen.
- In außenpolitischen Fragen sollte Deutschland in Übereinstimmung mit den USA handeln.
- Deutschland sollte seine Interessen gegenüber den USA selbstbewusster vertreten.

1: Stimme völlig zu, 2: Stimme eher zu, 3: Teils/teils, 4: Lehne eher ab, 5: Lehne völlig ab, 98: Weiß nicht, 99: Keine Antwort. *Operationalisierung*: Skala umkodiert und additiver Index gebildet (Wertebereich: 0 = niedrige Ausprägung bis 1 = hohe Ausprägung; Cronbachs α = 0,19).

NATO-Multilateralismus: Im Folgenden finden Sie einige weitere Aussagen zur Außen- und Sicherheitspolitik. Bitte sagen Sie mir zu jeder dieser Aussagen, ob Sie ihr völlig zustimmen, eher zustimmen, teils zustimmen/teils ablehnen, eher ablehnen oder völlig ablehnen.
- Deutschland sollte sich sicherheits- und verteidigungspolitisch vorrangig in der NATO engagieren.
- Deutschland muss auch weiterhin der NATO angehören, um seine Sicherheit zu gewährleisten.

1: Stimme völlig zu, 2: Stimme eher zu, 3: Teils/teils, 4: Lehne eher ab, 5: Lehne völlig ab, 98: Weiß nicht, 99: Keine Antwort. *Operationalisierung*: Skala umkodiert und additiver Index gebildet (Wertebereich: 0 = niedrige Ausprägung bis 1 = hohe Ausprägung; Cronbachs α = 0,75).

Einigkeit macht stark!
Erklärung von Einstellungen zur Gemeinsamen Sicherheits- und Verteidigungspolitik der EU

Markus Steinbrecher

1 Einleitung

Die Aufstellung von Streitkräften und die Verteidigung des eigenen Territoriums sind Kernbereiche staatlicher Souveränität. Dies ist einer der Gründe, warum die Staaten der Europäische Union (EU) im Rahmen der Gemeinsamen Sicherheits- und Verteidigungspolitik (GSVP) mit der Integration bei Weitem nicht so weit vorangeschritten sind wie in anderen Politikbereichen. Ein anderer Grund ist die Existenz der NATO. Galt die EU lange Zeit als Institution zur Verbesserung der wirtschaftlichen Zusammenarbeit, der Steigerung des Wohlstands und der Ermöglichung von (ökonomischer) Freiheit, so war die Gewährleistung kollektiver Sicherheit eindeutig eine Aufgabe der NATO.

Zwar wurde die Zusammenarbeit in der Sicherheitspolitik mit dem Vertrag von Maastricht 1992 auch dem Kompetenzbereich der EU zugewiesen und das Institutionensystem und die Kooperation mit jeder neuen Vertragsrunde ausgebaut, doch erweist sich die EU weiterhin als kein besonders starker und einheitlich auftretender sicherheitspolitischer Akteur. Die Zusammenarbeit in diesem Politikbereich wird daher als relativ wenig effizient und wirksam wahrgenommen (z.B. Hix/Høyland 2011: 302–330; Nugent 2010: 376–393; Smith 2014: 208–210). Das relativ geringe Integrationsniveau ist einerseits überraschend, weil die Bürgerinnen und Bürger der meisten Länder eine intensivere Zusammenarbeit im Politikbereich Verteidigung und Sicherheit befürworten (z.B. Biehl et al. 2011; Giegerich 2008; Kernic 2009; Schoen 2008), hier also die wachsende Skepsis gegenüber der EU und ihren Institutionen wenig Nahrung zu finden scheint. Andererseits nehmen die Bedrohungen für die europäischen Länder zu, und die Sicherheitslage im europäischen Umfeld hat sich in den letzten Jahren deutlich verschlechtert. Als Stichwörter seien an dieser Stelle lediglich die Ukraine, die Konflikte im Irak, in Syrien und in Libyen, die Arabellion und die Flüchtlingskrise genannt. Nach dem Amtsantritt des neuen US-Präsidenten Donald Trump besteht zudem die Möglichkeit, dass sich die USA in und um Europa herum in geringerem Maße sicherheitspolitisch engagieren und den europäischen Ländern zwangsläufig eine größere Rolle zukommt. Der Brexit bringt zusätzliche Herausforderungen, aber auch Chancen mit sich. Wenn Großbritannien die EU verlässt, entsteht zum einen eine große Lücke in den vorhandenen militärischen Fähigkeiten (Giegerich 2008: 64), zum anderen geht ein Mitgliedsstaat, der traditionell gegen eine weitere Integration und stärkere Kooperation in der Sicherheits- und Verteidigungspolitik war. Diese großen Herausforderungen schlagen sich in Beschlüssen und Absichtserklärungen der Verteidigungsminister der EU-Staaten und der Staats- und Regierungschefs zu einer verstärkten sicherheitspolitischen und militärischen Kooperation nieder (Politico 2016).

Vor diesem Hintergrund ist es besonders interessant, wie sich die Bürgerinnen und Bürger zur GSVP und zur Gründung einer Europäischen Armee positionieren. Denn in Demokratien sind Politiker und Parteien bei der Umsetzung politischer Maßnahmen und der Erreichung politischer Ziele auf die Unterstützung durch die Bevölkerung angewiesen. Mit dieser Einordnung folgt der vorliegende Beitrag der revisionistischen Perspektive im Bereich der Forschung zu außen- und sicherheitspolitischen Einstellungen. Zahlreiche Studien konnten in den letzten Jahrzehnten zeigen, dass die öffentliche Meinung in diesem Politikbereich relativ stabil und die Öffentlichkeit recht gut informiert ist sowie rational auf Entscheidungen der Eliten reagiert (z.B. Isernia et al. 2002; Jacobs/Page 2005; Page/Shapiro 1983; Rattinger 1996). So konnte der lange vorherrschende Almond-Lippmann-Konsens, nach dem die Einstellungen zur Außen- und Sicherheitspolitik erratisch und instabil sind, widerlegt werden (z.B. Almond 1950; Lippmann 1922).

Da die öffentliche Meinung für sicherheitspolitische Entscheidungen und Maßnahmen relevant ist, untersucht dieser Beitrag, wie stark die Unterstützung für entsprechende politische Vorhaben zwischen den einzelnen Ländern variiert. Zudem wird analysiert, welche Faktoren Einstellungen zur GSVP und zur Europäischen Armee erklären können. Dabei werden zum einen einige gängige Erklärungsmodelle und -faktoren aus der Forschung zu europaspezifischen Einstellungen getestet (z.B. Gabel 1998; Hooghe/Marks 2005; Sanders et al. 2012; Schoen 2008). Zum anderen wird erstmals der Erklärungsbeitrag außen- und sicherheitspolitischer Grundorientierungen für Einstellungen zu den verschiedenen Aspekten der GSVP untersucht. So können umfassende Erkenntnisse zu den Erklärungsfaktoren und zum genauen kausalen Wirkungsgefüge zwischen Prädiktoren und Einstellungen gewonnen werden.

Für die Beantwortung dieser Fragen werden Daten des Eurobarometer 84.3 (EB) aus dem Jahr 2015 sowie der Studie „Strategische Kulturen in Europa" aus dem Jahr 2010 (Biehl et al. 2011) verwendet, die komparative Analysen mit verschiedenen inhaltlichen Schwerpunkten erlauben.

Vor Durchführung der Analysen sind einige konzeptionelle Klärungen notwendig: Im 2. Kapitel wird zunächst ein kurzer Überblick über die Entwicklung und den aktuellen Stand der Integration im Feld der europäischen Sicherheits- und Verteidigungspolitik gegeben (Abschnitt 2.1), bevor Erklärungsfaktoren für Einstellungen zur GSVP vorgestellt und die entsprechenden Wirkungsmechanismen diskutiert werden (Abschnitt 2.2). Dabei wird einerseits auf mittlerweile klassische Erklärungsansätze der Forschung zu europaspezifischen Einstellungen und die entsprechenden Ergebnisse zurückgegriffen. Andererseits stehen mit außen- und sicherheitspolitischen Grundorientierungen, Sicherheitsbewertungen, Bedrohungswahrnehmungen und allgemeinen Einstellungen zu den eigenen Streitkräften Prädiktoren aus der Literatur zu außen- und sicherheitspolitischen Einstellungen im Vordergrund. Zum Abschluss dieses Abschnitts werden auf der Basis der theoretischen Mechanismen sowie vorangehender empirischer Ergebnisse die im Analyseteil zu prüfenden Hypothesen formuliert. Im 3. Kapitel werden die beiden den Analysen zugrunde liegenden Datensätze ausführlich vorgestellt und ihre Vor- und Nachteile diskutiert. Zudem wird die Operationalisierung der verwendeten Variablen erläutert. Das 4. Kapitel konzentriert sich auf die Ergebnisse der empirischen Analysen. Zunächst wird deskriptiv die Zustimmung zu den beiden Aspekten der GSVP in den Stichproben sowie den einzelnen Ländern vorgestellt und miteinander verglichen. Im Anschluss werden mit Hilfe multivariater Analysen die Prädiktoren dieser Einstellungen herausgearbeitet. Schließlich werden im 5. Kapitel die Ergebnisse der Analysen zusammengefasst und die weiteren Implikationen für die Forschung zu sicherheitspolitischen Einstellungen diskutiert.

2 Die GSVP – Stand, Theorien und Hypothesen

2.1 Stand und Entwicklung der GSVP[1]

Die militärische Zusammenarbeit (west-)europäischer Länder ist älter als die EU und geht auf den 1948 geschlossenen Brüsseler Pakt zurück, der nach dem Scheitern der Europäischen Verteidigungsgemeinschaft (EVG) 1954 in die Westeuropäische Union (WEU) überführt wurde. Die 1952 von Frankreich, der Bundesrepublik Deutschland, Belgien, den Niederlanden, Luxemburg und Italien parallel zur Europäischen Gemeinschaft für Kohle und Stahl (EGKS) gegründete EVG, die eine gemeinsame Europäische Armee vorsah, scheiterte am Veto der französischen Nationalversammlung. Nach dem Beitritt Westdeutschlands zur NATO 1955 wurde die WEU für lange Zeit bedeutungslos, da die NATO die entscheidende Organisation zur Gewährleistung kollektiver Sicherheit in Westeuropa wurde. Ansätze zur Zusammenarbeit in den Bereichen Außen- und Sicherheitspolitik der Mitglieder der Europäischen Gemeinschaft (EG) gab es ab dem Gipfel von Den Haag 1969, allerdings nur außerhalb des Rahmens der europäischen Verträge. Auch die stärkere militärische Kooperation zwischen Deutschland und Frankreich ab den 1980er-Jahren, die 1989 in der Gründung der Deutsch-Französischen Brigade mündete, erfolgte außerhalb der EG.

1984 wurde die WEU wieder reaktiviert und durch den Vertrag von Maastricht 1992 mit Verteidigungsaufgaben für die EU betraut. Die Verteidigungspolitik auf europäischer Ebene wurde Teil der intergouvernementalen zweiten Säule der EU im Rahmen der Gemeinsamen Außen- und Sicherheitspolitik (GASP). Im Juni 1992 beschloss die WEU auf dem Petersberg bei Bonn die sogenannten Petersberg-Aufgaben, die in der Folge für die GSVP übernommen wurden. Dazu gehören humanitäre Aufgaben, Rettungseinsätze, friedenserhaltende Aufgaben sowie Kampfeinsätze bei der Krisenbewältigung einschließlich friedensschaffender Maßnahmen. 1993 entstand mit den Rahmennationen Deutschland, Frankreich, Spanien, Belgien und Luxemburg das Eurokorps, das allen Mitgliedsstaaten der EU offensteht und seitdem Kräfte für EU- und NATO-Missionen stellt bzw. führt. 1998 stießen Großbritannien

---

1 Für einen ausführlicheren Überblick der historischen Entwicklung hin zur gegenwärtigen GSVP sei auf die Darstellungen bei Hix und Høyland (2011: 302–330) sowie für die Zeit bis zu Beginn der 2000er-Jahre insbesondere auf Salmon und Shepherd (2003) hingewiesen.

und Frankreich die St. Malo-Verteidigungsinitiative mit dem Ziel der Schaffung einer operativen Verteidigungskapazität an. Der Plan, die WEU in die EU zu verschieben und zum europäischen Pfeiler der NATO zu machen, wurde in der Folgezeit allerdings nur zum Teil umgesetzt. Auf dem EU-Gipfel von Helsinki 1999 wurden weitreichende Ziele (sogenannte European Headline Goals) für die militärische Zusammenarbeit beschlossen, nämlich die Aufstellung einer EU-Eingreiftruppe bis 2003, die 50 000 bis 60 000 Soldaten umfassen und innerhalb von 60 Tagen verlegefähig sein sollte. Unter Rückgriff auf NATO-Ressourcen sollte eine Durchhaltefähigkeit für ein Jahr sowie die Erledigung der vollen Bandbreite der Petersberg-Aufgaben gewährleistet werden. Ein Einsatz sollte nur erfolgen, wenn die NATO entscheidet, in einen Konflikt nicht einzugreifen. Das ambitionierte Ziel einer Eingreiftruppe wurde nicht erreicht und daher 2004 durch das sogenannte Kampfgruppen (Battle Group)-Konzept ersetzt. Die Kampfgruppen umfassen etwa 1 500 Soldaten aus mehreren Ländern, sollen in 5 bis 10 Tagen verlege- und 30 bis 120 Tage durchhaltefähig sein. Mit der Einsatzfähigkeit ab 2005 hat die EU nun eigene Krisenreaktionskräfte und -fähigkeiten, die in zahlreichen Fällen genutzt worden sind, beispielsweise auf dem Balkan, im Kongo oder in Zentralafrika (Giegerich 2008). Mit dem Lissabon-Vertrag wurde 2007 die gegenseitige Beistandsklausel eingeführt, die zur gegenseitigen Unterstützung im Falle eines bewaffneten Angriffs verpflichtet. Diese wurde erstmals von Frankreich nach den Terroranschlägen von Paris im November 2015 genutzt.

Insgesamt lässt sich der aktuelle Stand der GSVP mit Nugent (2010: 377) folgendermaßen zusammenfassen: Es erfolgt bei allen sicherheitspolitischen Aktivitäten der EU eine Begrenzung auf die Petersberg-Aufgaben, „traditionelle" Verteidigung ist Aufgabe der NATO bzw. der einzelnen Länder. Die EU handelt nur autonom, wenn die NATO nicht aktiv werden möchte. In diesem Politikbereich werden Entscheidungen immer noch nach dem Prinzip des Intergouvernementalismus gefällt, das heißt die nationalen Regierungen entscheiden selbst über eine Beteiligung und wie diese genau aussehen soll. Europäische Institutionen wie die Kommission oder das Parlament spielen keine Rolle. Weiterhin gibt es keine stehende Europäische Armee. Die Kampfgruppen sind aber in dem Sinne europäisch, dass es eine eigenständige europäische Kommandokette gibt. Die Staaten haben in jeder Hinsicht stets die Verfügungsgewalt. Insgesamt ist die EU in diesem Politikbereich hochgradig auf Kooperation eingestellt: Sie ist offen für Beiträge von Nicht-EU-Mitgliedern und Nicht-NATO-Mitgliedern der EU.

Über die Zeit hinweg zeigt sich eine beständige Fortentwicklung der Sicherheits- und Verteidigungspolitik seit den 1970er-Jahren, insbesondere aber seit den 1990er-Jahren mit den Verträgen von Maastricht, Amsterdam, Nizza und Lissabon. Wesentliche Gründe dafür waren die Veränderung des politischen Kontextes mit dem Ende des Kalten Krieges und des Ost-West-Gegensatzes sowie der deutschen Wiedervereinigung. Zudem zeigten der Zweite Golfkrieg 1991 und der Zerfall Jugoslawiens die Uneinigkeit und Unfähigkeit zur effektiven Zusammenarbeit in der EU sowie die Abhängigkeit von den USA. Auch stieg der Druck der USA zugunsten einer besseren Lastenverteilung (Nugent 2010: 379 f.). Dennoch ist die EU kein kohärenter und konsistenter sicherheitspolitischer Akteur mit einheitlicher Strategie, die auf gemeinsamen, geteilten Interessen und Werten beruht. Sie kann (und will?) das vorhandene sicherheitspolitische Potenzial nicht ausnutzen, das aus den zusammen zweithöchsten Verteidigungsausgaben der Welt nach den USA sowie den zusammengenommen größten Streitkräften der Welt erwächst, und dies obwohl Frankreich und Großbritannien Nuklearmächte sowie ständige Mitglieder im VN-Sicherheitsrat sind.

Die Hindernisse für eine Nutzung des Potenzials und die Verwirklichung einer vollständig ausgebauten Sicherheits- und Verteidigungspolitik der EU sind vielfältig (Nugent 2010: 376–378): Erstens besteht eine Vielzahl anderer Verteidigungsbündnisse und -optionen, die zu unterschiedlichen Positionen zur GSVP führen. Während einige EU-Mitglieder neutral sind, ist die Mehrheit Teil der NATO und wünscht weiterhin eine enge militärische Zusammenarbeit mit den USA. Auch die Organisation für Sicherheit und Zusammenarbeit in Europa (OSZE) und Ad-hoc-Koalitionen wie beim Libyeneinsatz 2011 spielen eine wichtige Rolle. Zweitens berühren Fragen von Sicherheit und Verteidigung zentrale Aspekte staatlicher Souveränität: Auch hierzu gibt es sehr unterschiedliche Auffassungen, letztendlich ist aber kein Land zu einer vollständigen Aufgabe der Hoheit über das eigene Militär bereit. Drittens gibt es weitreichende Unterschiede im Hinblick auf Ziele und Mittel der GSVP: Es gibt keine EU-eigenen, sondern lediglich nationale Interessen. Besonders die großen Staaten handeln häufig auch alleine – wie zum Beispiel Frankreich mit der Operation Barkhane in der Sahel-Region ab August 2014 – oder entfalten anderweitige Aktivitäten außerhalb des EU-Rahmens – etwa im Normandie-Format mit Deutschland und Frankreich zur Lösung des Konflikts in der Ukraine. Auch zeigen die großen Staaten kein Interesse, ihre herausgehobene Position aufzugeben. Hinzu kommen spezielle Beziehungen einzelner Länder, etwa von Frankreich zu seinen ehemaligen Kolonien oder von Deutschland zu Israel. Meinungsunterschiede gibt es aber nicht nur zwischen den Ländern, sondern auch auf der Elitenebene, so dass unterschiedliche Positionen zur NATO oder zum Verhältnis mit den USA vorliegen. Viertens weisen die EU-Mitglieder zwar insgesamt hohe Verteidigungsausgaben auf. Im Vergleich zur Wirtschaftsleistung sind diese aber gering, was zu massiven Problemen bei Ausrüstung, Material und Fähigkeiten führt. Zudem ergibt sich aus fehlender Koordination auf verschiedenen Ebenen ein hohes Maß an Ineffizienz und Duplizierungen bei Kapazitäten und Fähigkeiten. Letztendlich führt dies zu einer vielfältigen Abhängigkeit von der NATO (Giegerich 2012: 96–101) und insbesondere den USA.

Die Darstellung des Standes und der Entwicklung der GSVP zeigt eine relativ große Komplexität des Themenfeldes, die es den Bürgerinnen und Bürgern einerseits schwer machen sollte, gut informierte Einstellungen in diesem Bereich zu entwickeln. Andererseits sollte diese Komplexität aber auch dazu führen, dass die Einstellungen aus einer Vielzahl von Quellen gespeist bzw. von zahlreichen Faktoren beeinflusst werden können. Die angedeuteten großen Unterschiede zwischen den Mitgliedsländern sprechen auch dafür, Faktoren der Makro- bzw. der Kontextebene in den Blick zu nehmen, um so auch Länderdifferenzen besser erklären zu können.

2.2 *Theorien und Hypothesen zur Erklärung von Einstellungen zur GSVP und zur Europäischen Armee*

Wie bereits in der Einleitung angedeutet hat sich in der Forschung zu den Erklärungsfaktoren europaspezifischer Einstellungen ein Kanon entwickelt, auf den für die hier präsentierten Analysen im Feld der Sicherheits- und Verteidigungspolitik zurückgegriffen werden kann. Zur Erklärung werden utilitaristische, performanz- und identitätsbezogene Indikatoren herangezogen (z.B. Gabel 1998; Hooghe/Marks 2005; Sanders et al. 2012; Schoen 2008). Utilitaristische Erklärungen beziehen sich im Sinne der Theorie rationaler Entscheidung (Downs 1957; Riker/Ordeshook 1968) auf Kosten und Nutzen der europäischen Integration für einzelne Bürgerinnen und Bürger (egozentrisch) oder das jeweilige Land (soziotropisch). Bei der Messung des individuellen Nutzens wird in der Literatur beispielsweise die sozio-ökonomische Position der Bürgerinnen und Bürger in den Vordergrund gestellt und davon ausgegangen, dass bestimmte Berufsgruppen oder Personen mit unterschiedlichem sozio-ökonomischen Status in divergierender Weise von der europäischen Integration profitieren (Gabel/Palmer 1995). Auch Bewertungen der eigenen oder nationalen wirtschaftlichen Lage oder explizite (ökonomische) Kosten-Nutzen-Wahrnehmungen der europäischen Integration (für das eigene Land) spielen eine wichtige Rolle (z.b. Gabel 1998; Hooghe/Marks 2005; Sanders et al. 2012). Militärische und sicherheitspolitische Aspekte, z.B. die Vor- oder Nachteile der europäischen Integration und Kooperation für die Gewährleistung der nationalen Sicherheit, werden in der Literatur nur selten berücksichtigt (Ausnahmen: Carrubba/Singh 2004; Schoen 2008). Angesichts des zentralen Motivs für die europäische Integration, zukünftige Kriege zu verhindern und den Frieden auf dem Kontinent dauerhaft aufrechtzuerhalten, ist dies überraschend.

Nutzen und Kosten der europäischen Integration für die nationale Sicherheit sollten von verschiedenen Faktoren abhängig sein. Dazu gehören die vorhandenen militärischen Fähigkeiten eines Landes, die Mitgliedschaft in anderen Bündnissen bzw. sicherheitspolitischen Kooperationen außerhalb der EU, die objektive Bedrohungslage sowie subjektive Bedrohungswahrnehmungen der Bürgerinnen und Bürger sowie deren Sicherheitsempfinden. Bezüglich der militärischen Fähigkeiten sollte der Besitz von Atomwaffen ein entscheidender Aspekt sein. Frankreich und Großbritannien als einzige Atommächte in der EU sind weniger auf Kooperation angewiesen als die anderen Länder, da sie über ein unerreichtes Absicherungs- und Abschreckungspotenzial verfügen. Daher ist auf der Basis vorangehender Ergebnisse (Carrubba/Singh 2004; Schoen 2008) davon auszugehen, dass Bürger dieser beiden Länder eine stärkere Zusammenarbeit im Rahmen der GSVP und die Schaffung einer Europäischen Armee eher ablehnen. Gleiches sollte für die Bürger von NATO-Mitgliedsländern gelten, da sie bereits durch ein Bündnis geschützt sind und der zusätzliche Nutzen durch eine weitere militärische Kooperation oder die Schaffung einer gemeinsamen Armee geringer ist. Zudem könnten sie eine stärkere Zusammenarbeit innerhalb der EU ablehnen, weil sie befürchten, dass die Zusammenarbeit im Rahmen der GSVP die NATO ersetzt, die alles in allem über 60 Jahre gut funktioniert hat. Für die Bürgerinnen und Bürger neutraler Länder könnte man einerseits annehmen, dass sie die europäische militärische Kooperation stärker unterstützen, da sie so ihr Sicherheitsniveau erhöhen können. Andererseits könnte die strategische und politische Kultur der Neutralität in diesen Ländern so stark verankert sein, dass jede Form von militärischer oder sicherheitspolitischer Kooperation mit anderen Ländern abgelehnt wird.² Die empirischen Befunde zu dieser Frage sind nicht eindeutig, so dass für diesen Aspekt keine Hypothese formuliert wird (Carrubba/Singh 2004; Schoen 2008). Auch die geografische Lage eines Landes könnte als Kontextfaktor eine Rolle für die Position zur GSVP bzw. der Schaffung einer Europäischen Armee spielen. Bürgerinnen und Bürger in osteuropäischen Ländern könnten sich aufgrund einer gemeinsamen Grenze mit Russland, fehlender oder mangelhafter eigener Verteidigungsfähigkeiten und historischer Erfahrungen mit sowjetischer Besatzung und Dominanz stärker von Russland bedroht fühlen und daher eine stärkere Zusammenarbeit in der Sicherheits- und Verteidigungspolitik unterstützen.

In Bezug auf die individuellen Bedrohungswahrnehmungen und das Sicherheitsempfinden ist zu erwarten, dass Personen, die sich stärker bedroht bzw. unsicher fühlen, die Kooperation im Rahmen der GSVP nachhaltiger unterstützen. Dies zeigt sich beispielsweise in den Untersuchungen von Schoen (2008). Die GSVP oder die Europäische Armee werden also gemäß dieser Hypothese als Instrumente angesehen, um gemeinsam zusätzliche Möglichkeiten zu schaffen, potenzielle Bedrohungen fernzuhalten. In den Analysen werden dafür verschiedene sicherheitsrelevante Bedrohungswahrnehmungen berücksichtigt (Terrorismus, Massenvernichtungswaffen, militärischer Angriff, Atombomben in der Hand von Iran oder Nordkorea). Neben diesen bereichsspezifischen Kosten-Nutzen-Aspekten soll ein Indikator verwendet werden, der den allgemeinen Nutzen der europäischen Integration für das eigene Land abdeckt. Zum einen ist es möglich, dass es Übersprungs- (Spill-over-) Effekte von allgemeinen Kosten-Nutzen-Erwägungen hinsichtlich der europäischen Integration auf einzelne politische Maßnahmen gibt. Zum anderen ist der konkrete militärische Nutzen der EU noch nicht empirisch belegt und angesichts der quasi symbiotischen Beziehung mit der NATO (siehe 2.1) ohnehin schwer zu erfassen. Insofern sollten Bürgerinnen und Bürger, welche den allgemeinen Nutzen der europäischen Integration für das eigene Land positiv bewerten, weitergehende politische Schritte zur Zusammenarbeit positiv bewerten.³

---

2   Der differenzierten Berücksichtigung der strategischen Kultur der Länder mit Einzelindikatoren wird hier der Vorzug gegeben vor einer Verwendung eines Gesamtindikators der strategischen Kultur, wie er beispielsweise bei Biehl et al. (2013) für die europäischen Länder entwickelt wird.
3   Die Einbeziehung allgemeiner Kosten-Nutzen-Überlegungen stellt zudem einen harten Test für eigenständige bereichsspezifische utilitaristische Erwägungen dar. Ein

Die Grundannahme performanzbasierter Erklärungsansätze ist, dass die Bewertung der Leistungen der europäischen Institutionen eine große Rolle für die allgemeine Unterstützung der europäischen Integration oder integrationsbezogener Maßnahmen spielt (z.B. Karp/Bowler 2006; Rohrschneider 2002). Als Indikatoren werden in der Regel Demokratiezufriedenheit oder Institutionenvertrauen verwendet. Zudem wird zwischen allgemeinen und bereichsspezifischen Indikatoren unterschieden. Häufig werden allerdings nur Erstere verwendet. Generell gilt, dass im Einklang mit den vorliegenden Forschungsergebnissen größeres Vertrauen oder ein höheres Niveau der Zufriedenheit zu einer positiveren Einstellung zur europäischen Integration und Zusammenarbeit führen sollte (Karp/Bowler 2006; Schoen 2008). Im Eurobarometer 84.3 liegen neben den allgemeinen Indikatoren bereichsspezifische Variablen zur Außen- und Sicherheitspolitik vor, die im Grenzbereich zwischen nutzenbezogenen und performanzbasierten Einstellungen liegen, aber hier dem zweiten Bereich zugeordnet werden, weil die Formulierung der Items den Befragten die Bewertung der konkreten empirischen Leistungen der EU im Politikfeld Sicherheits- und Verteidigungspolitik nahelegt (siehe Anhang). So kann man davon ausgehen, dass diejenigen, die Frieden in Europa als den größten Erfolg der EU ansehen und diejenigen, die der EU Geltung in der Welt zuschreiben, eine Vertiefung der GSVP und die Schaffung einer Europäischen Armee eher befürworten. Grundsätzlich könnte man, besonders für die letzte der beiden Einstellungen, auch eine umgekehrte kausale Wirkungsweise annehmen, denn unbestreitbar würde die Geltung der EU in der Welt zunehmen, wenn es zu einer Verstärkung und Intensivierung der Kooperation in der Sicherheits- und Verteidigungspolitik käme bzw. eine Europäische Armee entstehen würde.

Identität und Identifikation mit der eigenen Nation bzw. Europa sind der letzte Strang aus der Forschung zu europaspezifischen Einstellungen, auf den an dieser Stelle eingegangen werden soll. Die Relevanz von Identifikationsprozessen mit Kollektiven als besonders relevanter Teil der sozialen Identität ist in vielen Zusammenhängen belegt worden und gilt auch im Bereich der Außen- und Sicherheitspolitik (z.B. Herrmann et al. 2009; Mader/Pötzschke 2014;

---

weiteres mögliches utilitaristisches Motiv ist, dass die Schaffung einer Europäischen Armee oder die verstärkte Kooperation in der Sicherheits- und Verteidigungspolitik helfen, Geld zu sparen und eine Reduzierung der nationalen Verteidigungsbudgets erlauben. Dieser Aspekt kann in diesem Beitrag allerdings nicht empirisch geprüft werden.

Sniderman et al. 2004). Identifikation bzw. Identität beeinflusst politische Wahrnehmungen, Einstellungen und politisches Verhalten. Für die Forschung zu europaspezifischen Einstellungen ist die Unterscheidung zwischen der Intensität der Identifikation und dem Inhalt der Identifikation von Bedeutung (Schoen 2008). Die Befunde sind eindeutig: Stärkere Identifikation mit Europa oder der EU führt zu pro-europäischen Einstellungen, während eine stärkere Identifikation mit dem eigenen Land sich in größerer Integrationsskepsis niederschlägt. Auch zeigt sich, dass diejenigen, die der nationalen den Vorrang vor der europäischen Identität geben, ebenfalls eher gegen weitere Integration und Zusammenarbeit sind (z.b. Hooghe/Marks 2005; Karp/Bowler 2006; Magalhães 2012; Ray/Johnston 2007; Schoen 2008).[4]

Aus dem Bereich der Forschung zu außen- und sicherheitspolitischen Einstellungen kommen die weiteren Prädiktoren, die in den Analysen verwendet werden. Dazu gehören die sogenannten außen- und sicherheitspolitischen Grundorientierungen. Diese beziehen sich auf stetig wiederkehrende Themen und Probleme in den internationalen Beziehungen, nämlich das Ausmaß der internationalen Involvierung eines Landes, die Wahl der außen- und sicherheitspolitischen Mittel und die Kooperationsbereitschaft mit anderen Ländern. Daraus ergeben sich die drei Dimensionen Isolationismus vs. Internationalismus, Militarismus vs. Pazifismus und Multilateralismus vs. Unilateralismus. Isolationisten bevorzugen, dass sich ihr Land möglichst aus der internationalen Politik heraushält, während Internationalisten eine aktive Beteiligung an der Lösung weltweiter Problemlagen befürworten. Pazifisten lehnen militärische Gewalt als Mittel der Außen- und Sicherheitspolitik ab, während Militaristen den bewaffneten Einsatz der Streitkräfte als Teil des außenpolitischen Instrumentenkastens betrachten. Unilateral orientierte Personen sind skeptisch gegenüber der Kooperation mit anderen Ländern, während Multilateralisten internationale Probleme und Krisen bevorzugt in Zusammenarbeit mit anderen Nationen lösen möchten. Verschiedene Studien können zeigen, dass es sich bei den Grundorientierungen um zentrale Konstrukte

---

4   Schoen kann zudem einen Interaktionseffekt zwischen exklusiver nationaler Identität und Bedrohungswahrnehmungen belegen. Nur für Personen, die keine externen Bedrohungen wahrnehmen, hat nationale Identität einen negativen Effekt auf die Unterstützung verschiedener Maßnahmen, die zu einer engeren GSVP führen (Schoen 2008). Dieser Interaktionseffekt wird in diesem Beitrag allerdings nicht untersucht, weil das Ziel vor allem ist, den Erklärungsbeitrag einzelner Gruppen von Indikatoren zu analysieren.

in den Einstellungssystemen von Individuen handelt. Wegen der hierarchischen Struktur außen- und sicherheitspolitischer Einstellungen (Hurwitz/ Peffley 1987; Mader 2015; Rattinger 1996) werden spezifische Einstellungen von diesen Grundhaltungen abgeleitet (z.B. Mader 2017; Rattinger et al. 2016). Dies sollte auch für Einstellungen zur GSVP und zur Europäischen Armee gelten. Folgende Effekte sind für die Grundorientierungen zu erwarten: Da Personen mit einer stärkeren Präferenz für militärische Lösungen konservativere politische Einstellungen und Wertorientierungen haben sowie eine stärker verwurzelte nationale Identität aufweisen (z.B. Mader 2015; Mader/ Pötzschke 2014; Pötzschke et al. 2012), sollte Militarismus dazu führen, eine stärkere Kooperation im Bereich der Sicherheits- und Verteidigungspolitik eher abzulehnen.[5] Für Multilateralismus und Internationalismus ist anzunehmen, dass Personen mit einer hohen Ausprägung auf diesen beiden Grundorientierungen eher die GSVP oder die Schaffung einer Europäischen Armee befürworten, da sie grundsätzlich offen gegenüber Kooperation und internationaler Zusammenarbeit sind (gleichlautende empirische Ergebnisse: Mader 2015; Rattinger 1996).

In den Analysen des Datensatzes aus dem Projekt „Strategische Kulturen" werden noch drei weitere Einstellungen verwendet, die sich keinem der vier bisher präsentierten Ansätze zuordnen lassen. Die Einstellungen zur Kooperation mit den USA bzw. mit anderen Mitgliedsstaaten der NATO sollten relativ eng mit der Grundorientierung Multilateralismus zusammenhängen und daher positiv auf die beiden untersuchten Einstellungen zur GSVP wirken. In der Diskussion über die Zentralität politischer Einstellungen wird sogar angenommen, dass es sich beim Konzept des Atlantizismus, dem die beiden Indikatoren zugeordnet werden können, um eine weitere, eigenständige Grundorientierung handelt (Asmus et al. 2005; Mader 2015, 2017). Allerdings wäre für die beiden genannten Variablen auch der entgegengesetzte Zusammenhang nicht unplausibel, wenn Bürgerinnen und Bürger die Kooperation mit verschiedenen Partnern bzw. in verschiedenen Bündnissen als sich gegenseitig ausschließend betrachten, also eine stärkere Kooperation mit den USA auf Kosten der europäischen Zusammenarbeit gehen würde. Diese Nebenbedingung kann hier allerdings nicht empirisch überprüft

---

5   Im Datensatz „Strategische Kulturen" sind keine Variablen zu Identität oder Wertorientierungen enthalten, so dass Militarismus den genannten direkten Effekt haben sollte.

werden. Zuletzt wird die Einstellung zu den nationalen Streitkräften einbezogen, die ebenfalls eine zentrale Determinante spezifischer außen- und sicherheitspolitischer Einstellungen ist (Biehl 2015, 2016) und insbesondere für die Einstellung zur Einführung einer Europäischen Armee relevant sein sollte. Hier ließen sich ebenfalls Hypothesen in zwei Richtungen denken. Einerseits könnte eine positive Bewertung der eigenen Streitkräfte in einer nationalen bzw. nationalistischen Ausprägung dazu führen, dass man sich gegen weitere Integrationsschritte positioniert. Andererseits könnte in Anbetracht der fortgeschrittenen militärischen Integration der meisten Streitkräfte in NATO-, aber auch EU-Strukturen eine solche positive Bewertung förderlich für Einstellungen zur GSVP oder einer Europäischen Armee sein. Insgesamt erlaubt die Verwendung von zwei Datensätzen zu zwei verschiedenen Zeitpunkten und die Berücksichtigung einer Vielzahl von Konzepten und Operationalisierungen eine umfassende Analyse der Determinanten von Einstellungen zur GSVP.

3   Daten und Operationalisierung

Für die Analysen dieses Beitrages wird auf zwei Datensätze zurückgegriffen. Beim ersten handelt es sich um das Eurobarometer 84.3. Die Befragung wurde mit Hilfe computergestützter persönlicher Interviews (CAPI: Computer-Assisted Personal Interview) im Zeitraum zwischen dem 7. und 17. November 2015 in allen 28 EU-Mitgliedsländern durchgeführt. Die in der Studie ebenfalls einbezogenen Befragten aus den Beitrittskandidatenländern werden in den folgenden Analysen nicht berücksichtigt, da für Bürgerinnen und Bürger aus Ländern wie der Türkei oder Montenegro die Frage einer Vertiefung der GSVP und die Schaffung einer Europäischen Armee in noch stärkerem Maße hypothetisch ist als für die Bevölkerung in Ländern, die schon Mitglied in der EU sind. Die Eurobarometer werden im Auftrag der Europäischen Kommission erhoben und enthalten eine Vielzahl von Variablen zur europäischen Integration und zur EU. Die Untersuchungspopulation sind dabei alle Personen ab 15 Jahren mit einem Wohnsitz in den EU-Ländern. In allen Ländern außer Luxemburg, Zypern und Malta wurden mindestens 1 000 Interviews durchgeführt. Für die hier vorgelegten Analysen werden die Daten mit einem Repräsentativgewicht gewichtet, das auf der Basis der Einwohnerzahl die richtigen Proportionen zwischen den Mitgliedsländern wieder herstellt und zudem soziodemografische Faktoren enthält. Die Befragten aus Ost- und Westdeutschland sowie aus Großbritannien und Nordirland werden in jeweils einer Kategorie zusammengefasst.

In diesem Datensatz wird die Einstellung zu einer gemeinsamen Verteidigungspolitik dichotom erhoben, d.h. die Befragten können lediglich angeben, ob sie diesem Vorhaben zustimmen oder es ablehnen. Die Einstellung zur Europäischen Armee wurde ursprünglich mit einer 4-er Zustimmungsskala erhoben, aus Konsistenzgründen mit der anderen Einstellung bzw. dem zweiten Datensatz aber dichotomisiert. Die deskriptiven Statistiken für die abhängigen wie die unabhängigen Variablen befinden sich in Tabelle 1. Für die unabhängigen Variablen gilt, dass sie in der Regel auf einen Wertebereich zwischen 0 und 1 rekodiert wurden. Einzige Ausnahme ist das Alter mit einem Wertebereich zwischen 15 und 99 Jahren. Anhand der Mittelwerte zeigt sich eine große Zustimmung zu den beiden betrachteten Aspekten der GSVP. Am stärksten befürworten die Befragten eine Gemeinsame Verteidigungspolitik

Tabelle 1: Deskriptive Statistiken der relevanten Variablen im EB 84.3

Variable	%	Mw.	SD
Gemeinsame Verteidigungspolitik	78,8	–	–
Europäische Armee	57,2	–	–
Nuklearwaffen	24,7	–	–
Neutrales Land	5,7	–	–
Landesinteressen respektiert	–	0,46	0,28
Frieden größter Erfolg EU	34,7	–	–
EU zählt in der Welt	–	0,62	0,26
Demokratiezufriedenheit EU	–	0,47	0,26
Institutionenvertrauen EU	–	0,32	0,46
Nationale Identität	–	0,83	0,22
Identifikation Nation vs. EU	–	0,78	0,21
Links-Rechts-Selbsteinstufung	–	0,46	0,24
Frau	51,8	–	–
Alter	–	48,34	18,75
Niedrige Bildung	19,0	–	–
Hohe Bildung	28,6	–	–

Anmerkungen: Wertebereich aller Variablen [0;1], bis auf Alter [15;99]; N variiert zwischen 22 344 und 27 681. Weitere Informationen zum Fragewortlaut und zur Operationalisierung finden sich im Anhang.
Datenbasis: EB 84.3/ZA 6643 V2.0.

©ZMSBw
08066-01

(78,8 Prozent Zustimmung). Die Einführung einer Europäischen Armee wird von 57,2 Prozent der Befragten unterstützt. Der zweite Datensatz stammt aus dem Projekt „Strategische Kulturen", das 2010 vom damaligen Sozialwissenschaftlichen Institut der Bundeswehr (SOWI) durchgeführt wurde. Die Daten wurden mit einer telefonischen Befragung (CATI: Computer-Assisted Telephone Interview) in acht europäischen Ländern (Deutschland, Großbritannien, Frankreich, Schweden, Spanien, Österreich, Türkei und Tschechien) zwischen dem 6. Oktober und 6. Dezember 2010 erhoben. Wie für den ersten Datensatz wurden die Befragten aus der Türkei ausgeschlossen, weil dieses Land nicht Mitglied der EU ist und die Frage nach der GSVP bzw. der Europäischen Armee abhängig vom gegenwärtig sehr unwahrscheinlichen Beitritt zur EU ist. Die Grundgesamtheit dieser Studie bildeten alle Bürgerinnen und Bürger ab 16 Jahren in über Festnetzanschlüsse erreichbaren Privathaushalten. In Tschechien wurden für die Stichprobe auch Mobilfunknummern einbezogen (Dual Frame-Studie). Die Stichprobengröße beträgt jeweils etwa 1 000 Befragte. Auch für diesen Datensatz wird ein Gewicht verwendet, das auf der Basis der Einwohnerzahl die richtigen Proportionen zwischen den Mitgliedsländern herstellt und weitere soziodemografische Faktoren berücksichtigt.

Die Einstellungen zu einer Gemeinsamen Verteidigungspolitik sowie zu einer Europäischen Armee dienen als abhängige Variablen. Beide wurden mit einer 5-stufigen Likert-Skala erhoben, die aus Konsistenzgründen zum EB 84.3 dichotomisiert wurden. Dabei wurden die Antwortausprägungen „stimme eher zu" und „stimme vollkommen zu" zur Ausprägung 1 (Unterstützung) zusammengefasst, während „teils-teils", „lehne eher ab" und „lehne vollkommen ab" die Ausprägung 0 (Ablehnung) bilden. Die deskriptiven Statistiken für die abhängigen wie die unabhängigen Variablen befinden sich in Tabelle 2. Für die unabhängigen Variablen gilt auch für diesen Datensatz, dass sie in der Regel auf einen Wertebereich zwischen 0 und 1 rekodiert wurden. Ausnahme ist wiederum das Alter, das einen Wertebereich zwischen 16 und 96 Jahren hat. Was die abhängigen Variablen angeht, zeigt sich in diesen Daten wieder eine große Unterstützung für eine Gemeinsame Verteidigungspolitik (77,0 Prozent Zustimmung), während eine Europäische Armee von weniger als der Hälfte der Befragten befürwortet wird (47,9 Prozent).

Tabelle 2: Deskriptive Statistiken der relevanten Variablen in der Studie „Strategische Kulturen"

Variable	%	Mw.	SD
Gemeinsame Verteidigungspolitik	77,0	–	–
Europäische Armee	47,9	–	–
Nuklearwaffen	43,9	–	–
Neutrales Land	6,3	–	–
Sicherheitsempfinden persönlich	–	0,72	0,24
Sicherheitsempfinden national	–	0,59	0,25
Bedrohungswahrnehmung Terrorismus	–	0,41	0,29
Bedrohungswahrnehmung Massenvernichtungswaffen	–	0,45	0,31
Bedrohungswahrnehmung militärischer Angriff	–	0,26	0,27
Bedrohungswahrnehmung Atombomben Iran/Nordkorea	–	0,49	0,32
Internationalismus	–	0,53	0,25
Multilateralismus	–	0,53	0,22
Militarismus	–	0,39	0,23
Kooperation mit USA	–	0,44	0,31
Kooperation mit NATO	–	0,64	0,30
Einstellung Streitkräfte	–	0,70	0,24
Links-Rechts-Selbsteinstufung	–	0,47	0,25
Frau	51,6	–	–
Alter	–	46,74	17,99
Niedrige Bildung	20,0	–	–
Hohe Bildung	24,2	–	–

Anmerkungen: Wertebereich aller Variablen [0;1], bis auf Alter [16;96]; N variiert zwischen 6 382 und 7 014. Weitere Informationen zum Fragewortlaut und zur Operationalisierung finden sich im Anhang.
Datenbasis: „Strategische Kulturen" 2010.

©ZMSBw
08067-01

4 Analysen

Vor den multivariaten Analysen sollen zunächst die Länderunterschiede in den als abhängige Variable verwendeten Einstellungen zur GSVP betrachtet werden. Die Tabellen 3 und 4 enthalten die Mittelwerte nach Ländern, getrennt für die beiden Datensätze. Für die Gemeinsame Verteidigungspolitik zeigt sich im Eurobarometer 84.3 ein sehr hohes Zustimmungsniveau. Spitzenreiter sind hier Litauen (92,9 Prozent) und Estland (90,4 Prozent), die beide direkt an Russland angrenzen und für ihre Verteidigung auf die Unterstützung von Verbündeten angewiesen sind. In den anderen Ländern variiert die Zustimmung zwischen 60 und 90 Prozent. Am Ende der Länderliste liegen Schweden (60,1 Prozent) sowie Österreich (63,3 Prozent), Irland (65,9 Prozent) und Großbritannien (67,3 Prozent), also Länder, die neutral oder traditionell europaskeptisch sind. Insgesamt deutlich weniger euphorisch sind die Bürgerinnen und Bürger hinsichtlich der Gründung einer Europäischen Armee. In einer Reihe von Ländern gibt es für dieses Vorhaben keine mehrheitliche Unterstützung. Dazu gehören die nordischen Länder, Zypern, Österreich, Großbritannien und Irland, also auch hier wieder Staaten, die entweder eine lange Tradition der Neutralität oder größerer Vorsicht gegenüber weiterer europäischer Integration aufweisen. Deutliche Mehrheiten von über 70 Prozent für dieses Vorhaben sind in Rumänien, Belgien, Bulgarien,

Tabelle 3: Zustimmung zu verschiedenen Aspekten der GSVP in den EU-Ländern 2015

Land	Gemeinsame Verteidigungspolitik	Europäische Armee
Belgien	84,7	75,0
Bulgarien	80,5	72,0
Dänemark	71,5	46,3
Deutschland	82,2	51,0
Estland	90,4	63,0
Finnland	73,7	46,4
Frankreich	83,4	66,6
Griechenland	73,1	50,6
Großbritannien	67,3	35,9
Irland	65,9	40,2
Italien	77,1	60,2
Kroatien	76,5	67,6
Lettland	87,5	66,0
Litauen	92,9	72,7
Luxemburg	85,3	65,7
Malta	84,9	65,6
Niederlande	81,0	69,1
Österreich	63,3	44,8
Polen	81,4	72,4
Portugal	79,1	50,5
Rumänien	85,0	75,7
Schweden	60,1	34,8
Slowakei	82,5	56,3
Slowenien	80,3	60,3
Spanien	87,2	53,4
Tschechien	69,9	60,2
Ungarn	68,4	64,1
Zypern	84,6	45,9
Gesamt	78,2	57,8

Anmerkungen: Angaben in Prozent. Gesamt-Mittelwerte unterscheiden sich von Tabelle 1 wegen der Verwendung unterschiedlicher Gewichte.
Datenbasis: EB 84.3/ZA 6643 V2.0.

©ZMSBw
08068-01

Polen und Litauen zu finden, also insbesondere in Ländern im Osten Europas. Daher wird in den folgenden Analysen zusätzlich eine dichotome Variable eingeschlossen, die angibt, ob der Befragte aus einem osteuropäischen Land kommt oder nicht.

Betrachtet man die Werte aus der „Strategische Kulturen"-Studie, die im Jahr 2010 durchgeführt wurde, zeigt sich für die Gemeinsame Verteidigungspolitik ein ähnlich hohes Zustimmungsniveau. In allen sieben Ländern gibt es eine breite Unterstützung mit Werten zwischen 64,1 Prozent (Großbritannien) und 89,6 Prozent (Spanien). Wesentlich skeptischer sind die Bürgerinnen und Bürger gegenüber der Gründung einer Europäischen Armee. In Schweden sind nur 23,6 Prozent für dieses Vorhaben. Auch in Großbritannien (31,4 Prozent), Deutschland (37,2 Prozent), Österreich (37,4 Prozent) und Tschechien (42,1 Prozent) gibt es dafür keine Mehrheit. Einzig die Spanier (68,7 Prozent) und die Franzosen (69,5 Prozent) sprechen sich mehrheitlich dafür aus. Während das Unterstützungsniveau in Frankreich und Großbritannien im Vergleich zwischen 2010 und 2015 nahezu gleich geblieben ist, hat es in Spanien als einzigem Land abgenommen. Die übrigen Länder weisen einen Anstieg auf, der zwischen etwa 7 Prozentpunkten in Österreich und etwa 18 Prozentpunkten in Tschechien variiert. Unterschiede im Zustimmungsniveau zwischen beiden Datensätzen könnten alleine durch den divergierenden Erhebungszeitpunkt entstanden sein. Das sicherheitspolitische Umfeld zwischen 2010 und 2015 hat sich deutlich gewandelt und die EU ist, wie bereits in der Einleitung geschildert, mit zahlreichen neuen Herausforderungen konfrontiert, so dass sich die Kalküle der Bürgerinnen und Bürger hinsichtlich einer verstärkten sicherheitspolitischen Zusammenarbeit möglicherweise geändert haben. Die Ergründung der Ursachen für die Verschiebungen steht allerdings nicht im Mittelpunkt dieses Beitrages, da die Modelle für beide Datensätze nur eingeschränkt vergleichbar sind.

Tabelle 4: Zustimmung zu verschiedenen Aspekten der GSVP in den Ländern der „Strategische Kulturen"-Studie 2010

Land	Gemeinsame Verteidigungspolitik	Europäische Armee
Deutschland	76,5	37,2
Frankreich	82,4	69,5
Großbritannien	64,1	31,4
Österreich	75,2	37,4
Schweden	65,4	23,6
Spanien	89,6	68,7
Tschechien	80,2	42,1
Gesamt	76,2	44,2

Anmerkungen: Angaben in Prozent. Gesamt-Mittelwerte unterscheiden sich von Tabelle 2 wegen der Verwendung unterschiedlicher Gewichte.
Datenbasis: „Strategische Kulturen" 2010.
©ZMSBw
08069-01

Im Folgenden werden die Ergebnisse der multivariaten Analysen für beide Datensätze präsentiert. Aufgrund der dichotomen bzw. aus Vergleichsgründen dichotomisierten abhängigen Variablen wurden logistische Regressionen berechnet. Die Tabellen 5 und 6 enthalten die Effektkoeffizienten (b-Werte) sowie die marginalen Effekte. Die marginalen Effekte sind deutlich leichter zu interpretieren, da sie Wahrscheinlichkeitsveränderungen für die jeweilige Einstellung angeben. Der Wert in der entsprechenden Zeile gibt die Wahrscheinlichkeitsdifferenz an, wenn die jeweilige Variable zwischen Mittelwert minus 2 Standardabweichungen und Mittelwert plus 2 Standardabweichungen variiert wird (metrische Variablen) bzw. das Merkmal vorliegt oder nicht vorliegt (dichotome Variablen). Die anderen Variablen werden auf den Modus (dichotome Variablen) oder Mittelwert gesetzt. Mit Hilfe des Eurobarometer 84.3 können vor allem Erklärungsansätze aus der Forschung zu europaspezifischen Einstellungen getestet werden (Tabelle 5). Mit den Daten aus dem Projekt „Strategische Kulturen" kann besonders die Relevanz von Bedrohungswahrnehmungen, Sicherheitsempfinden und außen- und sicherheitspolitischen Grundorientierungen geprüft werden (Tabelle 6). Die Analysen wurden aufgrund der Mehrebenenstruktur der Daten mit robusten Standardfehlern berechnet. So werden die Einflussfaktoren der nationalen Kontexte (etwa der strategischen oder politischen Kultur) implizit einbezogen, die nicht explizit als unabhängige Variablen in den Analysen berücksichtigt werden können und präzisere Schätzungen der Effektkoeffizienten ermöglicht, ohne ein Mehrebenenmodell berechnen zu müssen.

Die Ergebnisse in Tabelle 5 zeigen, dass Prädiktoren aus allen drei berücksichtigten Ansätzen (Utilitarismus, Performanz, Identität) zur Erklärung der individuellen Präferenz für oder gegen die GSVP bzw. eine Europäische Armee beitragen. Bürger aus Ländern mit Nuklearwaffen und mit Neutralitätsstatus lehnen beide Vorhaben eher ab. Damit scheint sich die lange historische Neutralitätstradition selbst unter Kontrolle anderer relevanter Einstellungen in den hier untersuchten Einstellungen niederzuschlagen. Im Vergleich zu den anderen Befragten haben die Bürger aus neutralen Ländern eine um mindestens 17,7 Prozentpunkte geringere Wahrscheinlichkeit, eines der Einigungsvorhaben zu unterstützen. Bürger aus osteuropäischen Ländern lehnen die GSVP eher ab und scheinen somit eher auf die Beistandsgarantie der NATO und insbesondere der USA zu vertrauen. Die Schaffung einer Europäischen Armee wird von Befragten in Osteuropa um fast 10 Prozentpunkte besser bewertet als in Westeuropa. Auch der vierte utilitaristische Indikator, der abbildet, ob die Interessen des Landes innerhalb der EU respektiert werden, hat einen Einfluss auf die untersuchten Einstellungen. Bürger, die eine stärkere Akzeptanz der Interessen wahrnehmen, stehen der Gemeinsamen Verteidigungspolitik und der Bildung einer Europäischen Armee positiv gegenüber. Allerdings ist der Einfluss im Modell für die Erklärung einer Einstellung zur Europäischen Armee mit einem marginalen Effekt von 19,3 Prozentpunkten deutlich stärker. Damit werden die Erwartungen hinsichtlich der utilitaristischen Erklärungsansätze weitgehend bestätigt.

Ähnlich ist das Bild für die performanzbasierten Prädiktoren. Personen, die zustimmen, dass Frieden der größte Erfolg der EU ist und die EU in der Welt zählt, unterstützen den Ausbau der Gemeinsamen Verteidigungspolitik eher. Besonders stark ist der Effekt der zweiten Variable mit einem Zuwachs der vorhergesagten Wahrscheinlichkeit von 15,2 Prozentpunkten. Allerdings zeigt sich kein statistisch signifikanter bzw. nur ein kleiner Effekt der beiden Variablen auf die Unterstützung für eine Europäischen Armee. Die beiden anderen Performanzindikatoren Demokratiezufriedenheit und Institutionenvertrauen sind hingegen für die beiden politischen Maßnahmen relevant. Höhere Zufriedenheit und größeres Vertrauen führen dazu, die Vorhaben stärker zu unterstützen. Besonders erklärungsstark ist die Demokratiezufriedenheit. Variiert man diese zwischen den genannten Werten, vergrößert sich die Wahrscheinlichkeit, einer der beiden Maßnahmen zuzustimmen, um

16,3 bzw. 32,6 Prozentpunkte. Im Modell zur Erklärung der Einstellung zur Europäischen Armee ist sie damit mit großem Abstand die erklärungsstärkste Variable.

Auch die identitätsbezogenen Indikatoren spielen eine Rolle für eine Erklärung der drei Einstellungen. Überraschenderweise führt eine stärkere nationale Identität zu einer Präferenz für eine Gemeinsame Verteidigungspolitik sowie für eine Europäische Armee. Hier wäre ein umgekehrter Effekt zu erwarten gewesen. Dieser zeigt sich allerdings im Hinblick auf konkurrierende

Tabelle 5: Erklärung von Einstellungen zur GSVP und zur Europäischen Armee 2015

Variable	Gemeinsame Verteidigungspolitik		Europäische Armee	
	b	Marginaler Effekt	b	Marginaler Effekt
Utilitarismus				
Nuklearwaffen	-0,24[b]	-3,7%	-0,20[b]	-5,0%
Neutrales Land	-1,06[c]	-19,9%	-0,72[c]	-17,7%
Osteuropa	-0,37[c]	-5,8%	0,42[c]	+9,9%
Landesinteressen respektiert	0,36[b]	+4,6%	0,87[c]	+19,3%
Performanz				
Frieden größter Erfolg EU	0,38[c]	+4,6%	0,13[a]	+3,1%
EU zählt in der Welt	1,14[c]	+15,2%	0,22	+4,8%
Demokratiezufriedenheit EU	1,19[c]	+16,3%	1,40[c]	+32,6%
Institutionenvertrauen EU	0,43[c]	+5,8%	0,18[b]	+4,4%
Identität				
Nationale Identität	0,41[b]	+3,7%	0,27[a]	+4,0%
Identifikation Nation vs. EU	-1,14[c]	-9,6%	-0,90[c]	-13,8%
Sonstige Variablen				
Links-Rechts-Selbsteinstufung	0,10	+1,3%	0,34[b]	+7,8%
Frau	-0,02	-0,2%	-0,17[b]	-4,2%
Alter	0,00	+1,8%	0,00	+5,0%
Niedrige Bildung	-0,03	-0,5%	0,00	+0,1%
Hohe Bildung	-0,07	-1,0%	-0,06	-1,5%
Konstante	0,38	–	-0,66[c]	–
McFaddens korrigiertes R^2	0,10		0,09	
N	17 838		17 833	

Anmerkungen: Logistische Regression, nicht-standardisierte Koeffizenten. Marginaler Effekt: Der Wert in der entsprechenden Zeile gibt die Wahrscheinlichkeitsveränderung an, wenn die jeweilige Variable zwischen Mittelwert minus 2 Standardabweichungen und Mittelwert plus 2 Standardabweichungen variiert wird (metrische Variablen) bzw. das Merkmal vorliegt oder nicht vorliegt (dichotome Variablen). Wird der Wertebereich bei metrischen Variablen nach unten oder oben unter- oder überschritten, werden statt dessen Skalenminimum oder -maximum verwendet. Die anderen Variablen werden dafür auf den Modus (dichotome Variablen) oder Mittelwert gesetzt. Signifikanzniveaus: a: p<0,05; b: p<0,01; c: p<0,001.
Datenbasis: EB 84.3/ZA 6643 V2.0.

©ZMSBw
08070-01

Identitäten. Diejenigen, die sich zuerst als Bürger ihres Landes und dann erst als Europäer sehen, stehen beiden Vorhaben skeptischer gegenüber. Für die Position zur Europäischen Armee spielen zusätzlich ideologische Orientierung und Geschlecht eine Rolle. Während Rechte eher für die Schaffung einer Europäischen Armee sind, zeigen Frauen unter Kontrolle der anderen Variablen im Modell eine um 4,2 Prozentpunkte geringere Wahrscheinlichkeit, diesen Integrationsschritt zu unterstützen.

Tabelle 6 zeigt die Analyseergebnisse für die Daten aus der Studie „Strategische Kulturen" aus dem Jahr 2010. Bürger aus den beiden Nuklearmächten Westeuropas stehen der Gemeinsamen Verteidigungspolitik kritisch gegenüber, begrüßen allerdings eine Europäische Armee. Blickt man auf die länderspezifischen Mittelwerte in Tabelle 4 ist dieser Effekt vor allem auf die starke Unterstützung dieses Vorhabens in Frankreich zurückzuführen. Auch der Neutralitätsstatus spielt eine Rolle: Die Befragten in Österreich und Schweden sind vor allem gegen eine gemeinsame Europäische Armee (-11,6 Prozentpunkte), für die Einstellung zur Gemeinsamen Verteidigungspolitik zeigt sich kein so starker Effekt (-6,4 Prozentpunkte). Gemessen an den marginalen Effekten sind die Einflüsse dieser utilitaristischen Prädiktoren im Vergleich zum Modell für 2015 deutlich erklärungsschwächer. Die Herkunft eines Befragten aus Osteuropa hat keine Bedeutung für die beiden Einstellungen. Sicherheitsempfinden und Bedrohungswahrnehmungen spielen für die beiden Einstellungen zur Europäischen Armee überhaupt keine Rolle, für die Einstellung zur GSVP zeigt sich nur ein statistisch signifikanter Effekt. Personen, die sich stärker von Massenvernichtungswaffen bedroht fühlen, unterstützen die GSVP stärker (+12,0 Prozentpunkte). Die Hypothesen werden also für die genannten Prädiktoren weitgehend nicht bestätigt. Einerseits sind diese utilitaristischen Indikatoren stark situativ beeinflusst (vgl. den Beitrag von Biehl und Rothbart in diesem Band; Höfig 2016, 2017), so dass bei generellen Veränderungen der Sicherheitslage Effekte auf Einstellungen zur GSVP auftreten könnten. Die verwendeten Daten stammen aus dem Jahr 2010. Nach den zahlreichen Terroranschlägen in Europa in den letzten Jahren und der angespannten Sicherheitslage im Hinblick auf Russland könnte es durchaus sein, dass Bedrohungswahrnehmungen und Sicherheitsempfinden mittlerweile für Einstellungen im Bereich der GSVP relevant sind. Andererseits handelt es sich bei Sicherheit und Verteidigung, wie in der Einleitung und Abschnitt 2.1 dargestellt, um ein Politikfeld, in dem die Integration im Rahmen der EU noch nicht besonders weit gediehen ist. Daher erscheint es plausibel, dass Unsicherheit oder Bedrohung sich nicht in integrationspolitischen Einstellungen niederschlagen. Die EU ist schlicht noch nicht der institutionelle Rahmen, in dem die durch die Bedrohungswahrnehmungen angesprochenen Probleme adäquat gelöst werden könnten, wie die jüngste Flüchtlingskrise eindrucksvoll gezeigt hat.

Sehr wohl relevant sind die außen- und sicherheitspolitischen Grundorientierungen: Wenig überraschend stehen Personen mit multilateralen Außenpolitikpräferenzen einer weiteren Integration durch eine Stärkung der Gemeinsamen Verteidigungspolitik und der Schaffung einer Europäischen Armee positiv gegenüber. Gemessen mit den marginalen Effekten sind dies fast die stärksten Einflüsse in den beiden Modellen (+18,0 bzw. +13,9 Prozentpunkte). Befragte mit militaristischen Präferenzen lehnen diese beiden politischen Vorhaben eher ab. Für Internationalismus zeigt sich nur im Hinblick auf die GSVP ein positiver statistisch signifikanter Einfluss. Passend zu den Befunden für Multilateralismus sind die Ergebnisse hinsichtlich der beiden Fragen zur Kooperation mit den USA bzw. im Rahmen der NATO. Personen, die dieser Zusammenarbeit positiv gegenüberstehen, möchten stärker im Rahmen der EU sicherheitspolitisch kooperieren. Für die Erklärung der Einstellung zur Europäischen Armee haben diese Orientierungen allerdings entweder keinen oder aber einen schwächeren Einfluss. Ohne Bedeutung für die abhängigen Variablen ist die allgemeine Einstellung zu den Streitkräften. Für die „Strategische Kulturen"-Studie wird also insgesamt nur ein Teil der Hypothesen in Bezug auf die relevanten Prädiktorengruppen bestätigt. Zuletzt sei noch erwähnt, dass Frauen beide Vorhaben eher ablehnen und dass Alter und Bildung die beiden Einstellungen beeinflussen.

Tabelle 6: Erklärung von Einstellungen zur GSVP und zur Europäischen Armee 2010

Variable	Gemeinsame Verteidigungspolitik		Europäische Armee	
	b	Marginaler Effekt	b	Marginaler Effekt
Utilitarismus				
Nuklearwaffen	-0,31[b]	-6,2%	0,22[a]	+5,2%
Neutrales Land	-0,32[b]	-6,4%	-0,56[c]	-11,6%
Osteuropa	0,00	+0,1%	-0,21	-4,7%
Sicherheitsempfinden persönlich	-0,05	-0,7%	-0,26	-4,5%
Sicherheitsempfinden national	0,16	+2,9%	0,27	+5,6%
Bedrohungswahrnehmung Terrorismus	-0,16	-3,0%	0,08	+1,8%
Bedrohungswahrnehmung Massenvernichtungswaffen	0,64[b]	+12,0%	0,29	+6,6%
Bedrohungswahrnehmung militärischer Angriff	-0,21	-3,3%	-0,22	-3,9%
Bedrohungswahrnehmung Atombomben Iran/Nordkorea	0,02	+0,5%	-0,18	-4,2%
Grundorientierungen				
Internationalismus	0,44[a]	+8,2%	0,20	+4,5%
Multilateralismus	1,08[c]	+18,0%	0,70[c]	+13,9%
Militarismus	-0,90[c]	-14,6%	-0,58[b]	-11,1%
Sonstige Variablen				
Kooperation mit USA	0,38[a]	+7,2%	0,13	+3,0%
Kooperation mit NATO	1,02[c]	+19,6%	0,50[b]	+10,7%
Einstellung Streitkräfte	0,13	+2,0%	0,20	+3,5%
Links-Rechts-Selbsteinstufung	-0,18	-3,3%	-0,12	-2,7%
Frau	-0,29[b]	-5,1%	-0,29[c]	-6,8%
Alter	0,01[a]	+9,6%	0,00	+4,0%
Niedrige Bildung	0,19	+3,5%	0,61[c]	+14,7%
Hohe Bildung	0,72[c]	+11,2%	0,64[c]	+15,5%
Konstante	-0,52	–	-1,14[c]	–
McFaddens korrigiertes R^2	0,07		0,04	
N	5 736		5 678	

Anmerkungen: Logistische Regression, nicht-standardisierte Koeffizienten. Marginaler Effekt: Der Wert in der entsprechenden Zeile gibt die Wahrscheinlichkeitsdifferenz an, wenn die jeweilige Variable zwischen Mittelwert minus 2 Standardabweichungen und Mittelwert plus 2 Standardabweichungen variiert wird (metrische Variablen) bzw. das Merkmal vorliegt oder nicht vorliegt (dichotome Variablen). Die anderen Variablen werden dafür auf den Modus (dichotome Variablen) oder Mittelwert gesetzt. Wird der Wertebereich bei metrischen Variablen nach unten oder oben unter- oder überschritten, werden statt dessen Skalenminimum oder -maximum verwendet.
Signfikanzniveaus: a: p<0,05; b: p<0,01; c: p<0,001.
Datenbasis: „Strategische Kulturen" 2010.

©ZMSBw 08071-01

5 Schlussbetrachtung

Dieser Beitrag betrachtete die Einstellungen in verschiedenen europäischen Ländern zur GSVP und zur Einrichtung einer Europäischen Armee und untersuchte die Unterschiede in der Unterstützung für die entsprechenden politischen Vorhaben zwischen den Ländern sowie zwischen den einzelnen Bürgerinnen und Bürgern. Im Vordergrund stand dabei die Frage, welche Faktoren diese außen- und sicherheitspolitischen Einstellungen erklären können. Dabei wurden zum einen einige gängige Erklärungsmodelle und -faktoren aus der Forschung zu europaspezifischen Einstellungen getestet. Zum anderen wurde erstmals der Erklärungsbeitrag außen- und sicherheitspolitischer Grundorientierungen für Einstellungen zu den verschiedenen Aspekten der GSVP untersucht. Dafür wurden Daten des Eurobarometer 84.3 aus dem Jahr 2015 sowie der Studie „Strategische Kulturen" von 2010 verwendet.

Insgesamt zeigt sich eine hohe Zustimmung in vielen Ländern für eine Gemeinsame Sicherheits- und Verteidigungspolitik. Größere Skepsis und substanzielle Unterschiede zwischen den Bürgern aus verschiedenen Ländern bestehen gegenüber der Einrichtung einer Europäischen Armee. Dieses Vorhaben wird in mehreren Ländern mehrheitlich abgelehnt. Die multivariaten Analysen zeigen die Bedeutung der Prädiktoren aus allen vier hier untersuchten Erklärungsansätzen. Utilitaristische, performanzbezogene und identitätsbasierte Prädiktoren können Einstellungen zur GSVP genauso erklären wie außen- und sicherheitspolitische Grundorientierungen. Das heißt, dass Einstellungen in diesem Politikfeld einem komplexen Gefüge von Einflussfaktoren unterliegen und es nicht die eine oder nur wenige Determinanten gibt, die massive Effekte auf die beiden untersuchten Einstellungen haben. Sicherheitsempfinden und Bedrohungswahrnehmungen können hingegen keinen Beitrag zur Erklärung von Einstellungen zur weiteren Integration in diesem Politikfeld leisten. Allerdings stammen die verwendeten Daten für diese Analysen aus dem Jahr 2010, so dass dieses Ergebnis lediglich eine Konsequenz der objektiv anderen Bedrohungslage vor der Vielzahl islamistischer Anschläge in Europa in den Jahren 2015 und 2016, dem Bürgerkrieg in der Ukraine und der verstärkten Konfrontation mit Russland sein kann. Zudem deuten die Befunde von Biehl und Rothbart in diesem Band darauf hin, dass Einstellungen zur Sicherheitslage sowie zu Bedrohungen von den Grundorientierungen beeinflusst werden, Effekte der Variablen zu konkreten Bedrohungen oder Sicherheitsaspekten also verschwinden können, wenn wie im vorliegenden Beitrag auch für die Grundorientierungen kontrolliert wird.

Die Ergebnisse insgesamt zeigen, dass die Berücksichtigung von Indikatoren aus den genannten Determinantengruppen bei der Untersuchung außen- und sicherheitspolitischer Einstellungen im Zusammenhang mit der europäischen Integration sinnvoll ist. Ziel zukünftiger empirischer Studien muss es daher sein, alle relevanten Prädiktoren abzudecken, um so ein adäquateres Bild der komplexen Erklärungsmuster zu erhalten. Zudem erscheint es sinnvoll, noch mehr Faktoren der Makroebene (z.B. Militärausgaben, militärische Stärke, geografische Lage an der EU-Außengrenze) abzudecken, um die teilweise deutlichen Länderunterschiede besser erklären zu können. Aus methodischer Perspektive könnte es gewinnbringend sein, die Mehrebenenstruktur der Daten angemessener zu berücksichtigen und das Wirkungsgefüge zwischen den einzelnen Prädiktoren mit Hilfe von Pfadmodellen oder Interaktionseffekten präziser abzubilden.

Weitere komparative Forschung hinsichtlich der Einstellungen und ihrer Erklärung in diesem Politikbereich ist also notwendig. Die weitestgehend hohe Zustimmung für die hier untersuchten Integrationsmaßnahmen der GSVP zeigt, dass die Bestrebungen der EU-27 zu einer weiteren Vertiefung der Zusammenarbeit im Bereich Sicherheits- und Verteidigungspolitik, die sich exemplarisch auf dem Gipfel in Preßburg/Bratislava am 16. September 2016 zeigten, ein möglicher Schritt sind, um wieder größere Gruppen in der Bevölkerung für die europäische Integration insgesamt zu begeistern. Vor dem Hintergrund des Austritts Großbritanniens, das bisher häufig weitergehende Kooperation im Verteidigungsbereich ver- oder behindert hat und dem wachsenden US-amerikanischen Druck hinsichtlich eines größeren Beitrags der europäischen Staaten für ihre Verteidigung, sind weitere Integrationsschritte äußerst wahrscheinlich (für mögliche Szenarien vgl. z.B. Anderson et al. 2016), bei denen die handelnden Eliten die Bevölkerung mitnehmen müssen. Die Ergebnisse dieses Beitrags zeigen, dass das Potenzial dafür in der europäischen Bevölkerung vorhanden ist.

Literatur

Almond, Gabriel A. (1950): The American people and foreign policy. New York: Praeger.
Anderson, Jan J./Biscop, Sven/Giegerich, Bastian/Mölling, Christian/Tardy, Thierry (2016): Envisioning European defence. Five futures. Chaillot Papers Nr. 137. Paris: EU Institute for Security Studies.
Asmus, Ronald D./Everts, Philip P./Isernia, Pierangelo (2005): The Transatlantic Gap in Public Opinion. In: Jäger/Höse/Oppermann (Hrsg.) 2005: 397–424.
Biehl, Heiko (2015): Support Our Troops!? Unterstützung und Ablehnung von Streitkräften im europäischen Vergleich. In: Biehl/Schoen (Hrsg.) 2015: 237–262.
Biehl, Heiko (2016): Haltungen der Bürgerinnen und Bürger zur Bundeswehr. In: Steinbrecher/Biehl/Höfig/Wanner 2016: 47–61.
Biehl, Heiko/Fiebig, Rüdiger/Giegerich, Bastian/Jacobs, Jörg/Jonas, Alexandra (2011): Strategische Kulturen in Europa. Die Bürger Europas und ihre Streitkräfte. Strausberg: Sozialwissenschaftliches Institut der Bundeswehr.
Biehl, Heiko/Giegerich, Bastian/Jonas, Alexandra (Hrsg.) (2013): Strategic Cultures in Europe. Security and Defence Policies Across the Continent. Wiesbaden: Springer VS.
Biehl, Heiko/Giegerich, Bastian/Jonas, Alexandra (2013): Conclusion. In: Biehl/Giegerich/Jonas (Hrsg.) 2013: 387–401.
Biehl, Heiko/Höfig, Chariklia/Steinbrecher, Markus/Wanner, Meike (2015): Sicherheits- und verteidigungspolitisches Meinungsklima. Ergebnisse und Analysen der Bevölkerungsbefragung 2015. Potsdam: Zentrum für Militärgeschichte und Sozialwissenschaften der Bundeswehr.
Biehl, Heiko/Schoen, Harald (Hrsg.) (2015): Sicherheitspolitik und Streitkräfte im Urteil der Bürger. Theorien, Methoden, Befunde. Wiesbaden: Springer VS.
Carrubba, Clifford J./Singh, Anand (2004): A Decision Theoretic Model of Public Opinion: Guns, Butter, and European Common Defense. In: American Journal of Political Science 48: 2, 218–231.
Downs, Anthony (1957): An Economic Theory of Democracy. New York: Harper.
Gabel, Matthew (1998): Public Support for European Integration: An Empirical Test of Five Theories. In: Journal of Politics 60: 2, 333–354.
Gabel, Matthew/Palmer, Harvey D. (1995): Understanding variation in public support for European integration. In: European Journal of Political Research 27: 1, 3–19.
Giegerich, Bastian (2008): European Military Crisis Management. Connecting ambition and reality. Adelphi Paper 397. London: The International Institute for Strategic Studies.
Giegerich, Bastian (2012): Die NATO. Wiesbaden: Springer VS.
Herrmann, Richard K./Isernia, Pierangelo/Segatti, Paolo (2009): Attachment to the Nation and International Relations: Dimensions of Identity and Their Relationship to War and Peace. In: Political Psychology 30: 5, 721–754.
Hix, Simon/Høyland, Bjørn (2011): The Political System of the European Union. 3. Aufl. Basingstoke und New York: Palgrave Macmillan.
Höfig, Chariklia (2015): Subjektive Sicherheit. In: Biehl/Höfig/Steinbrecher/Wanner 2015: 15–28.
Höfig, Chariklia (2016): Subjektive Sicherheit. In: Steinbrecher/Biehl/Höfig/Wanner 2016: 15–28.

Hooghe, Liesbet/Marks, Gary (2005): Calculation, Community and Cues. Public Opinion on European Integration. In: European Union Politics 6: 4, 419–443.
Hurwitz, Jon/Peffley, Mark (1987): How are foreign policy attitudes structured? A hierarchical model. In: American Political Science Review 81: 4, 1099–1120.
Isernia, Pierangelo/Juhász, Zoltán/Rattinger, Hans (2002): Foreign policy and the rational public in comparative perspective. In: Journal of Conflict Resolution 46: 2, 201–224.
Jacobs, Lawrence R./Page, Benjamin I. (2005): Who influences U.S. foreign policy? In: American Political Science Review 99: 1, 107–123.
Jäger, Thomas/Höse, Alexander/Oppermann, Kai (Hrsg.) (2005): Transatlantische Beziehungen. Sicherheit – Wirtschaft – Öffentlichkeit. Wiesbaden: VS Verlag.
Karp, Jeffrey A./Bowler, Shaun (2006): Broadening and deepening or broadening versus deepening: The question of enlargement and Europe's ‚hesitant Europeans'. In: European Journal of Political Research 45: 3, 369–390.
Kernic, Franz (2009): Public Opinion and European Security. In: Kümmel/Caforio/Dandeker (Hrsg.) 2009: 211–230.
Kümmel, Gerhard/Caforio, Giuseppe/Dandeker, Christopher (Hrsg.) (2009): Armed Forces, Soldiers and Civil-Military Relations. Essays in Honor of Jürgen Kuhlmann. Wiesbaden: VS Verlag für Sozialwissenschaften.
Lippmann, Walter (1922): Public opinion. New York: Macmillan.
Mader, Matthias (2015): Grundhaltungen zur Außen- und Sicherheitspolitik in Deutschland. In: Biehl/Schoen (Hrsg.) 2015: 69–96.
Mader, Matthias (2017): Öffentliche Meinung zu Auslandseinsätzen der Bundeswehr. Zwischen Antimilitarismus und transatlantischer Orientierung. Wiesbaden: Springer VS.
Mader, Matthias/Pötzschke, Jana (2014): National Identities and Mass Belief Systems on Foreign and Security Policy in Germany. In: German Politics 23: 1-2, 59–77.
Magalhães, Pedro C. (2012): The Scope of Government of the European Union: Explaining Citizens' Support for a More Powerful EU. In: Sanders/Bellucci/Tóka/Torcal (Hrsg.) 2012: 113–136.
Nugent, Neill (2010): The Government and Politics of the European Union. 7. Aufl. Basingstoke und New York: Palgrave Macmillan.
Page, Benjamin I./Shapiro, Robert Y. (1983): Effects of public opinion on policy. In: American Political Science Review 77: 1, 175–190.
Pötzschke, Jana/Rattinger, Hans/Schoen, Harald (2012): Persönlichkeit, Wertorientierungen und Einstellungen zu Außen- und Sicherheitspolitik in den Vereinigten Staaten. In: Politische Psychologie 2, 1: 4–29.
Politico (2016): EU backs greater military cooperation <www.politico.eu/article/eu-backs-greater-military-cooperation-nato-donald-trump-federica-mogherini> (letzter Zugriff 22.11.2016).
Rattinger, Hans (1996): Einstellungen zur europäischen Integration in der Bundesrepublik: Ein Kausalmodell. In: Zeitschrift für Internationale Beziehungen 3: 1, 45–78.
Rattinger, Hans/Schoen, Harald/Endres, Fabian/Jungkunz, Sebastian/Mader, Matthias/Pötzschke, Jana (2016): Old Friends in Troubled Waters. Policy Principles, Elites, and U.S.-German Relations at the Citizen Level After the Cold War. Baden-Baden: Nomos.
Ray, Leonard/Johnston, Gregory (2007): European Anti-Americanism and Choices for a European Defense Policy. In: PS: Political Science & Politics 40: 1, 85–91.

Riker, William H./Ordeshook, Peter C. (1968): A Theory of the Calculus of Voting. In: American Political Science Review 62: 1, 753–766.

Rohrschneider, Robert (2002): The Democracy Deficit and Mass Support for an EU-wide Government. In: American Journal of Political Science 46: 2, 463–475.

Salmon, Trevor C./Shepherd, Alistair J.K. (2003): Toward a European Army. A Military Power in the Making? London: Lynne Rienner.

Sanders, David/Bellucci, Paolo/Tóka, Gábor/Torcal, Mariano (Hrsg.) (2012): The Europeanization of National Polities? Citizenship and Support in a Post-Enlargement Union. Oxford et al.: Oxford University Press.

Sanders, David/Bellucci, Paolo/Tóka, Gábor/Torcal, Mariano (2012): Conceptualizing and Measuring European Citizenship and Engagement. In: Sanders/Bellucci/Tóka/Torcal (Hrsg.) 2012: 17–38.

Schoen, Harald (2008): Identity, Instrumental Self-Interest and Institutional Evaluations: Explaining Public Opinion on Common European Policies in Foreign Affairs and Defence. In: European Union Politics 9: 1, 5–29.

Smith, Karen E. (2014): European Union Foreign Policy in a Changing World. Völlig überarb. und erw. 3. Aufl. Cambridge/Malden, MA: Polity.

Sniderman, Paul M./Hagendoorn, Louk/Prior, Markus (2004): Predisposing Factors and Situational Triggers: Exclusionary Reactions to Immigrant Minorities. In: American Political Science Review 98: 1, 35–49.

Steinbrecher, Markus/Biehl, Heiko/Höfig, Chariklia/Wanner, Meike (2016): Sicherheits- und verteidigungspolitisches Meinungsklima in der Bundesrepublik Deutschland. Ergebnisse und Analysen der Bevölkerungsbefragung 2016. Potsdam: Zentrum für Militärgeschichte und Sozialwissenschaften der Bundeswehr.

Anhang

Frageformulierungen und Operationalisierungen

Nuklearwaffen (nicht in den Umfragedatensätzen): *Operationalisierung*: Land hat Nuklearwaffen (1) oder nicht (0).

Neutrales Land (nicht in den Umfragedatensätzen): *Operationalisierung*: Land ist neutral (1) oder nicht (0).

Datensatz: Eurobarometer (EB) 84.3:

Gemeinsame Verteidigungspolitik: Wie ist Ihre Meinung zu den folgenden Vorschlägen? Bitte sagen Sie mir für jeden Vorschlag, ob Sie dafür oder dagegen sind. Eine gemeinsame Verteidigungs- und Sicherheitspolitik der EU-Mitgliedsstaaten. 1: dafür, 2: dagegen, 3: w.n./k.A. *Operationalisierung*: Skala umkodiert (Wertebereich: 0 = dagegen; 1 = dafür).

Europäische Armee: Bitte sagen Sie mir im Hinblick auf die Zukunft der EU, ob Sie für oder gegen folgenden Vorschlag sind: die Gründung einer europäischen Armee? 1: voll und ganz dafür, 2: eher dafür, 3: eher dagegen, 4: voll und ganz dagegen, 5: w.n./k.A. *Operationalisierung*: Skala umkodiert (Wertebereich: 0 = dagegen [3 und 4 zusammengefasst]; 1 = dafür [1 und 2 zusammengefasst]).

Landesinteressen respektiert: Inwieweit stimmen Sie jeder der folgenden Aussagen zu oder nicht zu? Die Interessen Deutschlands werden in der EU berücksichtigt. 1: stimme voll und ganz zu, 2: stimme eher zu, 3: stimme eher nicht zu, 4: stimme überhaupt nicht zu, 5: w.n./k.A. *Operationalisierung*: Skala umkodiert (Wertebereich: 0 = stimme überhaupt nicht zu; 1 = stimme voll und ganz zu).

Frieden größter Erfolg EU: Welche der folgenden sind Ihrer Meinung nach die positivsten Errungenschaften der EU? Erstens? 1: Frieden zwischen den Mitgliedsstaaten der EU, 0: alle anderen Antworten.

EU zählt in der Welt: Inweweit stimmen Sie jeder der folgenden Aussagen zu oder nicht zu? Die Stimme der EU zählt in der Welt. 1: stimme voll und ganz zu, 2: stimme eher zu, 3: stimme eher nicht zu, 4: stimme überhaupt nicht zu, 5: w.n./k.A. *Operationalisierung*: Skala umkodiert (Wertebereich: 0 = stimme überhaupt nicht zu; 1 = stimme voll und ganz zu).

Demokratiezufriedenheit EU: Und wie ist es mit der Art und Weise, wie die Demokratie in der EU funktioniert? 1: sehr zufrieden, 2: ziemlich zufrieden, 3: nicht sehr zufrieden, 4: überhaupt nicht zufrieden, 5: w.n./k.A. *Operationalisierung*: Skala umkodiert (Wertebereich: 0 = überhaupt nicht zufrieden; 1 = sehr zufrieden).

Institutionenvertrauen EU: Ich möchte nun gerne von Ihnen wissen, wie viel Vertrauen Sie in bestimmte Medien und Institutionen haben. Sagen Sie mir bitte für die folgenden Medien und Institutionen, ob Sie diesen eher vertrauen oder nicht vertrauen. Wie ist es mit der Europäischen Union? 1: eher vertrauen, 2: eher nicht vertrauen, 3: w.n./k.A. *Operationalisierung*: Skala umkodiert (Wertebereich: 0 = eher nicht vertrauen; 1 = eher vertrauen).

Nationale Identität: Bitte sagen Sie mir, wie stark Sie sich verbunden fühlen mit Deutschland. 1: sehr verbunden, 2: ziemlich verbunden, 3: nicht sehr verbunden, 4: überhaupt nicht verbunden, 5: w.n./k.A. *Operationalisierung*: Skala umkodiert (Wertebereich: 0 = überhaupt nicht verbunden; 1 = sehr verbunden).

Identifikation Nation vs. EU: Sehen Sie sich selbst... 1: nur als Nationalität, 2: als Nationalität und Europäer/in, 3: als Europäer/in und Nationalität, 4: nur als Europäer/in? 5: nichts davon, 6: verweigert, 7: weiß nicht. *Operationalisierung*: Skala umkodiert (Wertebereich: 0 = nur als Europäer/in; 1 = nur als Nationalität).

Links-Rechts-Selbsteinstufung: In der Politik spricht man von „links" und „rechts". Wie würden Sie persönlich Ihren politischen Standpunkt auf dieser Liste einordnen? 1-10, 1: links, 10: rechts. *Operationalisierung*: Skala umkodiert (Wertebereich: 0 = links; 1 = rechts).

Frau: Geschlecht: 1: weiblich, 0: männlich.

Alter: Darf ich fragen, wie alt Sie sind?

Bildung: Wie alt waren Sie, als Sie mit Ihrer Schul- bzw. Universitätsausbildung aufgehört haben? Rekodiert in: 1: niedrige Bildung, 2: mittlere Bildung, 3: hohe Bildung, bzw. dichotome Variablen. *Operationalisierung niedrige Bildung*: Skala umkodiert (Wertebereich: 0 = keine niedrige Bildung; 1 = niedrige Bildung); *Operationalisierung hohe Bildung*: Skala umkodiert (Wertebereich: 0 = keine hohe Bildung; 1 = hohe Bildung).

Datensatz: „Strategische Kulturen":

Gemeinsame Verteidigungspolitik: Sagen Sie mir bitte zu jeder dieser Aussagen, wie sehr Sie ihr zustimmen bzw. sie ablehnen. Die Europäische Union sollte eine gemeinsame Sicherheits- und Verteidigungspolitik haben. 1: stimme vollkommen zu, 2: stimme eher zu, 3: teils-teils, 4: lehne eher ab, 5: lehne vollkommen ab, 98: w.n., 99: k.A. *Operationalisierung*: Skala umkodiert (Wertebereich: 0 = dagegen [3, 4 und 5 zusammengefasst]; 1 = dafür [1 und 2 zusammengefasst]).

Europäische Armee: Sagen Sie mir bitte zu jeder dieser Aussagen, wie sehr Sie ihr zustimmen bzw. sie ablehnen. Die Europäische Union sollte eine gemeinsame Europäische Armee haben. 1: stimme vollkommen zu, 2: stimme eher zu, 3: teils-teils, 4: lehne eher ab, 5: lehne vollkommen ab, 98: w.n., 99: k.A. *Operationalisierung*: Skala umkodiert (Wertebereich: 0 = dagegen [3, 4 und 5 zusammengefasst]; 1 = dafür [1 und 2 zusammengefasst]).

Sicherheitsempfinden persönlich: Wie sicher fühlen Sie sich persönlich zurzeit? Antworten Sie bitte mit Hilfe dieser Skala. Ich fühle mich persönlich ... 1: sehr sicher, 2: eher sicher, 3: teils-teils, 4: eher unsicher, 5: sehr unsicher, 98: w.n., 99: k.A. *Operationalisierung*: Skala umkodiert (Wertebereich: 0 = sehr unsicher; 1 = sehr sicher).

Sicherheitsempfinden national: Wie beurteilen Sie die gegenwärtige Sicherheitslage in STAAT? Antworten Sie bitte mit Hilfe dieser Skala. Die Lage in STAAT ist alles in allem ... 1: sehr sicher, 2: eher sicher, 3: teils-teils, 4: eher unsicher, 5: sehr unsicher, 98: w.n., 99: k.A. *Operationalisierung:* Skala umkodiert (Wertebereich: 0 = sehr unsicher; 1 = sehr sicher).

Bedrohungswahrnehmung Terrorismus: Inwieweit fühlen Sie sich persönlich zurzeit durch folgende Faktoren bedroht? Antworten Sie bitte mit Hilfe dieser Skala. Terroranschläge in STAAT. Ich fühle mich davon ... 1: sehr stark bedroht, 2: stark bedroht, 3: bedroht, 4: kaum bedroht, 5: gar nicht bedroht, 97: TNZ (trifft nicht zu), 98: w.n., 99: k.A. *Operationalisierung:* Skala umkodiert (Wertebereich: 0 = gar nicht bedroht; 1 = sehr stark bedroht).

Bedrohungswahrnehmung Massenvernichtungswaffen: Inwieweit fühlen Sie sich persönlich zurzeit durch folgende Faktoren bedroht? Antworten Sie bitte mit Hilfe dieser Skala. Atomare, chemische oder biologische Waffen in der Hand von Terroristen. Ich fühle mich davon ... 1: sehr stark bedroht, 2: stark bedroht, 3: bedroht, 4: kaum bedroht, 5: gar nicht bedroht, 97: TNZ, 98: w.n., 99: k.A. *Operationalisierung:* Skala umkodiert (Wertebereich: 0 = gar nicht bedroht; 1 = sehr stark bedroht).

Bedrohungswahrnehmung militärischer Angriff: Inwieweit fühlen Sie sich persönlich zurzeit durch folgende Faktoren bedroht? Antworten Sie bitte mit Hilfe dieser Skala. Militärischer Angriff auf STAAT. Ich fühle mich davon ... 1: sehr stark bedroht, 2: stark bedroht, 3: bedroht, 4: kaum bedroht, 5: gar nicht bedroht, 97: TNZ, 98: w.n., 99: k.A. *Operationalisierung:* Skala umkodiert (Wertebereich: 0 = gar nicht bedroht; 1 = sehr stark bedroht).

Bedrohungswahrnehmung Atombomben Iran/Nordkorea: Inwieweit fühlen Sie sich persönlich zurzeit durch folgende Faktoren bedroht? Antworten Sie bitte mit Hilfe dieser Skala. Atombomben in der Hand von Staaten wie Iran oder Nordkorea. Ich fühle mich davon ... 1: sehr stark bedroht, 2: stark bedroht, 3: bedroht, 4: kaum bedroht, 5: gar nicht bedroht, 97: TNZ, 98: w.n., 99: k.A. *Operationalisierung:* Skala umkodiert (Wertebereich: 0 = gar nicht bedroht; 1 = sehr stark bedroht).

Internationalismus: Im Folgenden finden Sie verschiedene Aussagen zur sicherheits- und verteidigungspolitischen Ausrichtung. Bitte sagen Sie uns, inwieweit Sie den nachfolgenden Aussagen zustimmen?

- STAAT sollte einen hohen Einfluss auf die internationale Politik ausüben und sich international stark engagieren.
- STAAT sollte sich auf die Bewältigung der eigenen Probleme konzentrieren und sich aus Krisen und Konflikten anderer möglichst heraushalten.

1: stimme vollkommen zu, 2: stimme eher zu, 3: teils-teils, 4: lehne eher ab, 5: lehne vollkommen ab, 98: w.n., 99: k.A. *Operationalisierung*: Skala umkodiert und additiver Index gebildet (Wertebereich: 0 = niedrig bis 1 = hoch; Cronbachs α = 0,31).

Multilateralismus: Im Folgenden finden Sie verschiedene Aussagen zur sicherheits- und verteidigungspolitischen Ausrichtung. Bitte sagen Sie uns, inwieweit Sie den nachfolgenden Aussagen zustimmen?
- STAAT sollte seine eigenen Interessen auch gegen die Widerstände anderer Länder durchsetzen.
- STAAT sollte sicherheitspolitisch nicht eigenmächtig, sondern nur gemeinsam mit anderen Ländern handeln.

1: stimme vollkommen zu, 2: stimme eher zu, 3: teils-teils, 4: lehne eher ab, 5: lehne vollkommen ab, 98: w.n., 99: k.A. *Operationalisierung*: Skala umkodiert und additiver Index gebildet (Wertebereich: 0 = niedrig bis 1 = hoch; Cronbachs α = 0,15).

Militarismus: Im Folgenden finden Sie verschiedene Aussagen zur sicherheits- und verteidigungspolitischen Ausrichtung. Bitte sagen Sie uns, inwieweit Sie den nachfolgenden Aussagen zustimmen?
- Unter bestimmten Bedingungen ist Krieg notwendig, um Gerechtigkeit zu erlangen.
- STAAT sollte vor allem seine wirtschaftliche Macht zur Lösung internationaler Krisen und Konflikte einsetzen.

1: stimme vollkommen zu, 2: stimme eher zu, 3: teils-teils, 4: lehne eher ab, 5: lehne vollkommen ab, 98: w.n., 99: k.A. *Operationalisierung*: Skala umkodiert und additiver Index gebildet (Wertebereich: 0 = niedrig bis 1 = hoch; Cronbachs α = 0,29).

Kooperation mit USA: Im Folgenden finden Sie verschiedene Aussagen zur sicherheits- und verteidigungspolitischen Ausrichtung. Bitte sagen Sie uns, inwieweit Sie den nachfolgenden Aussagen zustimmen? STAAT sollte sich sicherheits- und verteidigungspolitisch vorrangig gemeinsam mit den USA engagieren. 1: stimme vollkommen zu, 2: stimme eher zu, 3: teils-teils, 4: lehne eher ab, 5: lehne vollkommen ab, 98: w.n., 99: k.A. *Operationalisierung*: Skala umkodiert (Wertebereich: 0 = lehne vollkommen ab; 1 = stimme vollkommen zu).

Kooperation mit NATO: Im Folgenden finden Sie verschiedene Aussagen zur sicherheits- und verteidigungspolitischen Ausrichtung. Bitte sagen Sie uns, inwieweit Sie den nachfolgenden Aussagen zustimmen? STAAT sollte sich sicherheits- und verteidigungspolitisch vorrangig in der NATO engagieren. 1: stimme vollkommen zu, 2: stimme eher zu, 3: teils-teils, 4: lehne eher ab, 5: lehne vollkommen ab, 98: w.n., 99: k.A. *Operationalisierung*: Skala umkodiert (Wertebereich: 0 = lehne vollkommen ab; 1 = stimme vollkommen zu).

Einstellung Streitkräfte: Wie ist Ihre persönliche Einstellung zu STREITKRÄFTE? Sagen Sie mir Ihre Meinung bitte mit Hilfe der folgenden Skala. +2: sehr positiv, +1: eher positiv, 0: teils-teils, -1: eher negativ, -2: sehr negativ, 98: w.n., 99: k.A. *Operationalisierung*: Skala umkodiert (Wertebereich: 0 = sehr negativ; 1 = sehr positiv).

Links-Rechts-Selbsteinstufung: In der Politik spricht man von „links" und „rechts". Wie würden Sie persönlich Ihren politischen Standpunkt auf dieser Liste einordnen? 1-7, 1: links, 7: rechts. *Operationalisierung*: Skala umkodiert (Wertebereich: 0 = links; 1 = rechts).

Frau: Geschlecht: 1: weiblich, 0: männlich.

Alter: Bitte sagen Sie mir, wie alt Sie sind.

Bildung: Welche Schule besuchen Sie derzeit bzw. haben Sie zuletzt besucht? Rekodiert in: 1: niedrige Bildung, 2: mittlere Bildung, 3: hohe Bildung, bzw. dichotome Variablen. *Operationalisierung niedrige Bildung*: Skala umkodiert (Wertebereich: 0 = keine niedrige Bildung; 1 = niedrige Bildung); *Operationalisierung hohe Bildung*: Skala umkodiert (Wertebereich: 0 = keine hohe Bildung; 1 = hohe Bildung).

Autorenverzeichnis

Biehl, Heiko, Dr., Leiter Forschungsbereich Militärsoziologie, Zentrum für Militärgeschichte und Sozialwissenschaften der Bundeswehr, Potsdam (heikobiehl@bundeswehr.org)

Bytzek, Evelyn, Dr., wissenschaftliche Mitarbeiterin an der Arbeitseinheit Politische Kommunikation, Universität Koblenz-Landau (bytzek@uni-landau.de)

Heß, Julius, M.A., wissenschaftlicher Mitarbeiter im Projektbereich Einsatzbegleitung und -dokumentation, Zentrum für Militärgeschichte und Sozialwissenschaften der Bundeswehr, Potsdam (juliushess@bundeswehr.org)

Klein, Markus, Prof. Dr., Professur für Politische Soziologie, Leibniz-Universität Hannover (m.klein@ipw.uni-hannover.de)

Rosar, Ulrich, Prof. Dr., Lehrstuhl für Soziologie II, Heinrich-Heine-Universität Düsseldorf (ulrich.rosar@uni-duesseldorf.de)

Rothbart, Chariklia, M.A., wissenschaftliche Mitarbeiterin in der Abteilung I (Zielbildung und Innovation) im Referat I (1) Zukunftsanalyse beim Planungsamt der Bundeswehr, Berlin (charikliarothbart@bundeswehr.org)

Steinbrecher, Markus, Dr., wissenschaftlicher Mitarbeiter im Forschungsbereich Militärsoziologie, Zentrum für Militärgeschichte und Sozialwissenschaften der Bundeswehr, Potsdam (markussteinbrecher@bundeswehr.org)

Trüdinger, Eva-Maria, Dr., wissenschaftliche Mitarbeiterin an der Abteilung für Politische Systeme und Politische Soziologie, Universität Stuttgart (eva-maria.truedinger@sowi.uni-stuttgart.de)

Wanner, Meike, Dr., wissenschaftliche Mitarbeiterin im Forschungsbereich Sicherheitspolitik und Streitkräfte, Zentrum für Militärgeschichte und Sozialwissenschaften der Bundeswehr, Potsdam (meikewanner@bundeswehr.org)

© Springer Fachmedien Wiesbaden GmbH, ein Teil von Springer Nature 2018
M. Steinbrecher et al. (Hrsg.), *Freiheit oder Sicherheit?*, Schriftenreihe des Zentrums für Militärgeschichte und Sozialwissenschaften der Bundeswehr, https://doi.org/10.1007/978-3-658-23611-3

Printed by Printforce, the Netherlands